KB160824

근세한일관계의 실상과 허상

- 약탈과공존, 전쟁과 평화 -

〈北島万次, 追慕論文集〉

근세한일관계의 실상과 허상

- 약탈과공존, 전쟁과 평화 -

한일문화교류기금

景仁文化社

| 책을 내면서 |

이 책은 임진왜란 연구의 대가, 기타지마 만지[北島万次] 선생의 1주기를 맞이하여 개최한 한일국제학술회의 <근세 한일관계의 실상과 허상 - 약탈과 공존, 전쟁과 평화>를 단행본으로 엮은 것이다.

2018년 5월 타계한 기타지마선생은 평소 임진왜란연구의 기본방향을 '侵略認識의 역사관' '史料中心의 역사관' '地域과 民衆의 생각하는 역사관'으로 일관했다. 그리고 기회 있을 때마다 후배 역사연구자들에게 "民族이라는 틀을 초월해 개개의 사실에 대하여 공통된 역사인식을 깊이 있게 만들어 가는 것, 이것이 우리들 歷史硏究者의 使命이다. 나는 이런 생각으로 韓國硏究者와 함께 해왔고, 日本 歷史硏究者들과 交流를 만들어 왔다.'고 힘주어 말했다.

그런 의미에서 지난해 발간한《北島万次, 임진왜란 연구의 재조명》이 기타지마선생의 역사관의 성과물이라 한다면, 이 책은 후배 역사연구자들의 성과물이라 할 수 있다.

《北島万次, 임진왜란 연구의 재조명》에서는 제1편 임진왜란의 역사적 성격, 제2편 진주성전투와 사천해전, 제3편 임진왜란과 지역민중, 제4편 한중일 사료속의 임진왜란으로 구성하여 그의 역사관을 재조명했다.

그리고 이 책에서는 그의 후학들이 중심이 되어 한일 양국 연구자들의 '交流의 場'을 만들었다.

기타지마선생은 지난 40년간 <朝鮮王朝實錄輪讀會>를 통해 많은 한일 역사연구자들을 배출했다. 이 단행본은 윤독회에 참가했던 양국의 연구자들 가운데, 조선시대 연구자들을 중심으로 조선시대 한일관계의 키워드인 '倭寇' '三浦' '壬辰倭亂' '通信使' '征韓論'을 '약탈과 공존' '전쟁과 평화'라는 관점에서 집대성했다. 그리고 부록에 기타지마선생을 추모하는 글 2편을 실었다.

제1편에서는 '약탈과 공존'의 키워드로 倭寇와 三浦를 다루었다. 조선전기 약탈의 시대를 어떻게 공존의 시대로 바꾸어가는 가를 살펴보았다.

제2편에서는 '전쟁과 화해'의 키워드로 壬辰倭亂과 探敵使를 다루었다. 전쟁의 시대를 어떻게 평화의 시대로 바꾸어 가는 가를 살펴보았다.

제3편에서는 '평화와 대결'의 키워드로 通信使와 征韓論을 다루었다. 평화의 시대가 어떻게 변질되어가는 가를 살펴보았다.

한국연구자와 일본연구자가 발표와 토론을 번갈아 가며 '民族이라는 틀을 초월해 개개의 사실에 대하여 공통된 역사인식을 깊이 있게 만들어 보려고 노력'했다. 기타지마선생의 염원이 얼마나 이루어져가는 가의 가늠자가 될 것이다.

그리고 제 4편에서는 '北島万次 와 한국사학계'를 주제로 '임진왜란사 연구와 北島万次'와 '기타지마선생과 여수'를 실었다. 한국의 연구자들에게 기타지마선생은 어떤 사람인가? 학자의 모습과 인간의 모습을 추모하는 글이다.

따라서 이 책은 지난해에 출판된《北島万次, 임진왜란 연구의 재조명》과 한 셋트로 발간하여 그의 학문적 업적을 추모하기 위해 발간하는 것이다.

끝으로 추모학술대회를 가능하게 물심 지원을 아끼지 않으신 한일문화교류기금 이상우 이사장, 김수웅 국장님께 감사드리며, 출판을 기꺼이 허락해 주신 경인문화사 한정희 대표와 관계자님께 감사드린다.

2020년 2월

한일문화교류기금 이사 손승철

| 개회사 |

내일의 韓日關係를 생각하며 - 되짚어보는 갈등, 불신의 역사

지나간 일은 고칠 수 없습니다. 시간은 되돌릴 수 없기 때문입니다. 오직 되짚어 보면서 再構成해 볼 수 있을 뿐입니다. 오늘의 視點에서, 오늘의 關心을 가지고 지나간 날의 일들을 再構成한 것을 歷史라고 합니다. 歷史的 事實은 不可變이지만 歷史는 다시 새롭게 씌어집니다. '오늘'이 계속 앞으로 나아가고 우리들의 關心이 계속 바뀌기 때문입니다.

韓國人들과 日本人들은 좁은 바다를 건너 마주보는 이웃에 살면서 서로 배우고 돕고 살았습니다. 그래서 삶의 樣式의 總和라는 文化를 많이 共有하고 있습니다. 그러나 또한 싸움도 많이 했습니다.

關 周一교수가 오늘 발표하실 논문에서 소상히 밝힌 바와같이 14세기에는 倭寇의 韓半島 약탈이 극성했습니다. 16세기 말에는 日本政府가 정규군을 앞세워 朝鮮을 침략하는 戰爭을 벌였습니다. 壬辰倭亂이라부르는 이 기습 전쟁으로 朝鮮은 焦土化되었습니다. 金文子교수의 조사로는 인구 1,300만명의 1할에 해당하는 115만 명이 희생되었다고 합니다. 대부분 살상당하고 약40만 명은 포로로 잡혀갔습니다.

壬辰亂 이후 양국관계는 通信使교류, 交易재개 등으로 다시 협력관계로 발전했으나 20세기초에 日本은 朝鮮을 植民地로 점거했습니다. 그리고 그 후유증으로 21세기초인 지금까지 友好協力관계와 葛藤관계를 반복하고 있습니다.

오늘 우리는 韓日兩國의 전문학자들을 모시고 近世의 韓日關係를 되짚어 보는 학술회의를 엽니다. 상호不信과 共存, 協力, 그리고 葛藤과 平和를 논합니다. 그동안 韓日關係史에 대한 많은 연구가 있었습니다마는 오늘의 時點에서 내일의 韓日關係를 내다보기 위해서 새롭게 다시 논의해 보자는 뜻에서 기획한 세미나입니다.

韓國과 日本은 서로 돕고 살아가야합니다. 兩國國民은 理念, 文化, 情感的 性向등을 共有하고 있는 이웃입니다. 함께 손잡고 나아가야 모두의 祝福이 됩니다. 10年後, 50年後, 100年後에 이루어져야할 兩國國民間의 관계를 내다보면서 오늘 우리가 풀어나가야 할 課題를 찾기 위한 論議가 활발히 이루어져야합니다.

平和란 서로가 상대방의'다름'을 존중하면서 共存하기로 합의한 狀態를 말합니다. 서로의 생각, 삶의 樣式, 文化를 바로 이해해야 共存合意를 도출할 수 있습니다. 그래서 文化交流를 '平和로 가는 길'이라고 합니다. 兩國의 지도적 知識人들이 가지는 오늘의 討論會는 바로 이러한 平和의 길을 여는 마당입니다. 會議 주최자로서 오늘 會議에 참가해주신 韓日兩國의 碩學여러분에게 심심한 謝意를 表합니다. 고맙습니다.

2019年 10月 18日

(財)韓日文化交流基金

理事長 李相禹

| 차 례 |

제3편: 평화와 대결

제4편: 北島万次와 한국사학계

종합토론

제1편

약탈과 공존

14世紀 倭寇の韓 半島 掠奪

関 周一 | 宮崎大学教育学部

はじめに

本稿は、14世紀後半における、倭寇による韓半島の掠奪を主題として、日本と韓國との關係の一局面を論じていく。当該期、日本は南北朝內亂の時期、韓國は高麗末期にあたる。

倭寇とは、被害を受けた韓國側や中國側の呼称であり、韓半島や中國大陸において掠奪を行った集団を指す。本稿で對象とする倭寇について、日本の研究者は、 前期倭寇または14～15世紀の倭寇とよんでいる[田中2012a]。

日本と高麗との間に交渉が全く存在しない中で、前期倭寇が出現したわけではない。14世紀前半まで、日本と高麗との間には様々な交流が行われていた。そして前期倭寇の鎭壓を目的として、高麗朝と、室町幕府や諸大名との通交關係が成立する。前期倭寇は、日韓の新たな共存の時代を生み出した側面もあった。

また前期倭寇の實像を明らかにするためには、史料の制約が大きい。前期倭寇に關する主要な史料は、『高麗史』(1451年完成)および『高麗史節要』(1452年完成)であり、ともに朝鮮王朝時代に編纂されたものである。だが兩書とも、倭寇の內部についての記述は乏しい。また前期倭寇に關する日本側史料は、きわめて少ない。特に倭寇自身が書き殘した史料は、存在しない。そのため、倭寇の實像を明らかにするには、困難さが伴うのである[關2016]。

田中健夫は、『高麗史』·『高麗史節要』を念頭において、「史料に見える倭寇像には、外國史料であるというヴェールと、朝鮮王朝時代の史料であるというヴェールとが二重に掛けられていた」とし、後者については、「倭寇を猖獗させたのは高麗王朝の惡政であり、倭寇を鎭壓したのは朝鮮王朝の功績である、という叙述の姿勢がしばしば散見される」と指摘している[田中1997、p.2～3]。

以上の諸点を踏まえた上で、本稿のⅠでは、高麗朝が成立した10世紀から13世紀までの日本と高麗の交流を概觀する。そして前期倭寇よりも以前の13世紀の倭寇について檢討する。Ⅱ·Ⅲでは、14世紀後半における前期倭寇の動向について考察する。Ⅳでは、前期倭寇の鎭壓を目的に、日本と高麗の通交關係が成立することを述べる。これによって前期倭寇の猖獗した時代を、日韓關係史の中に位置づけてみたい。Ⅲでは倭寇の實像を考察していくが、近年の諸研究をもとに論点を提示することにしたい。

Ⅰ. 前期倭寇登場以前の日本と高麗の交流

(1) 日本·高麗の交渉の形態

14世紀後半に倭寇が活發化する前提として、日本と高麗との間でどのような交渉が行われていたのかについて述べておく。交渉は、次の3つの形態で行われた。

① 高麗使節の來航(外交)

日本と高麗の外交は、高麗から日本の朝廷(京都)に使節が派遣される、すなわち高麗が主導して交渉が始まった[石井2017 / 近藤2018]。

937年、前年に韓半島を統一した高麗は、日本に使者を派遣して牒狀(牒。明確な上下關係がない場合に使用され、外交文書にも使用された)を送ってきた(『日本紀略』承平7年8月5日條。『帥記』承曆4年〈1080〉閏8月5日條·9月2日條)。ついで939年にも使者を派遣し、廣評省牒狀をもたらしたが、 大宰府(福岡縣太宰府市)から同省あての返牒を持たせて歸國させた(『日本紀略』天慶2年3月11日條)。高麗は、新たな韓半島の覇者となったことを伝え、日本との外交を求めてきたものと推測されるが、2度とも日本側はそれを拒絶している[石井2017、p.88～89]。

10世紀初めから、日本の朝廷は、外國の首長から日本の國家首長(天皇)に宛てた外交文書に返書をせず、中央の太政官の返牒もしくは、地方官衙の大宰府の返牒により返書した。ただし大宰府の牒そのものは、太政官で作成された。京都の朝廷で審議はするものの、返書は大宰府牒という文書様式をとった[高橋2005]。上記の大宰府返牒は、朝廷の意思を示したものである。

このように日麗關係は、使節が往來して方物を交換するという形の通交關係は、成立しなかった。また高麗使節は大宰府に留め置かれ、上洛は許されていなかった。したがって高麗使節が、直接交渉した相手は、大宰少貳や府官らであった。

② 大宰府·地方官衙と高麗との交渉(外交·貿易)

日本の朝廷の意向とは關係なくに、九州など西日本の官衙の使節が、高麗に派遣された。当初は漂流人の送還、その後は貿易を目的として、高麗に渡航した。

10世紀後半から、日本から高麗への漂流人の送還が行われた。日本に漂着した高麗人は、耽羅(濟州島)の人々が多かった。例えば、藤原實資の日記である『小右記』長元4年(1031)2月19日條に引用された「大宰府解文」には、「耽羅嶋人八人」が漂來したことがみえる。この記事によれば、關白藤原頼通は「耽羅嶋人らは野心が無いようなので、言上を経ずに、食料を支給して歸國させてよい」という意向であった。藤原實資は、「『異國人に疑惑が無ければ、言上を経ずに、食料を支給して歸國させてよい』ということが格文に定められている。今回は言上を経て、解文のように疑惑がほとんどないため、食料を支給して歸國させてよい」と述べている。兩者の發言をみると、漂流民の扱いは現地の裁量に任されていたことがわかる[近藤2018、p.99]。このように送還にあたっては、朝廷への報告は行われるものの、大宰府や諸國衙の主導により送還が行われていた。漂流民は、日本各地→大宰府→對馬島→高麗　金州→東南海船兵部部署という地方官衙間のルートで送還された。特に對馬島衙は、日本の對高麗交渉の最前基地として重要な役割を果たしていた[山内2003、p.88～90]。

11世紀後半、日本から高麗への渡航者が增加する。『高麗史』や『高麗史節要』によれば、a「日本國使」「壹岐島勾当官」「對馬島勾当官」と記される官衙･官人を主体とする場合と、b「商人」「商客」「船頭」や、個人名をもって表記される人々の場合とがある。このうち、aのタイプは、①大宰府や對馬島衙が、太政官の指示を受けて、高麗と交渉する場合と、②太政官の指示を受けずに、官衙單獨に交渉する場合とがあり、在廳官人や商人(海商)らが交渉の担い手となる[山内2003、p.82～86]。

a②については、1085年、「對馬島勾当官」(對馬島衙)が、高麗に使節を遣し、柑橘を進上した(『高麗史』巻10、宣宗2年2月丁丑〈13日〉條)。12世紀以降、對馬島(長崎縣對馬市)の國衙から高麗の地方官衙あてに進奉船が派遣され、「進奉」(高麗國王との臣従關係を示す行爲)を名目とした貿易が行われた[李領1999]。對馬島衙の高麗通交は、在廳官人阿比留(あびる)氏が主導したものとみられる[荒木2017b]。またｂは「日本」商人とは表記されていても、必ずしも民族的な意味で用いられているのではなく、日本を據点とする中國人海商が多數を占めていたと思われる[榎本2007]。

③ 中國人海商による貿易

日本と高麗との貿易には、宋·高麗間で活動した中國人海商(宋海商)が深く關与してしていた。彼らは、高麗に據点を持ちつつ貿易を行っていた。高麗朝は、彼らを入貢した使節と位置づけていた。彼らの活動範囲は、日本にも及び、11世紀後半、博多に「唐房」と呼ばれる據点を持つことになる[大庭他2008 / 大庭2009·2019]。中國人海商が、日本と高麗の貿易の一翼を担っていたといえる[原2006]。

日本には、義天版とよばれる高麗版の仏教典籍が、中國人海商によってもたらされた。義天(1055～1101)は、高麗國王文宗の第4王子で、華嚴宗をはじめとする內外の諸學を修め、 僧官の最高位である僧統に昇り、後に大覺國師の諡号を贈られた。北宋に渡って、華嚴宗と天台宗を學び、仏教書の收集に努めた。歸國後、住持となった開城近郊の興王寺に敎藏都監を設置し、宋·遼·日本や高麗國內から廣く仏教書を集め、『續藏経』四千余巻として刊行した(義天版)。北宋の泉州出身の海商たちは、義天と親しい關係にあり、義天版を入手することができた。海商たちは、博多の「唐房」に渡り、義天版を日本にもたらしたのである[原1999]。

以上、3つの交涉形態をみてきた。荒木和憲は、北部九州と高麗の交流は、 公的(官衙)レベル(前述の②)と私的(商人)レベル(前述の③)という重層的に展開したと評価している[荒木2017b]。 使船·商船の渡航先は金州であり、金州防御使または東南海船兵部部署が對応した[近藤2011]。高麗は、金州に客館を設けて、応接した。

(2) 13世紀の倭寇

(1)でみたような日本と高麗との間の交渉が行われる中で、倭寇が發生した。早くも10世紀末に、高麗が日本に倭寇への對處を求めている。

997年、大宰府在住者により高麗牒狀3通(1通は「日本國」あて、1通は「對馬島司」あて、1通は「對馬島」あて)が朝廷にもたらされた。韓半島で日本人が起こした狼藉行爲(倭寇)に對する抗議をしたものである。朝廷内の議論においては、その表現が日本國を辱めるととらえられ、中には「宋の謀略ではないか」という意見さえあった。このように軍事的な危機感を募らせた朝廷は、返牒を一切しないと決定するとともに、要害を警固し、祈禱に努めるよう大宰府に命じている(『小右記』長德3年10月1日條)[石井2017]。

13世紀の一時期、倭寇が韓半島南岸を襲い、掠奪を繰り返した(初發期の倭寇、13世紀の倭寇)[村井1988 / 李領1999]。特に1220年代に集中的に、掠奪が行われた。

1223年、倭が金州に寇した(『高麗史』巻22、高宗10年5月甲子〈22日〉條)。これが、『高麗史』における倭寇に關する記事の初見である。

1225年、倭船2艘が、慶尙道の沿海の州縣に寇した。高麗朝は、兵を發し、悉く倭寇を捕らえた(『高麗史』巻22、高宗12年4月戊戌〈8日〉條)。

1226年正月、倭が慶尙道の沿海州郡に寇した。巨濟縣令の陳龍甲が、水軍をもって沙島(巨濟市沙等面。巨濟島の北部にあたる)に戰い、2人を斬った。賊は、夜のうちに遁れた(『高麗史』巻22、高宗13年正月癸未〈27日〉條)。

同年の倭寇については、日本の京都にも風聞(うわさ)として伝えられている。藤原定家『明月記』の嘉祿2年(1226)10月16日條には、對馬國と高麗國とが戰ったという巷說があることを述べ、「末世の世の極みにより、敵國が來伐したのではないか」として「恐れるべし、悲しむべし」という感想を述べている。同年10月17日條によれば、松浦党と号する「鎮西凶徒等」が數十艘の兵船を構え、高麗の別島に行って合戰し、民家を滅亡し、資材を掠取した。人數の半分は殺され、殘りは銀器等を盜んで歸ったという。定家は、「このことにより、高麗が擧國興兵する。我朝は渡唐の船、西に向かう時、必ず高麗に到着し、歸朝の時、多くは風に隨い高麗に寄るのが流例(古くからある習慣やならわし。慣例。)である。怨敵のためならば、宋朝との往反が困難となることを怖れる。今『唐船』1艘が高麗に寄れば、火を付けられて一人殘らず燒死するだろう」という。そして「末世の狂亂至極、滅亡の源か、甚だ奇怪の事なり」と記している。同年12月7日條では、藤原定家は、九條教實から、「高麗來襲の疑いにより仗議(じょうぎ)あるべし」との話を聞いている。仗議とは、內裏の陣の座に公卿が集まって行った、政務についての評議のことで、陣の定(さだめ)などともいう。

また藤原経光『民経記』嘉祿2年12月27日條の裏書には、「肥後ならびに」(次に不明な文字がある)「壹岐島」と高麗國とが合戰し、「日本人」が「高麗內裏」に參入したとの伝聞があり、「關東」(鎌倉幕府)が驚き、沙汰すべきの由を「公家」に申したことが記されている。

1226年6月、倭が金州に寇した(『高麗史』卷22、高宗13年6月甲申〈1日〉條)。1227年2月(「丁亥年二月」)、「高麗國全羅州道按察使」から「日本國物[惣]官大宰府」に宛てて、1226年6月に「對馬島人」が全羅州を襲ったことを抗議する、高麗國全羅州道按察使牒が發せられた(吉川本『吾妻鏡』、嘉祿3年5月14日條〈『鎌倉遺文』第6卷3578号〉)。大宰少貳武藤資頼は、朝廷への上奏を経ることなく、大宰府に派遣された高麗國使の前で「惡徒」90人を捕らえて首を斬った。そしてひそかに高麗への返牒を送った(『百錬抄』安貞元年7月21日條)[關2010b]。

1227年、倭が金州に寇した。防護別監の盧旦が兵を發し、賊船2艘を捕らえ、30余級を斬し、かつ得た兵杖を獻じた(『高麗史』巻22、高宗14年4月甲午〈15日〉條)。同年5月、倭が熊神縣(鎭海市の城内洞。朝鮮王朝時代の薺浦〈乃而浦〉の地)に寇した。別將の鄭金億らが山間に潛伏し、突出して7級を斬した。賊は遁れた。

1227年(『高麗史』は「是歳」、『高麗史節要』は12月)、及第の朴寅を日本に遣した。倭寇の患を告げ、歴世和好を求める牒を齎した(『高麗史』巻22、高宗14年是歳條、『高麗史節要』巻15、高宗14年12月條)。朴寅は大宰府に到り、一年を経て、翌年11月に歸國し、和親の牒を齎した(『高麗史』巻129、崔怡伝、『高麗史節要』巻15、同15年11月條)。

『高麗史』巻22、高宗14年是歳條には、「日本は賊倭を推檢(調査)し、これを誅した。その後の侵掠は、徐々に鎭まった」と記している。

以上、1220年代の倭寇に關する史料をみてきた。その特徴を整理すると、以下のようになる。

(a) 倭寇の侵攻地域は、主に慶尙道沿岸の地域である。『高麗史』に見える限り、すなわち高麗側の認識では、倭寇の主体は對馬島民であった。
まったく未知の地を襲撃するのは、考えにくい。したがって對馬島民は、慶尙道の海域において漁業や交易を行っていたものと思われる。朝鮮王朝時代(特に15世紀)になると、對馬島民の慶尙道·全羅道海域における活動は、『朝鮮王朝實錄』に散見する[長1987·2002 / 關2002·2012]。こうした活動は、13世紀にも行われていたものとみてよいだろう。

(b) 1226年の倭寇について、京都の公家が耳にした風聞では、肥前國の松浦党や、肥後·壹岐の人々とされている。松浦党は、五島列島を含む肥前國松浦郡(現在では長崎縣·佐賀縣)や、壹岐島(長崎縣壹岐市)を據点とする海の武士団である。あくまでも風聞であり、しかも情報が錯綜している。したがって、實体を反映していない可能性がある。ただし倭寇情報が京都まで及んでいたことには、注目してよい。

(c) (1)①で述べたように、高麗朝は、何度も使節を日本(大宰府)に派遣していた。そのため、倭寇禁壓を日本側に求める動きは、後述する前期倭寇の場合と比べて、素早かった[李領1999、p.130]。

Ⅱ. 前期倭寇の隆盛

1350年以降、ほぼ毎年、前期倭寇は、韓半島の各地で掠奪を繰り返した。

前期倭寇は、どのくらいの頻度で侵攻していたのだろうか。侵攻の件數は、1350～1391年の間で、約300件をかぞえる。侵攻のピークは、1376～1385の時期であり、1377年には29件、1378年には22件、1383年には24件の侵攻を確認できる[田中2012a、p.212～213]。ただし1つの集団が、移動しながら連續的に侵攻したケースが多かったものと考えられる。 李領は、倭寇集団という概念を提示し、1350～1391年における集団の數(延べ數)を136とみている[李領1999、p.241～255]。

倭寇の中には、100·300·500艘などの大船団をくむものもあった。高麗の辛禑王の時代になると、內陸部まで侵攻する大規模騎馬集団も登場した。

以下では、倭寇の主な活動事例について紹介していこう。

(1) 慶尚道·全羅道を襲った倭寇

1350年2月、倭寇は、高麗の慶尚道南岸の固城·竹林·巨濟を襲った。高麗の合浦千戸(合浦の管軍官。千戸は、軍人の職名)と、都領(合浦の軍卒指揮官)の梁琯らは倭寇と戰い、三百余級を斬獲している。このことを、『高麗史』や『高麗史節要』は、倭寇の侵入がここに始まったと記している(『高麗史』巻37、忠定王2年2月條、『高麗史節要』巻26、忠定王2年2月條)。

同年4月14日、倭船100余艘が全羅道南岸の順天府を襲い、南原·求礼·靈光·長興の漕船を掠奪した。5月27日、倭船66艘が順天府を襲った。高麗軍がそれを追い、1艘を捕らえ、13級を斬った。6月14日、倭船20艘が慶尚道會原縣の合浦を襲い、その營と慶尚道の固城·會原の諸郡を焼いた。6月18日、倭が、全羅道南岸の長興府の安壌郷を襲った。11月18日、倭は慶尚道の東莱郡を襲っている(以上、『高麗史』巻37、忠定王2年4月戊戌〈14日〉、5月庚辰〈27日〉、6月丁酉〈14日〉·辛丑〈18日〉、11月己巳〈18日〉條、『高麗史節要』巻26、忠定王2年4月·5月·6月·11月條)。

以上が、『高麗史』にみえる1350年の倭寇による掠奪の記事である。倭寇は、韓半島南岸(慶尚道·全羅道)の港などを襲撃し、租税を運ぶ漕船や、營という役所を襲っている。それ以降も、韓半島南岸を襲う倭寇は、数多い。

(2) 京畿道を襲った倭寇

1351年の秋以降、 都開京(開城)のある京畿道の西海岸を襲撃する倭寇も現れた。

1351年8月10日、倭船130艘は、紫燕·三木の二島を襲い、廬舎を焼いた。紫燕島は、現在の仁川國際空港の敷地である。8月13日、倭、京畿道の舟運の要所である南陽府および双阜縣を襲った(『高麗史』巻37、忠定王3年8月丙戌〈10日〉·己丑〈13日〉條、『高麗史節要』巻26、忠定王3年8月條)。

倭寇は、喬桐を何度も襲撃し、倭船を停泊させ、甲山倉を焼いている。『高麗史』は「京城戒嚴」、すなわち首都の開京(開城)が戒嚴体制に入った

ことを記している(『高麗史』巻38、恭愍王元年〈1352〉3月庚申〈16日〉、巻39、同6年5月戊子〈14日〉、同7年5月辛亥〈14日〉、巻40、同12年4月己未〈20日〉、巻44、同22年7月甲寅〈15日〉條、『高麗史節要』巻26、恭愍王元年3月、同6年5月、巻27、同7年4月、同12年4月、巻29、同7年4月條)。

1357年、倭が昇天府の興天寺に入って、忠宣王と韓國公主の肖像畵を奪った(『高麗史』巻39、恭愍王6年9月戊戌〈26日〉條)。

1360年、倭寇は、江華島を襲撃し、300余人を殺し、米4万余石を掠奪している(『高麗史』巻39、恭愍王9年閏5月丙辰〈1日〉條、『高麗史節要』巻27、恭愍王9年閏5月條)。

1365年、倭が昌陵(高麗を建國した太祖の父の墓)に入り、太祖の父の肖像畵を奪った(『高麗史』巻41、恭愍王14年3月己巳〈11日〉條)。

1373年6月、倭寇は、開京を挾んで、その東西を流れている東江と西江に集まり、陽川を襲った。そして漢陽府(ソウル)に至り、廬舎を焼き、人民を殺したり、拉致したりしたため、數百里が騷然とした。京城は大いに震えたという(『高麗史』巻44、恭愍王22年6月丙申〈26日〉條、『高麗史節要』巻29、恭愍王22年6月條)。

(3) 藤経光

1375年、倭の藤経光は、その徒を率いてやってきて、入寇をにおわせて恐喝し、糧を求めた。高麗の朝廷は、彼らを順天･燕岐等に分けて對處し、資糧を与えた。一方、密直副使の金世祐を遣し、金先致に藤経光を誘殺することを命じた。そこで先致は、酒食を具えて、食事の席で殺そうとした。その謀が漏れてしまい、経光は配下を率いて海上に逃れ、先致はわずかに三人を捕らえ殺しただけであった(『高麗史』巻114、金先致伝、『高麗史節要』巻30、辛禑元年5月･7月條)。

『高麗史』は、次のように評している。

> これより以前は、州郡を襲った倭寇は、人畜を殺さなかった。これより以後、入寇するごとに、婦女や嬰兒らも殘らず屠殺した。全羅道·楊廣道の浜海の州郡は、「蕭然一空」(がらんとして、一物もないさま)になった。(『高麗史』巻114、金先致伝)

(4) 阿只拔都

倭寇の頭目(「賊將」)の一人に、阿只拔都(あきばつ)と呼ばれた人物がいた。年齢は、一五、六歳で、「骨貌」は端麗で、勇ましさは他に類をみないものだった。白馬に乗って戈を舞して馳突し、向かう者は恐れてひれ伏し、敢えて当たる者がなかった。高麗の将軍李成桂は、「荒山戰闘」(南原山城の戰いともいう。荒山は、智異山の北側の麓。現在の全羅北道南原市雲峰邑引月里所在)において、阿只拔都の率いる倭寇と對戰した。李成桂は、阿只拔都の兜を射落として、成桂の部下の李豆蘭が射殺した。倭寇は、大いに氣をくじき、李成桂は、倭寇をうち破った。川の流れはことごとく赤くなり、六、七日間色が変わらず、人は川の水を飲むことがでなかった。捕らえた馬は、1600余匹にのぼった(『高麗史』巻126、辺安烈伝)[李領1999·2007 / 田中2012a]。

この倭寇との戰いの勝利は、李成桂が台頭する契機になり、後に朝鮮王朝を成立させることになる。

(5) 禾尺·才人による仮装倭寇

高麗の賤民である禾尺·才人が、倭寇をかたって掠奪をした事例がある[田中1997]。禾尺は揚水尺·水尺ともいい、牛馬の屠殺·皮革の加工を行い、才人は仮面芝居の集団である。1382年、禾尺(揚水尺)が集まり、詐って倭賊となり、寧越郡を侵し、役所や民戶を燒き、男女50余人と馬200余匹を捕らえた(『高麗史節要』辛禑8年4月條)。1383年6月、交州·江陵道の禾尺・才人らは、詐りて倭賊となり、平昌・原州・榮州・順興・横川等を襲った(『高麗史』巻135、辛禑伝3、辛禑9年6月條、『高麗史節要』巻32、辛禑9年6月條)。

『高麗史節要』には、「水尺・才人は耕種を行わず、坐して民租を食し、恒産なくして恒心なく、山谷に相集まり、詐って倭賊と称している」とも指摘されている(『高麗史節要』巻33、辛禑14年〈1388〉8月條)。

(6) 米を奪った倭寇

『高麗史』や『高麗史節要』によれば、倭寇の主な掠奪品は、食糧(米)と沿岸の住民たちである。米を得るために、租米を運ぶ輸送船や、それを備蓄する倉庫が攻撃の對象になった。彼らが奪った米や人などは、商品となった。したがって、前期倭寇は、掠奪者としての側面と、交易を行う商人としての側面とがあったとみるべきである。

倭寇に米を掠奪された影響について、李領は、次の2点を指摘している[李領1999、p.124]。

① 官僚たちの給料は支拂われず、わずかに届いた租税の配分をめぐって争い、殺人に至ることさえあった(『高麗史』巻80、食貨3、祿俸、辛禑4年〈1378〉5月條)。

② 政府は沿海の地にある倉庫を內陸に移したり、一時的に海路を避けて陸路を利用することを指示をしたりしなければならなかった(『高麗史』巻39、恭愍王7年4月丁酉〈29日〉條・巻80、食貨3、賑恤・水旱疫癘賑貸之制、恭愍王20年〈1371〉12月條)。

(7) 人を奪った倭寇―被虜人の発生―

倭寇が人を掠奪したことを示す史料については、石原道博の論文に詳しい[石原1956(一)、p.67～73]。

『高麗史』巻114、金湊伝によれば、「倭奴」(倭寇)は、庚寅年(1350)以降、郡邑を侵攻して、「人民」を掠奪していた。郡縣に城堡を修築して以後、倭寇が侵略できなくなり、「生民」が捕虜になるのを免れるようになったという。

1372年、倭は東界安辺等に寇し、「婦女」を捕らえた(『高麗史』巻43、恭愍王21年6月辛丑〈26日〉條·『高麗史節要』巻29、恭愍王21年6月條)。翌年6月、倭寇は漢陽府を襲撃して「廬舎」を焼き、「人民」を殺害·掠奪している(『高麗史』巻44、恭愍王22年6月丙申〈26日〉條·『高麗史節要』巻29、恭愍王22年6月條)。

倭寇に捕らえられた人々(被虜人)は、 案内人(諜者)として倭寇の活動に従事させる他、博多や壹岐·對馬などに轉賣された[關2002]。

被虜人は、日本列島ばかりでなく、琉球にまで轉賣されていた。1416年、朝鮮國王太宗は琉球國に轉賣されている被虜人が多いことを聞き、李芸を琉球に派遣し、44人の朝鮮人を送還させている(朝鮮『太宗實錄』巻31、16年正月庚申〈27日〉條·同、巻32、16年7月壬子〈23日〉條)。田中健夫が指摘しているように、 琉球は「倭寇によって捕らえられた朝鮮被虜人の轉賣される市場」であり、那覇は「東アジアにおける重要な奴隷市場であった」[田中1975、p.296]。

このように東アジア海域においては、人身賣買が頻繁に行われ、倭寇による被虜人も商品であった[關2002]。

Ⅲ. 前期倭寇の実体

前期倭寇の主な構成員は、朝鮮王朝が「三島」とよぶ、對馬·壹岐·松浦地方(ないしは博多)の人々とみる[李泰勳2013·2018]のが通説であり、それ自体を修正する必要はないと考える。Ⅱ(1)で述べた倭寇の活動は、Ⅰ(2)で述べた1220年代の倭寇を継承するもので、 對馬島民らが主体であったものと考えられる。

それに加えて、高麗朝に不満をもつ高麗の人々も含まれている可能性がある。Ⅱ(5)で述べた禾尺·才人による仮裝倭寇は、そのことを推測させるものである。以下では、先行研究に基づいて、倭寇の實体について論じていくことにしたい。

(1) 村井章介の「境界人」論

倭寇の實体、特にその民族構成については、1980年代後半以降、活發な論爭が展開された[關2010a·2013a]。1987年、田中健夫と高橋公明が、倭寇の主力を朝鮮人とする見解を相次いで發表したことが、その端緒である[田中1997(初出は1987年) / 高橋1987a]。

この學說に對しては、李領が嚴しい反論を述べた。李の主張は、a基本史料である『高麗史』は客觀性および信憑性が高い、b同書に據れば、韓半島を襲った倭寇はすべて對馬などの日本人である、c前期倭寇の初年である庚寅年(1350)の倭寇は、足利直冬の軍事攻勢に對して、少貳頼尙が兵糧米を確保するために侵攻したものである、などである[李1999]。その後も李は、倭寇に關する研究を精力的に發表している[李2007など]。

村井章介は、李領の學說を批判する形で、倭寇を「境界人」とみる見解を提起した。村井は、高麗を襲った倭寇の實体について、次のように述べている[村井2013a、p.128～137]。

(a)「三島倭人」が中核に位し、倭寇活動が鎭靜に向かう朝鮮時代に入っても基本的に変わらなかった。「三島」とは、對馬·壹岐および松浦地方ないしは博多を指す。 朝鮮史料において「叛民」「寇賊」「頑民」などと表記される人々である。そして「領主層」と「住民層」とに分けた場合、「三島倭人」は「住民層」にあたり、韓半島と九州島を結ぶ海域を流動する「境界人」であった。それに對して、「領主層」は、總体的に定住性が強く、「住民層」への統制力と相互依存關係をもつがゆえに、ある時には海賊行爲を禁壓し、ある時には使嗾する態度をとったが、倭寇そのものとはいえない。

(b) 1350年に本格的に活動を始めた韓半島の倭寇は、日本國內の觀応擾亂が三島住民の海賊行爲を呼びさましたものである。首都開京(開城)をおびやかした倭寇の戰略は、明瞭な政治性を帶びており、倭寇に便乘した反間者·反間刺客のような異質な要素が大量に流入している。その背景に、王室周辺の不安定な政治狀況があった。

(c) 倭寇の中核部分が對馬人や對馬経由者だったとすれば、彼らが異國の海陸を行軍するには、現地人の情報提供·協力が不可欠であった。また倭寇には、濟州人も加わっていた。牧胡(濟州島に置かれていた元の直轄牧場を管理する役人。モンゴル系)を中心とする反政府勢力で、濟州島の馬を使用できる條件を持っていた。最盛期の倭寇集団が擁していた多數の軍馬は、濟州島の牧場を抜きにしては考えられない。また禾尺·才人が倭寇に扮する例もあった。こうして倭寇—濟州人—禾尺·才人は、反政府行動を共通項とする境界人として、同一の地平で捉えることができる

そして村井は、朝鮮·中國史料にみえる「倭」について、次のように述べる。

(d) 「倭」は「日本」とは相對的に區別される、九州西北地域を中心とする境界空間の名である。そこでは朝鮮·中國の國家的統制には限界があり、民族的には異なる出自をもつ人々を、ひとしなみに「倭」「倭寇」の名で呼ぶ狀態であった。

(2) 多様な倭寇

上記の村井の研究は、倭寇に關する理論的な説明の到達点といえる。(1)の(b)(c)について説明を加えておこう。

(b)の「首都開京(開城)をおびやかした倭寇」とは、Ⅱ(2)で触れた事例を指す。村井のいうように、京畿道周辺を襲撃し、寺院や陵墓を襲い、王家の肖像畫を奪った倭寇は、高麗朝の支配に抵抗した人々が多かったのではなかろうか[關2010a]。

(c)濟州島のモンゴル人の反亂について述べておこう。この点は、高橋公明や村井章介によって考察されている[大石·高良·高橋2001、村井2013a]

1273年、三別抄を鎭壓した元朝(大元ウルス)は、濟州島に「達魯花赤」(タルガチ)という現地の軍事·行政の責任者を置いた(『高麗史』巻27、元宗 14年閏6月丙辰〈6日〉條)。濟州島には、馬の牧場が設けられ、牧胡が置かれた。

元朝末期には、モンゴル系の人々による反亂が起きている。1356年、モンゴル系の人々により、都巡問使·牧使·判官らが殺害された(『高麗史』巻39、恭愍王5年10月丙寅〈12日)條)。1362年、「耽羅牧胡古禿不花·石迭里必思等」が、「星主高福壽」をたてて、反亂を起こした(『高麗史』巻40、恭愍王11年8月丙申〈24日〉條)。「星主」は耽羅王朝以來の系譜を引く地位である。同年、元は濟州島を直轄することにし、副樞文阿但不花を耽羅万戶とし、高麗人の万戶朴都孫を殺害した(『高麗史』巻40、恭愍王 11年10月癸巳〈22日〉條)。

明朝は、成立まもなく、濟州島の馬に目をつけ、高麗朝に要求した。1372年、「韃靼牧子」らが、高麗朝が濟州島に派遣した秘書監劉景元·濟州牧使李用藏·判官文瑞鳳·權万戶安邦彥らを悉く殺した(『高麗史』巻43、恭愍王 21年4月己卯〈2日〉·壬寅〈25日〉條)。

1374年、明の洪武帝は、耽羅の馬2000匹を獻上せよと命じたが、現地の牧胡は、元の世祖が放畜した馬をなぜ明に送らなければならないかと抵抗して、300匹のみ供出した(『高麗史』巻44、恭愍王23年7月乙亥〈12日〉條)。そのため恭愍王は、戰艦314艘、兵士2万5600名をもって耽羅を攻擊した(『高麗史』巻44、恭愍王23年7月戊子〈25日〉·8月辛酉〈28日〉條)。1375年、濟州人車玄有らが、官廨を燒き、安撫使林完·牧使朴允淸·馬畜使金桂生らを殺した(『高麗史』巻133、辛禑元年11月條)

以上の(b)(c)の他、 中國大陸沿岸で活動した勢力も加わっていた可能性がある。

1368年、中國の舟山群島において蘭秀山の亂が起き[藤田1997]。蘭秀山は、「蘭山·秀山」とも呼ばれるが、一つの島である。この亂は、舟山群島を根據地とする、海上勢力が蜂起したものである。

この事件に關係者として逮捕された、舟山群島の人林宝一および高麗人高伯一の供述が殘されている。林宝一は、明の追跡を逃れるため、耽羅(濟州島)に逃げ、その地で「海菜」(ワカメ)を買い集めた。高麗に渡り、陳魁五などに會い、布5匹で雇われた。綿布を担ぐ仕事をし、全羅道古阜の陳の家で召し使われることになった。明からの通報をうけ、高麗朝の捜索が始まると、陳魁八とともに逃亡し、高伯一の家にかくまってもらう。その時、彼は蘇木を与えている。そして陳魁八を殺害した(『吏文』洪武3年〈1370〉10月初9日付「高麗國王宛中書省咨」)。

舟山群島の人々は、濟州島や高麗沿岸へ自由に出入りして、高麗側住民と容易にコミュニケーションをとっており、 國境をこえた活動をつづけていたのである[藤田1997]。したがって、この海域の人々には、單に交易をするだけではなく、お互いに理解しえる共通の文化基盤をもっていたとみてよいだろう。彼らが、高麗を襲った前期倭寇に加わっていた可能性を考慮する必要がある。

(3) 前期倭寇の見方

最近、橋本雄は、村井説を踏襲し、倭寇が對馬·壹岐·松浦半島(あるいは博多)といった「三島」の人々によって占められていたことを踏まえた上で、次のように述べている。

> ただし、數え方によっては百數十件から六〇〇件にも及ぶ前期倭寇を、すべて同じような構成員で捉えられる保証はまったくない。境界性や流動性の強い倭寇を、むやみに一括りにすること自体、愼むべきであろう。ある倭寇事件の首班が對馬島人であったにせよ、それを他の倭寇集団に当てはめられるとは限らない。メンバーに、他地域出身の人間が混じっていたとしても不思議はない。またたとえば、昨日までは農民だった人間が、倭寇集団に身を投じた瞬間に倭寇となるのか、というアイデンティティのゆらぎも当然問題となろう。これは、われわれの倭寇認定基準にも關わる難題である。
>
> つまり、「倭寇」と一口に言っても、時期や地域によって多様な集団が存在していた点を忘れてはなるまい。倭寇集団ごとの色分け、あるいはその集団内部の多様性·多元性の解析が、今後も粘り強く續けられなければならない。[橋本2019、p.48~49]

筆者は、村井や橋本の見解に贊成である。前期倭寇は、對馬島民ら「三島」住民を中核にしつつも、Ⅲ(2)で述べたように。高麗人やモンゴル系の人々をも含み込んだ、多様な集団であったといえる。したがって倭寇は、日本人·朝鮮人のいずれかであるというような議論をすべきではない。倭寇たちの據点や生活圈、行動範囲に即して、個々の事例について柔軟な視点から考察していかなければならない。

ところでⅡ(6)(7)でみたように、前期倭寇は米や人を掠奪し、それらを商品とした。その他、どのような商品を運んでいたのだろうか。

橋本雄は、朝鮮における「唐物」は、日本における「唐物」とほぼ同じであったとみて、中國江南産の良質な生糸や絹織物、唐·宋代ないしそれに仮託された書畫·金屬器·漆器·陶磁器を、倭寇が運んでいたものとみている[橋本2019、p.55]。

また橋本は、「韓半島で作られた仏教文物も、相当數、倭寇勢力によって「三島」地域、つまり日本にもたらされた」と指摘する。ただし「現存の日本に伝存している高麗の文物が倭寇の略奪品ばかりとは限らない」とし、「交易により將來されたとおぼしき例も少なくないし」、「高麗·朝鮮文物の移轉の歴史については」「略奪·盜難·轉賣·交易など、様々な契機を想定しなくてはならないのである」と述べている[橋本2019、p.56]。

橋本は、なんらかの点で「倭寇」が關わった可能性のある文物移轉の事例として、①佐賀縣の鏡神社が所藏する、水月觀音像(「楊柳觀音像」)[李泰勳2011]、②鍋島報效會所藏の紺紙金字妙法華経を擧げている。

Ⅳ. 日麗通交関係の成立

(1) 高麗朝と、日本の朝廷·室町幕府との交渉

倭寇の被害を受けた高麗は、日本に使者を送り、その禁壓を求めるとともに外交關係を求めた。倭寇の發生が、日本と高麗との双方が使節を派遣し合う通交關係を成立させたのである。

1366年、高麗の恭愍王は、使者として金龍一行と金逸一行とを別個に日本の京都を派遣した。その目的は、日本側に倭寇の禁壓を要請することであった[青山1955 / 中村1965 / 田中1975 / 高橋1985 / 岡本2007 / 石井2017]。相前後して來日した高麗使節は、日本にとっては、1292年、元朝による日本招諭のために派遣された金有成ら以來、70余年ぶりのものであった。李領は、蒙古襲來を契機として日·麗間の外交關係が途絶えたた

め、そして元朝の支配下にあったがゆえに、元朝の許可なく獨自に日本へ使者を派遣することを躊躇したのだと指摘している[李領1999、p.130]。

室町幕府の將軍足利義詮は、高麗使節の處遇について朝廷に奏上したが、朝廷は殿上定の結果、使節の受け入れを拒否すると決定した。しかし幕府は、天龍寺を宿所として使節を迎えた。使節を接待したのは、天龍寺仕持の春屋妙葩らの五山僧であった。また將軍足利義詮も、天龍寺に赴いて使節を接見した。そして義詮の意を奉じる春屋の書狀を返書とした。この時、春屋には僧錄という肩書が加えられている。天龍寺の僧侶2人を伴って、金龍·金逸らは歸國した。

この高麗使との交涉は、幕府が朝廷から外交權を接收する第一步になった。以後、春屋妙葩の後継者である五山僧が、外交文書を作成し、外交使節の實務を扱うようになる[田中1996]。

この時の高麗使は、かなりの注目を集め、高麗からの牒狀の寫が作成された。そのことが、『太平記』卷三九に「高麗人來朝の事」の記述を生むことになる[藤田2008]。そこには、倭寇の盛行と金龍ら一行の來日、そして「征東行中書省咨文」が引用されている。また「神功皇后、新羅攻め給ふ事」の箇所では、元代に作成された七言律詩が引用されている[森田2007]。それまで京都の人々がほとんど認識していなかった「溢れ者」である倭寇に關する情報が、高麗使節の來日を契機に還流し、『太平記』という書物を通じて人々に流布していったのである。

その後、高麗使の來日は途絶えていたが、倭寇が最も跳梁をきわめていた辛禑王の時代に、頻繁に高麗使が來日した[青山1955]。1375年に派遣された「通信使」羅興儒は、牒者と疑われて捕らえられたが、高麗出身の僧良柔の請願によって釋放された。幕府は德叟周佐の書狀を送って、倭寇の禁壓を約束した(『高麗史』卷114、羅興儒伝、卷133·辛禑伝、辛禑元年2月條、同2年10月條、『高麗史節要』卷30、辛禑元年2月條、同2年10月條)。

(2) 高麗朝と、九州探題今川了俊·大内義弘との交渉

しかし、幕府の約束に満足できなかった高麗朝は、倭寇の禁壓を期待できる相手として、九州探題今川了俊[川添1996]および大内義弘[須田2011 / 大内氏歴史文化研究會2019]との交渉をするようになった。

1377年に判典客寺事の安吉常が日本に遣され、倭寇の禁壓を請願した。安吉常自身は、日本で病死している(『高麗史』巻133、辛禑伝、辛禑3年6月條、『高麗史節要』巻30、辛禑3年6月條)。同年8月、今川了俊は、僧信弘を派遣し、 倭寇の禁壓が容易でないことを伝える書を送った(『高麗史』巻133、辛禑伝、辛禑3年8月條、『高麗史節要』巻30、辛禑3年8月條)。1378年、今川了俊は、僧信弘を送って、軍勢69人を高麗に送った。この軍勢は、全羅道の兆陽浦で倭寇と戦い、 1艘を得て、 被虜の婦女20余人を獲得した。だが慶尙道固城郡の赤田浦において倭寇と戦ったものの敗れ、日本に戻っている(『高麗史』巻133、辛禑伝、辛禑4年6月·7月·12月條、『高麗史節要』巻30、辛禑4年6月·7月條)。

信弘の派遣と同年、大内義弘も、軍勢を高麗に派遣したことをうかがわせる史料がある。「忌宮神社文書」の永和4年(1378)4月16日付の大内氏奉行人連署奉書(『山口縣史』史料編中世4「忌宮神社文書」234号。本文中に「長門國符(府)分高麗渡水手事」とある。「水手」は、「かこ」と讀む。)および永和4年4月17日付の某遵行狀(『山口縣史』史料編中世4「忌宮神社文書」235号。「長門國符(府)分異國水手事」とある)である。須田牧子は、大内氏が今川了俊の高麗への軍勢派遣に關わっていたとみている。須田は、今川了俊の九州における活動の前提には、大内氏の支持があったことを指摘している[須田2011、p.48~51]。

同じく1377年、日本に派遣された、前大司成の鄭夢周は、被虜朝鮮人を博多で購入している。翌年、鄭夢周は、今川了俊の使周孟仁と被虜人數百人とともに歸國した(『高麗史』巻117、鄭夢周伝·巻133、辛禑伝、辛禑

3年9月條、同4年7月條、『高麗史節要』巻30、辛禑3年9月條、同4年7月條)。

1379年、版図判書の李子庸は、今川了俊より被虜人230余人を得て歸國した。また前司宰令の韓國柱は、大内義弘の配下朴居士と軍兵186人とともに歸國している。だが朴居士は、高麗の河乙沚の援軍を得られず、倭寇に大敗した(『高麗史』巻114、河乙沚伝・巻133、辛禑伝、辛禑4年10月條、巻134、同5年5・7月條、『高麗史節要』巻30、辛禑4年10月條、巻31、同4年閏5月・7月條)。

以上述べたように、今川了俊と大内義弘は、高麗に配下の武士たちを派遣して、高麗軍と協力して倭寇討伐を行ったのである。これは14世紀末固有の、日韓共存の姿と言える。

(3) 1389年の対馬侵攻と琉球

1380年代後半には、高麗軍の倭寇討伐が功を奏し、倭寇はしだいに沈静していった。

1389年2月、慶尙道元帥朴葳は、兵船100艘を率いて、對馬島を攻撃した。倭船300艘を焼き、沿岸の廬舍を焼きつくし、被虜高麗人の男女104人を探し出して還った(『高麗史』巻116、朴葳伝、巻137、辛昌伝、辛昌元年2月條、『高麗史節要』巻34、恭讓王元年2月條)。對馬島には、被虜人が多数いたことがうかがえる。

同年8月、琉球國中山王察度は、初めて高麗に使節を派遣した。察度は、明皇帝あての外交文書である表を奉じて臣を称し、高麗が對馬島を伐ったことを聞いて、使節玉之を遣わしたという。そして被虜高麗人を送還し、硫黄・蘇木・胡椒を方物とした。玉之は、全羅道順天府に到來している(『高麗史』巻137、辛昌伝、辛昌元年8月條)。察度は、初めて交渉をする高麗に受け入れられやすいように、中國皇帝あての文書様式である「表」を選んだものと考えられる。そして察度は、高麗軍による對馬島攻撃の情報を入手している。對馬に關する情報を知り得るような、九州北部～琉球間の交流があったことを意味している。その情報に基づき、玉之は對馬島－慶尙道のルートを避けて、全羅道ルートを選擇したのである。こうして高麗軍による對馬島攻擊を契機として、高麗國王と琉球國中山王との通交關係が成立したのである。

おわりに－日朝通交関係の成立と、前期倭寇－

(1) 日朝通交関係の成立

本稿では、14世紀後半の前期倭寇による掠奪を主題とし、それを前後の日韓關係史の中に位置づけた。そして倭寇による掠奪が、日麗通交關係という新たな共存が成立することになった。

この通交關係は朝鮮王朝に継承された。1392年、前期倭寇の制壓に功績をあげた李成桂が、朝鮮王朝を建國する。朝鮮王朝は、倭寇禁壓の一環として、室町幕府の使節(日本國王である足利氏の使節)や、九州探題·守護らの地域權力の使節などと交涉し、さらに商人やもと倭寇であった人々をも受け入れた。これによって、多元的な日朝關係が成立する。朝鮮側は、こうした使節を使送倭人とよんでいる。對馬からは、對馬島主である宗氏をはじめ、宗氏一族や家臣、僧侶らの使節が、朝鮮では書契とよばれる外交文書や國王への進上品などを持參して朝鮮を訪れ、合わせて公貿易や私貿易を行った。朝鮮王朝からの使節は、朝鮮國王が派遣した使節(名義は、通信使·回礼使など)のみである。

中國を中心とした國際關係においては、「人臣に外交無し」というのが原則であり、日明關係は、明の皇帝と日本國王(足利氏)との間の一元的な關係である。それに對して日朝關係は、倭寇禁壓を求める朝鮮王朝の意向により、当初から複数の派遣主が朝鮮側に受け入れられたことが、大きな特徴である。使節には、國王への贈答や進上のほか、公貿易・私貿易が認められていた。そのため船団には商人が含まれており、多様な階層が朝鮮を訪れた。

日本の使船が停泊する港は、三浦(さんぽ)に限定された。三浦とは、慶尙道の薺浦(乃而浦)・富山浦(釜山浦)・塩浦をさす。各浦には、倭館・營廳が設置された。三浦に滯在する倭人は、あくまでも行程の途上もしくは貿易のために滯在するのが原則であった。しかし、村井章介論文で述べられるように、居所を構えて居留する恒居倭が現れた。恒居倭の多くは、對馬島民であった。

(2) 対馬島民と壱岐島民が連携した倭寇

Ⅲ(3)において「倭寇たちの據点や生活圏、行動範囲に即して、個々の事例について柔軟な視点から考察していかなければならない」と述べ、本稿のⅡⅢにおいて檢討を加えた。今後の課題の一つとして、對馬島の住民と、壹岐島の住民との連携を擧げておきたい。

Ⅲ(1)で述べたように、前期倭寇の多くは「三島」を據点にしていた人々だと考えられる。「三島」のうち、對馬と壹岐との關係について、山口隼正は、南北朝期の壹岐國守護について檢討した論文において、次のように述べている。

> よく壹岐·對馬と並称されるが、實は当時の史料において、島主間(志佐氏—宗氏)間は勿論のこと、壹岐—對馬相互間の關係(交流面、所領面など)は見当たらないことである。[山口1989、p.558～559]

「はじめに」でも述べたように『高麗史』と『高麗史節要』には倭寇內部の

構成についての記述は乏しく、對馬島民と壹岐島民とが連携したことを示す記事は皆無である。だが朝鮮王朝時代になると、兩者の連携がみられるようになる[關2018]。1419年の事例について、紹介しておこう。

同年、明において望海堝の戰いが起きた。遼東の望海堝で30余隻の倭寇船団が、遼東總兵官中軍左都督劉江の明軍に打破され、ほとんど全滅に近い打擊をうけた事件である。明『太宗實錄』巻213、永樂17年6月戊子(15日)條に據れば、倭船31艘が馬雄島に停泊して、その後望海堝に上陸したが敗れて、113人が生け捕りになり、1000余級の首が斬られた[佐久間1992、p.127～129／鄭1985、p.279～281·2013、p.87～90／藤田2010、p.238]。

それに先立ち、同年5月、朝鮮王朝では全羅道都節制使が、倭寇39艘が近島に來泊していることを王朝に報告している(朝鮮『世宗實錄』巻4、世宗元年5月己酉〈5日〉條)。これは望海堝を襲った倭寇船団と同一のものである。その一部が、明に侵攻するに先立って、朝鮮半島西海岸にあたる忠淸道庇仁縣の都豆音串や、黃海道海州の延平串を襲擊した(朝鮮『世宗實錄』巻4、世宗元年5月辛亥〈7日〉·甲寅〈10日〉·丙辰〈12日〉·丁巳〈13日〉條)。この事件は、朝鮮王朝の前國王が對馬攻擊を決斷した原因となった。すなわち応永の外寇／己亥東征を誘引したのである。

對馬の都都熊丸(宗貞盛の幼名)の使人時応界都が伝えた、都都熊丸の言に據れば、都豆音串に侵入した賊船30隻のうち、16隻は戰亡し、14隻が歸還した。14隻の內譯は7隻が壹岐人の船、7隻が對馬人の船であった(朝鮮『世宗實錄』巻7、世宗2年閏正月己卯〈10日〉條)。これを踏まえれば、望海堝を侵攻した倭寇は、主に壹岐·對馬の人々、すなわち「三島倭人」であった。

壹岐·對馬の人々が連携することができた背景に、三浦(1419年の時点では、薺浦〈乃而浦〉·富山浦〈釜山浦〉の2浦が、開港していた。)の存在があったのである。壹岐·對馬双方からは、朝鮮王朝に使節が頻繁に派遣されていた。 使節たちは三浦で出會うことが多かったのではないだろうか。日韓の共存をもたらした通交關係の中に、新たな倭寇の連携を生み出す要因があったものと推測されるのである。

引用·參考文獻 (著者の姓のアルファベット順に並べた)

(A)

青山公亮 1955『日麗交涉史の硏究』明治大學文學部文學硏究所

荒木和憲 2007『中世對馬宗氏領國と朝鮮』山川出版社

荒木和憲 2017a『對馬宗氏の中世史』吉川弘文館

荒木和憲 2017b「中世前期の對馬と貿易陶磁」『貿易陶磁硏究』第37号

(E)

榎本 涉 2007『東アジア海域と日中交流―九～一四世紀―』吉川弘文館

(F)

藤田明良 1997「『蘭秀山の亂』と東アジアの海域世界」『歷史學硏究』第698号

藤田明良 2008「東アジア世界のなかの太平記」市澤哲編『太平記を讀む』吉川弘文館

藤田明良 2010「東アジアにおける島嶼と國家」荒野泰典·石井正敏·村井章介編『日本の對外關係 4 倭寇と「日本國王」』吉川弘文館

(H)

原美和子 1999「宋代東アジアにおける海商の仲間關係と情報網」『歷史評論』第592号

原美和子 2006「宋代海商の活動に關する一試論―日本·高麗および日本·遼(契丹)通交をめぐって―」小野正敏·五味文彦·萩原三雄編『考古學と中世史硏究 3 中世の對外交流 場·ひと·技術』高志書院

橋本 雄 2005『中世日本の國際關係―東アジア通交圈と僞使問題―』吉川弘文館

橋本 雄 2011『中華幻想―唐物と外交の室町時代史―』勉誠出版

橋本 雄 2012『僞りの外交使節―室町時代の日朝關係―』吉川弘文館

橋本 雄 2019「倭寇と僞使」永原陽子(責任編集)『MINERVA世界史叢書④ 人々がつなぐ世界史』ミネルヴァ書房

橋本雄·米谷均 2008「倭寇論のゆくえ」桃木至朗編『海域アジア硏究入門』岩波書店

(I)

李 泰勳 2011「鏡神社所藏高麗仏畵『楊柳觀音像』の發願者と日本將來について」『福岡 大學人文論叢』第42卷4号

李 泰勳 2013「〈三島倭寇〉の〈三島〉に對する李領説の再検討」『九州產業大學國際文 化學部紀要』第55号

李 泰勳 2018「〈三島倭寇〉と〈倭山〉に對する高麗·朝鮮政府の認識」『朝鮮學報』第245輯

李 領 1999『倭寇と日麗關係史』東京大學出版會

李 領 2007『忘れられた戰争 倭寇』韓國放送通信大學校出版部

石原道博 1956「倭寇と朝鮮人俘虜の送還問題(一)(二)」『朝鮮學報』第9·10輯

石井正敏 2017『石井正敏著作集第3巻 高麗·宋元と日本』勉誠出版

(K)

川添昭二 1996『對外關係の史的展開』文獻出版

近藤 剛 2011「高麗における對日本外交案件の處理過程について」中央大學人文科學研究所編『情報の歷史學』中央大學出版部

近藤 剛 2015「一二世紀前後における對馬島と日本·高麗—『大槐秘抄』にみえる「制」について—」中央大學人文科學研究所編『島と港の歷史學』中央大學出版部

近藤 剛 2018「日本と高麗の交流」田中史生編『古代文學と隣接科學1 古代日本と興亡の東アジア』竹林舍

(M)

村井章介 1988『アジアのなかの中世日本』校倉書房

村井章介 2013a『日本中世境界史論』岩波書店

村井章介 2013b『日本中世の異文化接触』東京大學出版會

森 克己 2008『新編 森克己著作集1 新訂日宋貿易の研究』勉誠出版

森田貴之 2007「『太平記』と元詩—成立環境の一隅—」『國語國文』第76巻第2号、870 号

森平雅彦 2008「日麗貿易」大庭康時·佐伯弘次·菅波正人·田上勇一郎編『中世都市博多を掘る』海鳥社

森平雅彦 2013「高麗·朝鮮時代における對日據点の変遷—事元期の對日警戒体制を軸として—」『東洋文化研究所紀要』第164册

(N)

中村榮孝 1965『日鮮關係史の研究』上巻、吉川弘文館

中村榮孝 1969a『日鮮關係史の研究』中巻、吉川弘文館

中村榮孝 1969b『日鮮關係史の研究』下巻、吉川弘文館

(O)

大石直正·高良倉吉·高橋公明　2001『日本の歴史14　周緣から見た中世日本』講談社

大內氏歷史文化研究會編(伊藤幸司　責任編集)2019『室町戰國日本の覇者　大內氏の世　界をさぐる』勉誠出版

岡本　眞　2007「外交文書よりみた十四世紀後期高麗の對日本交涉」(佐藤信·藤田覺編『前　近代の日本列島と韓半島』山川出版社

小野正敏·五味文彥·萩原三雄編　2006『考古學と中世史研究3 中世の對外交流　場·ひと·技術』高志書院

大庭康時 2009『シリーズ「遺跡を學ぶ」061 中世日本最大の貿易都市 博多遺跡群』新泉社

大庭康時 2019『博多の考古學 中世の貿易都市を掘る』高志書院

大庭康時·佐伯弘次·菅波正人·田上勇一郎編2008『中世都市博多を掘る』海鳥社

長 節子 1987『中世日朝關係と對馬』吉川弘文館

長 節子 2002『中世 國境海域の倭と朝鮮』吉川弘文館

(S)

佐伯弘次 2008『對馬と海峽の中世史』山川出版社

佐伯弘次編　2014『アジア遊學177　中世の對馬―ヒト·モノ·文化の描き出す日朝交流史―』勉誠出版

佐久間重男 1992『日明關係史の研究』吉川弘文館

關 周一 2002『中世日朝海域史の研究』吉川弘文館

關　周一　2008「日朝多元關係の展開」桃木至朗編『海域アジア史研究入門』岩波書店

關 周一 2010a「「中華」の再建と南北朝內亂」荒野泰典·石井正敏·村井章介編『日本の對外關係 4　倭寇と「日本國王」』吉川弘文館

關　周一　2010b「鎌倉時代の外交と朝幕關係」阿部猛編『日本史史料研究會論文集1 中世政治史の研究』日本史史料研究會企畵部

關 周一 2012『對馬と倭寇―境界に生きる中世びと―』高志書院

關 周一 2013a「中世『東アジア』研究の動向」『歷史學研究』第906号

關 周一 2013b『朝鮮人のみた中世日本』吉川弘文館

關 周一 2015『中世の唐物と伝來技術』吉川弘文館

關 周一 2016「海域交流の担い手 倭人·倭寇」『九州歷史科學』第44号

關 周一 2018「東シナ海と倭寇」木村茂光·湯淺治久編『生活と文化の歴史學10 旅と移動—人流と物流の諸相—』竹林舍
關 周一編 2017『日朝關係史』吉川弘文館
須田牧子 2011『中世日朝關係と大內氏』東京大學出版會
(T)
高橋公明 1985「室町幕府の外交姿勢」『歷史學研究』第546号
高橋公明 1987a「中世東アジア海域における海民と交流」『名古屋大學文學部研究論集』史學第33号
高橋公明 1987b「朝鮮遣使ブームと世祖の王權」田中健夫編『日本前近代の國家と對外 關係』、吉川弘文館
高橋公明 1987c「朝鮮外交秩序と東アジア海域の交流」『歷史學研究』第573号
高橋公明 2005「外交文書を異國牒狀と呼ぶこと」『文學』第6卷第6号
田中健夫 1959『中世海外交涉史の研究』東京大學出版會
田中健夫 1975『中世對外關係史』東京大學出版會
田中健夫 1982『對外關係と文化交流』思文閣出版
田中健夫 1996『前近代の國際交流と外交文書』吉川弘文館
田中健夫 1997『東アジア通交圈と國際認識』吉川弘文館
田中健夫 2012a『倭寇—海の歷史—』講談社
田中健夫(村井章介編) 2012b『增補 倭寇と勘合貿易』筑摩書房
田村洋幸 1967『中世日朝貿易の研究』三和書房
鄭 樑生 1985『明·日關係史の研究』雄山閣出版
鄭 樑生 2013『明代の倭寇』汲古書院[汲古選書65]
(Y)
山內晋次 2003『奈良平安期の日本とアジア』吉川弘文館
山口隼正 1989『南北朝期九州守護の研究』文獻出版

[付記]本稿は、日本學術振興會科學研究費補助金·基盤研究(C)(一般)「中世日本の異國使節に關する基礎的研究」(課題番号16K03020、 研究代表者·關周一)による研究成果の一部である。

〈번역문〉

14세기 왜구의 한반도 약탈

関 周一 | 宮崎大学教育学部

머리말

본고는 14세기 후반의 왜구의 한반도의 약탈을 주제로 일본과 한국과의 관계의 한 국면을 논한다. 당시, 일본은 남북조 내란의 시기 한국은 고려 말기에 해당된다.

왜구란 피해를 입은 한국측이나 중국측의 호칭이며, 한반도나 중국대륙에서 약탈을 행한 집단을 가리킨다. 본고에서 대상으로 하는 왜구에 대해서, 일본의 연구자는 전기 왜구 또는 14~15세기의 왜구라고 부르고 있다. [田中2012a]

일본과 고려 사이에 교섭이 전혀 존재하지 않는 가운데 전기 왜구가 출현한 것은 아니다. 14세기 전반까지 일본과 고려 사이에는 다양한 교류가 이루어졌다. 그리고 전기 왜구의 진압을 목적으로 하여 고려왕조와 무로마치 막부나 諸大名과의 통교관계가 성립된다. 전기 왜구는 한일 간의 새로운 공존의 시대를 낳은 측면도 있었다.

한편 전기 왜구의 실상을 밝히는 데에는 사료의 제약이 크다. 전기 왜구에 관한 주요 사료는 『고려사』(1451년 완성)및 『고려사절요』(1452년 완성)이며 모두 조선 시대에 편찬된 것이다. 하지만 두 史書 모두 왜구의 내부에 대한 기술은 부족하다. 또 전기 왜구에 관한 일본 측 사료는 극히 적다. 특히 왜구 자신이 써서 남긴 사료는 존재하지 않는다. 그 때문에 왜구의 실상을 밝히는데 어려움이 따르고 있다.[關2016]

田中健夫는 『고려사』, 『고려사절요』를 염두에 두고, 「사료로 보이는 倭寇像에는 외국사료라는 시각과 조선왕조 시대의 사료라는 시각이 이중으로 걸려 있었다'고 하였고, 後者에 대해서는 「왜구를 창궐시킨 것은 고려왕조의 악정이며, 왜구를 진압한 것은 조선왕조의 공적이다 라고하는 서술의 자세가 자주 발견된다'라고 지적하고 있다.[田中1997, p.2～3]

이상의 여러 관점을 바탕으로 본고의 Ⅰ장에서는 고려왕조가 성립한 10세기부터 13세기까지 일본과 고려의 교류를 개관하고자 한다. 그리고 전기 왜구보다 훨씬 전인 13세기의 왜구에 대해서 검토하고자 한다. Ⅱ·Ⅲ장에서는 14세기 후반의 전기 왜구의 동향에 대해서 고찰하고, Ⅳ장에서는 전기 왜구의 진압을 목적으로 일본과 고려의 통교관계가 성립되는 것에 대해서 서술하고자 한다. 이것에 의해 전기 왜구가 창궐하였던 시대를, 일한관계사 속에 자리 매김해 보고 싶다. Ⅲ장에서는 왜구의 실상을 고찰해 나가지만, 근년의 여러 연구를 기초로 논점을 제시하고자 한다.

Ⅰ. 전기 왜구 등장이전의 일본과 고려의 교류

(1) 일본·고려의 교섭 형태

14세기 후반에 왜구가 활발해질 전제로서 일본과 고려 사이에서 어떤 교섭이 행해지고 있었는지에 대해서 서술하고자 한다. 협상은 다음의 3가지 형태로 이뤄졌다.

① 고려 사절의 來訪(외교)

일본과 고려의 외교는 고려에서 일본의 朝廷(京都)으로 사절이 파견되었

다, 즉 고려가 주도하여 교섭이 시작되었다.[石井2017 / 近藤2018]

937년, 前年에 한반도를 통일한 고려는 일본에 사신을 파견하여 牒狀(牒 : 명확한 상하 관계가 없는 경우에 사용되어지며 외교 문서에도 사용되었다)을 보내왔다.(『日本紀略』 承平 7年 8月 5日條, 『師記』 承曆 4年 <1080> 閏8月 5日條/9月 2日條) 이어 939년에도 사신을 파견하고 廣評省 牒狀을 가져왔지만, 大宰府(福岡縣 太宰府市)에서 광평성으로 보내는 返牒만을 가지고 귀국하였다.(『日本紀略』 天慶 2年 3月 11日條) 고려는 새로운 한반도의 覇者가 되었다는 것을 전하고, 일본과의 외교를 요구하고 온 것으로 추측되지만, 2번 모두 일본 측은 이를 거절하고 있다.[石井2017, p.88～89]

10세기 초부터 일본의 조정은 외국의 首長으로부터 일본의 국가 首長(천황)에게 보낸 외교 문서에 답장을 하지 않았고, 중앙의 太政官의 返牒 또는 지방 官衙인 大宰府의 返 牒으로 답장했다. 다만 大宰府의 牒 자체는 太政官에서 작성되어졌다. 京都의 조정에서 심의는 하되, 답장은 大宰府牒이라고 하는 문서 양식을 취하였다.[高橋2005]. 上記의 大宰府 返牒은 朝廷의 의사를 나타낸 것이다.

이와 같이 일본과 고려의 관계는, 사절이 왕래하며 方物을 교환하는 형태의 통교관계로는 성립되지 않았다. 또한 고려 사절은 大宰府에 머물도록 하고, 上京은 허용되지 않았다. 따라서 고려사절이 직접 교섭한 상대는 大宰少貳나 府官들이었다.

② 大宰府·地方官衙와 高麗와의 交涉(외교·무역)

일본 조정의 의향과는 상관없이 九州 등 西日本 관아의 사절이 고려에 파견되었다. 처음에는 표류인의 송환, 그 후에는 무역을 목적으로 고려로 건너갔다.

10세기 후반부터 일본에서 고려로 표류인 송환이 이루어졌다. 일본에 표착한 고려인은 탐라(제주도) 사람들이 많았다. 예를 들면, 藤原實資의 日記이다.『小右記』長元 4年(1031) 2月 19日條에 인용되어진「大宰府解文」에는「耽羅嶋人八人」이 표류하여 왔다는 것이 보인다. 이 기사에 의하면 關白 藤原頼通은「탐라도인들은 野心이 없는 것 같기 때문에, 言上을 거치지 않고 식량을 지급해 귀국시켜도 좋다」라고 하는 생각이었다. 藤原實資는「異國人에게 의혹이 없다면, 言上을 거치지 않고 식량을 지급해 귀국시켜도 좋다」라고 하는 것이 格文에 정해져 있다. 今回는 言上을 거쳐 解文에서처럼 의혹이 거의 없기 때문에 식료를 지급하여 귀국시켜도 좋다」라고 서술하고 있다. 두 사람의 발언을 보면, 표류민을 처리하는 것이 현지의 재량에 맡겨져 있었다는 것을 알 수 있다.[近藤2018, p.99]이와 같이 송환에 있어서는 조정으로 보고는 이루어지지만, 大宰府나 諸國 官衙의 주도로 송환을 하고 있었다. 표류민은 일본 各地 大宰府→對馬島→高麗 金州→東南海船兵部部署라고 하는 지방 관아간의 루트로 송환되었다. 특히 대마도는 일본의 대고려 교섭의 최전방 기지로서 중요한 역할을 담당하고 있었다.[山内2003, p.88～90]

11세기 후반에는 일본에서 고려로 도항하는 사람이 증가하였다.『고려사』나『고려사절요』에 의하면 a「日本國使」,「壹岐島勾當官」,「對馬島勾當官」이라고 기록되어진 官衙·官人을 주체로 하는 경우와, b「商人」,「商客」,「船頭」나 個人名을 가지고 표기된 사람들인 경우가 있다. 이 가운데 a 타입은 ① 大宰府나 對馬島 官衙가 太政官의 지시를 받아서 고려와의 교섭을 하는 경우와 ② 太政官의 지시를 받지 않고 官衙 단독으로 교섭을 하는 경우가 있으며, 在廳 官人이나 商人(海商)들이 교섭의 담당자가 되었다.[山内2003, p.82～86]

a②에 대해서는「對馬島勾當官」(對馬島 官衙)이 고려에 사절을 파견하여 柑橘을 진상하였다.(『高麗史』권10, 宣宗 2年 2月 丁丑<13日>條) 12세기 이래 對馬島(長崎縣對馬市)의 官衙로부터 고려 지방관아로 進奉船이

파견되어지고, 「進奉」(고려국왕과의 臣從 관계를 보이는 행위)을 명목으로 한 무역이 행해졌다.[李領1999]對馬島 官衙의 고려 통교는 在廳官人 阿比留氏가 주도하였던 것으로 보여진다.[荒木2017b]또한 b는 「日本」 상인이라고는 표기되어져 있지만 반드시 민족적인 의미로 사용되어진 것은 아니고, 일본을 거점으로 하는 중국인 海商이 다수를 점하고 있었다고 생각된다.[榎本2007]

③ 중국인 **海商**에 의한 무역

일본과 고려의 무역에는 宋·高麗 사이에서 활동한 중국인 海商(宋海商)이 깊이 관여하고 있었다. 그들은 고려에 거점을 가지고 무역을 행하고 있었다. 고려왕조는 그들을 入貢한 사절로 규정하고 있었다. 그들의 활동범위는 일본에까지 미치게 되어 11세기 후반 博多에 「唐房」이라고 부르는 거점을 갖게 되었다.[大庭他2008 / 大庭2009·2019]중국인 海商이 일본과 고려 무역의 일익을 담당하고 있었다고 말할 수 있다.[原2006]

日本에는 義天版이라고 불리는 高麗版의 불교 典籍이 중국인 海商에 의해 유입되어 졌다. 義天(1055～1101)은 고려국왕 文宗의 제4 王子로서 화엄종을 비롯한 국내외 諸學을 익히고, 僧官의 최고위인 僧統에 올라 훗날 大覺國師라는 시호를 받았다. 北宋으로 건너가서 華嚴宗과 天台宗을 배우고, 불교 서적의 수집에 노력하였다. 귀국후, 住持로 있었던 開城 近郊의 興王寺에 教藏都監을 설치하고, 宋·遼·日本이나 高麗 국내에서 널리 불교 서적을 모아 『續藏経』 4천여권으로 간행하였다.(義天版) 北宋의 泉州 출신의 海商들은 義天과 친분 관계가 있어서 義天版을 입수하는 것이 가능하였다. 海商들은 博多의 「唐房」으로 건너가 義天版을 日本으로 가져오게 된 것이다.[原1999]

이상 3개의 교섭 형태를 살펴보았다. 荒木和憲은 北部九州와 고려의 교류는 公的(官衙) 레벨(前述의 ②)과 私的(商人) 레벨(前述의 ③)이라는 중

층적인 형태로 전개되었다라고 평가하고 있다.[荒木2017b]使船·商船의 渡航地는 金州이며, 金州防御使 또는 東南海船兵部部署가 대응하였다.[近藤2011]고려는 金州에 客館을 설치하여 응접하였다.

(2) 13세기의 왜구

(1)에서 본 것처럼 일본과 고려간의 교섭이 이루어지는 가운데 왜구가 발생하였다. 일찍이 10세기 말에 고려는 일본에 왜구에 대한 대처를 요구하고 있다.

997년 大宰府 在住者로부터 高麗 牒狀 3통(1통은 「日本國」으로, 1通은 「對馬島司」로, 1통은 「對馬島」로)이 朝廷으로 보내졌다. 한반도에서 일본인이 일으킨 狼藉行爲(倭寇)에 대해 항의를 하였던 것이다. 朝廷內의 논의에서는 그 表現이 일본을 욕되게 한다고 여겨졌으며, 개중에는 「宋의 謀略이 아닐까」라고하는 의견조차 있었다. 이처럼 군사적인 위기감을 증폭시킨 朝廷은 返牒을 일체 하지 않는 것으로 결정하는 것과 동시에 要害地를 굳건히 하고, 祈禱에 노력할 것을 大宰府에 명하고 있다.(『小右記』 長德 3年 10月 1日條)[石井2017]

13세기 어느 시기에 왜구가 한반도 南岸을 습격하면서 약탈을 되풀이 하였다.(初發期의 倭寇, 13세기의 倭寇)[村井1988 / 李領1999]특히 1220년대에 집중적으로 약탈이 행해졌다.

1223년, 왜인이 金州를 침구하였다.(『高麗史』 권22, 高宗 10年 5月 甲子<22日>條)이것이 『高麗史』에서 왜구에 관한 기사중 처음 보이는 것이다. 1225년 왜선 2척이 경상도 연해의 州縣에 침입하였다. 고려는 병사를 발동하여 모든 왜구를 나포하였다.(『高麗史』 권22, 高宗 12年 4月 戊戌<8日>條)

1226년 정월, 왜인이 경상도의 沿海州郡으로 침입하였다. 거제현령 陳龍甲이 水軍을 거느리고 沙島(거제시 沙等面. 거제도의 北部에 해당한다)에서 싸워 2인을 목베었다. 賊은 밤에 도망쳤다. (『高麗史』 권22, 高宗 13年

正月 癸未<27日>條)

同年의 왜구에 대해서는 日本의 京都에도 風聞(소문)으로 전해지고 있다. 藤原定家의 『明月記』의 嘉祿 2년(1226) 10월 16일조에는 對馬國과 高麗가 싸웠다라고 하는 巷說이 있는 것을 서술하며 「末世의 극치에 의해 敵國이 來伐한 것은 아닌가」라고 하며 「두려워 할 것, 슬퍼할 것」이라고 하는 감상을 서술하고 있다. 同年 10月 17日條에 의하면, 松浦党이라고 부르는 「鎭西凶徒等」이 수십척의 병선을 가지고 高麗의 別島로 가서 전투를 하고, 民家를 파괴하고 資材를 약탈하였다. 사람들의 반은 살해되고 나머지는 銀器 등을 훔쳐서 돌아갔다고 한다. 定家는 「이것에 의해 고려가 擧國興兵하였다. 我朝는 渡唐의 船이 서쪽으로 향할 때, 반드시 고려에 도착하고, 돌아올 때 대부분 바람을 따라 고려에 들리는 것이 流例(예로부터 있는 習慣이나 관행. 慣例)이다. 怨敵 때문이라면, 宋朝와의 往反이 곤란해 지는 것이 우려된다. 지금은 「唐船」 1척이 고려에 들리게 되면, 불을 붙여 한 사람도 남김없이 燒死하게 될 것이다」라고 하고 있다. 그리고 末世의 狂亂이 극에 달해 멸망의 근원인가, 매우 기괴한 일이다」라고 기록하고 있다. 同年 12月7日條에서 藤原定家는 九條敎實로부터 「高麗 來襲의 의혹에 의한 仗議(じょうぎ)가 있을 것이다」라고 하는 말을 전하고 있다. 仗議라고 하는 것은, 內裏의 陣의 자리에 公卿이 모려서 행하였는데, 政務에 대해 評議하는 것으로 '陣の定'(さだめ)이라고도 한다.

또한 藤原経光 『民経記』 嘉祿 2年 12月 27日條의 裏書에는 「肥後 및(다음에 불명확한 문자가 있다) 「壹岐島」와 高麗國이 싸우는데 「日本人」이 「高麗內裏」에 參入하였다라고 하는 傳聞이 있어서 「關東」(鎌倉幕府)이 놀라 소문에 대한 사유를 「公家」에 보고하였던 일이 기록되어져 있다.

1226年 6月, 왜인이 金州에 침입하였다.(『高麗史』 권22, 高宗 13年 6月 甲申<1日>條)。1227年 2月(「丁亥年二月」), 「高麗國全羅州道按察使」로부터 「日本國物[惣]官大宰府」로 보내 1226年 6月에 「對馬島人」이 全羅州을

습격한 것을 항의하는 高麗國 全羅州道按察使 牒이 발송되어졌다.(吉川本『吾妻鏡』, 嘉祿 3年 5月 14日條 <『鎌倉遺文』 第6卷 3578号>) 大宰少貳 武藤資賴는 朝廷으로 上奏하지 않고, 大宰府에 파견되어진 高麗國使의 앞에서 「惡徒」 90人을 체포하여 머리를 베었다. 그리고 은밀하게 고려로 返牒을 보냈다.(『百錬抄』 安貞 元年 7月 21日條)[關2010b]

1227年, 왜인이 金州를 침입하였다. 防護別監 盧旦이 병사를 출동시켜 賊船 2척을 나포하였고, 30여급을 베었으며 노획한 병장기를 바쳤다.(『高麗史』 권22, 高宗 14年 4月 甲午<15日>條) 同年 5月, 왜인이 熊神縣(鎭海市 城內洞. 朝鮮王朝時代의 薺浦<乃而浦>)에 침입하였다. 別將 鄭金億 등이 山間에 잠복하였다가 돌격하여 7級을 베었다. 賊은 도망하였다.

1227年(『高麗史』에서는 「是歲」, 『高麗史節要』에서는 12月), 及第 朴寅을 日本에 파견하였다. 倭寇의 우환을 알리고, 歷世和好을 요청하는 牒을 보냈다(『高麗史』 권22, 高宗 14年 是歲條, 『高麗史節要』 권15, 高宗 14年 12月條) 朴寅은 大宰府에 도착하였고, 1년이 지난 다음해 11월에 귀국하며 和親의 牒을 가지고 왔다.(『高麗史』 권129, 崔怡傳, 『高麗史節要』 권15, 同 15年 11月條)

『高麗史』권22, 高宗 14年 是歲條에는 「日本은 賊倭를 推檢(調査)하고, 이들을 주살하였다. 그 후 침략은 점차 진압되었다」라고 기록하고 있다.

이상, 1220年代 倭寇에 관한 사료를 살펴보았다. 그 특징을 정리하자면 이하의 내용과 같다.

(a) 倭寇의 침공지역은 주로 경상도 연안지역이다. 『高麗史』에 보이는 한, 즉 고려측의 인식으로 왜구의 주체는 對馬島民이었다.
전혀 未知의 땅을 습격하는 것은 생각하기 어렵다. 따라서 對馬島民은 경상도 海域에서 漁業이나 交易을 행하고 있었던 것으로 생각된다. 조선왕조시대(특히 15세기)가 되면, 對馬島民의 경상도·전라도

海域에서의 활동이 『朝鮮王朝實錄』에서 散見되고 있다.[長1987·2002 / 關2002·2012]。그러한 활동은 13세기에도 행해지고 있었다고 볼 수 있을 것이다.

(b) 1226年 왜구에 대해서, 京都의 公家가 들은 風聞으로는 肥前國의 松浦党이나, 肥後·壹岐 사람들이라고 여겨지고 있다. 松浦党은, 五島列島을 포함한 肥前國 松浦郡(현재는 長崎縣·佐賀縣)이나 壹岐島(長崎縣 壹岐市)을 거점으로 하는 바다의 武士團이다. 어디까지나 風聞이었고, 게다가 정보가 분분하다. 따라서 실체를 반영하고 있지 않을 가능성이 있다. 다만 왜구정보가 京都까지 미치고 있었던 것은 주목할만한 것이다.

(c) (1) ①에서 서술한 바와 같이 고려는 여러 번 사절을 日本(大宰府)에 파견하였다. 이런 점에서 왜구 금압을 일본 측에 요구하는 움직임은 후술하는 전기 왜구의 경우와 비교해 재빠른 것이었다.[이영 1999, p.130]

Ⅱ. 前期倭寇의 隆盛

1350년以 이래, 거의 每年, 前期倭寇는, 한반도의 각지에서 약탈을 계속하였다.

前期倭寇는 얼마나 자주 침공을 하였던 것일까? 侵攻 건수는 1350~1391년 사이에 약 300건에 달한다. 侵攻의 피크는 1376~1385년 시기이며, 1377년에는 29건, 1378년에는 22건, 1383년에는 24건의 침공을 확인할 수 있다.[田中2012a, p.212~213]다만 하나의 집단이 이동하면서 연속적으로 침공한 경우가 많았다라고 생각된다. 李領은 倭寇 집단이라고 하는 개념을 제시하고, 1350~1391년에 있어서 집단의 수(延數)를 136개라고 보고 있

다.[李領1999, p.241~255]

倭寇 중에는 100·300·500척 등 大船団인 경우도 있었다. 고려의 禑王時代가 되면 내륙지역까지 침공하는 대규모 기마집단도 등장하였다.

이하에서는 倭寇의 활동 사례에 대해 소개하고자 한다.

(1) 경상도·전라도를 습격한 倭寇

1350년 2월, 倭寇는 고려의 경상도 남쪽 해안인 固城·竹林·巨濟를 습격하였다. 고려의 合浦千戶(合浦의 管軍官. 千戶는 군인의 職名)와 都領(合浦의 軍卒指揮官)인 梁琯 등은 倭寇와 싸워 300여급을 斬獲하고 있다. 이것을 『고려사』나 『고려사절요』에서는 왜구의 침입이 여기에서 시작되었다라고 기록하고 있다.(『고려사』 권37, 忠定王 2年 2月條, 『고려사절요』 권26, 忠定王 2年 2月條)。

同年 4月 14日, 倭船 100여척이 전라도 남쪽 해안의 順天府를 습격하고, 南原·求禮·靈光·長興의 漕船을 약탈하였다. 5月27日, 왜선 66척이 順天府를 습격하였다. 高麗軍이 그들을 추격하여 1척을 나포하고 13級을 목베었다. 6月 14日, 倭船 20척이 경상도 會原縣의 合浦를 습격하고, 그 軍營과 경상도의 固城·會原의 諸郡을 불태웠다. 6月18日, 왜인이 전라도 남쪽 해안의 長興府의 安壤鄕을 습격하였다. 11月 18日, 倭는 경상도 동래군을 습격하고 있다.(이상은 『高麗史』 권37, 忠定王 2年 4月 戊戌<14日>, 5月 庚辰<27日>, 6月 丁酉<14日>·辛丑<18日>, 11月 己巳<18日>條, 『高麗史節要』 권26, 忠定王 2年 4月·5月·6月·11月條)

이상이 『高麗史』에 보이는 1350년 倭寇에 의한 약탈 記事이다. 왜구는 한반도 남쪽 해안(경상도·전라도)의 항구 등을 습격하고, 租稅를 운반하는 漕船이나, 營이라고 하는 공공시설을 습격하고 있다. 그 이후에도 한반도 남쪽 해안을 습격한 왜구는 수없이 많다.

(2) 경기도를 습격한 倭寇

1351년 가을 이후, 도읍지인 開京(開城)이 있는 경기도의 서해안을 습격하는 왜구도 나타났다.

1351년 8월 10일, 倭船 130척이 紫燕·三木 두 섬을 습격하고 廬舍를 불태웠다. 紫燕島는 현재 인천국제공항 부지이다. 8월 13일, 倭는 경기도 舟運의 요충지인 南陽府 및 雙阜縣을 습격하였다.(『高麗史』 권37, 忠定王 3年 8月 丙戌<10日>·己丑<13日>條, 『高麗史節要』 권26, 忠定王 3年 8月條)

왜구는 喬桐을 여러 번 습격하고 倭船을 정박시켰으며, 甲山倉을 불태웠다. 『高麗史』에는 「京城戒嚴」, 즉 首都인 開京(開城)이 계엄체제에 들어간 것을 기록하고 있다.(『高麗史』 권38, 恭愍王 元年<1352> 3月 庚申<16日., 권39, 同6年 5月 戊子<14日>, 同7年 5月 辛亥<14日>, 권40, 同12年 4月 己未<20日>, 권44, 同22年 7月 甲寅<15日>條, 『高麗史節要』권26, 恭愍王 元年 3月, 同6年 5月, 권27, 同7年 4月, 同12年 4月, 권29, 同7年 4月條)

1357년, 倭가 昇天府의 興天寺에 들어가서 忠宣王과 韓國公主의 肖像畵를 약탈하였다.(『高麗史』 권39, 恭愍王 6年 9月 戊戌<26日>條)

1360년, 倭寇는 강화도를 습격하여 300여명을 살해하고, 쌀 4만여석을 약탈하였다.(『高麗史』 卷39, 恭愍王 9年 閏5月 丙辰<1日>條, 『高麗史節要』 권27, 恭愍王 9年 閏5月條)

1365년, 倭가 昌陵(高麗를 건국한 태조의 부친 墓)에 들어가 太祖 부친의 肖像畵를 약탈하였다.(『高麗史』 권41, 恭愍王 14年 3月 己巳<11日>條)

1373년 6월, 倭寇는 開京을 사이에 두고 그 東西를 흐르고 있는 東江과 西江에 집결하여 陽川을 습격하였다. 그리고 漢陽府(서울)에 이르러 廬舍를 불태우고 人民을 살해하거나 납치하였기 때문에 수백리가 騷然하니 京城이 크게 불안해 하였다라고 하였다.(『高麗史』 권44, 恭愍王 22年 6月 丙申<26日>條, 『高麗史節要』 권29, 恭愍王 22年 6月條)

(3) 藤經光

1375년, 왜인 藤經光은 그 무리를 이끌고 와서 入寇를 하겠다고 恐喝하면서 糧食을 요구하였다. 高麗 朝廷은 그들에 대해 順天·燕岐 등에게 분담하여 대처하도록 하고 양식을 주었다. 한편 密直副使 金世祐를 파견하여 金先致에게 藤經光을 유인해 살해할 것을 명하였다. 이에 先致는 酒食을 갖추어 식사 자리에서 죽이려고 했으나 그 계략이 누설되고 말았다. 經光은 부하를 거느리고 海上으로 도망가고 先致는 겨우 세 사람을 잡아 죽였을 뿐이었다.(『高麗史』 권114, 金先致傳, 『高麗史節要』 권30, 辛禑 元年 5月·7月條)

『高麗史』에서는 다음과 같이 평하고 있다.

> 이보다 앞서 州郡을 습격한 왜구는 사람과 가축은 죽이지 않았는데 이로부터 이후 쳐들어 온 왜구는 부녀와 어린아이들을 남김없이 도륙하였다. 전라도와 양광도 해변의 州郡은 「蕭然一空」(텅텅 비어서 하나의 생물도 없는 모양)이 되었다.(『高麗史』 권114, 金先致傳)

(4) 阿只拔都

倭寇 두목(「賊將」)의 한 사람으로 阿只拔都라고 불리는 인물이 있었다. 나이는 15-6세로써 「骨貌」는 端麗하고, 용맹함은 달리 유례가 없는 인물이었다. 白馬를 타고 戈를 휘두르며 돌격하면 마주 대하는 자는 겁에 질려 굴복하였고 감히 맞서는 자가 없었다. 高麗의 장군 이성계는 「荒山戰鬪」(南原山城 전투라고도 한다. 荒山은 智異山 북측의 기슭이며, 현재 전라북도 남원시 운봉읍 引月里에 소재)에서 阿只拔都가 거느린 왜구와 대적하였다. 이성계는 阿只拔都의 투구를 활을 쏘아 떨어트리고, 이성계의 부하 李豆蘭이 활을 쏘아 죽였다. 倭寇는 크게 기가 꺾이었고, 이성계는 왜구를 격파하였다. 강의 흐르는 물은 온통 빨갛게 변하고, 6-7일간 색이 변하지 않아 사

람들은 물을 마실수가 없었다. 노획된 말이 1,600여필에 이르렀다.(『高麗史』 권126, 邊安烈傳)[李領1999·2007 / 田中2012a]

이 왜구와의 전투에서의 승리는 이성계가 부상하는 계기가 되었고, 후에 조선왕조를 성립시키는 사건이 되었다.

(5) 禾尺·才人에 의한 假裝 倭寇

고려의 천민인 禾尺·才人이 倭寇를 빙자하여 약탈한 사례가 있다.[田中1997]禾尺은 揚水尺·水尺이라고도 하며, 牛馬의 도살이나 皮革을 加工하였으며, 才人은 假面 연극 집단이다. 1382년, 禾尺(揚水尺)이 모여 倭賊이라고 사칭하면서 寧越郡을 침입해 관청 시설이나 民戶를 불태우고 男女 50여인과 말 200여필을 잡아갔다.(『高麗史節要』 辛禑 8年 4月條) 1383년 6월, 交州·江陵道의 禾尺·才人들은 倭賊이라고 속이고, 平昌·原州·榮州·順興·橫川 등을 습격하였다.(『高麗史』 권135, 辛禑傳3, 辛禑 9年 6月條, 『高麗史節要』 권32, 辛禑 9年 6月條)

『高麗史節要』에서는 「水尺·才人은 농사를 행하지 않고 앉아서 租稅를 먹으며, 恒産이 없어 恒心이 없으며 山谷에 모여 속여 倭賊이라고 칭하고 있다」라고도 지적되고 있다.(『高麗史節要』 권33, 辛禑 14年<1388> 8月條)

(6) 米를 약탈한 倭寇

『高麗史』나 『高麗史節要』에 의하면, 倭寇의 주요 약탈품은 食糧(米)과 沿岸 住民들이었다. 米를 얻기 위해 租米를 운반하는 수송선이나 그것을 비축하는 창고가 공격의 대상이 되었다. 그들이 약탈한 米나 사람들은 商品이 되었다. 따라서 前期倭寇는 掠奪者로서의 측면과 交易을 행한 商人으로서의 측면이 있었다고 보아야 한다.

倭寇에게 米를 약탈당한 영향에 대해서 李領은 다음의 두가지 점을 지

적하고 있다.[李領1999, p.124]

① 官僚들의 給料는 지급되지 않았고, 약간의 租稅의 배분을 놓고 싸움을 벌여 살인에 이르는 일도 있었다.(『高麗史』 권80, 食貨3, 祿俸, 辛禑 4年<1378>5月條)

② 政府는 연해지역에 잇는 倉庫를 내륙으로 이전하엿고, 일시적으로 海路를 피해 陸路를 이용할 것을 지시하지 않으면 안되었다.(『高麗史』 권39, 恭愍王 年4 月丁酉<29日>條·권80, 食貨3, 賑恤·水旱疫癘賑貸之制, 恭愍王 20年<1371>12月條)

(7) 사람을 약탈한 倭寇-被虜人의 발생-

倭寇가 사람을 약탈한 것을 보여주는 史料에 대해서는 石原道博의 논문에 상세하다.[石原1956(一), p.67～73]

『高麗史』 권114, 金湊傳에 의하면, 「倭奴」(倭寇)는 庚寅年(1350) 이후 郡邑을 침공하면서 「人民」을 약탈하고 있다. 郡縣에 城堡를 수축한 이후, 倭寇가 침략할 수 없게 되고 「生民」이 잡혀가는 것을 면하게 되었다고 하였다.

1372년, 왜인은 東界 安邊 등에 侵寇하여 「婦女」를 잡아갔다(『고려사』 권43, 공민왕 21년 6월 辛丑<26日>條·『고려사절요』 권29, 공민왕 21년 6월條) 翌年 6月, 倭寇는 漢陽府를 습격하고 「廬舍」를 불태웠으며, 「人民」을 살해·약탈하고 있다.(『高麗史』 권44, 恭愍王 22年 6月 丙申<26日>條·『高麗史節要』 권29, 恭愍王 22年 6月條)

倭寇에게 잡혀간 사람들(被虜人)은 案內人(諜者)로서 왜구의 활동에 종사시키는 것 외에, 博多나 壹岐·對馬 등으로 轉賣되었다.[關2002]

被虜人은 日本列島 뿐만 아니라 琉球에 까지 전매되고 있었다. 1416년,

조선국왕 太宗은 琉球國에 전매되고 있는 被虜人이 많다는 것을 듣고, 李芸를 琉球로 파견하여 44명의 조선인을 송환시키고 있다.(『太宗實錄』 권31, 16年 正月 庚申<27日>條·同, 권32, 16年 7月 壬子<23日>條) 田中健夫가 지적하고 있는 것처럼 琉球는 「倭寇에 의해 나포된 朝鮮被虜人이 전매되는 市場」이었으며, 那覇는 「東아시아에 있어서 중요한 노예시장이었다」[田中1975, p.296]

이와 같이 동아시아 해역에서 인신매매가 빈번하게 행해지고, 倭寇에 의한 被虜人도 상품이었다.[關2002]

Ⅲ. 前期倭寇의 실체

前期倭寇의 주요 구성원은 朝鮮王朝가 「三島」라고 부르는 對馬·壹岐·松浦地方(또는 博多)의 사람들이라고 본다[李泰勳2013·2018]것이 통설이며, 그 자체를 수정할 필요는 없다고 생각한다. Ⅱ(1)에서 서술한 왜구의 활동은 Ⅰ(2)에서 서술한 1220년대의 왜구를 계승한 것으로, 對馬島民들이 주체였다고 생각된다.

그것에 더하여 高麗王朝에 불만을 가진 고려 사람들도 포함되어져 있을 가능성도 있다. Ⅱ(5)에서 서술한 禾尺·才人에 의한 假裝 倭寇는 그러한 점을 추측하게 하고 있다. 이하에서는 先行 研究에 기초하여 倭寇의 실체에 대해 논하고자 한다.

(1) 村井章介의 「境界人」論

倭寇의 실체, 특히 그 민족구성에 대해서는 1980년대 후반 이후, 활발한 논쟁이 전개되었다.[關2010a·2013a]1987년, 田中健夫와 高橋公明가 倭寇

의 주력을 朝鮮人이라고 하는 견해를 연달아 발표한 것이 그 端緖이다.[田中1997(初出は1987年) / 高橋1987a]

이 학설에 대해서 李領이 엄중한 반론을 제기하였다. 李의 주장은 a 基本史料인 『高麗史』는 객관성 및 신빙성이 높다, b 同書에 근거하면 한반도를 습격하였던 왜구는 모두 對馬 등의 日本人이다, c 前期倭寇의 초기인 庚寅年(1350)의 왜구는 足利直冬의 軍事攻勢에 대응하여, 少貳頼尙이 軍糧米를 확보하기 위해 침공한 것이라는 것 등이다.[李1999]그 후에도 李領은 왜구에 관한 연구를 정력적으로 발표하였다.[李2007 등]

村井章介는 李領의 학설을 비판하는 형태로, 倭寇를 「境界人」이라고 보는 견해를 제기하였다. 村井는 고려를 습격한 倭寇의 실체에 대해 다음과 같이 서술하고 있다.[村井2013a, p.128～137]

(a) 「三島倭人」이 핵심에 자리하고 왜구 활동이 진정되는 조선시대에 들어서도 기본적으로 변하지 않았다. 「三島」라고 하는 것은 對馬·壹岐 및 松浦地方내지는 博多를 가리킨다. 朝鮮史料에서 「叛民」「寇賊」「頑民」 등으로 표기된 사람들이다. 따라서 「領主層」과 「住民層」으로 나눌 경우, 「三島倭人」는 「住民層」에 해당하고, 한반도와 九州島를 연결하는 海域을 流動하는 「境界人」이었다. 이에 비하여 「領主層」은 총체적으로 定住性이 강하고, 「住民層」에 대한 통제력과 상호 의존적인 관계를 가졌기 때문에 어떤 때에는 해적행위를 금지하고, 어떤 때는 사주하는 태도를 취하였지만 倭寇 그 자체라고는 할 수 없다.

(b) 1350년에 본격적으로 활동을 시작한 한반도의 왜구는 일본 국내의 觀應擾亂이 三島住民의 행위를 불러들인 것이다. 首都 開京(開城)을 위협한 왜구의 전략은 명료한 정치성을 띠고 있어 왜구에 편승한 反間者·反間 刺客과 같은 이질적인 요소가 대량으로 유입되고 있다. 그 배경에 왕실 주변의 불안정한 정치 상황이 있었다.

(c) 倭寇의 핵심 부분이 대마인이나 대마도 경유자였다면, 그들이 異國의 海陸을 행군하기 위해서는 현지인의 정보 제공·협력이 불가결했었다. 또 왜구중에는 제주인도 가담하고 있었다. 牧胡(제주도에 있던 원래 직할 목장을 관리하는 官吏. 몽골계)를 중심으로 한 반정부 세력으로, 제주도의 말을 사용할 수 있는 조건을 가지고 있었다. 전성기의 왜구 집단이 가지고 있던 다수의 軍馬는 제주도의 목장을 빼놓고는 생각할 수 없다. 또 禾尺·才人이 왜구로 假裝한 사례도 있었다. 이렇게 해서 왜구-제주인-화척·재인은 반정부 행동을 공통점으로 하는 경계인으로서, 동일한 지평에서 파악하는 것이 가능하다.

그리고 村井는 朝鮮·中國史料에 보이는 「倭」에 대해서 다음과 같이 서술하고 있다.

(d) 「倭」은 「日本」과는 상대적으로 구별되어진다. 九州 西北地域을 중심으로 하는 경계 공간의 명칭이다. 거기서는 조선·중국의 국가적 통제에는 한계가 있었고, 민족적으로는 다른 출신인 사람들을 동등하게 「倭」, 「倭寇」라는 이름으로 부른 상태였다.

(2) 다양한 倭寇

上記의 村井의 연구는 倭寇에 관한 이론적인 설명의 도달점이라고 할 수 있다. (1)의(b)(c)에 대해 설명을 추가하고자 한다.

(b)의 「首都開京(開城)을 위협한 倭寇」라고 하는 것은 Ⅱ(2)에서 언급한 사례를 가리킨다. 村井가 말하는 것처럼 경기도 주변을 습격하고, 寺院이나 陵墓를 습격하고 王家의 초상화를 약탈한 왜구는 高麗王朝의 지배에 저항하는 사람들이 많았을 것이다.[關2010a]

(c)제주도의 몽골 사람들의 반란에 대해 서술하여 두겠다. 이 점은 高橋

公明이나 村井章介에 의해서 고찰되었다.[大石·高良·高橋2001, 村井 2013a]

1273년, 三別抄를 진압한 元朝(大元 우루스)은 제주도에 「達魯花赤」(다루가치)라고 하는 현지의 軍事·行政의 책임자를 두었다.(『高麗史』 권27, 元宗 14年 閏6月 丙辰<6日>條) 제주도에는 말 목장이 설치되었고 牧胡가 배치되었다.

元朝 末期에는 몽골계 사람들에 의한 반란이 일어나고 있다. 1356년, 몽골계 사람들에 의해 都巡問使·牧使·判官 등이 살해되었다.(『高麗史』 권39, 恭愍王 5年 10月 丙寅<12日>條) 1362년, 「耽羅牧胡古禿不花·石迭里必思等」이 「星主高福壽」를 내세워 반란을 일으켰다.(『高麗史』 권40, 恭愍王 11年 8月 丙申<24日>條) 「星主」는 耽羅王朝 이래의 系譜를 잇는 지위이다. 同年, 元은 제주도를 직할하는 것으로 하고, 副樞文阿但不花를 耽羅萬戶로 하고 高麗人 萬戶 朴都孫을 살해하였다.(『高麗史』 권40, 恭愍王 11年 10月 癸巳<22日>條)

명나라는 건국된지 얼마되지 않아 제주도의 말에 주목하여 고려왕조에 요구하였다. 1372년, 「韃靼牧子」 등이 고려왕조가 제주도에 파견한 秘書監 劉景元·濟州牧使 李用藏·判官 文瑞鳳·權萬戶 安邦彦 등을 모두 살해하였다.(『高麗史』 권43, 恭愍王 21年4月 己卯<2日>·壬寅<25日>條)

1374년, 明의 洪武帝는 耽羅의 말 2,000필을 바치라고 명하였지만 현지의 牧胡는 元의 世祖가 방목한 말을 왜 明에 보내지 않으면 안되는 것인가라고 저항하며 300필만 보냈다.(『高麗史』 권44, 恭愍王 23年 7月 乙亥<12日>條) 그 때문에 恭愍王은 戰艦 314척, 兵士 2만5600명을 보내서 耽羅를 공격하였다.(『高麗史』 권44, 恭愍王 23年 7月 戊子<25日>·8月 辛酉<28日>條) 1375년, 제주인 車玄有 등이 관청을 불태우고, 安撫使 林完·牧使 朴允淸·馬畜使 金桂生 등을 살해하였다.(『高麗史』 권133, 辛禑 元年 11月條)

이상의 (b)(c) 이외에, 중국 대륙 연안에서 활동한 세력도 가세하였을 가능성도 있다.

1368年, 中國의 舟山群島에서 蘭秀山의 亂이 일어났다.[藤田1997]蘭秀山은 「蘭山·秀山」이라고도 불리워지지만 하나의 섬이다. 이 반란은 舟山群島를 근거지로하는 海上勢力이 봉기한 것이다.

이 사건 關係者로 체포된 舟山群島 사람 林宝一 및 高麗人 高伯一이 供述이 남아 있다. 林宝一은 明의 추적을 피하기 위해 耽羅(제주도)로 도망하였고, 그 지역에서 「海菜」(ワカメ)를 사 모았다. 고려로 건너가 陳魁五 등과 만나 布 5필匹에 고용되었다. 綿布를 메는 일을 하였고, 전라도 古阜의 陳의 집에서 일하게 되었다. 明으로부터 通報를 받은 고려의 수색이 시작되자 陳魁八과 함께 도망하여 高伯一의 집에 머물게 되었다. 그 때 그는 蘇木을 주고 있다. 그리고 陳魁八을 살해하였다.(『吏文』 洪武 3年 <1370> 10月 初9日付「高麗國王宛中書省咨」)

舟山群島의 사람들은 제주도나 고려 연안으로 자유롭게 출입하면서 고려측 주민과 쉽게 커뮤니케이션을 가지고 있었고, 국경을 초월한 활동을 계속하고 있었던 것이다.[藤田1997]따라서 이 海域의 사람들은 단순히 交易만을 하는 것이 아니고 서로 이해할 수 있는 공통의 문화기반을 가지고 있었다고 봐도 좋을 것이다. 그들이 고려를 덮친 전기 왜구에 가담했을 가능성을 고려할 필요가 있다.

(3) 前期倭寇에 대한 견해

최근, 橋本雄는 村井說을 답습하여, 倭寇가 對馬·壹岐·松浦半島(혹은 博多)라고 하는 「三島」의 사람들에 의해 점거되고 있었던 것을 감안하여 다음과 같이 서술하고 있다.

> 다만 헤아리는 방식에 따라서는 백 수십건부터 600건에 달하는 전기왜구를 모두 같은 같은 구성원으로 파악할 수 있는 보증은 전혀 없다. 境界性이

> 나 流動性이 강한 倭寇를, 무조건 일괄적으로 하는 것 자체에 신중해야 할 것이다. 어느 왜구사건의 首班이 對馬島人이라고 해서 그것을 다른 왜구집단에 적용된다고는 할 수 없다. 멤버에 다른 지역 출신의 사람들이 섞여있다고 하더라도 이상할 것이 없다. 또 예를 들어 어제까지는 농민이었던 인간이 왜구집단에 몸을 던진 순간에 왜구가 되는 것인가 라고 하는 정체성의 흔들림도 당연히 문제가 될 것이다. 이것은 우리들의 왜구 인정 기준에도 관련되는 어려운 문제이다.
>
> 즉, 「倭寇」라고 한마디로 말하더라도 時期나 지역에 따라서 다양한 집단이 존재하였다라는 것을 잊어서는 안된다. 倭寇集団別 색깔의 구분, 혹은 集団內部의 다양성·다원성에 대한 해석이, 향후도 끈질기게 계속되어야 한다.[橋本2019, p.48～49]

筆者는 村井이나 橋本의 견해에 찬성한다. 前期倭寇는 對馬島民들인 「三島」 住民을 중심으로 하였지만 Ⅲ(2)에서 서술한 바와 같이 高麗人이나 몽골계 사람들을 포함한 다양한 집단이라고 말할 수 있다. 따라서 倭寇는 日本人·朝鮮人 중 하나라는 식의 논의를 해서는 안 된다. 왜구들의 거점이나 생활권, 행동 범위에 입각하여 각각의 사례에 대해 유연한 관점에서 고찰해 나가야 한다.

그런데 Ⅱ(6)(7)에서 본 바와 같이 前期倭寇는 米나 사람을 약탈하였고 그것들을 상품으로 하였다. 그 외에 어떤 상품을 운반하고 있었던 것일까.

橋本雄는 朝鮮에서 「唐物」은 日本에서 「唐物」과 거의 같았다고 보고, 중국 江南産의 良質의 生糸나 絹織物, 唐·宋代내지 그것을 칭탁한 書畵·金屬器·漆器·陶磁器을 倭寇가 운반한 것으로 보고 있다.[橋本2019, p.55]

또한 橋本은 「韓半島에서 만들어진 불교 文物도 상당수는 왜구 세력에 의해 「三島」地域, 즉 日本으로 가져왔다」라고 지적한다. 다만 「현재 일본에 전해져 오고 있는 고려의 文物이 왜구의 약탈품만은 아니다」라고 하며, 「交易에 의해 가져온 것이라고 생각되는 사례도 적지 않으며」, 「高麗·朝鮮 文物의 移轉의 역사에 대해서는」 「略奪·盜難·轉賣·交易 등 여러 가지 계

기를 상정하지 않으면 안되는 것이다」라고 서술하고 있다.[橋本2019, p.56]

橋本은 어떤 점에서 「倭寇」가 관여하였을 가능성이 있는 文物移轉의 사례로서, ① 佐賀縣의 鏡神社가 소장하고 있는 水月觀音像(「楊柳觀音像」)[李泰勳2011], ② 鍋島報效會가 소장하고 있는 紺紙金字妙法華経을 들고 있다.

Ⅳ. 日麗通交関係의 成立

(1) 高麗와 日本 朝廷·室町幕府와의 交涉

倭寇 피해를 받은 고려는 日本에 使者를 보내, 그에 대한 禁壓을 요구함과 동시에 외교관계를 요청하였다. 倭寇의 발생이, 일본과 고려 쌍방이 사절을 파견하는 통교관계를 성립시킨 것이다.

1366년, 고려의 恭愍王은 使者로 金龍 일행과 金逸 일행을 별개로 일본의 京都로 파견하였다. 그 목적은 일본측에 倭寇의 禁壓을 요청하는 것이었다.[青山1955 / 中村1965 / 田中1975 / 高橋1985 / 岡本2007 / 石井2017] 잇달아 일본으로 온 고려 사절은 일본으로서는 1292년 元朝에 의해 일본 招諭를 위해 파견된 金有成 등 이후 70여년만의 일이었다. 李領은 몽고침입을 계기로 일본과 고려간의 외교관계가 끊겼고, 그리고 元朝의 지배하에 있었기 때문에 元朝의 허가 없이 독자적으로 일본에 사신을 파견하기를 주저하였던 것이다 라고 지적하고 있다.[李領1999, p.130]

室町幕府의 將軍 足利義詮는, 高麗 使節의 처우에 대해 朝廷에 아뢰었지만 朝廷은 殿上定의 결과, 使節을 받아들이는 것을 거부하는 것으로 결정하였다. 그러나 幕府는, 天龍寺을 숙소로 하여 사절을 맞이하였다. 사절을 접대한 사람은 天龍寺 住持인 春屋妙葩 등의 五山僧이었다. 또한 將軍 足利義詮도 天龍寺로 가서 사절을 접견하였다. 그리고 義詮의 뜻을 받든

春屋의 書狀으로 답신하였다. 이 때 春屋에게는 僧錄이라고 하는 肩書가 추가되어지고 있다. 天龍寺의 승려 2인을 대동하고, 金龍·金逸 등은 귀국하였다.

이 고려 사절과의 교류는 幕府가 朝廷으로부터 外交權을 접수하는 첫걸음이 되었다. 이후 春屋妙葩의 후계자인 五山僧이 外交文書를 작성하고, 外交使節의 실무를 담당하게 되었다.[田中1996]

이 때 고려 사절은 상당한 주목을 받아 高麗로부터 온 牒狀의 사본이 작성되어졌다. 그것이 『太平記』 권39에 「高麗人來朝의 事」의 記述을 낳게 되었다.[藤田2008]。거기에는 倭寇의 盛行과 金龍 등 일행의 訪日, 그리고 「征東行中書省咨文」이 인용되어지고 있다. 또한 「神功皇后, 新羅를 공격하신 일」 부분에서는, 元代에 작성되어진 七言律詩가 인용되어지고 있다. [森田2007]그 때까지 京都 사람들이 전혀 인식하고 있지 못하였던 「무법자(溢れ者)」인 倭寇에 관한 정보가 高麗 使節의 방문을 계기로 還流하여 『太平記』라고 하는 서적을 통하여 사람들에게 유포되고 있었던 것이다.

그 후 高麗 사절의 訪日은 두절되었지만, 倭寇가 가장 극에 달하였던 禑王時代에는 빈번하게 고려 사절이 일본에 왔다.[靑山1955]。1375년에 파견되었던 「通信使」 羅興儒는 牒者로 의심받아 체포되었지만 고려 출신의 승려 良柔의 청원에 의하여 석방되었다. 幕府는 德叟周佐의 書狀을 보내고, 倭寇의 禁壓을 약속하였다.(『高麗史』 권114, 羅興儒傳, 권133·辛禑傳, 辛禑 元年 2月條, 同2年 10月條, 『高麗史節要』 권30, 辛禑 元年 2月條, 同2年 10月條)

(2) 高麗와 九州探題 今川了俊·大內義弘氏와의 交涉

그러나 幕府의 약속에 만족할 수 없었던 고려는 왜구의 禁壓을 기대할 수 있는 상대로서 九州探題 今川了俊[川添1996] 및 大內義弘[須田2011 /

大內氏歷史文化硏究會2019]과 교섭을 하게 되었다.

1377년에 判典客寺事 安吉常이 日本에 파견되어 왜구의 금압을 요청하였다. 安吉常 자신은 日本에서 病死하였다.(『高麗史』 권133, 辛禑傳, 辛禑 3年 6月條, 『高麗史節要』권30, 辛禑 3年 6月條) 同年 8月, 今川了俊은 승려 信弘을 파견하여 왜구의 금압이 용이하지 않다는 것을 전하는 서신을 보냈다.(『高麗史』 권133, 辛禑傳, 辛禑 3年 8月條, 『高麗史節要』 권30, 辛禑 3年 8月條) 1378년, 今川了俊은 승려 信弘을 보내면서 군사 69명을 고려로 보냈다. 이 군사는 전라도의 兆陽浦에서 왜구와 싸워 1척을 노획하고 잡혀있던 婦女 20여명을 獲得하였다. 다만 경상도 固城郡의 赤田浦에서 왜구와 싸웠지만 패전하여 일본으로 돌아갔다.(『高麗史』 권133, 辛禑傳, 辛禑 4年 6月·7月·12月條, 『高麗史節要』 권30, 辛禑 4年 6月·7月條)

信弘을 파견한 同年, 大內義弘도 군사를 고려에 파견한 것을 보여주는 사료가 있다. 「忌宮神社文書」의 永和 4年(1378) 4月 16日付의 大內氏奉行人連署奉書(『山口縣史』史料編中世4「忌宮神社文書」234号. 本文 중에 「長門國符(府)分高麗渡水手事」라고 되어 있다. 「水手」는 「かこ」라고 읽는다) 및 永和 4年 4月 17日付의 某遵行狀(『山口縣史』史料編中世4「忌宮神社文書」235号. 「長門國符(府)分異國水手事」라고 되어 있다)이다. 須田牧子는 大內氏가 今川了俊의 高麗로의 군사 파견에 관여하고 있다고 보고 있다. 須田은 今川了俊이 九州에서 활동하는 데에는 大內氏의 支持가 있었던 것을 지적하고 있다.[須田2011, p.48～51]

마찬가지로 1377년, 일본으로 파견된 前大司成 鄭夢周는 被虜朝鮮人을 博多에서 사들이고 있다. 翌年 鄭夢周는 今川了俊의 사절 周孟仁과 被虜人 수백명과 함께 귀국하였다.(『高麗史』 권117, 鄭夢周伝·권133, 辛禑伝, 辛禑 3年 9月條,同4年 7月條,『高麗史節要』 권30, 辛禑 3年 9月條,同4年 7月條)

1379년, 版図判書 李子庸은 今川了俊으로부터 被虜人 230여명을 얻어

귀국하였다. 또한 前司宰令 韓國柱는 大內義弘의 부하 朴居士와 軍兵 186명과 함께 귀국하였다. 다만 朴居士는 高麗 河乙沚의 援軍을 얻지 못하여 왜구에게 크게 패전하였다.(『高麗史』 권114,河乙沚伝·권133, 辛禑伝, 辛禑 4年 10月條,권134, 同5年 5·7月條,『高麗史節要』 권30, 辛禑 4年 10月條,권31, 同4年 閏5月·7月條)

이상에서 서술한 바와 같이 今川了俊과 大內義弘은 高麗에 휘하의 武士들을 파견하여 고려군과 협력해 왜구 토벌을 행하였던 것이다. 이것은 14세기말 고유의 日韓共存의 모습이라고 말할 수 있다.

(3) 1389년의 對馬 侵攻과 琉球

1380년대 후반에는 高麗軍의 왜구 토벌이 주효하여 왜구는 점차 진정되어 갔다.

1389年 2月,慶尙道元帥 朴葳는 兵船1 00척을 거느리고 對馬島를 공격하였다. 倭船 300척을 불태우고 沿岸의 廬舍를 태워버렸으며, 잡혀간 高麗人 男女 104명을 찾아내 돌아왔다.(『高麗史』 권116,朴葳伝,권137, 辛昌伝, 辛昌元年 2月條, 『高麗史節要』 권34, 恭讓王元年 2月條) 對馬島에 많은 수의 被虜人이 있었던 것을 알 수 있다.

同年 8月,琉球國 中山王 察度는 처음으로 高麗에 사절을 파견하였다. 察度는 明皇帝에게 보내는 외교문서인 表를 받들고 신하를 칭하였으며, 고려가 對馬島를 토벌한 것을 듣고 使節 玉之를 파견하였다고 한다. 그리고 잡혀간 고려인을 송환하고, 硫黃·蘇木·胡椒을 方物로 바쳤다. 玉之는 전라도 順天府에 도착하고 있다.(『高麗史』 권137, 辛昌伝, 辛昌元年 8月條) 察度는 처음으로 교섭하는 고려에게 받아들여지기 쉽도록 중국 황제에게 보내는 문서양식인 「表」를 선택한 것이라고 생각된다. 그리고 察度는 高麗軍에 의한 對馬島 공격에 대한 정보를 입수하고 있다. 對馬에 관한 정보를 알 수 있는 九州北部~琉球間의 교류가 있었던 것을 의미하고 있다. 그 정보에 근거해 玉之는 對馬島-慶尙道의 루트를 피해 全羅道 루트를 선택한 것이다. 이렇게 高麗軍에 의한 對馬島 공격을 계기로 하여 고려국왕과 琉球國 中山王과의 통교관계가 성립하였다.

맺음말-日朝 통교관계의 성립과 前期倭寇-

(1) 日朝 통교관계의 성립

본고에서는 14세기 후반의 전기 왜구의 약탈을 주제로 하여, 이를 前後의 한일관계사의 중심에 위치시켰다. 그리고 왜구에 의한 약탈이, 일본과 고려의 통교관계라고 하는 새로운 공존을 성립되게 하였다.

이 통교관계는 조선왕조로 계승되었다. 1392년 전기 왜구의 제압에 전공을 세운 이성계가 조선왕조를 건국하였다. 조선왕조는 왜구금압의 일환으로서 室町幕府의 사절(일본 국왕인 足利氏의 사절)이나 九州探題·守護 등의 지역 세력의 사절 등과 교섭하였고, 나아가 상인 및 왜구였던 사람들도 받아들였다.

이것에 의해, 다원적인 日-朝 관계가 성립하였다. 조선측은 이러한 사절을 使送倭人으로 부르고 있다. 대마도에서는 대마도주인 宗氏를 비롯해 宗氏 일족과 家臣, 승려 등의 사절이, 조선에서는 書契라 불리는 외교문서나 국왕에게 올리는 진상품 등을 지참하고 조선을 방문하여 公貿易과 私貿易을 행하였다. 조선왕조로부터의 사절은 조선국왕이 파견하는 사절(명칭은 通信使·回禮使 등)뿐이다.

중국을 중심으로 한 국제 관계에서는 「人臣에게 외교는 없다」는 것이 원칙이며, 日·明 관계는 명나라 황제와 일본국왕(足利氏) 간의 일원적인 관계이다. 그에 비해 日-朝 관계는 왜구 금압을 요구하는 조선왕조의 의향에 의해 당초부터 複數의 派遣主가 조선측에 받아들여진 것이 큰 특징이다. 사절에게는 국왕으로의 贈答이나 進上 外에, 공무역·사무역이 인정되고 있었다. 그 때문에 船團에는 상인들이 포함되어 있었고, 다양한 계층이 조선을 방문하였다.

일본의 使船이 정박하는 항구는 三浦에 한정되었다. 三浦란 경상도의 제포(乃而浦)와 富山浦(釜山浦)·塩浦를 말한다. 각 포구에는 倭館·營廳이 설치되었다. 三浦에 체재하는 왜인은 어디까지나 行程의 途上 혹은 무역을 위해서 체재하는 것이 원칙이었다.

그러나, 村井章介 논문에서 서술한 바와 같이, 거처를 갖추고 거류하는 恒居倭가 나타났다. 恒居倭의 대부분은 對馬島民이었다.

(2) 對馬島民과 壹岐島民이 연계한 倭寇

Ⅲ(3)에서 「왜구들의 거점이나 생활권, 행동 범위에 입각하여 각각의 사례에 대해 유연한 관점에서 고찰해 나가야 한다」라고 서술하였고, 本稿의 Ⅱ, Ⅲ에 대해 검토하였다. 향후 과제의 하나로서, 對馬島의 주민과 壹岐島의 주민과의 연계를 꼽고 싶다.

Ⅲ(1)에서 서술한 바와 같이 전기 왜구의 대부분은 「三島」를 거점으로 하고 있던 사람들이라고 생각된다. 「三島」 가운데 對馬와 壹岐와의 관계에 대하여 山口隼正은 南北朝期의 壹岐國 守護에 대해 검토한 논문에서 다음과 같이 서술하고 있다.

> 흔히 壹岐·對馬라고 병칭되지만, 실은 당시의 사료에는 島主(志佐氏－宗氏) 사이는 물론이고,壹岐·對馬 상호간의 관계(交流 측면,所領 측면 등)는 보이지 않는다.[山口1989,p.558～559]

「머리말」에서도 서술한 바와 같이, 『高麗史』와 『高麗史節要』에는 왜구

내부의 구성에 대한 記述은 부족하며, 對馬島民과 壹岐島民이 연계되었음을 나타내는 기사는 전무하다. 그러나 조선왕조 시대가 되면 兩者의 제휴를 볼 수 있게 된다.[關2018] 1419년의 사례에 대해서 소개하고자 한다.

同年,明에서 望海堝 전투가 일어났다. 遼東의 望海堝에서 30여척의 倭寇船团이 遼東總兵官中軍左都督劉江의 明軍에게 격파되어 거의 전멸에 가까운 타격을 받았던 사건이다. 明『太宗實錄』권213,永樂 17年 6月 戊子<15日>)條에 근거하면 倭船 31척이 馬雄島에 정박하였고, 그 후 望海堝에 상륙하였지만 패전하여 113명이 생포되고, 1000여명이 죽었다.[佐久間1992, p.127～129 / 鄭1985, p.279～281·2013, p.87～90 / 藤田2010, p.238]

이에 앞서 同年 5月,朝鮮王朝에서는 全羅道都節制使가 倭寇 39척이 가까운 섬에 와서 정박하고 있다는 것을 朝廷에 보고하고 있다. (朝鮮『世宗實錄』권4,世宗 元年 5月 己酉<5日>條) 이것은 望海堝를 습격한 倭寇船团과 동일한 것이다. 그 일부가 明에 침공하기에 앞서 朝鮮 서해안에 이르러 忠清道 庇仁縣의 都豆音串이나 黃海道 海州의 延平串을 습격하였다. (朝鮮『世宗實錄』권4, 世宗 元年 5月 辛亥<7日>·甲寅<10日>·丙辰<12日>·丁巳<13日>條) 이 사건은 조선왕조의 前國王이 對馬島 공격을 결단한 원인이 되었다. 즉, 應永의 外寇 / 己亥東征을 誘引하였던 것이다.

對馬의 都都熊丸(宗貞盛의 幼名)의 使人 時應界都가 전한 都都熊丸의 말에 의하면 都豆音串에 침입하였던 賊船 30척 가운데 16척은 전투에서 없어졌고,14척이 돌아왔다. 14척의 내역은 7척은 壹岐人의 선박,나머지 7척은 對馬人의 선박이었다.(朝鮮『世宗實錄』권7,世宗 2年 閏正月 己卯<10日>條) 이것을 근거로 한다면 望海堝를 침입한 왜구는 주로 壹岐·對馬의 사람들, 즉「三島倭人」이었다.

壹岐·對馬의 사람들이 연대하는 것이 가능하였던 배경으로, 三浦(1419년의 시점에서는 薺浦<乃而浦>·富山浦<釜山浦> 2浦가 개항하고 있었다)의 존재가 있었다. 壹岐·對馬 쌍방에서는 朝鮮王朝에 사절이 빈번하게 파견되어지고 있었다. 使節들은 三浦에서 만나는 경우가 많았을 것이다. 日韓의 공존을 가져온 통교관계 속에서 새로운 왜구의 연계를 만들어 내는 요인이 있었을 것으로 추측되는 것이다.

引用·參考文獻 (著者の姓のアルファベット順に並べた)

(A)
青山公亮, 1955,『日麗交涉史の硏究』, 明治大學文學部文學硏究所.
荒木和憲, 2007,『中世對馬宗氏領國と朝鮮』山川出版社.
荒木和憲, 2017a,『對馬宗氏の中世史』吉川弘文館.
荒木和憲, 2017b,「中世前期の對馬と貿易陶磁」『貿易陶磁硏究』第37号.
(E)
榎本 涉, 2007,『東アジア海域と日中交流—九～一四世紀—』吉川弘文館.
(F)
藤田明良, 1997,「『蘭秀山の亂』と東アジアの海域世界」『歷史學硏究』第698号.
藤田明良, 2008,「東アジア世界のなかの太平記」市澤哲編『太平記を讀む』吉川弘文館.
藤田明良, 2010,「東アジアにおける島嶼と國家」荒野泰典·石井正敏·村井章介編『日本の對外關係 4 倭寇と「日本國王」』吉川弘文館.
(H)
原美和子, 1999,「宋代東アジアにおける海商の仲間關係と情報網」『歷史評論』第592号.
原美和子, 2006,「宋代海商の活動に關する一試論—日本·高麗および日本·遼(契丹)通交.をめぐって—」小野正敏·五味文彥·萩原三雄編『考古學と中世史硏究 3 中世の對外交流 場·ひと·技術』高志書院.
橋本 雄, 2005,『中世日本の國際關係—東アジア通交圈と僞使問題—』吉川弘文館.
橋本 雄, 2011,『中華幻想—唐物と外交の室町時代史—』勉誠出版.
橋本 雄, 2012,『僞りの外交使節—室町時代の日朝關係—』吉川弘文館.
橋本 雄, 2019,「倭寇と僞使」永原陽子(責任編集)『MINERVA世界史叢書④人々がつなぐ世界史』ミネルヴァ書房.
橋本雄·米谷均, 2008,「倭寇論のゆくえ」桃木至朗編『海域アジア硏究入門』岩波書店.
(I)
李 泰勳, 2011,「鏡神社所藏高麗仏畵『楊柳觀音像』の發願者と日本將來について」『福岡大學人文論叢』第42卷4号.

李 泰勳, 2013,「〈三島倭寇〉の〈三島〉に對する李領説の再検討」『九州産業大學國際文　　化學部紀要』第55号.
李 泰勳, 2018,「〈三島倭寇〉と〈倭山〉に對する高麗·朝鮮政府の認識」『朝鮮學報』第245輯.
李 領, 1999,『倭寇と日麗關係史』東京大學出版會.
李 領, 2007,『忘れられた戰爭 倭寇』韓國放送通信大學校出版部.
石原道博, 1956,「倭寇と朝鮮人俘虜の送還問題(一)(二)」『朝鮮學報』第9·10輯.
石井正敏, 2017,『石井正敏著作集第3巻　高麗·宋元と日本』勉誠出版.
(K)
川添昭二, 1996,『對外關係の史的展開』, 文獻出版.
近藤 剛, 2011,「高麗における對日本外交案件の處理過程について」, 中央大學人文科學研究所編『情報の歴史學』中央大學出版部.
近藤 剛, 2015,「一二世紀前後における對馬島と日本·高麗—『大槐秘抄』にみえる「制」について—」中央大學人文科學研究所編『島と港の歴史學』中央大學出版部.
近藤 剛, 2018,「日本と高麗の交流」田中史生編『古代文學と隣接科學1 古代日本と興亡の東アジア』竹林舍.
(M)
村井章介, 1988,『アジアのなかの中世日本』, 校倉書房.
村井章介, 2013a,『日本中世境界史論』, 岩波書店.
村井章介, 2013b,『日本中世の異文化接触』, 東京大學出版會.
森 克己, 2008,『新編　森克己著作集1 新訂日宋貿易の研究』, 勉誠出版.
森田貴之, 2007,「『太平記』と元詩—成立環境の一隅—」『國語國文』第76卷第2号,870号.
森平雅彦, 2008,「日麗貿易」大庭康時·佐伯弘次·菅波正人·田上勇一郎編,『中世都市博多を掘る』, 海鳥社.
森平雅彦 2013「高麗·朝鮮時代における對日據点の変遷—事元期の對日警戒体制を軸として—」『東洋文化研究所紀要』第164册.
(N)
中村榮孝, 1965,『日鮮關係史の研究』上卷, 吉川弘文館.
中村榮孝, 1969a,『日鮮關係史の研究』中卷, 吉川弘文館.
中村榮孝, 1969b,『日鮮關係史の研究』下卷, 吉川弘文館.

(O)
大石直正·高良倉吉·高橋公明, 2001,『日本の歴史14 周緣から見た中世日本』, 講談社.
大內氏歷史文化研究會編(伊藤幸司 責任編集), 2019,『室町戰國日本の覇者 大內氏の世界をさぐる』, 勉誠出版.
岡本 眞, 2007,「外交文書よりみた十四世紀後期高麗の對日本交涉」(佐藤信·藤田覺編『前近代の日本列島と韓半島』, 山川出版社.
小野正敏·五味文彦·萩原三雄編, 2006,『考古學と中世史研究3 中世の對外交流場·ひと·技術』, 高志書院.
大庭康時, 2009,『シリーズ「遺跡を學ぶ」061 中世日本最大の貿易都市 博多遺跡群』, 新泉社
大庭康時, 2019,『博多の考古學 中世の貿易都市を掘る』, 高志書院.
大庭康時·佐伯弘次·菅波正人·田上勇一郎編2008『中世都市博多を掘る』海鳥社
長 節子, 1987,『中世日朝關係と對馬』, 吉川弘文館.
長 節子, 2002,『中世 國境海域の倭と朝鮮』, 吉川弘文館.
(S)
佐伯弘次, 2008,『對馬と海峽の中世史』, 山川出版社.
佐伯弘次編, 2014,『アジア遊學177 中世の對馬—ヒト·モノ·文化の描き出す日朝交流史—』, 勉誠出版
佐久間重男, 1992,『日明關係史の研究』, 吉川弘文館.
關 周一, 2002,『中世日朝海域史の研究』, 吉川弘文館.
關 周一, 2008,「日朝多元關係の展開」桃木至朗編『海域アジア史研究入門』岩波書店
關 周一, 2010a,「中華」の再建と南北朝內亂」荒野泰典·石井正敏·村井章介編『日本の對外關係4 倭寇と「日本國王」』, 吉川弘文館.
關 周一, 2010b,「鎌倉時代の外交と朝幕關係」阿部猛編『日本史史料研究會論文集1 中世政治史の研究』, 日本史史料研究會企畵部.
關 周一, 2012,『對馬と倭寇—境界に生きる中世びと—』, 高志書院.
關 周一, 2013a,「中世『東アジア』研究の動向」『歷史學研究』第906号.
關 周一, 2013b,『朝鮮人のみた中世日本』, 吉川弘文館.
關 周一, 2015,『中世の唐物と伝來技術』, 吉川弘文館.
關 周一, 2016,「海域交流の担い手 倭人·倭寇」『九州歷史科學』第44号.

關 周一, 2018,「東シナ海と倭寇」木村茂光·湯淺治久編『生活と文化の歷史學10 旅と移動—人流と物流の諸相—』竹林舍.

關 周一編, 2017,『日朝關係史』, 吉川弘文館,

須田牧子, 2011,『中世日朝關係と大內氏』, 東京大學出版會.

(T)

高橋公明, 1985,「室町幕府の外交姿勢」『歷史學硏究』第546号.

高橋公明, 1987a,「中世東アジア海域における海民と交流」『名古屋大學文學部硏究論集』史學第33号.

高橋公明, 1987b,「朝鮮遣使ブームと世祖の王權」田中健夫編『日本前近代の國家と對外關係』,吉川弘文館

高橋公明, 1987c,「朝鮮外交秩序と東アジア海域の交流」『歷史學硏究』第573号.

高橋公明, 2005,「外交文書を異國牒狀と呼ぶこと」『文學』第6巻 第6号.

田中健夫, 1959,『中世海外交涉史の硏究』東京大學出版會.

田中健夫, 1975,『中世對外關係史』, 東京大學出版會.

田中健夫, 1982,『對外關係と文化交流』, 思文閣出版

田中健夫, 1996,『前近代の國際交流と外交文書』, 吉川弘文館.

田中健夫, 1997,『東アジア通交圈と國際認識』, 吉川弘文館.

田中健夫, 2012a,『倭寇—海の歷史—』, 講談社.

田中健夫(村井章介編), 2012b『增補 倭寇と勘合貿易』, 筑摩書房.

田村洋幸, 1967,『中世日朝貿易の硏究』, 三和書房.

鄭 樑生, 1985,『明·日關係史の硏究』, 雄山閣出版.

鄭 樑生, 2013,『明代の倭寇』汲古書院 [汲古選書65]

(Y)

山內晋次, 2003,『奈良平安期の日本とアジア』, 吉川弘文館.

山口隼正, 1989,『南北朝期九州守護の硏究』, 文獻出版.

[付記]本稿는 日本學術振興會科學硏究費補助金·基盤硏究(C)(一般)「中世日本の異國使節에 관한 基礎的 硏究」(課題番号16K03020, 硏究代表者·關周一)에 의한 硏究成果의 일부이다.

〈토론문〉

〈14세기 왜구의 한반도 약탈(関周一 발표)〉에 대한 토론문

柳在春ㅣ江原大學校

1. 발표문에 대한 총평

본 발표문에서는 그간의 倭寇(특히 前期 倭寇)에 관한 여러 연구 동향과 발생 현황, 특징 등을 일목 요연하게 잘 정리해 주셨고, 특히 왜구의 발생이 고려와 일본의 통교관계를 성립하도록 하여 고려와 일본이 상호 협력적으로 共存하는 새로운 시대를 열게 되었다는 점을 강조한 것은 오늘 제1 섹션의 주제 <掠奪과 共存>에 부합하는 해석이라고 생각합니다.

다만, 그동안 '倭寇' 연구와 관련하여 주요 논쟁이 되어 왔던 '構成員' 문제에 대해 좀더 새로운 견해를 제시해 주셨으면 좋지 않았을까 라고 생각합니다. 왜구 구성원 문제와 관련한 村井先生의 연구 境界人論에 대해, 한국에서 최근 발표된 논문, 「이영(李領)의 왜구 주체 논쟁과 현재적 과제」에서는 "경계인(marginal man)적 속성을 강조하면서 자국사적 맥락을 지워버림으로써 역설적으로 오히려 또다른 민족주의적 자기 옹호의 오류"라고 지적하면서 왜구를 둘러싼 논쟁이 좀 더 생산적으로 발전하기 위해서는 '왜구를 구성하는 민족 구성원'에 대한 관심을 넘어 동아시아 역사에 출몰했던 '왜구'를 보편적 해적사의 전망속에 위치 지음으로써 '왜구'라는 사건과 현상을 재음미할 것을 제기하고 있습니다.[1] 저는 이 지적이 타당한 점이 있다고 판단하고 있습니다.

境界人論은 '海域史' 관점에서 나온 것으로, 海域史 관점은 文化交流史的인 측면이나, 文化圈 설정에 대한 이론적 연구 측면에서는 일면 효과적인 도구가 될 수 있지만 역사적 사건인 '왜구'의 실체를 규명하는 이론으로서는 적합하지 않은 면이 있다고 생각합니다. '경계인론'이 성립되려면 중세 일본역사에서 이른바 '三島' 지역은 일본지도에서 제외되는 것이 맞지 않을까 생각합니다. 발표자께서는 '三島' 지역 일본인을 「領主層」과 「住民層」으로 나누어 「三島倭人」는 「住民層」에 해당하고,한반도와 九州島를 연결하는 海域을 流動하는 「境界人」이었고, 이에 비하여 「領主層」은 총체적으로 定住性이 강하고, 「住民層」에 대한 통제력과 상호 의존적인 관계를 가졌기 때문에 어떤 때에는 해적행위를 금지하고, 어떤 때는 사주하는 태도를 취하였지만 倭寇 그 자체라고는 할 수 없다고 하셨는데, 이 또한 경계인론과 연계되어 왜구의 실체를 모호하게 하는 해석이 아닌가 라고 생각합니다. 왜구는 경계인이 아니고 그저 '海賊'일 뿐이며, 혹 중국인이나 한국인이 극히 일부 섞여 있고 假裝 왜구가 있었다고 하더라도 고려나 조선에서는 그들 대부분이 왜인이라는 것을 분명히 알고 있었고, 그들은 일본지역에 근거지를 가지고 살고 있는 '일본인'이라는 점은 변할 수 없는 사실입니다. 고려 禑王 3년(1377) 일본에서 고려에 使節로 온 승려 信弘은 왜구를 가리켜 '草竊之賊 是逋逃輩'라고 하여 분명히 일본과의 연관성을 지적하고 있다는 점을 참조할 필요가 있을 것이다.

1) 박경남, 「이영(李領)의 왜구 주체 논쟁과 현재적 과제」, 『역사비평』 122, 역사비평사, 2018, 475쪽.

2. 개별 사안에 대한 몇가지 질의

발표자께서 기왕에 발표된 연구와 여러 가지 사료를 통해 이른바 前期倭寇에 대한 내용을 잘 정리해 주셨고, 특히 논문을 서술하시는 과정에서 인용한 일본 사료는 관련 연구 분야에서 매우 흥미있는 자료이기에 본인도 여러 가지 많은 공부가 되었습니다. 전체적인 측면에서는 앞서 말씀드렸기 때문에 구체적인 몇가지 문제에 한정하여 궁금한 사항을 질의드리도록 하겠습니다.

(1) 발표자께서 1366년,고려의 恭愍王이 使節로 金龍, 金逸 일행을 日本의 京都로 파견하였던 사실을 소개하시면서 "그때까지 京都 사람들이 전혀 인식하고 있지 못하였던 「무법자(溢れ者)」인 倭寇에 관한 정보가 高麗 使節의 방문을 계기로 還流하여 『太平記』라고 하는 서적을 통하여 사람들에게 유포되고 있었던 것이다."라고 하셨습니다. 여기서 궁금한 것은 정말 京都人들은 고려 사절이 갈 때까지 '倭寇' 대해 전혀 인식하고 있지 못하였는가 하는 것입니다. 혹 그런 사실이 기록된 당대의 일본 史料는 없는 것인지요? 그렇다면 왜구의 문제를 일본내에서는 어느 정도 권역내에서 한정적으로만 알고 있었다는 것이 되는데, 왜구 발생이후 그런 문제들이 일본내에서 자체적으로 거론된 것을 보여주는 史料는 없는지 궁금하여 질의드리는 바입니다.

(2) 1378년 九州探題 今川了俊은 승려 信弘을 파견하면서 군사 69명을 함께 보내 고려의 왜구 진압에 협력하도록 하였고, 또 1379년 版図判書 李子庸과 前司宰令 韓國柱가 파견되었을 때 大内義弘은 휘하의 朴居士와 軍兵 186명을 고려에 보내 역시 왜구 진압에 협력하도록 하였습니다. 이 일은 극히 이례적인 일이고 발표자께서 말씀하는 대로 '14세기말 고유의 日

韓共存의 모습'이라고 할 만한 일입니다. 그러나 단순히 고려의 사절 파견과 왜구 금압 요청에 따른 우호적인 협조라고만 볼 수 없는 일이기도 합니다. 발표자께서는 今川了俊이나 大內義弘이 고려에 병력을 파견하여 왜구 진압에 협조한 배경, 즉 진짜 이유가 무엇이라고 생각하시는지 의견을 듣고 싶습니다.

(3) 발표자께서는 前期倭寇의 대부분을 「三島」 주민으로 보고 있지만, 향후 과제의 하나로서, 對馬島의 주민과 壹岐島의 주민과의 연계 문제를 들고 싶다고 지적하시었습니다. 그리고 山口隼正이 南北朝期의 壹岐國 守護에 대해 검토한 논문에서 "흔히 壹岐·對馬라고 병칭되지만, 실은 당시의 사료에는 島主(志佐氏—宗氏) 사이는 물론이고, 壹岐·對馬 상호간의 관계(交流 측면,所領 측면 등)는 보이지 않는다."는 내용을 인용하였고, 壹岐·對馬의 사람들이 연대하는 것이 가능하였던 배경으로, 조선의 三浦 개항으로 인하여 壹岐·對馬에서는 朝鮮에 사절이 빈번하게 파견되고, 使節들은 三浦에서 만나는 경우가 많았기 때문에 日韓의 공존을 가져온 통교관계 속에서 새로운 왜구의 연계를 만들어 내는 요인이 있었을 것으로 추정하셨습니다. 三浦 개항이전에 壹岐·對馬의 연계가 부재하다면 어떻게 그 많은 사람들이 壹岐나 九州로부터 對馬島를 통해 왕래할 수 있었는지 궁금합니다. 14세기 壹岐·對馬의 정치적 관계와 교류에 대한 상황에 대해 보충적인 설명을 부탁드립니다.

15世紀、三浦を通じた共存

村井章介 | 日本 東京大学

倭寇の後遺症

14世紀末から15世紀前半にかけて、倭寇の活動は下火となった。だがこれで朝鮮が倭寇問題から解放されたわけではない。1429年に日本を訪れた通信使朴瑞生は、歸國報告のなかでつぎのように述べている。「私が船で瀬戸内海を通過したとき、港に寄るごとに、奴婢として使役されている俘虜が逃げてこようとするけれども、かたく枷や鎖で繫がれていて果たせない、まことに哀れむべきである……。」

この時点では、倭寇の軍事活動自体は、もはやたいした問題ではなかった。だが倭寇によって日本に連行され、奴隷として使役されたり、遠い國に轉賣されていった朝鮮民衆にとって、倭寇はまさしく現在の問題だった。日本の諸勢力をして彼らを返還させる「刷還」という課題が、朝鮮政府に重くのしかかることになったのである。

では朝鮮國内の人民は倭寇問題から解放されただろうか。朝鮮政府は倭寇懷柔の必要から、倭人通交者の持参する物資の買い付けと要求する物資の調達にできるだけの努力を惜しまなかった。彼らの朝鮮滞在中の食糧、浦所・上京路・京中・朝廷などでの數次におよぶ宴會、さらには歸國の旅費に至るまで、費用は朝鮮もちだった。

こんな好條件に惠まれたら通交者が殺到するのは当然で、なかには1

本の刀を献じて使臣と称するものさえいた。「倭人上京道路」沿線の各官·各驛の民は、貨物の運搬の勞苦に堪えかねて、農業を捨て流亡するありさまだった。1455年には「日本國諸處使送倭人」が6,116人にも達し、彼らが持ちこむ銅や錫が道路につらなり、民衆は弊を受け、國家の費えもまた少なくなかった。

倭寇は朝鮮人か

1988年の論文「倭寇と東アジア通交圏」において、田中健夫は、「14世紀の倭寇の主力は日本人と朝鮮人の連合した集団あるいは朝鮮人のみの集団だった」という衝撃的な論を提起した。おもな論據は、1446年に判中樞院事李順蒙が國王に呈した上書の、「臣聞くに、前朝高麗の末に倭寇が盛んになり、民たちは生きる頼りがなかったが、倭寇十のうち倭人は一二に過ぎず、他は本國の民が倭人を装って党をなし亂をなすものであった」という一節である。傍証として、『高麗史節要』の1380年代の記事に、禾尺(揚水尺·水尺ともいい、屠馬牛·皮加工·柳器製作などに従事)·才人(仮面芝居の集団)と呼ばれる賤民集団が、山谷に群集し、詐って倭賊となり、州郡を襲った、と見えることをあげる。

この論は、對馬で、あるいは對馬を経由して、膨大な船·馬·人員を調達し、海上輸送することの困難さ、という背景説明をも含めて、筋は通っている。だが、膨大な朝鮮史料のなかで、倭寇集団における倭人の割合にふれた史料は、倭寇最盛期から半世紀以上もあとの李順蒙上書一つしかない。しかもその指摘は、辺境の賤民層への差別意識が基調となっている。だから「倭人は一二に過ぎず」という数字を、實態として鵜呑みにはできない。倭寇を朝鮮人、日本人のいずれかに弁別することよりもむしろ、兩民族が入り交じる境界領域が、倭寇の活動の場だったという点にこそ注目しなければならない。

朝鮮半島南辺の人々にとって、倭人が見慣れた存在だったことは、慶尚道都観察使の「道内沿海の州郡は、土地は肥え人も物も豊かである。倭人の商船が尋常に往來し、住民はそれを常のこととして、特別な備えをしない」という報告に明らかだ。それだけではない。倭人との接触で利益を得る者もひろく存在したことは、「倭賊が中國を侵し、掠めてきた財物をわが國の南辺に持ちこんで、辺民と貿易するようになって久しい」という史料が教えてくれる。

倭服·倭語

そもそも境界に生きる人々はなぜ倭服を着、倭賊と称したのだろうか。倭人の風体を裝ったというだけなら、本物の倭賊に罪をなすりつけるため、という説明でよいかもしれない。だがつぎの二つの例はどうだろうか。

① 濟州から流移してきた人民が、多數晋州·泗川の地域に住みつき、戸籍に載らず、海中に出沒し、倭人の言語·衣服を眞似て用い、漁民を侵掠している。捕獲して濟州に連れ戻すことをお願いする。

② 濟州のアワビ採りは、海産物を賣買して生活し、またそれをもって諸邑に進上物に充てている。そのため守令(地方官)は戸籍に登録して民となさず、人民のなかには彼らの仲間に加わる者もいる。人は言う、「この連中は詐って倭服·倭語を用い、ひそかに發して掠奪を行う。放置して増長させてはならない」と。私は思う、「よろしく本貫の地に引き戻し、後の憂いを絶つべきである」と。

アワビ採りをはじめとする濟州の海民たちが、積極的に倭語を學ぼうとする姿勢は、田中もいうように、「倭人との間になんらかの一体感を共有していた」と考えないと解釋しにくい。さらにその一体感は、海民に投じた一般民衆にまでひろがっていき、戸籍によって把握できない人間集団という屬性を帯びはじめている。

さらにいえば、「倭人」を即「日本人」と解釋する常識さえ、ここでは捨てなければならない。1441年、「倭人沙伊文仇羅(左衛門九郎)」は、朝鮮に「私の父母はもともと朝鮮の人なので、朝鮮に留まって民となりたい」と願い、許されている。1430年に塩浦にあらわれた「倭而羅三甫羅(次郎三郎)等」は、「もと朝鮮國の人で、かつて倭にさらわれた。塩浦の倭館の近くに住んで、捕魚をなりわいとしたい」と願った。おなじころ、朝鮮·松浦·薩摩·琉球をむすんで活躍した肥前の海商金元珍も、ある史料に「倭人」としてみえるが、別の史料では「元珍はもともとわが國の人だ」とある。「倭人」と呼ばれていても、民族的出自でいえば、彼らはみな朝鮮人にほかなるまい。

このように「倭」と「日本」は違うのだから、「日本の倭人」という奇妙な表現も納得がいく。1510年の三浦の亂直後、慶尙道觀察使は「而羅多羅(次郎太郎)」という倭人について、「日本の倭人ではなく、薺浦で妻帯して住み着いている。よくわが國の言語を解し、すこぶる智略があり、変幻自在である」と報告している。とすれば、さきの史料にみえる倭服や倭語も、日本服や日本語とおなじものと考える必要はない。

對馬あたりの海域で海賊行爲を行なっていた人々にとって、倭服は共通のいでたち、倭語は共通の言語だったのではないか。その服を着、そのことばを話すことによって、彼らは歸屬する國家や民族集団からドロップ·アウトし、いわば自由の民に轉生できたのではないか。(もっとも、彼らにそのような歸屬意識があったかどうか自体、あやしいものだが。)ここにおいては、倭寇は日本人か朝鮮人か、という問い自体、あまり意味がない。倭寇の本質は、國籍や民族を超えたレベルでの人間集団であるところにこそあるのだから。

マージナル・マン

倭服を着、倭語を話す人々は境界的な人間類型であり、民族的な出自や國籍(それ自体が明確なものではないが)と服裝・言語が一致しないあいまいさを帯びている。そこで思いだすのが、民俗學で使われる〈マージナル・マン〉という概念だ。これはふたつの中心のどちらにとっても辺境である場所、つまり境界に生きる人間であって、どちらの中心にとってもエトランゼでありながら、しかも兩者を媒介する、という複雜な性格をもつ。

釜山西方金海の北面沿海には、600余戶もの大きな船軍の集落があった。國家の水軍に編成されてはいるが、實態は船を家とする海民集団であり、操舟に巧みなその俗は、「島夷」(おもに對馬人をさす)と異なるところがなかった。

1466年、肥前國の武士賴永の使者として朝鮮に來た楊吉なる老人は、中國浙江寧波府の生まれで、幼くして父母を失い、兄たちと暮らしていた。42歲のとき、天仙山島で釣魚中に、倭寇にさらわれて對馬に連行され、頓沙文なる者の家で使役されること、およそ十余年。ついで上松浦に逃れ賴永の家に到った。長い年月を日本で過ごしても、望鄉の念は斷ちがたく、少しでも故鄉に近づこうと、朝鮮への使者を買ってでたのである。だがいまさら歸っても、兄たちの存否さえわからない。そこで楊吉は、むしろ朝鮮で居住することを許してほしいと願った。結末は明に送還されることになった。

1486年に對馬島國分寺住持崇統の使者として朝鮮に來た潛巖は、明國で生まれ、10歳のとき賊倭平茂續らに掠われ、對馬島の五郎左衛門の家に到り、奴婢として使役されたが、のち國分寺に移った。前項とよくにた例だが、今度はさらわれたときの年齢が10歳。当然父親の職役や居住地の記憶がないばかりか、理解できるのは倭語だけで、中國語が讀めない、話せない。彼の處遇を論じた朝鮮政府首腦の會議では、「潛巖は自分では唐人と言っているが、確認できないから、對馬に送還すべきだ」とか、「唐人だと確認できないまま、彼の言だけで中國に解送するのは、あまりにも輕率だ」とかの意見が出た。結論は、京畿道楊州に家と田を給し、5年間だけ生活費を官給することになった。

1442年、倭人と同舟して朝鮮にやってきた唐人は、漢語を知らず、倭人と區別がつかなかった。「彼を解送(解放して送還する)した結果、朝鮮が倭と交通していることが明に知れてはまずい」という官僚たちの意見に對し、國王世宗は「今後もこういうことが續けば、いずれ明には知れてしまうことだ」として、太宗朝の例をあげて解送を主張する。こうしたマージナルな中國人を、明中心の册封体制のもとでどう扱うか。朝鮮政府は永くこの難問に頭を痛めた。なおこのときの結論は、對馬送還であった。

1477年、濟州島の海民「豆禿也只」が慶尙道西南部にあらわれ、32隻もの船を岸辺に浮かべて住まいした。衣服は倭人に似るが、ことばは倭語でも漢語でもない。ここに「漢」が出てくることは、朝鮮·日本·中國のちょうどはざまに浮かぶ濟州島の獨特の位置にふさわしい。その濟州の海民こそ、きわめつけの〈マージナル·マン〉だといえよう。

海島をめぐる対抗

朝鮮半島南辺の境界領域は多島海である。前期倭寇の時代に、それらの島々に無人化政策がとられた。倭寇が鎮静化してのち、そこは支配の空白地帯となり、だれが掌握するかをめぐって對抗關係が生じた。

人民は役を避けて島に入り、南海島で200余戸、巨濟島で360余戸に及んだ。日本海に浮かぶ于山·茂陵島で避役の男女20人が捜捕されたときには、國王世宗は、「此の島は別に異産なし、逃げ入る所以は、專ら以て賦役を免れんと窺うなり」といっている。

この事態を前に國家の對策はゆれ動いていた。表むきは住民が倭賊の寇掠の的になるから、というが、實際は賦役の未納と倭人との交流、この二つが心配の種で、民の居住そのものを禁止したい、というのがホンネらしい。そこで南海·巨濟については、婦人·小兒および家財を陸地にひきあげ、壯年男子を留めて耕作にあたらせること、木柵を設けて農民を保護すること、の2策が採用された。だがこの積極策も長續きせず、2年後には巨濟·南海·昌善3島の墾田について、田の多い所のみ、木柵や土城を設けて農民を守り、田の少ない所は入耕を禁じる、ということになった。

このように朝鮮側が海島を掌握しきれないでいるとき、對馬の勢力がしばしば島での居住·耕作の許可を要求してきた。応永外寇の直前には、宗貞茂が「珍島·南海等の島をもらって、配下の者とともに遷居したい」と願い、朝鮮側も認める方向だったが、貞茂の死去で沙汰やみになった。外寇直後の1420年には、時応界都なる倭人(讀み不明)が、「私は對馬島人を遣わして巨濟島を衛り、朝鮮の外護となるから、貴國は人民を入島させて心安らかに耕作させ、その田税を収納してその一部を私に分給されたい」と申し入れた。また応永外寇前後に對馬で宗氏をしのぐ勢力をほこった早田左衛門太郎も、1426年、乃而浦·富山浦以外の浦所の開放とあわせて、巨濟島に農田一區を給わり、人々に耕作させ生きる糧とすることを請うた。1428年にも、巨濟島外の小島に人を遣わして麥を播くことを請うたが、いずれも許されなかった。

以上海島をめぐる狀況から、①朝鮮·對馬のいずれの勢力も海島を有効に掌握できなかったこと、②沿海人民は國家の規制からはなれて多島海域を流移しがちだったこと、③朝鮮側の對応策はいずれも民の農耕を前提にしたもので、海民の掌握にとって有効ではなかったこと、などを指摘することができる。

浦所の指定と倭館

朝鮮朝草創期には、倭人の入港場になんの制限もなかったので、通交者が急增し、ほどなく受け入れ体制の整備が必要となった。1410年の時点で慶尙一道に住む倭人の數は2000人に近いといわれ、1416年にはソウルに100余人の倭人が住んでいた。また、1419年の對馬征討にさきだって、朝鮮は國內に滯在中の倭人を、九州探題の使送をのぞいて、ことごとく拘束した。そのうち慶尙道の各浦で捕獲された到泊倭人および販賣倭人の數は591名にのぼり、それ以外に殺されたり投水自殺した者が136名いた。

まず1407年以前に、興利倭船(純粹の貿易船)の到泊する浦所を、慶尙左右道都万戶の屯所に限定した。当時、左道都万戶は東萊縣管內の富山浦、右道都万戶は金海府管內の乃而浦(薺浦)にあった。 三浦の源流はここに發する。限定の理由づけが、「興利倭船が各浦にばらばらに入港し、兵船の虛實を盜み見るのは、じつに安心できない」という、軍事機密の保護にあったことは、記憶しておきたい。

これははじめ興利船にのみ適用される制限だったが、1410年には使送船(日本の諸勢力の使者の名目をもつ船)の入港場も、慶尚道の各浦に限られており、さらに応永外寇を境に、興利船とおなじ2箇所にしぼられたと推定される。

これに對して對馬島の實力者早田左衛門太郎は、1426年、慶尚左右道の各浦で任意に行販できるようにしてほしい、と要求したがかなわず、かわりに蔚山の塩浦が入港場に追加された。同年、塩浦にも都万戸が設置される。これ以後、富山浦・乃而浦・塩浦の三つを「三浦」と總称するようになる。早田氏や宗氏は、その後の10年間にたびたび入港場の追加を要求したが、ことごとく退けられた。ただしその交渉の成果として、三浦近海の漁業権が認められ、やがて1444年の「釣魚禁約」で全羅道孤草島(現・巨文島)の漁業権が加えられ、制度的に確立する。

三浦にはそれぞれ「倭館」とよぶ接待所兼商館が設置された。1423年、乃而浦・富山浦の兩所に館舎と倉庫を築造し、器皿を備え、食糧や雑具を運びこんでおき、その出納供給は金海府と東萊縣が管掌することになった。これが浦所における倭館のはじまりである。1426年には塩浦にもこれが造られただろう。『海東諸國紀』に收める三浦の繪図には、それぞれに「倭館」と「營廳」(都万戸の駐在する役所「万戸營」のこと)が記されている。

1438年には、倭人の不法行爲を禁防するため、倭館と倭幕(倭人の家)のまわりに二重に障壁をめぐらせ(内側のものは木柵)、西と北の2か所に門を作って、常駐の門番に倭人の出入りをチェックさせる、という措置がとられた。ここに三浦の景観の基本的な要素が定まった。

対馬の延長としての三浦

タテマエ上は三浦はたんなる入港場にすぎず、倭人の滞在は、ソウル往來の際の行き歸りや、浦所倭館での取引期間のみ許されるにすぎなかった。だが倭人たちは、取引の不調、風待ち、船の修理などさまざまな理由をつけて滯在をひきのばし、ついには三浦に家を建てて住みつく者があらわれた。しかし朝鮮は、倭寇懷柔という原則から、あくまで居住を阻止するという態度はとらなかった。ほどなく三浦は事實上の倭人居留地へと姿を変えていく。

1426年、對馬島の四郎三郎·左衛門九郎ら男女14名が乃而浦に至り、「本土(對馬)では賴るべき族親もなく、生計を立てるのが困難なので、貴國の海辺に居して、釣魚·賣酒を生業のたすけとしたい」と願い、王は乃而浦居住を許した。對馬は可耕地も仕事も不足し、過剩人口を抱えており、三浦へ人をあふれださせる壓力がつねに働いていた。

1503年、弘文館典翰鄭麟仁は現地視察から歸ってこう報告している。

> 三浦の人口増は、たとえればおなかのところに腫瘍ができてしまって、それがいまにも崩れそうな狀態で(原文は「猶おの腹に結び、潰亂に日なきがごとく」)、非常に心配だ。對馬の男女が、三浦の人と婚姻關係を結んでどんどん移ってくる。60戶に限るという旧約があるのに刷還しないこと自体、國の計に背くことなのに、あらたに來居を受け入れられようか。三浦の倭人は、男は漁業、女は行商をなりわいとして、金を儲け、たくさんの使用人を雇って裕福な暮しをする者までいる。まことに樂土というべきだ。ところが對馬はといえば、土地は石や砂ばかりで狹く、海產物の貿易にも地の利を得ず、人口のわりに仕事が少ない。これでは對馬から樂土めざして人が移住してくるのも無理からぬことではないか。いわんや對馬島主の宗氏自身が、日常の生活物資を多く三浦に賴っている狀態なのだから。おそらく島主が島民を誘って、婚姻を口實に三浦に出居させているのだろう……。

三浦と對馬の不可分の關係を、對馬側の史料「宗家御判物寫」で確かめてみよう。

> 對馬峯權現の社壇造營の勸進のために、宮司美濃坊罷り下り候。高麗三浦の百姓そのほか船、皆心落ちに奔走あるべき由、仰せにて候。その旨心得あるべき状、件の如し。
> 宝徳三/
> 正月十一日　　　　　　祐覺(花押)
> 高麗//

1451年、對馬島主宗貞盛の意をうけて、祐覺という者が三浦に出した依頼狀である。依頼の內容は、對馬中部にあるという神社の社壇造營の勸進(寄付を募る)のために、美濃坊が渡海するので、三浦の百姓(一般住民)や送使船(對馬島主の使船の名目をもつ貿易船)の乘員は、「心落ちに奔走(志で寄付に応じる)」してやってほしい、というもの。對馬が三浦の富に期待するところ、いかに大きかったかが知られるとともに、三浦は完全に對馬の領域內、という意識も見てとれる。

人口の膨張

三浦の人口增の最初の波は、乃而浦·富山浦に倭館が設置され、塩浦が浦所に追加された1420年代なかばからの約10年間に訪れる。1434年の乃而浦万戶の報告に、「1424年以降來居した倭人の男女は360人ほどにのぼる。これを念頭に置くと、同年以前の來居者數がどれくらいになるのかわからない」とある。同年現在で乃而浦に恒居する倭人の數は600余名に達し、富山浦も同様の狀況だという。

朝鮮側は危機感をつのらせた。1435年の慶尚道監司の啓は、乃而浦に交易のためやってくる倭奴がつねに往來し、日ごと月ごとに數を增して、數年で數百戶に至っている、と述べ、現狀は、中村榮孝の表現をかりれば「居間にウワバミを飼っておくようなもの」だから、すぐに對馬へ歸らせて後悔の根を斷つべきだ、と述べる。

翌年、その措置は實行に移された。朝鮮は對馬島主宗貞盛に三浦留居倭人の刷還を行なうことを告げ、貞盛は自分の管下の60人をのぞいて刷還に応じると答えた。朝鮮は宗氏の協力のもとに、乃而浦から253人、塩浦から96人、富山浦から29人、合計378人の住倭を對馬に送還したが、206人はなお留まることを嘆願して許された。こうして朝鮮側の意図は一応達成されたが、居留地の解消には至らず、逆に60名については居留が完全に合法化されてしまった。のちにこれは60戶と解釋され、薺浦に30戶、釜山浦に20戶、塩浦に10戶が配分され、朝鮮側が正式に認めた三浦の人口の上限となる。法的には、居留地としての三浦がここで發足した。

これ以降の三浦の人口動態のあらましはつぎの通り。1436年に公式には266人だったはずの人口は、1466年に1,650余、1475年に2,200余、1494年に3,100余と、增加の一途をたどる。その間、1474年には乃而浦で300余家、釜山浦で60余家、塩浦で數家を同日に燒く大火があり、1475年には100人が對馬に刷還されたが、增勢の歯止めにはならなかった。1460年の熊川(薺浦を管轄する城邑)の人口は、城底の民家が310戶、男丁の數が410人であった。その後に薺浦の急激な人口增があり、熊川を追い越していったことが推定される。一方、1470年代の對馬の府中、いまの嚴原の人口は、『海東諸國紀』によれば250戶ほどだ。そのころ三浦では乃而浦(薺浦)が308戶、3つあわせれば411戶あった。對馬の中心府中よりずっと多い。とくに薺浦は、16世紀初頭には戶數400、人口2000を超すに至った。

三浦の景観

こうして發展をとげた三浦は、りっぱな港湾都市と称するにたる景観を呈してくる。1474年の火事の報に接して、申叔舟が薺浦について語った所を聞こう。

> 倭人の家は、形は土室のごとく、土壁·カヤぶきである。土地が狭く人は多いので、家が魚のウロコのように立ち並び、火が出るとすぐ回る。万戸營はこの集落とくっついてしまい、垣根もないのでほとんど官府の体をなさないばかりか、延焼の恐れさえある。營のまわりを障壁で囲んで、門闕を設けるとよい……。

こういう景観を目のあたりにさせてくれるのが、申叔舟撰『海東諸國紀』(1471年)に、火事のあったのと同じ年に追加された三浦の繪図である。

〈薺浦〉

「熊川薺浦之図」を見ると、入江の東岸、図の中央やや左よりに、草ぶきの恒居倭戸が密集して描かれている。入江と集落の位置關係は、現在の鎮海市薺徳洞(薺浦と豊徳を合成した地名)槐井里でもほとんど変わっていないが、戸數は現在の方がはるかに少ない。倭戸の背後の丘の中腹には寺が11も描かれる。今は段々畠になっている平場が寺址だろう。倭戸の北に倭館が記されるが、現在の集落をはずれて小さな峠(図の熊神峴) に登る道の右上の畠に、クワント(館址か)という小字が殘っている。倭館の西、熊神峴をはさんでむこう側に記される營廳(万戶營)は、現在の薺德里の位置にあたる。この村を囲んでかつての薺浦城の城壁が一部現存する。薺德里の南前から西に延びる田地は、70年ほど前に堤が築かれるまでは、深く入りこんだ入江だったという。図の營廳前の入江がこれにあたる。なお、薺德里を內溪、槐井里を外溪と呼ぶ通称がある。熊神峴を越えて北へ行くと熊川に出る。図の下辺の陸地は巨濟島で、知世浦·玉浦·永登浦はみな水軍万戶の所在地だ。図の裏側の注記に、戶數308、人口1,722とある。

〈富山浦〉

「東萊富山浦之図」でも、 恒居倭戶·倭館·營廳の位置關係は薺浦によく似ている。入江に面した中央やや下に倭戶と二つの寺があり、その左に小山がある。この丘が釜山市東區にある子城台にあたる。図の右辺やや上に東萊の城邑が描かれるが、子城台から見て東萊はほぼ北にあたるから、図は西北を上にして描かれていることがわかる。とすれば東萊官左下の山は荒嶺山、營廳背後の山は釜山倭城本城の跡のある甑山、そのうしろの山は水晶山に違いない。 水晶山の背後は現在國鐵京釜線の通る低地で、その北よりの釜山鎭區堂甘洞が東平縣の故地である。東平縣の右を通って山に分け入る急な峠道に「馬飛乙外峴」と記されているが、釜山鎭區東部の田浦洞から楊亭洞にかけての一帯は馬飛峴ないし馬飛峙と呼ばれる峠だったという。峠道の兩側の高くけわしい山は、右が金井山、左が白陽山に比定できる。越えれば洛東江東岸の龜浦に出、さらに金海に至るこの峠道は、現在も國道の通る重要なルートだ。以上で図が現在の地形とよく一致することが確認できるが、　肝心の倭戸·倭館·營廳は、密集した市街地の下に埋もれ、およその位置しかわからない。折英島と書かれた下辺の陸地は絶影島、現在の影島である。図裏の注記に、戸數67、人口323とある。

〈塩浦〉

「蔚山塩浦之図」では、中央やや左下の入江の下(東)側に恒居倭戸があり、　その背後に倭館と營廳が南北の位置で並ぶ。倭館の上にある中が空白の矩形は、　寺庵名を書きこむつもりで忘れたのだろう。目をひくのは、倭戸·倭館·營廳の全体が南北を堅固な城壁で區切られ(北側の城壁にだけ門がある)、　そのほぼ中央に「鲂魚津牧場」と書いてあることだ。今は倭戸も倭館も城壁も跡形もなく消えさっている。入江の西岸に記される城壁で囲まれた節度使營(慶尚左道兵馬節度使營)と蔚山の郡廳は、今の蔚山市旧市街にあり、郡廳の左の川は太和江だ。図裏の注記に、戸數36、人口131とある。

以上三つの図から、三浦は、集落の立地(とくに海との關係)、集落·倭館·營廳の位置關係、朝鮮側の行政官廳との關係といった、いくつかの要素できわめてよく似た都市だといえよう。 半島の先端に近い入江に臨み、内陸へ向かう道の喉元を營廳が押さえ、その道は必ずほど近い城邑を経過する。船掛かりの便だけでなく、治安保持をも充分に計算に入れた立地だった。倭人人口の極端な差(とくに薺浦の過大)は、對馬からの便利さの差によるものであり、 都市構造の差異を含むものではなかった。朝鮮は三浦を均等に使わせようと「三浦分泊」を倭人に求めたが、なかなか思うようにはならなかった。

都市生活

三浦倭人たちの生活ぶりはどんなものだったろうか。 早くも1418年、富山浦はかなりのにぎわいを見せていた。港に住みつく倭人には、商人も遊女もおり、使送船や興利船が入港すると、群がって客引きをし、男女の嬌聲が響く。他の港からも酒を賣りにくる者がいる……。まるで瀬戸内の港町を思わせる光景だ。

三浦倭人たちの仕事ぶりは、先に見た史料に、男は漁業、女は行商をなりわいとするとあり、また恒居倭の墾田を禁じないということもあった。墾田については、1493年に薺浦の倭人が熊川縣から七里の海上にある水島という小島に耕地を墾いたことから、恒居倭がかってに占耕することの禁止が論じられた。1440年には恒居倭が木こりと草苅りのため境界を超えて村里に出入りすることが嚴禁の對象となった。

港としても三浦の繁榮はめざましく、1479年、倭人所有の船が、大船だけでも薺浦·釜山浦に各4艘、塩浦に2艘あり、對馬島主宗氏の使者は、三浦まで來たらこの船に乗りかえるならわしだった。1493年には、恒居倭の乗る船が、薺浦で80余艘、釜山浦で30余艘、塩浦で15艘あった。

すこし変わったところでは、 釜山浦に近い東萊溫泉での沐浴がある。

乃而浦に到泊した倭人がみな東萊で沐浴しようとするので、道驛の人馬が苦しんでいる。そこで乃而浦の客人は靈山の溫泉、富山浦の客人は東萊の溫泉と分けて沐浴させてはどうか。治病のため沐浴に來る倭人について、病狀をみて、重ければ5日、輕ければ3日を限って沐浴させ、終わればすぐに還送せよ。廣平大君の夫人がゆるゆると東萊の溫泉で浴しているので、沐浴の順番を待つ倭人がすこぶる多い。夫人に歸京を促してはどうか。

さらには、三浦から出發して朝鮮國內を遍歷した倭人さえいた。對馬の沙浦(佐保か)出身の信玉という僧は、12歲のとき、使送客人となった父に同行して薺浦に至ったが、そこで父が病死してしまう。信玉は熊川·昌原·金海·密陽など比較的近場で乞食をしていたが、やがて朝鮮の名山を見たいと思い立つ。まず全羅道の無等·月出等の山に遊び、ついで忠清道の諸山を遍遊したのち、ソウルに入った。さらに黃海道の九月山、平安道の香山(妙香山)に往き、ついに咸鏡道をへて江原道に至り、開骨山·臺山(五臺山)に遊び、慶尙道に戻って智異山に遊んだ……。遍歷は19年におよび、1471年ソウルにあらわれて度牒を受けたいと願ったときには、31歲になっていた。政府は禪宗に度牒を發行させ、近京の寺に住まわせることにした。

薺浦と熊川

三浦の人口增は、三浦の境界內を過密都市に変貌させただけではなかった。倭人たちの行動が地理的あるいは法的限界を超えて、どんどん外へ染みだしてくる。その結果三浦は、隣接する城邑をも呑みこむほど

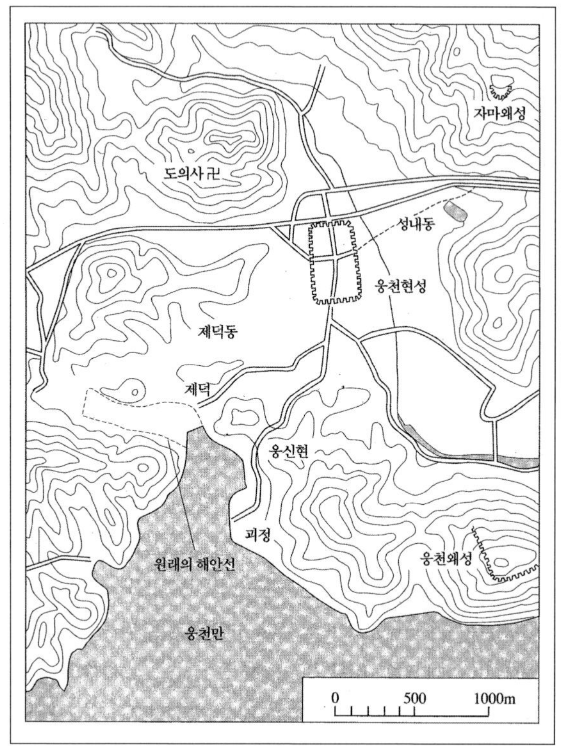

〈薺浦地形図〉

の経済的影響を發しはじめる。その力はむろん人口の壓倒的に多い薺浦が最大で、薺浦を行政的に管轄する熊川縣がその的になった。

地形図で薺浦と熊川の關係を確認しておこう。矢印の入江「熊川湾」が薺浦で、その東岸にそって道路が延び、道路の南端に槐井の集落がある。「熊川薺浦之図」の住居密集地はこの辺に比定できる。集落から北上すると小さな峠があり(「熊川薺浦之図」の「熊神峴」)、峠を越すと「城内洞」という町に出る。これが熊川の城邑で、「熊川薺浦之図」に描かれた正方形の「熊川官」に相当する。

熊川城は周囲3,514尺。南北約335メートル、東西約235メートルの矩形で、北面の城壁は國道2号線の道路敷になって消失しているが、東面·西面はほぼ完全に、南面は一部だけ、城壁が殘っている。東面は城外に人家がなく、原狀がよく觀察できる。城壁の幅は、底面で4.5メートル、上面で約2.2メートル。外側に幅約18メートルの堀をめぐらせ、堀底からの高さは4.4メートルにおよぶ。南辺から130メートルほど北に東西に道が通りぬけ、東門址の外でわずかに北にずれて城外へ出てゆく。金海方面への街道だ。東門の南側の城壁は外へ張り出し、出入りが容易にチェックできるようになっている。 東面の城壁の北辺から75メートルほど南にも物見狀のでっぱりがある。西門址は原狀をとどめていないが、門外に人家が密集し、道は門を出てすぐ五つ辻になっている。後述する報平驛はこのあたりにあった。道の先は昌原に通じる。城の中央を南北に貫いて道が通じ、南門址と覺しいあたりでわずかに西へずれて眞南へ向かう。門外にも人家が切れめなく連なり、道の先は薺浦だ。

15世紀なかば、薺浦と熊川との経済的なつながりは、朝鮮側にとって無視できないレベルに達していた。1455年、慶尙道觀察使黃守身は、國王世祖に慶尙道図·熊川縣図を進上し、薺浦の現狀に憂慮を表明した。薺浦倭人と熊川縣人の接触を通じて密貿易が盛行し、薺浦と熊川が経濟的に一体化してゆく狀況が觀察される。

恒居倭たちが魚や塩の販賣ということで、熊川の人民とひんぱんに行き來し、お互いに仲よくなって酒や肉を御馳走しあっている。恒居倭の增加が著しいだけでなく、使送·興販倭人の留浦者を含めると、賊虜數千がいつも滯留している計算だ。万一の事態が生じたとき、わが少數弱体の兵ではたちうちできまい。最近國王の命により私貿易を禁じたが、倭人居留地の四方に關防がないので、夜闇に紛れて密貿易に手を出すものが跡を絶たない。最近は、銀器を倭人のところへ持ちこんで賣るものさえいる。姦貪の徒が、國の大事を顧みず、おのれの欲望を満足させようとし、ついには國の機密を漏らしてしまう。まことに憂慮に堪えない……。

朝鮮政府は両者の接触·交流を警戒し、それを物理的に遮斷しようとする。前述のように1438年に倭館·倭戸を二重の障壁で囲んだが、さらに黄守身は、「倭人の集落の北の丘に、西は万戸營の前より東は熊浦にいたる城壁を築き、城壁の延長線上の海面の淺いところには木柵を立てる。城壁に關門を設けて夜は閉じ晝は開き、熊川の軍士2、30人を配置して人の出入りをチェックする」という、より徹底した倭人封じこめ策を提言している。

これはすぐには實行されなかったらしいが、1503年には、「薺浦の北にある小峴に城壁を築けば、倭人たちが乗り越えることができなくなる」という提言があった。小峴が熊神峴を指すことはまちがいない。だがこの意見に對しては、「城外の一面に別に城を築くことになり、内外の城壁の間を倭人が自分の土地だと思い、民田を奪い族類を引きこむことになる」という反論があった。しかし4年後に築城都監が三浦の城壁の敷地を測量しており、1509年までには、「三浦の倭里」との間に「關限」が完成していた。

熊神峴を通る尾根道を西北に登った丘の上には、現在も物見狀の堅固な石組が殘り、薺浦を見下ろすことができる。關限設置の理由は、内外の別をはっきりさせて入り交じらないようにするためだった。つまり熊神峴より薺浦側は完全に倭人のテリトリーとして認めてしまったことになる。ところが倭人たちはこの境界さえもあっさりと踏み越え、山で木を採るとか仏を拝むとか称して、朝鮮のふところ深く入ってくる。かと思えば商賣のために衣服や言語を朝鮮風に変え、諸郡を横行して憚らない。

辺民·駅人·商賈

倭人たちのこうした行動は、辺民(三浦周辺の住民)をいやおうなく経済的な渦のなかに巻きこんでゆく。1474年、司憲府大司憲李恕長の意見書はこう述べる。

> 三浦の恒居倭人が辺民と交通するようになって、久しい歳月が流れ、双方はなれ親しんで憚るところがない。……貯穀を原資として高利貸を營む倭人がおり、負債が積もって田土を質におく朝鮮人がいる。その結果倭人が田地の收穫を手に入れ、朝鮮人が田稅を代納することとなり、倭人は日ごとに富み、朝鮮人は日ごとに貧しくなった。

16世紀に入ると、三浦の經濟的影響はますます巨大なものになった。1509年、司憲府監察朴詮が、三浦の抱える問題点を總合的に考察して國王中宗に呈した上疏をみよう。

> 熊川縣報平驛は、薺浦の倭居からわずか一里ほどの所にある。そこの朝鮮人の民家に、倭人が負債の取り立てと称して出入りするうちに、次第に親しくなって、兄弟のように話しあったり、飮食を共にしたりしている。その交流を通じて、「朝廷の是非」以下の國家機密が倭人の知るところとなってしまう。

朝鮮側が倭人と朝鮮人の往來を警戒したのは、じつは密貿易という違法な経済行爲の禁止よりは、おもに國家的あるいは軍事的な機密がもれるのを恐れたからだった。だが双方の交流が、國家機密の漏洩といった劍呑な要素をどの程度含むものだったかは、大いに疑わしい。

さらに接触の舞台が「報平驛」という驛にある民家だったことも注目される。当時の驛制について、1506年の史料は「驛路がだめになって、ソウルへ往來する倭人が利用しようとしても、たまたま馬があれば乘ってゆくがなければ徒步になり、以前とくらべて大幅な待遇切り下げになる」と語っている。だがこれはあくまで公的交通制度としての驛制が崩壞しただけで、驛そのものは國家の規制をはなれた交易の場として、むしろにぎわってさえいた。商賈(商人)たちはそこに短い者でも1、2年、永い者は3、4年も滯在して、つねに倭人と酒食を共にして親しく交わり、密かに禁物を取り引きした。

驛がそのような場になった理由は、驛人が商賈と倭人を結びつけるなかだちをしたからだ。驛人はほんらい、國家的驛制を支える下級役人だが、驛制の崩壞とともに密貿易のブローカーに轉身していった。1510年のある史料に、「倭人と貿易しようとする商人も、商品を持ちこんで賣ろうとする倭人も、みな驛人に依賴する」とある。しかし熊川の城底(都市外緣部)の住民には多かれ少なかれそうした仲介者の性格があった。だから同じ史料に、東萊では驛のかわりに「城底の民家」が取引の場として現れる。このときには報平驛そのものを廢止し、隣接の金海府赤項驛と昌原府安民驛とに分屬させようという提案がなされたのだが、それが採用されなかったのは、驛の廢止が根本的な解決策にはなりえなかったからだろう。

三浦倭人との密貿易の影響は、隣接の城邑だけにとどまるものではなかった。朴詮の上疏はさらに續く。

> 南道(ほぼ慶尙道全体を指すか)の民衆が、倭人との貿易の利に目がくらみ、農業をほっぽりだして貿易に熱中している。安東の蚕繭、金海の麻絲といった特産品が、道に連なるようにして三浦に運ばれてきて、倭人の手に渡りすべて國外へ流出してゆく。これではまるで盜っ人に追い錢ではないか。

特産品が倭人との交易ルートに入りこむことによって逆にその生産が刺激される、といったことが予想されるとすれば、倭人貿易の影響は生産構造にまで及んだことになる。これに對して朝鮮政府の側は、儒教的な農本主義の立場から批判を加えるのみで、人爲を超えた経濟の法則性への認識は薄かった。

水賊と三浦倭人

1470年代から全羅道に出沒しはじめた「水賊」は、朝鮮人なのか倭人なのか區別がつきにくかった。1474年、興陽縣で囚えられた7人の海賊について、政府は「もし倭人なら、文引(渡航証明)を推閱し、所在の官に衣食を給与させ、驚かせて自殺に追いこまないよう注意せよ。もし我が國の水賊が倭に名を仮りているのなら、同類および以前の所犯を杖訊せよ」と指示している。1477年、突山に現れた海賊は、「本國の頑民が貢賦を逃れようとして、仮に倭賊となったもの」といわれ、1489年、順天から興陽に至り万戶と戰った賊は、「倭人なのか水賊なのかいまだにはっきりしない」と報告されている。これらの水賊は、「倭服・倭語でもって海浦に出沒し、ひそかに過ぎ行く船を窺い、船中の人をみんな海に放りこみ、また密かに島嶼に隱れる」といったマージナルな存在だったが、「水賊は必ず人を縛って海中に投じ口塞ぎをするけれども、倭賊は物を奪うだけで必ずしも人を殺さない」という違いがあったともいう。

1489年の賊の場合、政府の白熱した議論のすえ、倭賊であることは明らかだ、という所に落ち着いたが、一方で「南方沿海の民の採捕を業とする者が、便に乘じて賊をなすことも、久しい以前からある」という認識も一般的だった。こうした海民として、1485年、商船を襲い、人を殺し物を奪って追いたてられ、倭鞋(わらじ)を遺棄して去った「鮑作人」や、1492年、水賊は必ずや彼らのしわざに相違ない、と疑われた濟州島の「沿海頭無岳」が史料に登場する。朝鮮半島南辺の居民はだれでも水賊となる可能性があったことは、1487年のある高官の啓が語ってくれる。

> 近來全羅道では、水賊がだんだん盛んになって、諸島には居民がいなくなっている。賊に侵掠されてどこかへ行ってしまったのか、それとも、そもそも水賊に変身して隠れているのか、わからない。

その意味では、三浦の倭人もりっぱに水賊の資格があった。1502年、朝廷の會議である官僚はこう提議した。

> 三浦の倭人は船をもって家としている。全羅道の水賊は三浦倭人のしわざだ。彼らの持ち船に朱漆を塗って目印を刻み、他と區別が付くようにすれば、海賊行爲をはたらけなくなるだろう。

1497年に鹿島、1500年に馬島と、全羅道南部の多島海域で、あいついで倭船による朝鮮水軍襲撃事件が起きた。鹿島では4艘の賊船が、万戸金世俊をはじめ軍官2人·鎭撫5人·軍士20余人を殺した。馬島では11隻の賊船が、万戸および軍人11名を殺し27人に傷を負わせた。そしていずれの場合も、三浦倭人のしわざに間違いない、と斷定されている。「釣魚禁約」により、鹿·馬两島にほど近い孤草島(いまの巨文島)に出漁していた三浦倭人が、その行き歸りに賊をはたらいたものと見なされたのだ。

これらの事件は三浦から遠い場所で起きており、三浦倭人のしわざとの確証は得られなかった。鹿島の事件では三浦の「倭酋」を「三浦倭人推考敬差官」が訊問したが、「我が徒の所爲ではない」「昔から三浦には海賊はいない」「あんな遠いところまで行って賊をなすはずがない」などと否定され、要領を得なかった。

国境をまたぐ地域

以上のような民族雑居の狀態が、「國境をまたぐ地域」の母胎となった。日本·朝鮮·中國という民族や國家の違いを超えて、朝鮮半島の南辺と對馬·壹岐、濟州島、北九州、さらには中國江南の沿海部を結ぶ地域、別な表現でいえば「內海をとりまく地域」あるいは「環シナ海地域」が、そこを往來する人間の行動によって形成されてくる。

國家にとって海賊·山賊行爲の問題性は、自己が租稅や役を課し、その代償として保護を与えている定住農耕民の生活を脅かす点にある。この地点で國家はみずからの存在意義を問われることになる。その對策として國家は、漂泊する山海の民に對して、現住地または本貫地に土地をあたえ、耕作させることによって、戶籍に登錄し、稅を賦課しようとした。だが國家にそれを强制する有効なてだてはなく、彼らが自發的に漂泊をやめないかぎり、實効に乏しかった。國家が彼らを恐れた眞の理由はここにある。逆からいえば、「國境をまたぐ地域」が國家の强制力を超えて存立しえた條件のひとつが、彼ら漂泊の民の生活と行動にあった。

だがこの事實は、國家の保護を受けている定住農耕民と、國家を超えた地域のにない手非農業民·漂泊民との、對立が避けられないことをも意味している。このような民衆間の深刻な對立こそ、「地域が國家との對決のもとに、ゆがめられつつ形成される」ことの、ひとつの具体相にほかならない。こうして、民族社會の內部に廣く見られる農民と非農業民との對立は、その外延の境界領域においては、地域と國家との矛盾として表れる。したがって農業社會の成熟、漂泊民の定住化は、地域の存立條件のもっとも根っこを掘り崩すだろう。すこし先走りして見通しを述べれば、16世紀末以降における境界地域の衰亡の基底的要因が、ここにあるのではないか。

〈번역문〉

15세기, 삼포三浦를 통한 공존

왜구(倭寇)의 후유증

14세기 말부터 15세기 전반에 걸쳐 왜구의 활동은 시들해졌지만, 이것으로 조선이 왜구 문제에서 해방된 것은 아니었다. 1429년 일본을 방문한 통신사 박서생朴瑞生은 귀국보고에서 다음과 같이 말하고 있다. '내가 배로 세토 내해瀨戶內海를 통과하면서 항구에 들릴 때마다, 노비로 사역당하는 포로가 도망쳐 오려고 했지만 굳게 족쇄와 쇠사슬로 연결되어 있어 성공하지 못하니, 참으로 애처로웠다…….'

이 시점에서는 왜구의 군사 활동 자체는 더 이상 큰 문제가 아니었다. 하지만 왜구에 의해 일본에 끌려가 노예로 사역되거나 먼 나라에 다시 팔려간 조선 민중에게 왜구는 바로 현재의 문제였다. 일본의 여러 세력으로 하여금 그들을 반환시키는 "쇄환刷還"이라는 과제가 조선 정부에 무겁게 다가온 것이다.

그렇다면 조선 국내 백성은 왜구 문제로부터 해방된 것이었을까. 조선정부는 왜구 회유의 필요 때문에 일본 사절[倭人通交者]가 지참하는 물자의 매입과 요구하는 물자의 조달에 할 수 있는 노력을 아끼지 않았다. 그들이 조선에 체류하는 동안의 식량, 포소浦所·상경로上京路·경중京中 등에서의 수차에 걸친 연회, 심지어 귀국 여비에 이르기까지 비용은 조선 몫이었다.

이런 호조건에 부응하여 통교자가 쇄도하는 것은 당연하고, 그 중에는 1개의 칼을 헌납하고 사신이라고 칭하는 자조차 있었다. '왜인의 상경도로' 주변에 위치한 각 관·각 역의 백성들은 화물 운반의 노고에 견디지 못하고 농사를 버리고 유망하는 형편이었다. 1455년에는 '일본국의 여러 곳에서 파견된 왜인[日本國諸處使送倭人]'이 6,116명에 달했으며, 그들이 가지고 온 구리와 주석이 도로에 이어져 있어서 백성에게 폐를 끼쳤고 국가의 지출도 또한 적지 않았다.

왜구는 조선인인가

1988년 발표된 논문 「왜와 동아시아 통교권」에서 다나카 다케오田中健夫는 '14세기 왜의 주력은 일본인과 조선인의 연합 집단 혹은 조선인만의 집단이었다'는 충격적인 주장을 제기했다. 주요 논거는 1446년 판중추원사 이순몽李順蒙이 국왕에게 올린 상서上書의 '신이 듣건대, 전 왕조 고려 말에 왜가 번성하자 백성들은 살 수가 없었으나, 왜인은 열 명 중 한두 명에 지나지 않았고, 다른 자들은 본국 백성들이 왜인을 가장해 당을 이루고 난을 일으킨 것이었다'는 구절이었다. 또 방증으로 『고려사절요高麗史節要』의 1380년대 기사에 화척(禾尺 : 양수척揚水尺·수척水尺이라고도 하며 도살업, 가죽 가공업, 버들고리 제작 등에 종사)·재인(才人 : 가면극 공연 집단)으로 불리는 천민 집단이 산골짜기에 모여 살면서 왜적으로 사칭하고 주군州郡을 습격했다는 것을 들고 있다.

이 주장은 대마도에서 혹은 대마도를 경유하여 방대한 선박과 말과 인원을 조달하고 해상 수송하는 데 어려움이 있다는 배경 설명을 포함하는 것을 골자로 하고 있다. 하지만 방대한 조선사료 가운데 왜구 집단의 왜인 비율에 부합한 사료는 왜구 최전성기부터 반세기 이상 뒤에 작성된 이순몽 상서 하나밖에 없다. 더욱이 이 지적은 변경의 천민층에 대한 차별의식이

기조를 이루고 있다. 그래서 '왜인은 한두 명에 불과하다.'는 숫자를 실제 상태를 반영한 것으로 받아들일 수는 없다. 왜구를 조선인, 일본인 중 하나로 변별하는 것보다 오히려 양 민족이 뒤섞이는 경계 영역이 왜구 활동의 장이었다는 점에 주목해야 한다.

한반도 남쪽 사람들에게 있어 왜인이 익숙한 존재였다는 것은 경상도 도관찰사의 '도내 연해의 주군州郡은 토지가 비옥하고 인물이 많다. 왜인의 상선商船이 늘 왕래하니 주민들은 그것을 일상으로 생각하고 특별한 대비를 하지 않는다'는 보고에 분명하다. 그뿐만이 아니다. 왜인과의 접촉으로 이익을 얻는 자도 흔히 존재다는 사실은 '왜적이 중국을 침략하고, 약탈해 온 재물을 우리나라 남쪽으로 가지고 와서 이곳 사람들과 무역한 지 오래다'라는 사료가 알려준다.

일본 복식, 일본 언어[倭服·倭語]

애초에 경계에 사는 사람들이 어째서 왜복을 입고 왜적을 칭했던 것일까. 왜인의 풍채를 가장한 것일 뿐이라면 진짜 왜적에게 죄를 뒤집어씌우기 위한 것이라는 설명으로 충분할지 모른다. 그러나 다음 두 가지 사례는 어떠한가.

> ① 제주에서 떠돌다 옮겨온 백성들이 다수 진주·사천지역에 살면서 호적에 실리지 않고 바다에 출몰하며 왜인의 언어·의복을 흉내내 사용하면서 어민들을 침탈하고 있다. 포획해 제주로 돌려보낼 것을 건의한다.
>
> ② 제주 전복 채취는 해산물을 매매해서 생계를 꾸리고, 또 이를 통해 여러 읍의 진상물로 채워지기 때문에 수령(지방관)은 호적에 등록해 백성으로 만들지 않고, 평민 가운데는 그들 동료에 합류하는 사람도 있

> 다. 사람들은 말하기를 "이 무리 가운데는 거짓으로 왜복·왜어를 사용하며 은밀히 일어나 약탈을 한다. 방치해서 싹이 자라도록 해서는 안 된다"고 한다. 신이 생각하건대 "마땅히 모두 본토로 돌려보내 후환을 막아야 한다.

전복 채취를 비롯한 제주 해민들이 적극적으로 왜어를 배우려는 자세는 다나카도 말하듯 '왜인과 그 어떤 일체감을 공유하고 있었다'고 생각하지 않으면 해석하기 어렵다. 더욱이 그 일체감은 해민海民에 투탁한 일반 민중에게까지 퍼져나가고 호적에 의해 파악할 수 없는 인간 집단이라는 속성을 띠기 시작했다.

심지어 왜인을 즉 '일본인'으로 해석하는 상식마저 여기서 버리지 않으면 안된다. 1441년 왜인 사이문구라沙伊文仇羅(左衛門九郞)는 조선에 "우리 부모님은 원래 조선 사람이기 때문에 조선에 머물러 백성이 되고 싶다"고 소원하여 허가받고 있다. 1430년 염포塩浦에 나타난 왜인 이라삼보라而羅三甫羅(次郞三郞) 등은 "원래 조선국 사람으로 예전에 왜에 잡혀갔다. 염포 왜관 근처에 살면서 고기잡이로로 살겠다"고 청했다. 같은 시기 조선·마쓰우라松浦·사쓰마薩摩·류큐琉球 등지를 왕래하며 활약한 히젠肥前의 해상海商 김원진金元珍도 한 사료에 왜인으로 보일 수 있지만 또 다른 사료에는 '원진은 원래 우리나라 사람이다.'라고 했다. '왜인'이라고 불리더라도 민족적 출자를 따지면 그들은 모두 조선인임이 분명하다.

이처럼 '왜'와 '일본'은 다른 까닭에 '일본의 왜인'이라는 기묘한 표현도 납득이 간다. 1510년 삼포왜란 직후, 경상도 관찰사는 '이라타라而羅多羅(次郞太郞)'라는 왜인에 대해 '일본의 왜인이 아니고, 제포에서 아내를 데리고 정착하여 살고 있다. 우리 말을 잘 이해하고 상당한 지략을 갖추었으며 속임수에 뛰어나다.'라고 보고하고 있다. 그렇다면, 앞의 사료에 보이는 왜복이나 왜어도 일본 옷이나 일본 말과 같은 것으로 생각할 필요는 없다.

쓰시마 주변 해역에서 해적행위를 하던 사람들에게 왜복은 공통의 차림새, 왜어는 공통의 언어가 아니었을까. 그런 옷을 입고 그런 말을 함으로써 그들은 귀속된 국가나 민족 집단으로부터 떨어져 나와, 말하자면 자유민으로 다시 태어날 수 있었던 것은 아닐까.(물론 그들에게 그런 귀속의식이 있었는지 자체가 믿기 어려운 것이지만) 여기서는 왜가 일본인인지 조선인인지라는 물음 자체가 별 의미가 없다. 왜구의 본질은 국적이나 민족을 초월한 차원의 인간 집단인 데에 있어야만 하는 것이니까.

경계인[境界人, marginal man]

왜복을 입고, 왜어를 말하는 사람들은 경계적인 인간 유형이며 민족적인 출자出自나 국적(그 자체가 명확하지는 않지만)과 복장·언어가 일치하지 않는 모호함을 띠고 있다. 그래서 생각나는 것이 민속학에서 쓰이는 '마지널 맨[境界人, marginal man]'이라는 개념이다. 이것은 두 중심 모두에 변방인 장소, 즉 경계에 사는 인간으로서 어느 중심에나 에트랑제[異邦人, etranger]이면서도 둘을 매개하는 복잡한 성격을 지니고 있다.

부산 서쪽의 김해 북면 연해에는 600여 호의 큰 선군船軍의 촌락이 있었다. 국가의 수군으로 편성되어 있었지만, 실상은 배를 집으로 하는 해민집단海民集団이었고, 배를 모는데 능숙한 그 습속은 '도이(島夷 ; 주로 쓰시마인을 가리킨다)'와 다를 바가 없었다.

1466년 히젠국肥前國의 무사인 요리나가賴永의 사신으로 조선에 온 양길楊吉이라는 노인은 중국 중국 절강 닝파오부浙江寧波府의 태생으로 어려서 부모를 잃고 형들과 살고 있었다. 42세 때 천선산도天仙山島에서 고기를 잡던 중 왜구에 잡혀 쓰시마로 끌려가 돈사문頓沙文의 집에서 사역한 것이 대략 10여 년이다. 마침내 상송포上松浦로 도망쳐 요리나가賴永의 집에 도착했다. 오랜 세월을 일본에서 지냈어도 망향의 마음을 끊기가 어려워, 조금이라도 고향에 가까워지려고 조선에 오는 사신을 사서 했는데, 이제 와서 형들의 생존조차 알 수 없으니, 양길은 차라리 조선에서 거주하는 것을 허락해 주기를 바랐다. 결국은 명나라로 송환되었다.

1486년 쓰시마 고쿠분지國分寺 주지 숭통崇統의 사자로 조선에 온 잠엄潛巖은 명날에서 태어나 10살 때 왜적 평무속平茂續에게 사로잡혀 쓰시마의 고로사에몬五郎左衛門의 집에 이르러 노비로 사역하다가 훗날 국분사로 옮겨졌다. 전항과 비슷한 예이지만 이번에는 잡혀왔을 때 나이가 10살이었기 때문에 당연히 부친의 직역이나 거주지의 기억이 없을 뿐더러 이해할 수 있는 것도 왜어뿐으로 중국어를 읽을 수 없고, 말할 수 없었다. 그의 처우를 논한 조선 조정의 회의에서는 “잠엄은 스스로 중국인이라고 말하지만 확인할 수 없으니 대마도에 송환해야 한다”거나 “중국인이라고 확인하지 못한 채 그의 말만으로 중국에 송환하는 것은 너무 경솔하다”는 등의 의견이 나왔다. 결론은 경기도 양주에 집과 논을 급여하고 5년간만 생활비를 관급하게 됐다.

1442년 왜인과 같은 배를 타고 조선에 온 중국인은 중국어도 알지 못했고 왜인과 구별이 되지 않았다. “그를 해송(解送 ; 해방시켜 송환함)한 결과로 조선이 왜와 교통하고 있다는 것이 알려지면 안 된다”는 관료들의 의견에 대해 국왕인 세종은 “앞으로도 이런 일이 계속되면 언젠가는 알 수 있을 것이라”며 태종조의 예를 들어 해송을 주장했다. 조선 조정은 오랫동안 이 난제에 골머리를 앓았고, 이때의 결론은 대마도 송환이었다.

1477년 제주도 해민 두독야지豆禿也只가 경상도 서남부에 나타나 32척이나 되는 선박을 연안에 띄워 거처했다. 의복은 왜인을 닮았지만 말은 왜어도 한어도 아니었다. 이곳에 ‘한漢’이 나오는 것은 조선·일본·중국의 한가운데 떠있는 제주도의 독특한 위치에 걸맞다. 그 제주의 해민이야말로 궁극의 ‘마지널맨’이라고 할 수 있겠다.

해도(海島)를 둘러싼 대항

한반도 남변의 경계 영역은 다도해이다. 전기왜구 시대에 그 섬들은 공도空島 정책이 취해졌다. 왜구가 진정된 후 그곳은 지배의 공백지대가 되었고, 누가 장악할 것인가를 둘러싸고 대항 관계가 생겼다.

백성들은 역을 피해 섬으로 들어가니, 남해도에서 200여 호, 거제도에서 360여 호에 이르렀다. 동해에 떠 있는 우산, 무릉도에서 피역 남녀 20명이 수포搜捕되었을 때 세종은 "이 섬은 특별한 산물이 없는데, 도망쳐 들어가는 이유는 오로지 부역을 면하자고 하는 것"이라 하고 있다.

이 사태를 앞두고 국가의 대책은 흔들리고 있었다. 겉으로는 주민들이 왜적의 노략질의 표적이 되기 때문이라고 했지만, 실제로는 부역의 미납과 왜인과의 교류, 이 두 가지가 걱정거리로 백성 거주 자체를 금지하고 싶다는 게 '속뜻'인 듯하다. 그래서 남해·거제에 대해서는 부녀자와 가재도구를 육지로 옮기고, 장정을 머물게 하여 경작하도록 할 것, 목책을 설치하여 농민을 보호할 것 등 두가지 방책이 채택되었다. 하지만 이 적극적 방안도 오래 지속되지 못하고 2년 뒤에는 거제·남해·창선도 등 3도의 간전墾田에 대해 논이 많은 곳만 목책과 토성을 설치해 농민을 지키고 논이 적은 곳은 들어가 경작을 금지한다고 결정했다.

이처럼 조선 측이 해도를 장악하지 못할 때 쓰시마의 세력이 종종 섬에서의 거주와 경작 허가를 요구해왔다. 세종조 대마도정벌[応永外寇] 직전에는 소 사다시게宗貞茂가 "진도와 남해 등 섬을 받아 백성들과 함께 옮겨 거주하고 싶다."고 청원하자 조선측도 인정하는 방향이었지만, 종정무의 사망으로 중지되었다. 정벌 직후인 1420년에는 시응계도時応界都 왜인[관독불명]이 "나는 쓰시마인을 파견하여 거제도를 지키고, 조선의 외호(外護 ; 울타리)가 되니, 귀국은 백성을 입도하도록 해 안심하고 경작시키고 그 전세田稅를 수납해 그 일부를 나에게 분급하라"고 제의 했다. 또 대마도정벌

전후에 쓰시마에서 소씨宗氏를 능가하는 세력이었던 하야다 사에몬타로早田左衛門太郎도 1426년 내이포乃而浦·부산포富山浦 이외의 포소浦所 개방과 함께 거제도에 농전 한 구역을 지급해 사람들에게 경작시켜 양식을 조달할 수 있도록 할 것을 청했다. 1428년에도 거제도 외곽의 작은 섬에 사람을 보내어 보리 파종을 청하였으나, 어느 것도 허락되지 않았다.

이상 해도를 둘러싼 상황에서 ① 조선·대마도의 어느 세력도 해도를 유효하게 장악하지 못한 것, ② 연해 백성은 국가 지배에서 벗어나 다도해 해역을 유이流移하기 십상이었던 것, ③ 조선 측의 대응책은 모두 백성들의 농경을 전제로 한 것으로 해민 장악에 효과적이지 않았다는 점 등을 지적할 수 있다.

포소(浦所)의 지정과 왜관(倭館)

조선조 초창기에는 왜인의 입항장에 아무런 제한도 없었기 때문에 통교자가 급증하면서 얼마 지나지 않아 수용체제 정비가 필요하게 되었다. 1410년 시점으로 경상일도에 거주하는 왜인의 수는 2000명에 가깝다고 했고, 1416년에는 서울에 100여 명의 왜인이 거주했다. 또 1419년 대마도 정벌에 앞서 조선은 국내에 체류 중인 왜인을 규슈 단다이(九州探題 ; 가마쿠라 시대부터 무로마치 시대에 걸쳐, 무가정권(막부)이 규슈를 통치하기 위해 설치한 군사적 보조기관)의 사송을 조사하여 모두 구속했다. 그 중 경상도 각 포에서 붙잡힌 도박왜인到泊倭人과 판매왜인의 수는 591명에 이르렀고, 그 이외에 살해되거나 물에 뛰어들어 자살한 자가 136명 있었다.

1407년 이전에는 홍리왜선(興利倭船 ; 순수무역선)으로 와서 정박하는 포소를 경상좌우도 도만호都萬戶의 둔소로 한정했다. 당시 좌도 도만호는 동래현 관내의 부산포, 우도 도만호는 김해부 관내의 내이포에 있었다. 삼포의 원류는 이곳에서 시작된다. 한정을 둔 이유는 "흥리왜선이 각 포에 흩어져 입항하여 병선兵船의 허실을 염탐하는 것은 실로 안심할 수 없다"는 군사기밀의 보호에 있었다는 것을 기억해두고 싶다.

이는 처음 흥리선에만 적용되는 제한이었지만 1410년에는 사송선(使送船 ; 일본의 여러 세력의 사신의 명목을 지닌 배)의 입항장도 경상도의 각 포로 한정했고 더 나아가 대마도정벌을 경계로 흥리선과 같이 2곳으로 한정된 것으로 추정된다.

이에 대해 쓰시마의 실세인 하야타 사에몬타로는 1426년 경상도 좌우도의 각 포에서 임의로 무역할 수 있도록 해달라고 요구했으나 이뤄지지 못했고 대신 울산의 염포가 입항장에 추가되었다. 같은 해 염포에도 도만호가 설치되었다. 이후 부산포富山浦·내이포乃而浦·염포塩浦 등 세 곳을 '삼포三浦'로 통칭하게 되었다. 하야타씨나 소씨는 이후 10년 동안 때때로 입항장 추가를 요구했지만, 모두 거절당했다. 다만 그 협상의 성과로 삼포 연근해의 어업권을 인정받아 이윽고 1444년 '어로금약'에서 전라도 고초도(孤草島 ; 현재 거문도)의 어업권이 추가가 제도적으로 확립되었다.

삼포에는 각각 '왜관倭館'이라고 부르는 접대소 겸 상관商館이 설치되었다. 1423년 내이포와 부산포의 두 곳에 관사와 창고를 축조하고, 기명器皿을 갖추었으며 식량과 잡구雜具를 운반해두고, 그 출납과 공급은 김해부와 동래현이 관장하게 되었다. 이것이 포소에 있는 왜관의 시작이다. 1426년 염포에도 이것이 만들어졌을 것이다. 『해동제국기海東諸國紀』에 담고 있는 삼포의 그림에는 각각 '왜관倭館'과 '영청(營廳 ; 도만호가 주재하는 관공서"만호영"을 칭함)'이 표기되어 있다.

1438년, 왜인의 불법행위를 금지하고 방비하기 위해 왜관과 왜막(일본인의 집)주변에 이중 장벽을 둘러싸고(내부에는 목책), 서쪽과 북쪽 두 곳에 문을 만들어 상주하는 문지기에게 왜인의 출입을 점검하라는 조치가 취해졌다. 이로 인해 비로소 삼포 경관의 기본 요소가 정해졌다.

대마도의 연장으로써 삼포(三浦)

표면상 삼포는 단순한 입항장에 불과했고, 왜인의 체류는 서울 왕래 시의 귀환이나, 포소 왜관에서의 거래 기간에만 허용될 뿐이었다. 하지만 왜인들은 거래의 부진, 항해를 위해 바람을 기다려야 한다거나 배를 수리한다거나 하는 등 여러 가지 이유를 달고 체류기간을 늘였고, 결국 삼포에 집을 짓고 사는 사람이 나타났다. 그러나 조선은 왜구의 회유라는 원칙에서 철저히 거주를 저지한다는 태도는 취하지 않았고, 얼마 지나지 않아 삼포는 사실상 왜인거류지로 모습을 바꿔나갔다.

1426년 쓰시마의 시로사부로四郎三郎·사에몬 구로左衛門九郎 등 남녀 14명이 이르러 "본토에서는 의지할 만한 족친도 없고 생계를 세우기가 어렵기 때문에 귀국의 바닷가에 머물며 고기를 잡고 술을 팔아 생업의 방편으로 삼고 싶다"고 청했고, 임금은 내이포 거주를 허락했다. 쓰시마는 경작지나 일자리가 부족하고 과잉 인구를 안고 있어 삼포로 사람을 내보내야 하는 압력이 끊임없이 작용했다.

1503년 홍문관 전한 정린인鄭麟仁은 현지 시찰에서 돌아와 다음과 같이 보고하고 있다.

> 삼포의 인구 증가는 예를 들어 배에 종양이 생겨서 지금이라도 터질 것 같은 상태(원문은 '마치 종기가 뱃속에 맺히는 것과 같아 언젠가는 썩어 터질 것')로 매우 걱정스럽다. 쓰시마의 남녀가 삼포 사람과 혼인관계를 맺고 점점 이주해 오는데, 60호로 한정한다는 구약旧約이 있는데도 불구하고 쇄환하지 않는 것 자체가 국가의 정책에 어긋나는 일인데, 어찌 새로 이주를 받아야 합니까? 삼포의 왜인은 남자는 어업, 여자는 행상을 일삼아 돈을 벌고, 많은 하인을 고용해 부유한 생활을 하는 사람까지 있으니 참으로 낙토라고 해야 할 것이다. 그러나 쓰시마는 토지가 모래와 자갈뿐인 데다가 협소하여 해산물 무역에도 지리적인 이익을 얻지 못하고 인구에 비해 일자리가 적

다. 이래서는 쓰시마에서는 낙토를 목표로 하여 사람들이 이주하는 것도 무리가 아니지 않겠는가. 하물며 대마도주인 소씨 자신이 일상생활 물자를 다수 삼포에 의존하고 있는 상태였다. 아마도 도주가 도민을 꾀어 혼인을 빌미로 삼포에 출거시키고 있는 것 같다…….

삼포와 쓰시마의 불가분의 관계를 쓰시마측의 사료 『종가어판물사宗家御判物寫』로 확인해 보자.

對馬峯權現の社壇造營の勸進のために、宮司美濃坊罷り下り候。高麗三浦の百姓そのほか船、皆心落ちに奔走あるべき由、仰せにて候。その旨心得あるべき狀、件の如し。

宝德三
正月十一日　　　　　祐覺(花押)
高麗

1451년 대마도주 소 사다모리宗貞盛의 의사에 따라, 우각祐覺이라는 자가 삼포에 보낸 의뢰장이다. 의뢰 내용은 쓰시마 중부에 있는 신사[峯權現]의 사단社壇을 조영하기 위한 권진(勸進 ; 기부를 받는 것)을 위해 미노보美濃坊가 도해하므로 삼포의 백성(일반 주민)이나 송사선(送使船 ; 대마도주의 사선 명목을 지닌 무역선)의 승무원은 성의껏 기부에 응해 주길 바란다는 것이다. 쓰시마가 삼포의 부유함에 기대하는 바가 얼마나 컸는지 짐작할 수 있으며, 삼포는 완전히 쓰시마의 영역 안이라는 의식도 살펴볼 수 있다.

인구의 팽창

삼포의 인구증가 첫 물결은 내이포·부산포에 왜관이 설치되고, 염포가 포소에 추가된 1420년대 중반에서 약 10년 간 닥쳐왔다. 1434년 내이포 만호의 보고에 '1424년 이후 와서 사는 왜인 남녀는 360명 가량에 이른다. 이를 염두에 두면 같은 해 이전의 내거자 수가 얼마나 되는지 모른다.'고 하였다. 동년 현재로 내이포에 상주하는 왜인의 수는 600여 명에 달했고, 부산포도 비슷한 상황이라고 했다. 조선 측은 위기감이 고조되었다. 1435년 경상도감사의 계문에는 내이포에 교역을 위해 찾아오는 왜노가 항상 왕래하는데 날로 달로 수를 늘려 수년 만에 수백 채에 이르고 있다고 했다. 이 상황은 나카무라 에이코中村榮孝의 표현을 빌리면 "집안에 큰 뱀을 기르고 있는 것"이니 곧바로 대마도로 돌려보내 후회의 뿌리를 뽑아야 한다는 것이다. 이듬해 그 조치는 실행에 옮겨졌다. 조선은 대마도주 소 사다모리에게 삼포에 거주하는 왜인의 쇄환을 행할 것을 알렸고, 사다모리는 자신의 관하의 60명을 제외하고는 쇄환에 응하겠다고 답했다. 조선은 소씨의 협조 아래 내이포에서 253명, 염포에서 96명, 부산포에서 29명 등 총 378명의 주거 왜인을 대마도에 송환했으나 206명은 더 머물 것을 청원하여 허용되었다. 이렇게 조선 측의 의도는 일단 달성됐지만, 거류지를 없애는 것에는 이르지 못했고, 반대로 60명에 대해서는 거류가 완전히 합법화되고 말았다. 나중에 이것은 60호로 해석되며, 30호, 부산포 20호, 염포 10호가 배분되어 조선 측이 공식적으로 인정한 삼포 인구의 상한선이 되었다. 법적인 거류지로서 삼포가 이로부터 발족했다. 이후 삼포의 인구동태는 대강 다음과 같다. 1436년 공식적으로는 266명이었던 인구는 1466년 1,650명 남짓, 1475년 2,200여명, 1494년 3,100여명으로 증가일로를 걸었다. 그동안 1474년에는 내이포에서 300여 호, 부산포에서 60여 호, 염포에서 몇 호가 하루 동안에 불타버리는 대화재가 있었고, 1475년에는 100명이 대마도로 쇄환됐지만 증가의 추세는 제동을 걸지 못했다. 1460년 웅천(제포를 관할하는 성읍)의 인구는 성저의 민가가 310호, 남정의 수가 410명이었다. 그 이후로 제포의 급격한 인구증가가 있어, 웅천을 추월한 것으로 추정된다. 한편 1470년대 쓰시마의 부중, 지금의 이즈하라嚴原의 인구는 『해동국기』에 따르면 250호 정도이다. 그 무렵 삼포에서는 내이포(제포)가 308호, 3개 포소를 합해 411호에 이르렀으니, 쓰시마의 중심 부중보다 훨씬 많다. 특히 제포는 16세기 초에는 호수 400호, 인구 2,000명을 넘어설 정도에 이르렀다.

삼포의 경관

이렇게 발전을 이룬 삼포는 훌륭한 항만도시라고 일컬어지기에 걸맞는 경관을 보이게 되었다. 1474년 화재 소식을 접하고 신숙주가 제포에 대해 언급한 바를 들어보자.

> 왜인의 가옥은 형태는 흙집 같은데 흙벽에 억새의 지붕으로 되어 있다. 토지가 좁고 사람이 많기 때문에 집이 생선 비늘처럼 늘어서서 불이 나자마자 번지는 것이다. 만호영万戶營은 이 촌락과 붙어 있고 담장도 없으니 거의 관부의 체통을 이루지 못할 뿐더러 연소의 우려마저 있다. 영의 주위를 장벽으로 둘러싸고 관문을 설치하는 것이 좋을 것이다…….

이런 경관을 눈앞에서 보여주듯이 하는 것이 신숙주가 찬한 『해동제국기海東諸國記』(1471년)에 화재가 발생한 것과 같은 해에 추가된 삼포의 그림이다. 「웅천제포지도熊川薺浦之図」를 보면 만灣의 동쪽 기슭, 그림의 중앙에서 약간 오른쪽으로 초가의 항거왜호恒居倭戶가 밀집되어 묘사되어 있다. 만과 촌락의 위치 관계는 현재 진해시 제덕동薺德洞(제포薺浦와 풍덕豊德을 합성한 지명) 괴정리槐井里에서 거의 변하지 않았지만, 호수戶數는 현재가 훨씬 적다. 왜호의 배후 언덕 중턱에는 절이 11개나 그려져 있다. 지금은 여러 단의 밭으로 변한 평지가 절터였을 것이다. 왜호 북쪽에 왜관이 표시되어 있지만, 현재의 촌락을 벗어나 작은 고개(그림의 웅신현熊神峴)

〈제포〉

로 오르는 길 오른쪽 위쪽에 왜관倭館이라는 작은 글씨가 남아 있다. 왜관 서쪽 웅신현을 사이에 두고 건너편에 적혀 있는 영청(만호영)은 현재의 제덕리 위치에 해당한다. 이 마을을 둘러싸고 예전의 제포성의 성벽이 일부 현존한다. 제덕리 남쪽 앞에서 서쪽으로 이어진 논은 70년 전쯤 둑이 쌓이기 전까지는 깊숙이 들어온 만이었다고 한다. 그림의 영청 앞 만이 이에 해당된다. 한편 제덕리를 내계內溪, 괴정리를 외계外溪라고 부르는 통칭이 있다. 웅신현을 넘어 북쪽으로 가면 웅천이 나온다. 그림의 하변 육지는 거제도로, 지세포知世浦·옥포玉浦·영등포永登浦는 모두 수군만호의 소재지다. 그림 뒷면의 주기注記에 호수 308호, 인구 1,722명이라 적었다.

「동래부산포지도東萊富山浦之図」에서도 항거왜호·왜관·영청의 위치 관계는 제포와 흡사하다. 만을 마주한 중앙의 약간 아래에 왜호와 두 개의 절이 있고, 그 왼쪽에 작은 산이 있다. 이 언덕이 부산시 동구에 있는 자성대子城台에 해당한다. 그림의 우변 약간 윗쪽에 동래읍성이 그려져 있는데, 자성대에서 보아 동래는 거의 북쪽에 해당하니 그림은 서북을 위로하여 그려져 있는 것을 알 수 있다. 그렇다면 동래관 왼쪽 아래 산은 황령산荒嶺山, 영청 배후의 산은 부산왜성 본성의 흔적이 있는 증산甑山, 그 뒤쪽산은 수정산水晶山이 아닐 수 없다. 수정산의 배후는 현재 경부선이 지나는 저지대이며 그 북쪽의 부산진구 당감동이 동평현東平縣의 옛 땅이다. 동평현의 오른쪽을 지나 산으로 나눠 들어가는 가파른 고갯길에 '마비을외현馬飛乙外峴'으로 적혀 있는데, 부산진구 동부의 전포동에서 양정동에 걸친 일대는 마비현 내지 마비치로 불리는 고갯길이었다고 한다. 고갯길 양쪽의 높고 험한 산은 오른쪽을 금정산金井山, 왼쪽을 백양산白陽山으로 비정할 수 있다. 이곳을 넘으면 낙동강 동안의 구포가 나오고, 나아가 김해에 이르는 이 고갯길은 현재도 국도가 지나는 중요한 노선이다. 이상으로 그림이 현재의 지형과 잘 일치하는 것을 확인할 수 있지만 정작 중요한 왜호·왜관·영청은 밀집된 시가지 아래에 묻혀 대략적인 위치밖에 알 수 없다. 절영도折英島라고 적힌 하변의 육지는 절영도絶影島, 현재의 영도影島이다. 그림 뒤의 주기에는 호수 67호, 인구 323명이라고 적혀있다.

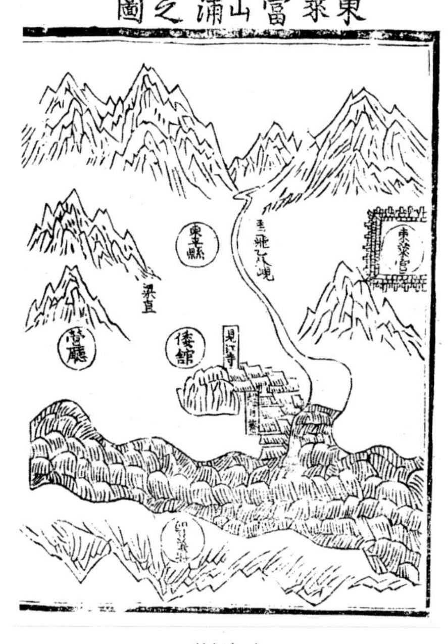

〈부산포〉

「울산염포지도蔚山塩浦之図」에는 중앙에서 약간 왼쪽 아래의 만 아래쪽(동)에 항거왜호가 있고, 그 배후에 왜관과 영청이 남북으로 늘어서 위치한다. 왜관 위에 있는 가운데가 공백인 직사각형은 절이나 암자의 이름을 쓰려다 잊었을 것이다. 눈길을 끄는 것은 왜호·왜관·영청의 전체가 남북으로 견고한 성벽으로 구분되었고(북쪽 성벽에만 문이 있다) 그 중앙에 '방어진목장魴魚津牧場'이라고 적혀 있는 것이다. 만의 서쪽 기슭에 적힌 성벽으

〈염포〉

로 둘러싸인 절도사영(경상좌도병마절도사영)과 울산의 군청은 지금의 울산시 구시가지에 있으며, 군청의 왼쪽 강은 태화강이다. 그림 뒷면의 주기에 호수 36호, 인구 131명이라 적혀있다.

이상 세 그림에서 삼포는 촌락의 입지(특히 바다와의 관계), 촌락·왜관·영청의 위치 관계, 조선 측 행정관청과의 관계 등 여러 요소에서 매우 유사한 도시라고 할 수 있다. 반도 끝부분에 가까운 만에 위치하여, 내륙으로 향하는 길목을 영청이 누르고, 그 길은 반드시 가까운 읍성을 지나야 한다. 선박을 대기 편할 뿐만 아니라 치안유지도 충분히 계산에 넣은 입지였다. 왜인 인구의 극단적인 차이(특히 제포의 과대)는 대마도로부터의 편리함의 차이에서 기인한 것이며, 도시 구조의 차이를 포함한 것은 아니었다. 조선은 삼포를 균등하게 이용하도록 '삼포에 나누어 정박할 것[三浦分泊]'을 왜인에게 요구했지만 좀처럼 뜻대로 이루어지지는 않았다.

도시생활

삼포왜인의 생활상은 어떤 것이었을까. 일찍이 1418년 부산포는 상당히 번성함을 보였다. 항구에 사는 왜인에게 상인이나 유녀가 있고, 사송선이나 흥리선이 입항하면 떼지어 호객을 하며 남녀의 교성이 울려 퍼졌다. 다른 항구에서도 술을 팔러 오는 자가 있었다……. 마치 세토 내의 항구 거리를 생각하게 하는 광경이었다.

삼포 왜인들의 일하는 모습은 앞서 본 사료에, 남자는 어업, 여자는 행상을 생업으로 한다고 했는데, 또 상주하는 왜인의 경작지 개간을 금하지 않는다는 것도 있었다. 1493년 제포 왜인들이 웅천현으로 부터 7리 해상에 있는 수도水島라는 작은 섬에 경지를 개간하던 때부터 항거왜가 멋대로 점거하여 경작하는 것을 금지하려는 논의가 있었다. 1440년에는 항거왜가 나무와 풀을 베러 경계를 넘어 마을에 출입하는 것이 엄금의 대상이 되었다.

항구로서도 삼포의 번영은 눈부셔서 1479년 왜인 소유의 선박이 대선만 해도 제포와 부산포에 각 4척, 염포에 2척이 있고, 대마도주 소씨의 사신은 삼포까지 와서 이 배를 타는 것이 상례였다. 1493년 항거왜가 타는 배가 제포에 80여 척, 부산포에 30여 척, 염포에 15척이나 있었다.

조금 특이한 것은 부산포와 가까운 동래온천에서의 목욕이었다. 내이포에 도착하여 정박한 모든 왜인들이 동래에서 목욕을 하려고 했기 때문에, 도중에 있는 역驛의 인마들이 고통받고 있었다. 그래서 내이포의 객인들은 영산靈山의 온천, 부산포의 객인들은 동래의 온천으로 나눠 목욕시켜서는 어떠한가. 병의 치료 때문에 목욕하러 오는 왜인에 대해 병세를 살펴보고 증중이면 5일, 경미하면 3일로 한정하고 목욕하고 끝나면 바로 환송하라. 광평대군의 부인이 느긋하게 동래온천에서 목욕을 하고 있으니, 목욕의 차례를 기다리는 왜인들이 많이 있다. 부인에게 귀경을 재촉해 주시면 어떨까.

심지어는 삼포에서 출발해 조선 국내를 편력한 왜인마저 있었다. 쓰시마 사포沙浦(佐保?) 출신의 신옥信玉이라는 승려는 12살 때 사송객이 된 부친과 동행해 제포에 이르렀는데, 그곳에서 부친이 병사하고 말았다. 신옥은 웅천·창원·김해·밀양 등 비교적 가까운 고장에서 걸식을 하고 있었지만 마침내 조선의 명산을 보고 싶다는 생각이 들었다. 먼저 전라도의 무등산·월출산 등을 유람하다가, 이어 충청도의 여러 산을 편유한 뒤 서울로 들어갔다. 또 황해도 구월산, 평안도 묘향산에 왕래하다가 마침내 함경도를 지나 강원도에 이르러 개골산, 대산(오대산)에 유람가 경상도로 돌아가 지리산을 유람했다. 편력은 19년에 이르렀으며, 1471년 서울에 나타나 도첩 받기를 원할 때에는 31세가 되어 있었다. 정부는 선종의 도첩을 발행해 서울 가까운 절에 살도록 했다.

제포와 웅천

삼포의 인구증가는 삼포 경계 내를 과밀도시로 변모시킨 것에 그치지 않았다. 왜인들의 행동이 지리적 혹은 법적 한계를 넘어 점점 외부로 번져나갔다. 그 결과 삼포는 인접한 읍성도 집어삼킬 정도의 경제적 영향을 미치기 시작했다. 그 힘은 물론 인구가 압도적으로 많은 제포가 가장 컸는데, 제포를 행정적으로 관할하는 웅천현이 그 표적이 되었다.

지형도에서 제포와 웅천의 관계를 확인해 두자. 화살표의 만 '웅천만'이 제포에서, 그 동쪽 기슭을 따라 도로가 뻗어나가, 도로의 남단에 괴정 마을이 있다. 「웅천제포지도」의 주거 밀집지는 이 근처에 비정할 수 있다. 마을에서 북상하면 작은 고개가 있고(웅천제포지도의 웅신현), 고개를 넘으면 '성내동城內洞'이라는 시가지가 나온다. 이것이 웅천읍성인데 「웅천제포지도」에 그려진 정사각형의 '웅천관熊川官'에 해당된다.

웅천성은 둘레가 3,514척이고, 남북이 약 335미터, 동서가 약 235미터의 장방형으로 북면의 성벽은 국도 2호선 도로 용지로 되어 소실되었지만, 동면과 서면은 거의 완전히, 남면은 일부만 성벽이 남아 있다. 성벽의 폭은

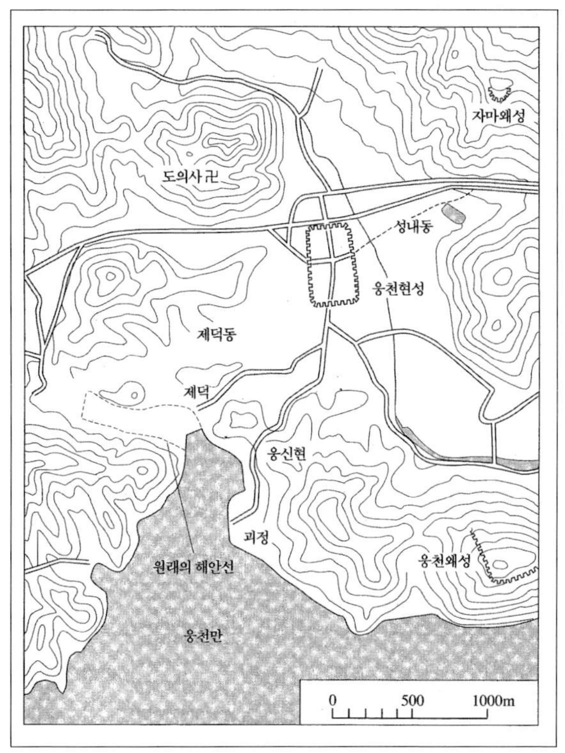

〈제포지형도〉

바닥이 4.5미터, 윗면이 약 2.2미터이다. 외측의 폭은 약 18미터의 해자가 둘러싸고 있으며 해자의 바닥으로부터의 높이는 4.4미터에 달한다. 남쪽 변에서 130미터쯤 북쪽 위치에 동서로 도로가 통과하여 동문지 밖에서 조금 북쪽으로 빗겨 성밖으로 나간다. 김해 방면으로 가는 길이다. 동문의 남쪽 성벽은 밖으로 길게 튀어나와 출입을 쉽게 점검할 수 있다. 동면 성벽의 북변에서 75미터 정도 남쪽에도 바깥을 내다볼 수 있도록 튀어나온 곳이 있다. 서문지는 원상태를 간직하고 있지 않은데 성문 밖에 인가가 밀집해 있고, 도로는 성문을 나서자마자 다섯 갈래로 갈라졌다. 후술하는 보평역報平驛이 이 근처에 있었다. 길은 창원으로 통한다. 성의 중앙을 남북으로 관통하여 길이 통하고, 남문지로 생각되는 곳에서 약간 서쪽으로 틀어진 채 정남으로 향한다. 성문 밖에도 인가가 끊이지 않고 이어지며, 길은 제포로 통한다.

15세기 중반에 이르자 제포과 웅천의 경제적 유대는 조선 측에 무시하지 못할 수준에 이르렀다. 1455년 경상도관찰사 황수신黃守身은 세조에게 경상도도와 웅천현도를 진상하고, 제포의 현황에 우려를 표명하였다. 제포왜인과 웅천현인의 접촉을 통해 밀무역이 성행하고, 제포와 웅천이 경제적으로 일체화되어 가는 상황이 관찰되었던 것이다.

> 항거왜가 생선이나 소금을 판매한다는 구실로 웅천의 백성들과 빈번하게 왕래하자, 서로 친해져 술과 고기를 대접하고 있다. 항거왜의 증가가 두드러질 뿐만 아니라 사송·흥판왜인 중 포구에 체류하는 자를 포함하면 적로賊虜 수천이 늘 체류하고 있다는 계산이다. 만일의 사태가 발생했을 때 소수 약체의 조선병력으로는 상대할 수 없을 것이다. 최근 국왕의 명으로 인해 사무역을 금했지만 왜인거류지 사방에 관방關防이 없기 때문에 야음에 흩어져 밀무역에 손을 대는 자의 자취가 끊이지 않는다. 최근에는 은그릇을 왜인이 있는 곳에 들여와 파는 것조차 있다. 간교하고 탐욕스런 자가 나라의 대사를 돌아보지 않고, 사사로운 욕망을 만족시키려고, 마침내 나라의 기밀을 누설하고 만다. 정말 우려하지 않을 수 없다…….

조선 조정은 양자의 접촉과 교류를 경계하여 이를 물리적으로 차단하려 했다. 전술했듯이 1438년 왜관·왜호를 이중의 장벽으로 둘러쌌지만, 더나가 황수신은 '왜인 촌락 북쪽 언덕에 서쪽으로는 만호영 앞에서, 동쪽은 웅포에 이르는 성벽을 쌓고 성벽 연장선상의 수심이 얕은 곳에는 목책을 세운다. 성벽에 관문을 설치하고 밤에는 닫고 낮에는 열되, 웅천의 군사 2, 30명을 배치해 사람의 출입을 점검한다'는 한층 철저한 왜인 봉쇄책을 제언하고 있다.

이는 바로 실행되지는 않았지만 1503년에는 '제포 북쪽의 작은 고개에 성벽을 쌓으면 왜인들이 타고 넘을 수 없게 된다.'는 제언이 있었다. 작은 고개가 웅신현을 가리키는 것은 틀림없다. 하지만 이 의견에 대해선 '성 밖의 한 쪽에 따로 성을 쌓게 되면, 안팎의 성벽 사이를 왜인들이 자신의 땅이라고 생각하고 민전民田을 빼앗아 족류族類를 끌어들이게 된다.'는 반론이 있었다. 그러나 4년 후 축성도감築城都監이 삼포 성벽의 부지를 측량하고 있으며, 1509년까지는 '삼포의 왜 마을[倭里]' 사이에 '관한關限'이 완공되어 있었다.

웅신현을 지나는 산등성이길을 서북으로 올라간 언덕 위에는 현재도 망루와 같은 견고한 석제 구조물이 남아 있어 제포를 내려다볼 수 있다. 관한 설치의 이유는 내외의 구별을 분명하게 해서 마구 뒤섞이지 않도록 하기 위함이었다. 웅신현으로부터 제포 쪽은 완전히 왜인의 영역으로 인정해버린 셈이다. 그런데 왜인들은 이 경계마저도 아무렇지 않게 넘나들며 산에서 나무를 하거나 불상을 참배한다는 구실로 조선의 내륙 깊숙이 들어오곤 했다. 그런가하면 장사를 하기 위해 의복과 언어를 조선풍으로 바꾸고, 여러 군현을 횡행하는데 거리낌이 없었다.

변민(辺民)·역인(駅人)·상고(商賈)

왜인들의 이런 행동은 변민(辺民 ; 삼포 주변의 주민)을 그들의 의사와 관계없이 경제적인 소용돌이 속에 휘말려들게 했다. 1474년 사헌부 대사헌 이서장李恕長의 의견서에는 이렇게 서술했다.

> 삼포의 항거왜인이 변민과 더불어 교통하여 오랜 세월이 흐르면서 쌍방이 친하게 지내는 것이 거리낌이 없다……. 저곡貯穀을 자본으로 하여 고리

> 대금업을 영위하는 왜인이 있고, 부채가 쌓여 전토를 담보로 하는 조선인이 있다. 그 결과 왜인들이 전토의 수확을 손에 넣고 조선인이 전세를 대납하게 되어 왜인은 날이 갈수록 부유해 지고, 조선인은 날이 갈수록 가난해졌다.

16세기에 들어서면서 삼포의 경제적 영향은 점점 더 거대해졌다. 1509년 사헌부 감찰 박전朴詮이 삼포가 안고 있는 문제점을 종합적으로 살펴보고 중종에 올린 상소를 보자.

> 웅천현 보평역報平驛은 제포의 왜인 거주지와의 거리가 불과 1리 정도 떨어진 곳에 있다. 그곳의 조선인 민가에 왜인이 부채를 거두어들인다고 칭하고 드나들다가 점차 친해져 형제처럼 대화하거나 음식을 같이 먹는다. 그러한 교류를 통해 '조정의 시비' 이하의 국가 기밀이 왜인에게 알려지고 만다.

조선 측이 왜인과 조선인의 왕래를 경계한 것은 사실 밀무역이라는 불법적인 경제행위 금지보다는 주로 국가적 혹은 군사적 기밀이 새나가는 것을 두려워했기 때문이었다. 하지만 양측의 교류가 국가 기밀의 누설과 같은 위험 요소를 어느 정도 포함했는지는 크게 의심스럽다.

더욱이 접촉의 무대가 '보평역'이라는 역에 있는 민가였던 것도 주목된다. 당시 역제에 대해 1506년 사료는 '역로驛路가 정비되지 못해 서울로 왕래하는 왜인이 이용하려 해도 우연히 말이 있으면 타고, 없으면 도보로 가게 돼 이전과 비교해 대우가 말 못하게 소홀해졌다.'고 했다. 그러나 이것은 어디까지나 공적인 교통제도로서의 역제가 붕괴됐을 뿐이고, 역 자체는 국가의 규제를 벗어나 교역의 장소로서 오히려 번성하기까지 했다. 상인들은 거기에서 짧은 자라도 1, 2년, 오랜 자는 3, 4년씩이나 머물며 항상 왜인과 주식을 같이하고 친하게 지내며 비밀리에 금지된 물품을 거래했다.

역驛이 그런 장소가 된 이유는 역인이 상인과 왜인을 연결하는 중개역할을 했기 때문이었다. 역인은 원래 국가의 역제를 지탱하는 하급 역인役人이었지만 역제의 붕괴와 함께 밀무역의 중개인으로 변신해 갔다. 1510년의 한 사료에는 '왜인과 무역하려는 상인도 상품을 가져와 팔려는 왜인도 모두 역인에게 의뢰한다.'고 했다. 그러나 웅천의 성저(城底 ; 도시 외연부) 주민에게는 많든 적든 그런 중개자의 성격이 있었다. 따라서 같은 사료에 동래에서는 역 대신 '성저의 민가'가 거래의 장소로 나타난다. 이때에는 보평역 자체를 폐지하고 인접한 김해부 적항역赤項驛과 창원부 안민역安民驛으로 분속시키자는 제안이 있었지만, 그것이 채택되지 못한 것은 역 폐지가 근본적인 해결책이 될 수 없었기 때문일 것이다.

삼포왜인과의 밀무역 영향은 인접한 성읍에만 그치는 것이 아니었다. 박전의 상소는 계속 이어진다.

> 남도(대체로 경상도 전체를 가리키는 것이지만)의 민중들이 왜인과 무역의 이익에 눈이 멀어 농사일을 내벌여 두고 무역에 열중하고 있다. 안동의 누에, 김해의 삼베 같은 특산품이 도로에 줄지어 삼포로 옮겨져 왜인의 손에 넘어가 모두 국외로 유출된다. 이래서는 마치 도둑에게 웃돈을 주는 격이 아닌가.

특산품이 왜인과의 교역 루트에 들어가면서 오히려 생산이 자극된다는 것이 예상된다고 하면 왜인 무역의 영향은 생산 구조에까지도 미친 것이 된다. 이에 대해 조선 조정은 유교적인 농본주의 입장에서 비판을 가할 뿐 인위를 넘어선 경제의 법칙성에 대한 인식은 희박했다.

수적과 삼포 왜인

1470년대부터 전라도에 출몰하기 시작한 '수적水賊'은 조선인인지 왜인인지 구별이 어려웠다. 1474년 홍양현에서 잡힌 7명의 해적에 대해 조정은

'만약 왜인이라면 문인(文引 ; 도항증명서)을 추열推閱하고 소재한 관에게 옷과 음식을 지급케하여 놀라고 두려워서 자살에 내몰리지 않도록 주의하라. 만약 우리나라 수적이 왜의 이름으로 거짓 왜인의 행세를 하고 있다면, 같은 무리 및 이전에 범한 죄를 곤장을 쳐 신문하라.'고 지시하고 있다. 1477년 돌산도에 나타난 해적은 '본국의 완악한 백성이 공부貢賦를 피하고자 거짓으로 왜적이 된 것'으로 알려져 1489년 순천에서 흥양에 이르기까지 만호와 싸운 적들은 '왜인인지 수적인지 아직도 확실치 않다'고 보고되고 있다. 이 수적은 '왜복차림으로 왜어를 쓰면서 바다와 포구에 출몰해 은밀히 지나가는 배를 엿보다가 배 안의 사람들을 모두 바다로 내보내고 또 몰래 섬에 숨는다.'는 경계적 존재였지만 '수적은 반드시 사람을 묶어 바다에 던져버림으로써 입막음을 하지만, 왜적은 물건을 빼앗을 뿐 반드시 사람을 죽이지 않는다.'는 차이가 있었다고도 한다.

1489년 적의 경우 조정의 열띤 논의 끝에 왜적임은 분명하다는 결론에 이르렀지만 한편으로 '남방 연해의 백성 중에 채포採捕를 업으로 하는 자가 틈을 타 도적질 하는 것도 오래 전부터 있다.'는 인식도 일반적이었다. 이같은 해민으로 1485년 상선을 덮쳐 사람을 죽이고 물건을 빼앗고 쫓기게 되자 왜혜(倭鞋 ; 짚신)을 남기고 도망간 '포작인鮑作人'이나 1492년 수적은 반드시 그들의 소행임이 틀림없다고 의심받은 제주도의 '연해두무악沿海頭無岳'이 사료에 등장한다. 한반도 남변의 거민들은 누구라도 수적이 될 가능성이 있었다는 것은 1487년 한 고관의 계문이 말해준다.

> 근래 전라도에서는 수적이 점점 더 번성하니 여러 섬에는 거민들이 하나도 없다. 도적에 의해 침탈을 당해 어디론가 떠난 것인지, 아니면 애초에 수적으로 변신해 숨어 있는 것인지 알 수 없다.

그런 의미에서 삼포의 왜인도 역시 수적 자격이 있었다. 1502년 조정회의에서 한 관료는 이렇게 제의했다.

> 삼포의 왜인들은 선박을 집으로 삼고 있고, 전라도의 수적들은 삼포 왜인의 소행이다. 그들이 가진 선박에 주칠을 칠하여 표지를 새기고 다른 것과 구별이 되도록 하면 해적 행위를 할 수 없게 될 것이다.

1497년 녹도鹿島, 1500년 마도馬島와 전라도 남부의 다도해 해역에서 잇달아 왜선에 의한 조선수군 습격사건이 일어났다. 녹도에서는 4척의 적선이, 만호 김세준金世俊을 비롯해 군관 2명, 진무 5명, 군사 20여 명을 살해하였다. 마도에서는 11척의 적선이 만호와 병사 11명을 살해하고 27명에게 상처를 입혔다. 그리고 어느 경우든 삼포 왜인의 소행이 틀림없다고 단정되고 있다. '조어금약'으로 녹도와 마도 두 섬에 가까운 고초도(孤草島 ; 지금의 거문도)에 출어하던 삼포 왜인이 돌아올 때 도적질을 한 것으로 여겨졌던 것이다.

이러한 사건은 삼포에서 먼 곳에서 일어났으며, 삼포 왜인의 소행이라는 확증은 얻지 못했다. 녹도 사건에서는 삼포의 '왜추倭酋'를 '삼포 왜인 추고경차관三浦倭人推考敬差官'이 묻지만 '우리의 소행이 아니다', '예전부터 삼포에는 해적은 없다', '저런 먼 곳까지 가서 도적질을 할 이유가 없다' 등으로 부인하는 통에 달리 어찌할 도리가 없었다.

국경을 둘러싼 지역

이상과 같은 민족 잡거의 상태가 '국경을 잇는 지역'의 모태가 되었다. 일본·조선·중국이라는 민족과 국가의 차이를 넘어 한반도의 남변과 쓰시마·이키, 제주도, 기타큐슈, 심지어 중국 강남의 연해부를 잇는 지역, 다른 표현으로 말하면 '내해를 둘러 싼 지역' 혹은 '환지나해 지역'이 그곳을 왕래하는 인간의 행동에 의해 형성되었다.

국가에 있어서 해적·산적 행위의 문제성은 자신이 조세나 역역을 부과하고 그 대가로써 보호를 하고 있는 정주농경민의 생활을 위협하는 점에 있다. 이 지점에서 국가는 스스로의 존재 의의를 묻게 된다. 그 대책으로서 국가는 표박漂泊하는 산과 바다의 백성에 대해 현재 거주지 또는 본관지에 토지를 지급하여 굳이 경작시킴으로써 호적에 등록하고 세금을 부과하려고 했다. 하지만 국가가 그것을 강제하는 유효한 조처는 없고, 그들이 자발적으로 표박을 그만두지 않는 한 실효성이 부족했다. 국가가 이들을 두려워한 진정한 이유는 여기에 있다. 역으로 말하자면, '국경을 넘나드는 지역'이 국가의 강제력을 넘어 존립할 수 있었던 조건 중 하나가 그들 표박하는 백성의 생활과 행동에 있었다.

하지만 이 사실은 국가의 보호를 받고 있는 정주 농경민과 국가를 넘어선 지역에 없는 비농업민·표박민과의 갈등이 불가피함을 의미한다. 이런 민중들 간의 심각한 대립이야말로, '지역이 국가와의 대결 아래에서, 왜곡되어 형성된다.'는 것은하나의 구체적 실상일 뿐이다. 따라서 민족사회의 내면에서 널리 볼 수 있는 농민과 비농업민과의 대립은 그 외연의 경계 영역에서 지역과 국가와의 모순으로 나타난다. 따라서 농업사회의 성숙, 표박민의 정주화는 지역의 존립 조건의 가장 근본을 파고들 것이다. 조금 앞서서 전망을 언급하면 16세기 말 이후 경계지역의 쇠망의 기저적 요인이 여기 있는 것은 아닌가.

〈토론문〉

村井章介, 「15세기, 삼포三浦를 통한 공존」에 대한 토론문

이상훈 | 육군사관학교 육군박물관 부관장

한일교류사의 석학이신 村井章介 선생의 「15세기, 三浦를 통한 공존」에 토론을 맡게 되어 영광으로 생각합니다. 선생의 이 논문은 비롯 처음 발표되는 新說은 아니지만 1993년 간행된 단행본 『中世倭人傳』(岩波書店, <한국어번역> 이영 역, 『중세 왜인의 세계』, 소화, 1998)의 절반이 넘는 분량을 축약한 논고였습니다. 내용은 대체로 삼포개항을 전후한 시기에서 삼포왜란의 발생 전까지로 삼포의 번성을 중심으로 다루었습니다. 선생은 내용 중 일부는 1989년부터 발표된 것이라고 했는데 30년 전에 집필된 것이지만 치밀한 사료의 활용과 논증은 여전히 유효한 역작이라고 할 수 있습니다.

개인적으로 저는 직장은 서울에 소재한 육군박물관이지만 주소지는 여전히 경남 진해이고 그곳에는 저의 가족들이 살고 있습니다. 바로 그 '鎭海區'에 熊川倭城과 함께 薺浦倭館址가 소재하고 있습니다. 금년에는 답사하지 못했지만 대체로 1년에 한 두 차례는 답사를 하곤 합니다. 이 논문에서 선생은 제포의 현재적 상황을 자세히 서술하고 계신데, 이미 한세대인 30년 전이라 많이 변했습니다. 熊川邑城은 발굴과 복원이 이루어 졌습니다. (원형에 얼마나 근접한 복원인가 하는 논란과는 별개로). 제포지역의 현재 상황은 新港灣과 背後工團 조성으로 碧海桑田이 되었고, 일부만 사적지로 지정하려는 움직임이 있어 현장의 보존측면에서는 안타까울 따름입니다. 특히 薺浦鎭城의 앞에서 水島에 이르는 지역까지 좁은 수로만 남겨두고 모두 매립이 되어, 과거의 국제항으로서의 모습은 사진으로나 확인할 수 있고 현장에서는 상상할 수조차 없습니다.

薺浦倭館址로 추정되는 곳은 과거 孫承喆 선생의 주관으로 지표조사를 한 지역을 중심으로 작년 말부터 발굴이 시작되어 현재도 진행되고 있습니다. 길이 24.6m 너비 11.9m에 이르는 建物址와 '大明正德八年春造'라는 1513년 제조된 기와편 등이 출토되었다고 합니다.

본 논고에 대해서는 몇가지 질문을 통해 그 동안 궁금했던 사항을 확인하고자 합니다. 이미 오래 전 출간된 서적을 중심으로 작성된 논고라 그간의 평가와 문답을 통해 제기되었던 내용들 중 하나일 것이라고 생각됩니다.

첫째는 '境界人'으로서의 왜인에 대한 것입니다. 선생께서는 조선과 일본의 국가 지배력이 모두 海島와 海域을 장악하지 못한 사각지대에서 流移하는 국적이 불명한 개인 또는 집단으로 倭人의 존재를 지적했습니다. 이것이 이 논문의 독특한 점이라고 할 수 있습니다. 그런데 이런 왜가 존재하는 것은 당연하지만 몇 케이스만으로 전체를 규정할 수는 없다고 생각합니다. 오히려 특이한 사례였기 때문에 기록된 것은 아닌지요. 또 선생은 倭服과 倭語를 일본 복식과 일본어와 같은 것으로 생각할 필요는 없다고 하셨는데 그렇다면 왜복와 왜어는 어떻게 달랐을까요.

두 번째는 '環中國海'를 가운데 둔 倭의 활동상에 대한 것입니다. 선생은 주로 삼포와 대마도를 중심으로 서술했는데 주로 조선의 교린 외교, 자국민의 단속, 군사적 기밀유출 방비 등의 입장에 있었다고 설명하고 있습니다.

이에 비해 일본의 각 유력 집단이나 중앙정부의 입장은 어떠했는지 설명을 부탁드립니다. 특히 일본은 전통적으로 조선반도를 매개로 한 중국과의 통교보다는 직접적인 교류를 중시했다는 점에서 이점은 중요하다고 봅니다.

그리고 왜가 국적이나 민족을 초월한 집단이었다면 일본 정부도 위험을 느끼지 않았을까요. 대마도의 일본 본토, 조선, 중국에 대한 입장도 함께 언급해 주셨으면 합니다.

세 번째는 조선반도로 온 왜는 삼포를 통해 교류하던 집단과 전라도로 향한 왜의 구분입니다. 선생께서는 전라도로 온 왜를 대체로 제주도의 유이민이나 수적집단으로 보신 듯합니다. 그런데 전후의 시간차는 있지만 후기 왜구가 활동하던 시기는 서양세력이 몰려오고, 중국에서는 王直이 활동합니다. 전라도지역에 출몰하기 시작한 이 왜구들을 활동범위를 '환중국해'로 확장하고 '後期倭寇의 原型'으로 파악할 요소는 없는지요. 아울러 1419년 조선에서 규슈단다이 사신을 조사할 때 체포된 왜인 591명 외 136명은 살해나 자살했다고 하는데 이들의 성격은 무엇일까요.

이상에 대한 설명을 부탁드립니다. 아울러 제포와 웅천에 대한 최근의 감회나 보존방안 등에 대해서도 언급을 해주시기 바랍니다.

제2편

전쟁과 화해

임진왜란 연구의 제 문제

金文子 | 祥明大

1. 머리말

"나(秀吉)로서는 만반의 준비를 갖추고 조선국에 건너가서 이 나라를 분할하여, 그 땅에 있는 무장들 전원에게 그들의 위대한 업적에 대해 감사하며 나의 호의를 표시하고 높은 봉록으로 보답하기를 간절히 바라고 있다. 그럼에도 불구하고 이곳 나고야(名護屋)이 있는 중신(重臣)들은 나에게 올해는 조선으로 건너가는 것을 보류하도록 강력하게 요망하고, 해협의 큰 노도(怒濤)와 거친 바다에 일신을 내맡기는 것은 위험하므로 이 시기를 피하여 7~8개월 후인 내년 3월까지 늦추라고 한다. 그때가 되면 해협이 평온하게 되어 쉽게 도항할 수 있을 것이라고 하면서 끊임없이 간청하였다. 이 일에 대해서는 그들이 너무나도 원하므로 그때까지 연기하기로 하지만, 분명한 것은 내가 약속대로 조선으로 건너가는 것 이외에 다른 뜻이 없다는 것은 의심하지 말아야 한다."[1)]

위 자료는 도요토미 히데요시(豊臣秀吉)가 1592년 5월 16일을 전후로 조선에 도항하려 했지만, 고요제이(後陽成)천황을 비롯한 도쿠가와 이에야스(德川家康)와 마에다 도시이에(前田利家)가 만류하여 조선도항을 연기한 사정을 서술한 것이다. 결국 히데요시의 조선 도항은 실현되지 않았지만, 자신을 대신해서 6월 3일 이시다 미츠나리 등 3명의 奉行을 서울로 파견하였다.[2)]

1) 松田毅一·川崎桃太譯, 『フロイス 日本史』 2, 中央公論, 1977, 253쪽.

2) 『毛利家文書』 904.

전쟁이 발발한지 한 달 정도 남짓해 일본군이 승전하고 있다는 소식을 접한 히데요시는 당장이라도 직접 조선에 건너가서 全土를 점령할 수 있을 것이라 오판했다. "조선을 분할하여 조선에 있는 무장들 전원에게 높은 봉록으로 보답하려 했다" 는 부분에서 전쟁 목적의 한 단면을 보여주고 있다.

그러나 이후 戰況은 악화되어 초기의 전쟁 목표였던 명나라 정복 '가라이리(唐入り)'는 커녕, 명과의 교섭을 통해서 '조선 남부'라도 확보하려는 것으로 축소되었다. 바로 위 자료는 7년 전쟁인 임진왜란의 전후 상황을 상징적으로 적나라하게 알려주는 것이라 할 수 있겠다.

전근대 역사에서 조·명·일 삼국이 동시에 개입한 유일한 대규모 전쟁 임진왜란은 방화와 파괴, 질병을 가져다왔고 두 차례에 걸친 일본의 대규모 침략에 속수무책으로 초기에 엄청난 피해를 본 것은 조선이었다.

이 전쟁은 왜 발생했는지? 그리고 전쟁의 목표는 무엇이었는지? 그 이유에 대해서 그야말로 '백가쟁명'이라고 할 만큼 여러 가지 견해가 제시되었다. 본 발표에서는 이와 관련된 최근의 논쟁을 중심으로 살펴보고, 이 전쟁의 참상과 불신의 상징인 피로인 문제와 강화교섭 문제를 다루고자 한다. 특히 정유재란 발발배경으로 논쟁이 되고 있는 '조선왕자의 來日 문제'에 대해 살펴보면서 이 전쟁의 성격 및 임진왜란과 관련한 앞으로의 과제에 대해 폭넓게 고찰하고자 한다.

2. 전쟁 원인에 대하여

한국에서 임진왜란 연구는 1950년대부터 '국난 극복' '민족주의적 시각' 차원에서 시작되어 이순신·의병 운동과 관련된 주제들이 중심이 되었다.[3)]

3) 임진왜란 관련 연구사적 검토 및 연구과제와 관련해서는 노영구, 「임진왜란의 학설사적 검토」, 『동아시아세계와 임진왜란』, 경인문화사, 2010 참조. 조원래, 「임진왜란사

70~80년대에 들어와서는 군사사 분야에 초점을 맞추면서 영웅사관을 지양하고 전쟁사 측면의 군제, 군수, 무기, 전술, 관방, 정보와 관련한 다양한 연구가 진행되었다. 특히 80년대 중반부터 일국사적인 차원을 넘어서 임진왜란을 동아시아 질서와 관련하여 적극적으로 해석하려는 연구 시각도 나타나기 시작했다.[4)]

한편 1990년대는 임진왜란에 대한 '재조명'과 '올바른 인식'을 다룬 연구가 중심이 되어 지금까지 임진왜란을 전체적으로 파악하지 않고 식민지 지배를 정당화하기 위해서 이용되어 왔던 일본인들의 연구 방법에 대해 문제제기를 하였다. 즉 전쟁 초기의 패전 상황만 주로 연구 대상으로 삼았던 점에 대한 반성과 자각이 일어났다.[5)] 초반 전투 이후 일본 측 전세와 戰勢와 패전 등을 자세히 밝혀내면서, 임진왜란이 勝戰도 아니었지만 패전敗戰도 아니었다는 인식의 변화와 함께 임진왜란이라는 전란을 새로운 각도에서 연구할 수 있는 전환점을 가져다 준 것이다.[6)]

이후 90년대 후반에는 세계화의 진전에 따라 기존 유럽 중심의 세계사에서 탈피하려는 지구사(globai history) 등장으로 기존의 민족주의 사관에 입각했던 한국사에 대한 본격적인 비판이 제기되었다. 따라서 임진왜란 연구

인식의 문제점과 연구과제」, 『한국사학사학보』 26, 2012.

4) 이태진, 「16시기 동아시아사의 역사적 상황과 문화」, 『한국사회사연구』, 지식산업사, 1986.

5) 대표적으로 1992년 국사편찬위원회에서 주최한 <임진왜란의 재조명> 학술대회를 들 수 있다. 최영희, 「임진왜란에 대한 이해의 문제점」, 『韓國史論』 22, 국사편찬위원회, 1992, 3-26쪽; 同, 「임진왜란 연구를 위한 제언」, 『아시아문화』 8, 한림대 아시아문화연구소, 1992, 3-9쪽; 허선도, 「壬辰倭亂史論-壬亂史의 올바른認識」, 『韓國史論』 22, 국사편찬위원회, 1992, 187-221쪽; 최영희, 「임진왜란에 대한 몇 가지 의견」, 『남명학 연구』7, 진주경상대학교 남명학연구소, 1997.

6) 이태진, 「임진왜란에 대한 이해의 몇 가지 문제」, 『군사』, 창간호, 국방부 전사편찬위원회, 1980; 허선도, 「임진왜란에 대한 새로운 인식-승패의 실상을 중심으로-」, 『한국학』 31, 한국학연구소, 1984;同, 「임진왜란론-올바르고 새로운 인식」, 『천관우선생환력기념 한국사학논총』, 정음문화사, 1985.

도 당시의 국제적인 상황 등을 면밀히 검토하여 이 전쟁을 동아시아 삼국에서 벌어진 국제 전쟁이라는 측면이 강조되기 시작했다.[7] 최근까지 이러한 연구 동향은 지속되고 있는 상황이다.[8]

이상에서 살펴본 것처럼 민족주의적 입장이 강조된 기존의 임진왜란 연구는 동아시아 국제전쟁으로 이해하는 방향으로 가고 있다. 그러나 근대 식민지 경험에 따른 반일감정과 역사적·정치적 목적과 연동되어 아직까지도 임진왜란 민족주의와 국난극복사관이 대세를 이루고 있는 것도 엄연한 사실이다. 이런 한계점을 염두에 두고 한국 측에서 연구되고 있는 임진왜란의 원인에 대해 살펴보면 다음과 같다.

첫째, 임진왜란이 '명분 없는 전쟁'이었다는 데는 이의가 없으며 '도요토미의 개인적인 명예욕과 공명심·영웅심에 의한 것', '감합무역의 재개', 또는'국내 평정과 통일 과정에서 발생한 다이묘(大名)들과 무사들의 남아도는 무력을 외부로 전환하여 불만을 해소하려고 했던 점' 등이 강조되었다. 즉 도요토미 정권이 국내의 모순을 해외로 돌려 정권의 안정을 기도하려했다는 설이 한국사 교과서를 중심으로 일반적으로 인식되어 왔다.[9]

그러나 위의 연구들은 전쟁을 일으키기 위해서 7년 전부터 도요토미가 국내 체제를 정비하고 겐지(檢地), 신분제령 등을 공표하면서 철저하게 전쟁 준비를 해 온 과정 등이 등한시된 부분이 적지 않다.

둘째, 15세기 후반 대항에 시대의 여파로 포르투갈과 스페인이 동아시아까지 밀려와서 은을 중계했던 사실과 유럽 및 명이 교류하는 유동적인 국

7) 국사편찬위원회, 『한국사 29-조선중기의 외침과 그 대응』, 1995, 13-208쪽; 이완범, 「임진왜란의 국제정치학-일본의 조선분할요구와 명의 對조선 종주국확보의 대립, 1592~1596-」, 『정신문화연구』25-4, 2002, 89-137쪽; 정두희·이경순, 『임진왜란 동아시아 삼국전쟁』, 휴머니스트, 2007.

8) 이계황, 「한국과 일본학계의 임진왜란 원인에 대하여」, 『동아시아의 세계와 임진왜란』, 경인문화사, 2010.

9) 대표적인 연구자로 한우근을 들 수 있다. 「임진란 원인에 관한 검토-豊臣秀吉의 전쟁 도발 원인에 대하여-」, 『역사학보』1. 부산역사학회, 1952, 99-112쪽.

제질서와 관련시켜 임진왜란의 원인을 찾으려는 했다. 즉 16세기 동아시아 경제 변화의 흐름 속에서 원인을 바라보는 시각이다.[10)]

셋째, 명 중심의 책봉체제 아래서 조공과 回賜라는 합법적인 공무역 시스템이 점차 무너지고 사무역 중심이 되자 명은 해안을 봉쇄하는 해금정책을 취하였다. 이 과정에서 명과 조선 사이에서 겪고 있었던 무역상의 난제를 외교적으로 해결하지 못하자 히데요시가 무력으로 전쟁을 일으켰다고 보는 관점이다.[11)]

이상에서 본 것처럼 한국 측의 전쟁 원인에 대한 연구 동향은 과거에 비해 히데요시의 개인적인 욕망에 기인한 것이라기 보다는 16세기 후반 동아시아의 변화와 관련시켜 폭넓게 연구하려는 경향이 보인다.

한편, 일본 측에서는 戰前부터 池內宏와 中村榮孝 등을 비롯해서 많은 연구자들이 히데요시의 「唐入り」를 연구해 왔는데, 최근의 대표적인 연구자로서 北島万次, 三鬼清一郎, 中野 等, 米谷 均, 津野倫明, 跡部信 등을 들 수 있다.[12)] 특히 기타지마는 일본 연구자 중 임진왜란의 침략성과 이것이

---

10) 정두희·이경순, 『임진왜란 동아시아 삼국전쟁』, 휴머니스트, 2007; 한명기, 「교류와 전쟁」, 한국사연구회 편 『새로운 한국사 길잡이』 상, 2008; 박수철, 「15·16세기 일본의 전국시대와 도요토미 정권」, 『전쟁과 동북아의 국제질서』, 일조각, 2006;한일문화교류기금 동북아역사재단편, 『임진왜란과 동아시아세계의 변동』, 경인문화사, 2010; 하우봉, 「동아시아 국제전쟁으로서의 임진전쟁」, 『한일관계사연구』 39. 2011; 김현영, 「동아시아 국제질서의 변동과 임진왜란의 성격」, 『임진왜란 제 7주갑 국제학술대회 국제전쟁으로서의 임진왜란』, 한국학 중앙연구원 동아시아역사연구소, 2012.

11) 손승철, 『조선전기 한일관계사연구』, 경인문화사, 1997; 계승범, 「임진왜란 중 조명관계의 실상과 조공책봉관계의 본질」, 『한국사학사학보』 26, 2012.

12) 北島万次, 『豊臣政權の對外認識と朝鮮侵略』, 校倉書房, 1990; 同, 『豊臣秀吉の朝鮮侵略』, 日本歷史學會編輯, 日本歷史叢書52, 吉川弘文館, 1995; 中野等, 『豊臣政權の對外侵略と太閤檢地』, 校倉書房, 1996; 同, 『秀吉の軍令と大陸侵攻』, 吉川弘文館, 2006; 三鬼清一郎, 『豊臣政權研究, 戰國大名論集』18, 吉川弘文館, 1984; 同, 「關白外交體制の特質をめぐって」, 田中健夫編 『日本前近代の國家と對外關係』, 吉川弘文館, 1987; 同, 『豊臣政權の法と朝鮮出兵』, 青史出版, 2012.; 北島万次編, 『豊臣秀吉

조선과 일본에 남긴 상처를 고발하고, 풍신 정권의 역사적 성격을 일본 국내의 권력 구조론과 동아시아 세계의 국제 관계론의 양 측면에서 해명하였다.[13] 즉 그는 히데요시가 「日輪의子」라는 주장을 통해 동아시아에서 공통적으로 인식한 「誕生奇瑞說話」를 이용해서 명정복 구상을 기획했다고 주장하였다.

그는 加藤淸正이 고전한 울산성의 농성을 일본 교과서에 소개함으로써 초전과는 다른 양상을 띤 전란의 실태를 증명하였으며, 일본군의 약탈을 다룬 원 자료를 제시하고 구체적인 사료들을 인용하여 임진왜란의 전반적인 실상을 객관적으로 검토하고 서술하는데서 많은 진전을 주었다.

요네타니는 동아시아 지역사의 관점에서 '외부적인 상황= 왜구적 상황'이 어떻게 임진왜란으로까지 연결되었는가를 논의하면서 임진왜란의 원인·동기를 새롭게 제시하였다.[14]

戰前부터 일본에서 거론되고 있는 전쟁 원인 설 몇 가지만 살펴보자.[15] 우선 히데요시의 공명심에 의한 해외 정복설이 있다. 이는 池內宏의 주장으로 히데요시가 자신의 이름을 일본·명·조선 삼국에 남기기 위해 해외 정복을 시도한 것이며, 히데요시의 해외 출병은 '조선 정벌'에 있는 것이 아니라'명 정복'에 있었다고 보고, 히데요시의 공명심에 의한 해외 정복설을 주장하였다.

다음으로 '일명감합무역부흥요구'와 '영토 확장' 두 가지 설은 戰前부터 주장되어 왔는데, 지금까지도 영토 확장을 목적으로 전쟁을 일으켰다고 보

朝鮮侵略關係史料集成』 1-3, 平凡社, 2017.

13) 北島万次, 위의 책, 『豊臣秀吉の朝鮮侵略』, 259-270쪽.

14) 또한 米谷均은 임진왜란 발발의 최종 목적은 명나라 정복 '가라이리(唐入り)이었지만, 이것은 어디까지나 명분상 형식적인 목적으로 실질적인 목적은 히데요시의 명예욕과 관련되었다고 보고 있다. 「豊臣政權期における海賊の引き渡しと日朝關係」, 『日本歷史』 650, 2002; 同, 「文祿·慶長の役/壬辰戰爭の原因」 堀新·井上泰至, 『秀吉の虛像と實像』, 笠間書院, 2016, 286쪽.

15) 津野倫明, 「朝鮮出兵の原因·目的·影響に關する覺書」, 高橋典行編 『戰爭と平和<生活と文化の歷史學 5>』, 竹林舍, 2014.

는 시각이 연구자들에 의해 많이 수용되고 있다. 그러나 감합무역 부활 요구는 히데요시가 명 정복이 실현 불가능하게 된 후 강화의 한 조건으로 추가한 것에 지나지 않고, 히데요시의 관심은 감합 무역이라는 '무역'차원에 그친 것이 아니라 영토 확장을 전제로 한 명 정복 구상에 있었기 때문에 이 주장은 그대로 받아들여지기 힘들었고 이후 비판을 받았다.

영토 확장설은 中村榮孝가 전전부터 『일선관계사의 연구』에서 주장한 내용이다. 그는 도요토미 정권이 분열에서 통일로 진전하면서 대외 통상 발전과 무가 정권 확립을 위해 영토 확대이라는 시대적 요구에 의해 조선 침략을 기도한 것이라고 했다. 三鬼淸一郎은 해외 영토 확장설과 감합무역은 이율배반적인 것이 아닌 서로 보완 상호작용을 하면서 성립한 것이라 주장하기도 했다.

한편 1970년대에 들어와서는 히데요시의 조선 침략을 16~17세기의 동아시아 전체의 사회 관계, 통교 관계의 변동과 관련시켜서 파악하려는 것이다. 대표적인 연구자는로 朝尾直弘, 佐々木潤之介을 들 수 있다. 이 두 연구자의 공통된 주장은 "일본은 군사력이 고도로 집중되어 있었던 전국 동란 시기를 거치면서 무력으로 지탱되어 온 일종의 자신감을 갖게 되었으며, 이것이 당시 동아시아 국제사회에서 일본의 자기의식을 불러일으키게 되었다"는 지적이다, 즉 전국 동란을 이겨내고 천하를 장악한 히데요시는 더 큰 자신과 자존 의식을 갖고서 국제사회에 임했던 것이며, 히데요시의 시기에 들어와서 동아시아의 전통이었던 '중화(中華)'에의 존숭이나 모화사상을 버리게 되었으며, 군사력에 의한 절대적인 자신감에 의해서 조선 침략을 감행했다고 본 것이다.

다시 말해서 명을 중심으로 하는 동아시아 국제 질서로부터 자립을 시도한 도요토미 정권이 집권적인 권력 편성의 필요와 일본형 화이 질서의 실현 수단으로서 대명전쟁과 조선 침략을 일으켰다고 본 것이다. 이 주장들은 지금까지 히데요시의 조선 침략 원인을 국내적인 요인에서만 찾았던 것과는 달리 대외적인 정세에 의해서 국내의 상황과 관련시켜 그 원인을 밝히려 했던 점에서 널리 수용되어 왔고, 최근까지도 이 견해를 수용하는 경향이 있다.

다음으로 中野等는 전쟁 원인을 일률적으로 볼 수 없고, 戰勢 상항에 따라 바뀌었다고 주장했다. 즉 그는 1차 침략은 명 정복에 있었으나 전세가 유착되고 강화교섭을 거치는 동안 2차 침략 목표가 조선점령으로 변경되었다고 보았다.[16] 北島万次와 津野倫明도 여기에 동조하였다. 여기서 주목할 점은 명 정복 가능성이 사실상 불가능했음에도 불구하고 1598년까지도 히데요시는 직접 명을 정벌하겠다는 문서를 발급하면서 계획을 포기하지 않았다는 점이다. 따라서 그가 내세운 구호는 명분과 실제 면에서 큰 차이를 보여주므로 전쟁 원안을 생각할 때 단순히 발급한 문서 자체만을 해석해서는 안 된다고 본다.[17]

이외에도 최근에는 포르투갈과 에스파냐 등 이베리아 세력에 대한 대항의식이 동아시아 세계의 '주변왕조'로서 일본에 잠재해 온 '중화황제'화 욕구가 상승작용을 일으킨 결과가 바로 임진왜란의 발발 원인이라고 보는 점이다.[18] 이는 平川 新이 주장한 것으로 임진왜란의 원인론에 새로운 자극을 주기는 했지만, 유럽세력에 대한 일본의 저항이 결국 아시아 침략을 초래했다는 논리이다. 문제는 이러한 근거를 만든 高瀬弘一郎의 저서 및 논문의 사료해석이나 논리에 심각한 문제점을 내포하고 있으므로 이 부분을

16) 中野等, 『秀吉の軍令と大陸侵攻』, 吉川弘文館, 2006.

17) 北島万次, 『豊臣秀吉の朝鮮侵略』, 吉川弘文館. 1995.

18) 平川 新, 「前近代の外交と國家 -國家の役割を考える-」, 近世史サマーフォーラム二〇〇九實行委員會『近世史サマーフォーラム二〇〇九の記錄』, 2010. 深谷克己, 『東アジア法文明圏の中の日本史』, 岩波書店, 2012(이 책은 朴慶洙譯, 『동아시아 법문명권 속의 일본사 -유교핵(儒敎核) 정치문화를 중심으로-』 한얼, 2016으로 번역됨); 平川新, 「豊臣秀吉の朝鮮出兵をめぐる最近の論議」, 『通説を見直す -16～19世紀の日本』, 清文堂, 2015; 同, 「スペインとポルトガルの日本征服論をめぐって」, 『歴史評論』 815, 2018.

재검토 분석할 필요가 있다.[19]

또한 村井章介는 최근 논문에서 히데요시가 1592년5월 18일자 조카 秀次에게 보냈던 「三國國割構想」 覺書 25개조와 측근 나카야마 나카도시가 보낸 17개조 서장을 통해 네네(ねね)와 공동으로 세계지배질서를 구상했다고 하는 젠다史 관점에서 바라 본 흥미로운 내용도 있다.[20]

이상에서 한국과 일본에서 지금까지 논의되었던 임진왜란의 전쟁 원인에 대해 개괄적으로 살펴보았다. 히데요시가 전쟁을 일으킨 이유에 대해서 '백가쟁명'이라고 할 만큼 여러 가지 견해가 제기되었다. 이에 대해 필자는 전쟁 발발 전후로 히데요시가 발급한 문서를 통해서 임진왜란을 일으킨 궁극적인 목표가 조선에 국한되어 있지 않았다는 것은 확실하다고 생각된다. 또한 선교사들의 기록에는 히데요시의 명 정복의도가 그의 명예심과 권위를 높이기 위한 것이라고 일관되게 기록하고 있는 점에 주목하고 싶다.

히데요시 정권의 기본적인 권력구조는 전국을 지배하는 일원적인 지배체제가 아니였고, 동시에 여러 지방의 大다이묘들을 압도할 만큼 충분한 군사력을 소유한 것도 아니었다. 즉 여러 지역에 강력한 다이묘의 군사력이 잠재한다는 것은 히데요시 정권을 위협하는 것을 의미한다. 따라서 히데요시는 군역 동원을 통해서 자신의 기반을 공고히 하여 집권적인 권력 편성을 최상위 목표로 한 뒤, 명까지 정복하여 자신의 공명심과 명예욕을 높이면서 영토 확장을 목표로 했다고 보인다. 그러나 전세가 불리하자 강화협상을 통해서 조선의 부산, 경상도 남부 지역만이라도 확보해서 무역 거점을 확보한 뒤 전쟁을 지속적으로 유지하려 했던 것이다.[21]

---

19) 清水有子, 「イベリア·インパクト論再考 -イエズス會の軍事的性格をめぐって-」, 『歷史評論』 773, 2014. 朴慶洙, 「'이베리아 임팩트'와 임진전쟁」, 『日本歷史研究』 46, 2017.

20) 村井章介, 「秀吉の世界征服構想と「女の領域」」,『立正史學』 125, 2019, 18~26쪽.

21) 이와 관련해서 이계황도 히데요시의 조선침략은 다이묘들의 군사력이 소진될 때까지 수행할 수밖에 없었으며, 강력한 국내 지배체제 질서가 형성될 때까지 대외적인

양국에서 전개되고 있는 전쟁 원인 설은 주로 임진왜란 시기에 편중되어 있고, 정유재란의 원인에 대한 논의는 충분하다고 볼 수 없다. 이러한 부분은 추후 보완, 논의를 지속할 필요가 있다고 하겠다.

3. 피로인 문제와 강화교섭

여기서는 전쟁 경과 중에 발생했던 참상 중 하나인 피로인 문제 및 일본군의 피해상황, 그리고 삼국이 얽혀서 진행했던 기만과 불신의 상징인 일·명강화교섭에 대해 언급하고자 한다.

임진왜란은 조선군 70만어 명(의병포함), 전 후 두 차례에 걸친 일본군 30만 명, 명군 11만 명이 참여했던 국제 전쟁이었다. 7년에 걸친 긴 전쟁으로 조선에서는 국토 및 문화재가 황폐화되는 등 인적·물적 피해는 실로 엄청난 것이었다. 그 중에서도 조선이 입은 가장 큰 피해는 인적 손실로서 수많은 조선병사와 일반 백성들이 무차별적으로 살육당하고 강제 연행되었다는 점이다. 강제로 끌려간 포로를 일반적으로 조선 측에서는'被虜''被虜朝鮮人''俘虜''俘人'등으로 불리고 있는데 일본에서는「生け捕り(いけとり)=생포, 포로」라 하였다.

이와 관련해서 전쟁초기부터 조선에 건너간 일본상인들에 의해서 저질러진 '人買い(ひとがい)=인신매매'와 일본무장들에 의한'鼻切り(はなきり)=코 베기'는 이 전쟁기간동안에 행해졌던 참담한 실상을 드러내는 용어이다.

이처럼 강제 연행되어 일본으로 건너간 사람 중에는 大名 영지에 배치되거나, 일본인 상인과 결탁된 포르투갈 상인에 의해서 남녀노소 가리지 않고 닥치는 대로 동아시아와 유럽에 팔려간 사람들도 많았다. 전쟁이 끝난 후

긴장관계를 유지할 필요가 있다고 파악했다.『인물로 보는 일본역사 4 도요토미 히데요시』, 살림, 2019, 135~137쪽.

조선 측에서는 피로인 문제가 '국가 체면'과 관련된 중대 사항이었고, 일본 측에서도 조선과 다시 국교를 맺기 위해 포로들을 송환하는데 서로 반세기에 걸쳐서 노력하였다. 그러나 결국 조선으로 돌아온 사람은 만 명도 채 되지 않았다.22)

피로인은 학자·의사·중·도공·수공업에 종사한 사람들도 있었지만 대부분은 일본의 하층민이 되어서 倭卒의 하인이 되거나 노복이 되는 경우가 대부분이었다.23) 납치 규모와 관련해서 催豪鈞은 1591년과 1598년 당시 조선의 인구를 각각 1,300만 명과 1,085만 명으로 파악하여 결과적 115만 여 명의 인구가 감소된 점에 주목하여 100만 명 이상이 왜란으로 인해 사망 내지는 피로되었다고 주장하였다.24) 그 중에서 코베기 자료 등으로 분석한 사망자 45만 명을 제외하고 15만 명 정도는 오차범위로 두면 결국 피로인은 40만 명 이상이라고 추정하였다. 출전 부대의 전투규모를 면밀하게 검토하지 않은 점과 코베기를 당한 사람들이 전부 사망한 것은 아닌 점 등을 생각하면 문제점은 있으나 충분히 논의의 대상이 된다고 본다.

한편 조선은 전쟁 종결 직후부터 1643년까지 5번에 걸친 쇄환사·통신사

22) 임란 연구가 의병사나 군제사 등 조선의 승전과 관련된 부분이 주류를 이루었기 때문에 피로인의 연구는 초창기에 큰 진척을 보지 못하였다. 피로인 문제는 전쟁이 종결된 후 국교재개의 중요한 단서가 될 뿐만 아니라, 에도막부의 성립, 근세 일본 유교의 성립, 일본문화에 끼친 영향을 고찰하는데도 중요한 주제임도 불구하고 큰 관심 대상이 아니었다.

23) 일본으로 강제 연행된 사람들의 납치 목적을 보면 대체로 다음과 같은 경우를 들 수 있다 (1) 일본 내에서 부족한 노동력을 보충하기 위해서 (2) 다도가 유행함에 따라 다도의 기술을 배우기 위해서 (3) 戰地에서 군량수송과 축성·잡역 담당의 勞役 요원으로서 사역하기 위해서 (4) 여자와 童子들 중에서 미모와 재능이 뛰어난 자 (5) 전쟁 중에 일본에 협력한 자 (6) 전쟁 중 조선여인을 아내로 삼았기 때문에 동반한 경우 (7) 미색을 탐하는 일본장병의 호색적 요구 (8) 노예매매를 목적으로 한 경우 등이다.

24) 催豪鈞, 「壬辰·丁酉倭亂期 人名被害에 대한 계량적 연구」, 『국사관논총』 89, 2000. 민덕기, 「임진왜란 중의 잡치된 조선인 문제-피로인 규모와 기존연구의 검토를 중심으로」, 『임진왜란과 한일관계』경인문화사, 2005. 395쪽 참고.

를 통해서 60여 년간 피로인 송환에 주력하였다. 초기에는 일본 측도 적극적이었고 피로인들 자신도 귀국하려는 의사가 강하여 피로인의 귀환문제는 어느 시기 때보다도 순조롭게 진행되었다.

그러나 두·세 번째(1617, 1624) 쇄환사 때는 실무를 담당하면서 협조적이었던 대마도가 국내사정을 들어서 소극적, 비협조적으로 바뀌었고, 조선으로 귀환한 사람에 대한 대우가 좋지 않다는 풍문이 돌면서 피로인의 송환은 점차 어렵게 되었다. 네 번째(1636) 통신사는 피로인을 거의 송환시키지 못하였다.

마지막 1643년 통신사 일행은 일본에 파견되기 전부터 피로인 송환문제는 방기할 수 없는 국가 명분상 해결해야할 문제라는 인식하에서 진행되었다. 피로인들은 시간이 흐름에 따라 일본사회에 뿌리를 내리면서 피로인 자신은 물론 2-3세 자식문제로 점점 더 귀국하지 못하였고 '부채'와 귀국 후의 생활에 불안이 한층 더 귀환을 어렵게 하였다. 또한 조선 측이 피로인에 대한 구체적이고 장기적인 대책이 없었던 점과 귀환을 해도 경제적으로 이들을 받아들일 수 있는 환경, 2번에 걸친 청의 침략으로 청에 끌려간 피로인 송환문제가 더 시급했기 때문에 피로인은 전쟁 직후 기간을 제외하고는 귀국하지 못하고 일본에 남아 생활할 수밖에 없었던 것으로 보인다.

한편, 조선에서 일반 조선 병사와 백성들이 무차별적으로 살육당하고 강제 연행된 반면, 일본에 참전했던 병사들 대부분도 조선에서 희생되었다.

> "병사들은 이미 지쳐 있고 상당수가 죽거나 부상을 당하였다. 군수품과 탄약은 바닥이 났고, 무기들은 파손되었으며, 성채 밖에 있던 몇 군데 식량 창고는 불타 버렸다. 그럴 가능성이 충분하지만 만약 중국군이 내일 다시 공격해 온다면, 우리 편은 전멸을 면할 수 없을 것이다. 비록 한두 차례 전투를 버텨 낸다고 하더라도 결국은 힘이 다하여 더 이상 저항할 수는 없을 것이다. 그리고 무엇보다도 염려되는 바는 우리가 구원을 받을 희망이 없다는 점이다. 왜냐하면 평양과 서울 사이 있는 일본군의 성채들을 끊임없이 조선

군의 공격에 자신들을 방어하기 위한 필요 인원만을 겨우 가지고 있을 뿐이기 때문이다."

"조선의 추위는 매우 혹독하여 도저히 일본의 추위와는 비교가 되지 않습니다. 저는 하루 종일 손발이 반쯤은 언 상태로 지내고 있으며, 아침에 미사를 올리기 위해 간신히 손을 움직일 정도의 형편입니다.(중략) 기아·추위·질병 그 밖에 일본에서는 상상도 하지 못할 정도의 고통을 겪고 있는 이곳 천주교도들의 궁핍함은 너무도 극심합니다. 왜냐하면 관백이 이곳에 식량을 보내주기는 하지만 여기에 도착하는 양이 너무도 작아서 모든 병사들을 먹여 살리기에는 턱없이 모자란다고 하겠습니다." [25]

위의 두 자료는 1593년 평양성 전투 전후에 일본군 戰況을 적나라하게 밝혀놓은 것이다. 병사들 상당수가 사망하거나 부상당한 상태이고, 극도의 식량부족 상황이 읽혀진다. 중국인과의 전투 경험을 통해 이미 중국군의 전투 능력에 대해 새삼 인식을 바꾸게 되었던 것도 평양성 전투이다.

이와 관련해서 최근 1592년 4월부터 1593년 5월 제 2차 진주성전투가 종료될 때까지 1년 3개월 동안 조선에서 사망한 일본군 총수가 13만 8586명으로 참전 병력 22만 4774명의 61.65%에 해당 된다는 연구 결과가 있다.[26] 부산성과 동래성전투를 시작으로 탄금대전투, 한양성 함락, 4차에 걸친 평양성 전투 등 임진왜란 중에 가장 많은 전투기록을 가지고 있는 고니시 유키나가의 1번대 병력 손실률은 60%가 넘는다. 1만 8천여 명의 병력 중에서 1만 1천여 명이 죽거나 전투력을 잃고 후송된 것이다. 이 기간 중에 전투기록이 별로 없는 황해도·강원도·충청도 지역에서도 파견병력의 53.8%, 56.35%,37.4%가 사망했다.[27]

---

25) 松田毅一·川崎桃太譯, 앞의 책, 270~217쪽.

26) 박희봉, 「임진왜란에 관한 새로운 증거와 의미: 참전일본군 밀 손실지수」, 『국가정책연구』 28-4호, 2014. 22쪽.

27) 박희봉, 위의 논문, 16-17쪽.

이처럼 전황이 공세에서 수비로 역전되자 히데요시는 계획한 전쟁 목표를 수정할 수밖에 없었고, 일본군은 경상도 남부 해안지역으로 후퇴하였다. 이는 보급로 차단과 주요 전투에서 일본군 패배, 조선군의 전방위적 공세로 일본군 사상자가 증가하고 전투력이 상실되자 전략을 변경할 수밖에 없었던 상황을 일례로 보여주는 것이다. 히데요시는 명과의 강화교섭을 통해서 명군을 한강 이북에 묶어 두고 진주성을 점령한 후에는 경상도와 전라도·충청도 등 남부지역을 전부 지배하겠다는 당초의 전쟁 목표를 변경하지 않을 수 없었던 것이다.

이와 관련해서 당시 프로이스는 1594년경 조선에서 일본군 戰況을 다음과 같이 서술하고 있다.

> "이번 원정으로 얼마나 많은 일본인들이 조선에서 건너갔고, 그 가운데 얼마만큼의 사람들이 죽었는지를 알고 싶어 하는 것은 당연한 것이다. 그것을 확인하려고 많은 조사를 해 보았는데, 가장 믿을 만하고 정확한 정보에 의하면 병사와 수송인 15만 명이 조선으로 건너갔다고 한다. 그 중에서 삼분의 일에 해당하는 5만 명이 사망하였다. (게다가) 적군에게 살해된 경우는 소수이고 그 대부분은 전적으로 과로·기아·추위 및 질병 등으로 사망하였던 것이다. 얼마나 많은 조선인이 죽었는가에 대해서는 알 길이 없지만, 죽은 자와 포로가 된 자를 포함해 (그 숫자는) 일본인의 그것과는 비교될 수없을 정도로 많다. 왜냐면 도시와 다른 곳으로 연행 된 자를 제외하고 이 아래에 있는 (조선인) 포로 수 는 셀 수 없을 정도로 많기 때문이다." 28)

여기서 주목되는 부분은 일본인의 피해자는 5만 명이 넘었는데 대부분의 사람들이 조선군에 의해서 살해 된 것이 아니라 과로와 기아·추위·질병에 의해서 사망하였다는 점이다. 이와 관련해서 조선 측의 사망자와 포로는 일본인의 피해와는 비교가 안 될 정도이며 특히 큐슈지방에 있는 조선인의

28) 松田毅一·川崎桃太譯, 앞의 책, 304쪽.

포로는 셀 수 없을 정도로 많다고 하였다.

한편 주목하고 싶은 것은 피로인 중에 임진년 일본에 끌려갔지만 정유년에는 일본병사가 되어서 다시 조선으로 돌아와 싸우다가 도망친 인원도 다수 존재했다는 점이다.[29] 그들은 조선에 투항하고 싶어도 조선 측이 포로를 죽일지 몰라 다시 조선으로 돌아가지 못하고 일본으로 갔다고 한다. 이 점을 생각해 본다면 일본군의 피로인 납치 목적 중에는 조선군과 싸울 수 있는 일본군을 확보하기 위해서 나이 어린 남자아이와 壯年들을 연행해 갔다고 추측할 수 있다.[30]

최근에는 일본으로 끌려간 여성 피로인에 관한 연구도 적지 않다.[31] 같은 피로인의 처지라도 남성과 여성의 삶은 꽤나 달랐고, 신분에 따라서도 차이가 있어 전쟁에서 발생한 여성 피해자들을 폭넓게 조망하는 연구가 확대되고 있는 상황이다.

화제를 바꾸어서 전쟁의 경과 과정 중 크고 작은 전투도 발생했지만 임진왜란 기간 중 4년 정도 장기간에 걸쳐 명·일, 조·일 강화교섭이 진행되었던 점을 간과해서는 안 된다. 지금까지 임진왜란 연구 부분에서 주목을 끌지 못했던 강화교섭 문제는, 조명 연합군의 전쟁 수행에 큰 영향을 주어 승패를 좌우하기고 했고, 일본군이 교섭 기간 중에 병력을 유지하면서 퇴각하

---

29) 『선조실록』 권93, 선조 30년 10월 정축(20일)조.

30) 실제로 이와 관련해서 鄭希得은 『月峯海上錄』에서 "壬辰·癸巳년에 우리나라 사람이 많이 어린 아이로써 잡혀가서 이제 장성한 나이로 情勇하고 强悍하기가 본시 일본군 보다 나은데, 丁酉년 재침 때 이들 중에 적을 따라온 자가 무척 많았지만, 본국으로 도망해 오는 자는 적고 적국으로 도로 도망간 사람이 많았다"고 하였다. 鄭希得, 『月峯海上錄』, 「疏章」海行摠載Ⅷ, 민족문화추진회, 1977.

31) 장미경, 「戰爭詩에 나타난 여성의 兩價性- 壬辰倭亂과 丁酉再亂 詩材 한시를 대상으로-」, 『한국고전여성문학회』 11, 2005; 정출헌, 「임진왜란의 상처와 여성의 죽음에 대한 기억 -동래부의 김섬(金蟾)과 애향(愛香), 그리고 용궁현의 두 婦女子를 중심으로-」, 『한국고전여성문학연구』 21, 2010; 김문자, 「임진왜란과 포로」, 『임진왜란 조선인 포로의 기억』, 국립진주박물관, 2010; 김경태, 「일본에 끌려간 조선 여성들의 삶」, 『정유재란사』, 범우사, 2019.

는 조건을 제공하기도 했다. 또한 강화교섭 중에 제기된 요구조건들은 히데요시의 전쟁목표가 무엇인지를 알 수 있는 주요한 단서이기도 하다.

일본은 全勝했으나 시간이 경과함에 따라 戰況이 불리해져 갔고, 특히 8월경에는 兵糧·兵員 부족으로 강화교섭이 절실하게 요구되는 상황이었다. 이후 유키나가는 평양에서 沈惟敬과 교섭하면서 정전협정까지 맺게 된다. 일본은 조선이 강화교섭에 임하지 않을 것이라 간파하였고, 명의 참전을 막기 위해 적극적으로 명과 교섭하기 시작했던 것이다.

본격적인 일·명 강화교섭은 1593년 벽제관 전투에서 명이 패배하자 전략적으로 시작되었다. 명군은 평양성에 이어 벽제관 전투에서도 전력 손실이 많았고, 募兵으로 출전하였지만 약속된 급료를 받지 못하자 불만이 커져갔다. 전반적인 사기 저하로 도망병이 속출했고, 재정적인 어려움으로 遠征에서 소요되는 전비를 견디기 어렵게 되자 명은 조선에 파견된 병력을 조기 철수할 수밖에 없는 상황이었다.[32] 특히 "일본이 명국을 침략한 것이 아니고, 명은 단지 전쟁이 요동으로까지 확산되는 것을 막으면 되는 것으로, 일본군과 끝까지 결전할 필요는 없다"는 전략적인 변화가 생기면서, 명은 1593년 초반부터 일본과 본격적인 강화협상에 돌입하였다.[33]

즉 4월에 일본군이 서울에서 물러나자 명은 이제 조선이 거의 회복된 것으로 파악하였다. 이후 "중국이 일본과 원수가 도리 까닭이 없다"는 것을 내세워 일본군을 추격하지 말 것과 조선에 정예병 약간 명을 남긴 뒤 명군을 철수시키려 했다. 명군의 총책임자로서 石星은 강화협상을 통해서 전쟁을 종결하려는 강한 집착을 보였다.

일본의 경우도 병량 결핍과 군수 물자 부족으로 더 이상 한성 지역을 고

32) 한명기, 「임진왜란기 明·日의 협상에 관한 연구－명의 강화집착과 조선과의 갈등을 중심으로－」, 『국사관논총』 98, 2002. 차혜원, 「16세기 국제질서의 변화와 한중관계」, 『동양사학연구』 140, 2017, 138-143쪽.

33) 한명기, 『임진왜란과 한중관계』, 역사비평사, 1999, 47-48쪽.

수하기 어렵게 되자 한성 철수를 미끼삼아 히데요시의 승인 하에 무사히 조선 남부 지역까지 후퇴하였다. 임진왜란은 실제 전투 기간이 1년 6개월 정도이고, 5년 이상 사실상 휴전 상태에서 강화교섭이 진행된 기묘한 전쟁이었다. 이 과정에서 히데요시는 <大明日本和平條件> 과 <大明朝鮮과 日本和平之條目>이라는 요구 조건을 내세우면서 명과 협상, 타협을 했던 것이다.

이에 대해 조선은 양국에 불신감을 갖고 반대의사를 표시했지만, 대부분 무시당하였다. 일본 측은 조선 남부지역에 왜성을 쌓고 잔류하면서 일·명 강화교섭을 본격적으로 진행하였다. 명은 일본에 책봉사를 파견했으며 조선도 명의 강요로 통신사를 보냈다. 1596년 9월 명 사절은 오오사카에서 히데요시를 만나, 그에게 명의 책봉을 주었지만, 자신이 요구했던 강화조건이 무시되자 히데요시는 강화교섭을 결렬시키고 1597년 조선에 전쟁을 재개하였다. 히데요시의 일본국왕을 둘러싼 속임수와 명분 싸움의 결말인 것이다.

4년 동안 진행되어 왔던 강화교섭은 결렬되었다. 화의파탄을 둘러싼 논쟁은 지금까지도 지속되고 있는데, 이러한 배경에는 히데요시를 일본국왕으로 임명한 자리에 동석했던 인물들이 남긴 1차 자료가 없기 때문이다. 정유재란 발발의 원인에 대해서도 여러 견해가 있으나 여기서는 '조선왕자 來日문제'를 중심으로 살펴보고자 한다.[34)]

跡部信은 정유재란의 발발원인을 조선왕자의 일본 不參에서 찾고 있다. 그는 "히데요시가 명목상의 해외영토가 아닌 조선 왕자 자체를 중요시했다"고 보았다. 즉 히데요시는 명사절을 명 황제가 보낸 항복사절로 인식해 책봉을 받아 들였고, 受封이야말로 자신이 크게 양보한 것인데, 조선 왕자가

---

34) 김경태, 「임진전쟁기 강화교섭의 결렬원인에 대한 연구」, 『대동문화연구』 87, 2014; 김문자, 「임진왜란기 강화교섭과 정유재침의 배경」, 『정유재란사』, 범우사, 2018. 여러 견해란 첫째, 1990년대까지 주류를 이루었던 '히데요시의 일본국왕' 임명설, 조선왕자 불참설, 일본군의 완전 철수 요구와 관련된 조선 영토 할양 문제를 원인으로 보고 있는 점 등이다.

일본에 오지 않았기 때문에 강화교섭이 결렬되었다고 본 것이다.[35)]

이와 관련해서 中野等도 "히데요시는 강화조건을 점차 축소하면서 1595년 조선 왕자를 인질로 보내면 조선 남부 4도를 왕자한테 돌려준다는 데까지 합의 한 것으로 보았다"고 파악했다. 그는 히데요시가 일본에 온 왕자를 '豊臣大名'화 시키고 조선국이 복속했다는 증거로 조선 남부를 왕자에게 위임하려 했다고 주장하였다.[36)] 다시 말해서 명과 화의를 체결하고 조선과는 전쟁을 지속하면서 '해외영토'를 확보하려 했다고 보았다. 어느 쪽이든 교섭결렬의 책임을 조선에 부과하면서, '항복의 증거'인 '조선 왕자'가 일본에 오지 않은 것이야말로 재침략의 중요한 원인으로 파악한 것이다.

그렇다면 과연 '조선왕자의 내일 문제'가 화의 결렬의 주된 원인이었을까?

화의 교섭이 결렬되고 일본군 철병문제가 한창 논란이 된 1596년 9월 6일 『日本往還日記』의 기록을 보면 柳川調信이 책봉사보다 먼저 일본에 도착하여 히데요시를 만난 내용이 언급되어 있다.[37)] 즉 8월 19일경 히데요시가 조선왕자의 내일 여부에 대해 물어보자, 시게노부는 "조선왕자가 어리고 멀리 유배 중이라 올 수 없다"고 답하고 있다. 이에 대해 히데요시는 웃음으로 화답하면서 특별한 반응을 보이지 않았고, 오히려 명과 조선 사절이 머물 숙소에 대해 배려하는 태도를 보였다. 이 대목은 책봉사를 만나기 직전 히데요시의 입장과 정황을 알 수 있는 주요한 부분이다. 만일 조선왕자의 來日 문제가 화의 조건 중 가장 중요한 문제였다면 히데요시는 柳川調信의

---

35) 跡部信, 「豊臣政權 對外構想 秩序觀」, 『日本史研究』 585, 2011. 김경태도 「정유재란 직전 조선의 정보수집과 재침 대응책」, 『한일관계사연구』 59, 2018, 233-245쪽에서 '조선왕자 내일 문제'를 화의결렬 배경으로 보았다.

36) 中野等, 「講和交渉の推移」, 『秀吉の軍令と大陸侵攻』, 吉川弘文館, 2006, 278-297쪽. 津野倫明, 「丁酉再亂時の日本の目的と日本側の軍事行動」, 『한일관계사연구』 57, 2017, 91-92쪽.

37) 黃愼, 『日本往還日記』.

사전 보고가 있을 때 이 점을 지적하였을 것이다.

또 다른 증거로 위 시기보다 훨씬 앞선 1596년 정월, 조선 측 인사가 왕자의 來日문제와 관련해서 사전에 柳川調信과 논의한 적이 있다. 그때 調信은 "그럴 필요가 없고 조선의 대신 중에서 2,3명 만 보내면 된다."고 조언하고 있다.[38]

한편 유키나가는 明 책봉사 이종성이 도망가는 사건이 발생하기 직전인 1596년 6월까지 일본에 머물고 있었다. 그는 히데요시에게 책봉사(天使)가 오랫동안 부산에 머물고 있는 상황과 조선도 곧 通信할 것이라는 사유를 전달하였다. 히데요시가 크게 기뻐하면서 "소원하는 일이 끝났다. 어찌 다시 싸움을 일으켜 흔단을 만들겠는가. 네가 빨리 부산 진영에 가서 남김없이 철병하고 천사의 일행 및 조선의 배신과 함께 바다를 건너라."고 하였다.[39]

결국 유키나가와 柳川調信, 히데요시 입장에서 '조선왕자의 내일문제'는 큰 비중이나 관심을차지하지 않았고, 오히려 일본군의 부분 철수와 명의 책봉사 및 조선 배신들의 來日이 긴박하고 중요한 문제였음을 알 수 있다.

위의 사례를 통해 히데요시는 조선왕자가 일본에 오지 않는다는 것을 사전에 알고 있었다고 짐작된다, 바로 이점 때문에 왕자의 불참이 강화교섭 파탄의 결정적인 이유가 아니라는 점을 분명히 알 수 있다. 바꿔 말하면 일본군의 철병을 강요하는 명 측의 요구로 인해 강화교섭은 결렬되었고, 이에 대한 대응책으로 히데요시는 조선왕자의 來日문제를 명목상으로 내세웠다고 말하지 않을 수 없다.[40]

---

38) 『선조실록』 권 71, 29년 정월 乙亥(8일)조.

39) 상동.

40) 화제를 바꾸어서 전쟁이 끝난 직후 이에야스도 일본군을 무사히 철수시키기 위한 강화조건으로 조선 측에 '조선왕자의 인질 파견'과 '공물의 헌납'등을 요구했다. 그런데 그는 요구 조건이 불가능할 경우에는 쌀과 호피, 표피, 약 종류 등 공물 헌납도 무방하다고 말하고 있다. 이런 점을 보더라도 조선왕자의 來日문제는 철수명분을 내세울 때 자주 등장했던 레파토리에 불과했음을 알 수 있다. 「島津家文書」984, 985호.

결국 여기까지의 상황을 종합해보면 강화교섭의 결렬 원인은 명 神宗이 히데요시에게 보낸 勅諭의 3가지 요구조건 중 "현재 부산에 있는 일본군을 한사람도 남김없이 철수하라"고 한 점, 즉 일본군의 전원 철수 요구= 해외 영토 확보의 실패 때문이라 보는 것이 타당하다고 하겠다.[41)]

즉, 히데요시는 명에게 臣屬하는 입장을 취하고 도쿠가와 이에야스를 필두로 한 여러 다이묘들에게도 명의 군관직을 받게 하면서까지 책봉을 받았던 것이다. 이런 의례가 끝나면 조선 남부지역의 일본 할양을 명이 공인할 것이라고 이해했다고 보인다. 그러나 책봉사가 일본군의 (조선에서) 완전철수를 요구하자 교섭이 결정적으로 결렬되었던 것이다.

그는 명의 책봉정사를 맞이해서 정치적으로 선전하면서 자신의 위세를 높이고, 동시에 조선에서 철수하지 않은 나머지 군사를(1/3) 주둔시켜 놓고, 조선 남부지역에 장기 주둔할 계획이었던 것이다. 그와 동시에 조선을 발판으로 무역을 통해서 경제적인 이익을 얻으려 했던 것으로 보인다.

한편, 이와 관련해서 정유재란이 조선 남부 특히 전라도 지역을 정복하기 위해 발발한 전쟁이라는 기존연구에 대해서도 다시 검토할 필요가 있다. 즉 일반적으로 정유재란 시기 히데요시는 경상도 지역을 이미 정복했다는 가정하에 전라도 지역을 주 공격대상으로 삼았고, 충정도 지역에 대해서도 침공하려 했다고 보고 있다. 그 증거로 1597년 1월 선발부대를 보내고, 2월 21일 도해한 장수들에게 "선봉은 전라도(赤國)를 남김없이 평정하고 충청도(青國)와 그 지역은 가능한 범위 안에서 침공하라"는 내용을 제시하고 있다.[42)]

7월에도 전라도 지역 침공을 재촉하면서 히데요시 자신이 도해할 것이라는 정보를 흘리면서 조선과 국내에 머물고 있는 장수들에게 압박을 주었다.[43)] 이후 8월 황석산성 전투에서 일본군이 승리하자 전주, 남원에서 대대

---

41) 김문자, 「풍신수길의 책봉문제와 임란기의 강화교섭-정유재란의 원인을 중심으로」, 『중앙사론』36, 2012, 274-282쪽.

42) 『島津家文書』402호.

적인 약탈을 벌이면서 일시적이기 하지만 조선 지역에 왜성을 축성하면서 영토를 확보하는 듯하였다.

물론 히데요시가 정유년 전후 각 무장들에게 발급한 문서만을 보면 전라도 지역 확보가 정유재란의 목적으로 생각된다. 전쟁 초기 식량 확보를 위해서 전라도 지역 공격을 단행했지만 점차 병량부족과 전투의욕 상실, 명군의 원조 등으로 더 이상 여기까지 전선을 확대할 수가 없었던 것이다. 전주회의와 정읍회의를 통해 히데요시에게 일본군 전선 축소를 지속적으로 요구했던 점은 바로 이를 뒷받침한다.[44]

당시 戰勢를 구체적으로 살펴보면 히데요시의 영토 확장 목표는 전라도 지역이 아니라 오히려 부산과 서생포를 중심으로 한 경상도의 해안지역 일대가 아닌가 생각된다. 이 지역을 거점으로 무역을 재개하려는 의도가 있었다고 생각된다. 즉 그는 1595년 4월 자신이 제시했던 세 가지 조건 중에서 명과 일본이 무역을 할 경우 '금인'을 갖고서 '勘合 무역'을 부활하자고 하였다. 지금까지는 책봉관계를 전제로 감합무역이 주를 이루었다. 히데요시도 처음에는 순응하였지만 조선에서 전쟁이 장기화되고 국내의 정세마저도 불안해지자 명정복의 야심은 일단 포기하지만 명으로부터 책봉은 받아 감합 무역을 통해 경제적인 이익을 획득하려 했던 것으로 짐작된다.

일본에서 역대 중국왕조로부터 책봉을 맺고 왕호가 수여된 인물은 15명 정도로 많지 않다. 특히 책봉과 연관된 문서류와 관복 등이 전승된 사례는 히데요시 정도로 이는 특수한 경우이다.[45] 조선을 비롯해서 중국과 책봉관계를 맺은 주변 국가들은 그 왕조가 멸망하기 전까지 지속해서 유지해왔다. 그러나 일본의 경우에는 쇼군이라는 정치군사 실권자가 자신들의 필요와

---

43) 『島津家文書』399호. 『毛利家文書』908호.

44) 『鹿兒島縣史 舊記雜錄後篇』 3. 312호.

45) 米谷均, 「豊臣秀吉の「日本國王」冊封の意義」, 山本博文·堀新·曾根勇二編 『豊臣政權の正體』, 柏書房, 2014.

의지에 따라 적극적으로 책봉을 받아 들이기도하고 때로는 단절하기도 했다.[46] 이처럼 무역과 통교에 높은 관심을 갖고 있었던 히데요시가 최종적으로는 조선의 경상도, 부산지역을 발판으로 동아시아 지역의 통상권을 주도하려 했던 가능성은 높아 보인다. 당시 상황을 살펴보자.

임진왜란 이전 1580년대부터 肥前·薩摩 지역은 중국 남부와 류큐·동남아시아로부터 온 상선이 내항하였고, 규제 없이 島津씨의 영역을 경위해서 타국으로 통항하는 일본인들이 급증하였다. 명의 해금정책이 완화된 이후에는 복건성 상인들의 왕래가 빈번했으며, 루손(필리핀)을 향한 일본상인들의 도항도 두드러지게 나타났다. 이때 일본선이 적재한 물품은 小麥·穀物粉 등 식료품과 牛馬·刀劍 수산물 등이 상위를 차지하였다.[47]

반면 필리핀에서 일본에 보낸 수출품 중 시종일관 변함이 없었던 것은 금이었으며, 은·생사 ·견직물 그리고 鹿皮·蠟·蘇木 등도 주류를 이루었다. 당시 名護屋까지 金·銀·錢이 사용되었고, 임진 전쟁 중 戰場에서도 은의 유통량은 증가했다. 히데요시는 국내 각지의 금·은 주요 광산을 여러 다이묘를 통해서 장악하려 했다. 나고야로 전쟁에 동원된 동북지역의 다이묘들은 나가사키 지역에 있는 포르투갈 상인과 교류해 대량의 상품을 구입하기도 했다. 동남 아시아산 향료와 염료·약·철포·硝石·화약연료 등 외국상품을 구매하는 것은 일상적인 일이 되었고, 일본은 대내외적으로 활발한 무역이 성했고, 은의 사용도 일반화 되어갔다.[48]

이러한 상황에서 16세기말 九州와 동남아시아 지역에서 활발한 무역이 진행되었다. 이 지역의 다이묘들은 장기화한 조선 침략에 의해서 부족한 戰

46) 김문자, 앞의 논문, 「풍신수길의 책봉문제와 임란기의 강화교섭-정유재란의 원인을 중심으로」, 262-264쪽.

47) 清水有子, 『近世日本とルソン-「鎖國」形成史再考-』, 東京堂出版, 2012, 303-308쪽.

48) 히데요시 정권기의 은의 지배와 유통 부분에 대해서는 本多博之, 『天下統一とシルバーラッシユ-銀と戰國の流通革命-』, 歷史文化ライズラリ-404, 2015; 盛本昌廣, 「豊臣期における金銀遣いの浸透過程」, 『國立歷史民俗博物館硏究報告』 83, 2000.

費와 군수품을 동남아시아에서 조달하려 했다. 예를 들어 加藤清正의 경우에도 小麥을 수출한 뒤, 금·은을 확보하여 군비를 조달하려 했던 것이다.[49] 결국 종합해보면 히데요시는 조선남부 지역을 확보한 후 九州 - 동남아시아 - 루손을 거점으로 한 무역을 통해 경제적인 이익뿐만 아니라 군자금 확보도 염두에 두었던 것은 아닌가한다.[50]

히데요시는 정유재란 발발 이후 7월에 자신이 다시 조선으로 건너갈 것이라고 호언하기도 하고 대규모 파병과 명까지도 공략하라는 명을 내린다.[51] 1598년 3월에 들어서도 조선 현지에서 고전하고 있는 무장들이 전선축소 안을 제시하지만 받아들이지 않고, 오히려 다음해 한성까지 침공한다며 새롭게 在番계획을 세우라는 명을 내리기도 했다.[52]

그러나 재침 초반부터 조선에 주둔하고 있는 제 무장들은 전선축소를 건의하였다. 조선에서의 戰況은 녹록치 않았다. 히데요시의 호언과는 달리 그에 대한 病死 풍문 및 여러 가지 유언비어는 난무하였고, 1597년 10월에는 筋違에 한 통증으로 발병이 자주 일어났다.[53] 본인의 건강상태와는 정반대

49) 中島樂章, 「16世紀末の九州-東南アジア貿易-加藤清正のルソン貿易をめぐって」, 『史學雜誌』 118-8, 2009; 上垣外憲, 『鎖國前夜ラプソギィ』, 講談社選書メチエ, 2018, 71-78쪽.

50) 이와 관련해서 김문자, 「임진왜란 연구의 제 문제 - 임진·정유재란 발발 원인에 대한 재검토」, 『한일관계사연구』67, 2020 참조. 히데요시가 잇단 패전과 휴전 상태가 됨에도 불구하고 조선에 일본군을 계속 주둔시키고 전쟁을 지속적으로 끌고 간 것은 이렇게 함으로써 일본열도 전역의 지배를 강화할 목적과 점차 히데요시의 지휘에 따라 군단을 편성할 수 있었다고 보는 시각도 있다. 동시에 전쟁으로 인한 물류 보급로로 조선과 큐슈 지방을 잇는 오사카·후시미의 경제적 중요성이 되면서 군수경제를 통해 히데요시가 일본 열도 전역의 지배 강화를 도모하려 했다고 주장하고 있다. 이러한 견해는 일본에서 정유재란연구의 다양성을 보여주는 일례로 되돌아볼 필요가 있는 지적이다. 曾根勇二, 「임진왜란기의 일본 열도 동향-군사대국 일본으로의 길」, 『임진왜란 제 7주갑 국제학술대회 국제전쟁으로서의 임진왜란』, 한국학 중앙연구원 동아시아역사연구소, 2012, 246-247쪽.

51) 『鹿兒島縣史舊記雜錄後篇』 3. 115호. 『毛利家文書』 908호.

52) 『立花家文書』 357호.

로 히데요시는 오히려 전라도 지역은 물론 명까지 공격할 것이라고 주장했던 것이다.

현실적으로 히데요시는 '히데츠구 사건'과 후시미 지진으로 인한 국내혼란, 유언비어의 난무, 조선의 장기적인 戰況, 厭戰분위기, 그리고 일본군의 전원 철수를 요구하는 명의 요구 등으로 정권유지도 힘든 상황이었다.[54] 따라서 국내외 상황을 돌파하고, 조선과의 전쟁이 실패한 것이 아니라는 증거로서 부산 지역만이라도 확보하여 해외영토를 확보한다는 명목으로 전쟁을 지속할 수밖에 없었던 것이라 생각된다.

여기에 전쟁 동원에 필요한 노동력을 확보하고, 조선의 경상도 지역과 九州, 동남아시아 지역을 거점으로 활발한 무역을 통해 군수경제를 강화하고 전쟁을 지속적으로 유지하면서 일본열도 전역의 지배 강화를 도모하려했던 것으로 보인다. 결국, 조선왕자의 불참문제는 그야말로 명분에 지나지 않은 것이며, 정유재란의 발발 배경에는 조선 남부 경상도 지역의 영토 확보와 무역재개라는 목적이 있었던 것으로 파악된다.

4. 맺음말

한국과 일본에서 임진왜란에 관한 인식만큼 큰 차이를 보여준 예는 드물다. 지금까지 히데요시의 조선침략에 대한 연구는 양국에서 방대하게 이루어졌다. 한국에서는 국난극복사라는 관점에서 조선의 저항과 의병활동, 국제 전쟁으로서의 임란, 명군에 관한 파병문제, 피로인, 항왜 문제 등이 언급되어 왔다. 이러한 연구와 함께 7년 동안 조선 전 지역에서 전쟁의 참화를

53) 『鹿苑日錄』2권, 慶長2년 10월 27, 28, 29일조.
54) 김문자, 「豊臣政權末期의 자연재해와 정치적 상황-文祿5년(1596)의 지진발생을 중심으로-」, 『동양사학연구』 99, 2007.

겪은 임진왜란은 조선 후기와 근현대 한국인들의 역사와 기억에 각인이 되어 뿌리 깊은 반일 감정과 적대적인 대일인식의 출발점이 되었다.

반면 일본의 경우 戰前시기만 해도 침략주의 풍조에 맞추어서 이 전쟁을 '국위를 선양한 쾌거'로 취급하면서 패전의식은 전혀 찾아볼 수 없었다. 전후에는 이러한 노골적인 의식을 사라졌으나, 아직까지도 대부분의 사람들은 이 전쟁을 히데요시에 의한 '조선정벌'로 이해하는 경우도 적지 않았다. 그러나 다른 한편에서 일본은 전쟁 발발의 원인, 강화교섭의 과정, 히데요시의 명령체제(取次)문제, 대외정세와 관련된 무역 문제가 이른 시기부터 다양하게 연구되었다. 특히 태합검지를 비롯한 히데요시 정권의 제정책이 조선침략과 밀접한 관계를 갖고서 병농분리, 군역확보 등 국내 체제를 강화하는 데 중요한 역할을 했다는 점은 연구자들 사이에서 이의가 없는 상황이다.

임진왜란은 조선의 입장에서 많은 피해를 남긴 처참한 전쟁이었다. 그럼에도 불구하고 전쟁 이후 명과 일본에서는 정권교체가 이루어졌지만, 가장 많은 피해를 입었던 조선 왕조는 지속되었다. 이는 통치이념이었던 성리학을 고착시키면서 통치체제의 안정을 위해서 여러 대책을 강구했기 때문이다. 국가 차원에서 임진왜란을 기억하고 추인하는 절차를 반복하면서, 전쟁의 기억을 이용하면서 체제를 유지했던 방편이 효과를 본 것이다.[55] 이런 문제점 때문에 조선후기부터 현대까지 한국에서 임진왜란에 대한 기억과 이해는 큰 차이점을 드러내지 않는 문제점도 발생했다고 보여진다.

최근에는 학제간 연구의 필요성을 강조하면서 임진왜란을 비교사적으로 검토하거나 리더쉽, 호국정신을 강조하는데 이용되는 측면도 있다. 국난극복사의 주요 주제로 다루는 풍조가 아직도 해소되지 않고, 현대적 관점으로 이순신, 임란 관련 인물과 전투를 분석하려는 경향이 있어서 우려되는 부분이다. 시대에 따라 정치적인 목적으로 국난극복을 강조하거나 이용하는 것

55) 김강식, 「임진왜란을 바라보는 한국과 일본의 시각」, 『지역과 역사』, 38, 2016.

은 식민사학 못지않게 역사적 사실을 왜곡시켜 특정한 역사학 강요하는 것이기에 경계해야만 하는 것이다.[56)]

임진왜란 연구는 다양하게 지속되고 있는데 필자는 다음 두 가지 문제에 관심을 두고 살펴보고자 한다.

첫째는 임진왜란사 연구를 활성화하기 위해서 한중일 중요 자료를 집대성하고 이를 상세하게 역주하는 기초 작업이 필요하다고 생각한다. 이 작업은 관심 있는 연구자들과 공동으로 진행해야 하는 것으로 <임진왜란 관련 사료의 수집, 정리 및 번역 연구>라는 타이틀로 삼국 자료에 대한 번역, 주석, 사료비판을 동시에 병행하고자 한다. 이는 비교사적 인식하에서 동아시아적인 시각에서 임진왜란을 객관적으로 바라볼 수 있는 계기가 될 것이다.[57)] 명과 일본 측 자료를 적극적으로 이용하여 비교연구하고, 전쟁 기록이 가지는 전승적이고 과장적 측면에 주의하면서 작업하고자 한다. 객관적인 사료 비판은 임진왜란 연구의 기초를 다지는 길이 될 것이다.[58)]

둘째는 7년에 걸친 긴 전쟁으로 조선과 일본 양국의 인적·물적 피해는 실로 엄청났다는 것이다. 그 중에서도 조선이 입은 가장 큰 피해는 인적손실로서 수많은 조선병사와 일반 백성들이 무차별적으로 살육당하고 강제연행되었다는 점이다. 이 시기 사망자도 많았지만 전염병 발생률이 22.3%~34.9%로 높았다. 전쟁은 전염병을 발생시키는 요인으로 작용했던 것이다.

또한 일본의 경우에도 임진전쟁 시기 15만 명이 일본군이 참전하여 1년도 안 된 상황에서 61% 인명 손실이 발생하여 8만 5천 명 정도만 생존하였

56) 김경록, 「임진왜란 연구의 회고와 제안」, 『군사』 100, 2016.
57) 정구복, 「임진왜란사 연구와 한·중·일 중요사료」,『한국사학사학보』, 34, 2016.
58) 동아시아의 전통적인 국제질서였던 책봉(조공)체제에 대한 재검토도 병행해서 연구해야할 과제이다. 이는 전쟁 중 강화협상에서 보여준 히데요시의 책봉문제와 왜란 이후 동아시아의 새로운 패자로 등장한 누르하치의 입장을 고려할 때도 필요한 연구과제이다. 계승범, 「임진왜란과 누르하치」, 『임진왜란 동아시아 삼국전쟁』, 휴머니스트, 2007; 堀新, 「동아이사 국제관계로 본 임진왜란」, 『임진왜란과 동아시아 세계의 변동』, 경인문화사, 2010.

다. 사망자 대다수가 질병과 동상자였다. 이런 戰況에서 이들에 대한 질병치료를 어떻게 했으며, 특히 조선에 참전하고 있었던 일본군에 대한 치료나 의료 정책은 어떠했는지 살펴보고자한다,

조선에 주둔하고 있었던 제1군~제 9군 및 舟奉行 소속 일본군의 부상자, 사망자 처치는 다이묘들의 주도하에 번별로 질병치료를 하였는지? 히데요시는 정권차원에서 다이묘들과 어떠한 방법으로 사망자 및 부상자들에 대한 보고와 조치를 취했는지? 조선과 일본의 질병치료 방법은 어떤 차이가 있었으며 제도적으로 어떤 시스템으로 되어있는지? 이러한 부분에 대해 천착하고 싶다.

이 문제는 의료 관리 시스템을 통해서 임진왜란의 실상을 명확하게 알 수 있는 단서가 되고, 히데요시의 의료 정책을 통해서 전쟁 당시 일본과 조선의 사회적 형태, 전쟁 중 일본군의 명령체계와 왜 전쟁이 장기전으로 지속될 수밖에 없었는지를 알 수 있는 실마리가 될 것이다. 이 주제와 관련된 연구자들의 조언과 의견을 부탁드리며 맺음말에 대신하고자 한다.

〈보론〉

壬辰倭乱と絵画資料[1)]

堀　新 | 共立女子大学

豊臣秀吉の朝鮮侵略戰爭(いわゆる「唐入り」、壬辰·丁酉倭亂)は豊臣政權の崩壊をもたらし、日朝兩國の多くの人々の犧牲や國土の荒廢をもたらした。その歴史的経緯を明らかにすることには重要であり、そのためには資料の收集·整理が必要不可欠である。近年、北島万次氏による日朝中3ヶ國の文獻史料の收集·整理がおこなわれた[2)]。これは北島氏の約40年間におよぶ研究の集大成であり、研究環境が大きく前進した。殘された我々がこれを乘り越えることは不可能だが、史料の收集·整理に終わりはない。今後は日朝中の學界が協力して、さらに充實するよう努めなければならない[3)]。

今後進めていくべき收集資料の１つに繪畵資料がある。日本の歴史學界が繪畵資料を活用し始めて20年以上経つが、いまだ特定の繪畵史料に偏っている。繪畵資料の視覺効果や影響力は大きく、概説書などで多用されている。しかし、その基礎的研究は遲れており、よくわからないまま

1) 이 부분의 내용에 관해서는 종합토론에 보충설명이 있음.
2) 北島万次編『豊臣秀吉朝鮮侵略關係史料集成』全3巻(平凡社、2017年)。なお同書の正誤表を、北島氏の了解を得て豊臣秀吉關係文書研究會のHP上に公開している。
http://toyotomiken.seesaa.net/article/453367843.html
3) なお、豊臣秀吉發給文書の整理も進行中である。名古屋市博物館編『豊臣秀吉文書集』1～5(吉川弘文館、2015年より刊行中)

使用されているのが現状である。なかでも合戰図(合戦繪巻や合戰図屛風など)の研究は遅れており、壬辰·丁酉倭亂に關する合戰図についても、まず所在確認から始めなければならない状況である。

壬辰·丁酉倭亂に關する「合戰図」(日本國内で制作)は、①朝鮮軍陣図屛風、②泗川合戰図屛風、に分類できる(肥前名護屋城図屛風は合戰図ではないので、ここでは取り上げない)。このうち最も重要なのは、鍋島家が制作した①であろう。①は別名「蔚山攻城図屛風」とも呼ばれるように、慶長2年(1597)12月22日～翌年正月4日のによる蔚山城攻撃の様子を、六曲三隻に描いたものである。直茂は従軍兵のうち繪畫に巧みな者に描かせたとされるので、直茂の沒した元和4年(1618)以前の制作となる。蔚山城攻防戰は、佐賀藩の藩祖である鍋島直茂が顯著な戰功を立てた戰いである(ただし、鍋島家以外には直茂の戰功は記錄されていない)。こうした理由から、鍋島家は本屛風を作成したと考えられ、描かれた內容も鍋島家に伝承された內容とほぼ同じである。

①の原図は明治7年(1874)の佐賀の亂で燒失したが、複數の寫が伝來している。それは A)鍋島報效會所藏本、B)福岡市立博物館所藏本、C) 京都市個人(不言堂)所藏本、D)佐賀縣立図書館所藏本である。このうち、六曲三隻が揃っているのはA)とC)のみである。いずれの構図もほぼ同じであるが、細部の表現はかなり異なる。A)とB)は17世紀の寫をもとに明治19年に制作された。A)は鍋島家、B)は黒田家が制作した。B)は未完成品であるが、第3図第4扇·第5扇は下書き(紙型)も一緒に殘っている。C)の制作·伝來経緯は不明だが、明治元年(1868)以前の制作と思われる。個人藏であるため、調查がほとんど進んでいない。D)は佐賀藩の支藩である蓮池藩に伝來したものであり、最近、佐賀縣立図書館HPで高精細畫像が公開され[4]、今後は研究が進むであろう。

---

4) 佐賀縣立図書館データベース繪畫 https://www.sagalibdb.jp/kaiga/

①に描かれた蔚山城攻城戰の內容を紹介し、A)~D)の簡單な比較をしたい。比較する構図(場面)は、合戰図の殘存箇所に左右される。

第1図は、蔚山城に籠城する日本軍約1万を、朝鮮·明連合軍約5万7,000が包囲する情景を描く。蔚山城本丸に淺野幸長(赤い陣羽織)、二の丸に加藤清正(桔梗紋の幔幕の前)が描かれている。 本丸では飢えた兵士が軍馬を食べている。 包囲する朝鮮·明軍の兵士は、 石垣に梯子をかけて登ろうとしている。その周囲の兵士はいずれも乘馬している。具体的に加藤清正の姿、軍馬を食べる日本軍兵士、石垣を登る朝鮮·明軍兵士の図様を比較する。

第2図は、鍋島直茂·黑田長政らの日本軍救援軍と、凍結した太和河を挾んで對峙する朝鮮·明軍を描く。整然と並んだ朝鮮·明軍は、日本軍の援軍を迎え撃ち、その先鋒は黑田隊を攻擊している。援軍の最前線にいる白黑段々の幟旗をかざすのが黑田隊、その後ろの白と藍色の幟旗をかざすのが鍋島隊で、鍋島直茂が床几に座っている。具体的に鍋島直茂の姿、整列する朝鮮·明軍の図様を比較する。

第3図は、日本軍が凍結した太和河を越えて、朝鮮·明軍を追擊する様子を描く。直茂は夜襲を提案し、1月3日に夜襲を實行したという。日本軍が、急な坂を驅け下りる様子は、「源平合戰図屛風」の鵯越の逆落としの構図をもとにしたものである。戰國合戰図では、「源平合戰図屛風」の図様がしばしば使用されるが、もちろん實際の合戰の情景ではない。具体的に日本軍の逆落とし、河を渡る日本軍兵士の図様を比較する。

合戰図には多くの將兵が描かれ、なかには7000人以上の人物が描かれているものもある。朝鮮軍陣図屛風も、第1図~第3図あわせて數千人の人々が描かれていると思われる。これらの人物がそれぞれ誰なのか、どのような場面を描いているのか、それはどのような文獻史料や伝承にもとづいているのか、事實を正確に描いているのか、あえて虛構を描いている場合はそこにどのようなメッセージがこめられているのか等、これから解決しなければならない問題がたくさん残されているのである。

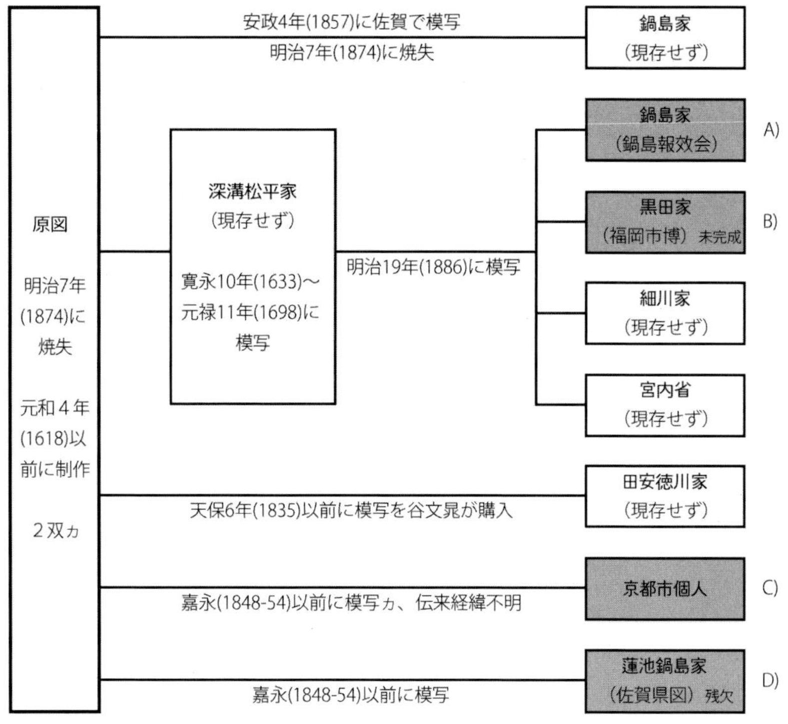

日朝講和交渉過程における偵探使の位置づけ

荒木和憲 | 日本 国立歴史民俗博物館

はじめに

本稿は、「壬辰戰爭」直後の對馬・朝鮮間で行われた講和交渉の過程について、偵探使(探賊使)を中心として檢討するものである。1598年の終戰から1607年の日朝國交回復に至るまでの間には、計4回にわたって朝鮮使節が對馬を訪れている。これに關して最も的確に整理した河宇鳳氏の研究によると、第1回(1600年)の使者金達・朴希根は被虜人送還の促求、第2回(1602年)の使者全継信・孫文彧は倭情の偵探、第3回(1604年)の使者惟政(松雲大師)・孫文彧は倭情偵探・被虜人送還・講和論議、第4回(1606年)の使者全継信・孫文彧は家康國書の調査を使命としていた[1]。

このうち明確に「偵探」を名目としていたのは第2回と第3回であり、これが狹義の〈偵探使〉ということになるが、本報告では戰後初の遣使である第1回を含めて〈偵探使〉とみなしたい。ただし、第3回は對馬に對する「許和」(講和を許す)の意思を伝達する任務も帯びていたため、〈許和使〉と称することもできるだろう。一方、第4回は對馬との講和成立後の遣使であるため、これを〈偵探使〉に含めるのは妥当でない。

したがって、本稿では1600年から1604年にかけての計3回にわたる廣

1) 河宇鳳「國交再開期における松雲大師の活動とその意義」(仲尾宏・曺永祿編『朝鮮義僧將・松雲大師と徳川家康』明石書店、2002年)。

義の〈偵探使〉について、その派遣の背景・目的を考察することにする。從來の研究では、主として『朝鮮王朝實錄』の記事をもとに検討されてきたが、本稿では、對馬―朝鮮間を往復した外交文書(書契)の分析を軸として、偵探使を一連の講和交渉の過程のなかに位置づけることを試みる。

筆者は1598年から1607年にかけての講和交渉の過程について、外交文書(書契)を驅使して検討したことがあるが[2]、偵探使の問題を丁寧に位置づけることができず、かつ紙幅の都合上、重要な史料を紹介しつつ十分な検討を加えられなかった憾みがある。本稿は旧稿の一部を改稿し、誤りや不備を補訂しつつ、新たな知見を加えるものであることをご了承いただきたい。

1. 第1回偵探使－1600年

1) 遣使の前段階

1598年(慶長3・宣祖31・万暦26)に終戰を迎えると、宗義智は豊臣政權の指示を受けつつも、對馬獨自の立場で歳賜米を要求するなど、戰前までの權益の回復を試みたが、使節はことごとく朝鮮で抑留された。こうした閉塞した狀況が打開される契機となったのが、1600年4月の義智による遣使である。使者の石田甚左衛門調次は、明の質官40余名と被虜人20余名を送還するとともに、宗義智書契(3月28日付)・柳川調信書契(同)と小西行長・寺澤正成連署書契(正月27日付)を持參した[3]。

義智は書契のなかで、朝鮮側が無回答であること、先年の使節を抑留していること、朝鮮使節が渡海しないことを非難し、速やかに使節を派

2) 拙稿「壬辰戰爭」の講和交渉」(『SGRAレポート』86、2019年)。
3) 『宣祖實錄』33年4月甲申(11日)條・丁亥(14日)條。

遣することが停戰の實現に必要であり、「和好一事」は「太閤遺命」(豊臣秀吉の遺命)であると主張している。また、調信書契では、「太閤相國」の「遺命」を受けた徳川家康が豊臣秀頼を補佐しているので政權は盤石であると强調し、このことは「二士」(質官の王建功·陳文棟)もよく理解していると伝えている。一方、行長·正成連署書契は、家康が被虜人の送還を秀頼に上申したところ、秀頼が義智に送還を命じたとの内容である。眞僞は不明であるが、家康の政權掌握の情報が朝鮮國内で流布する狀況において、行長·正成としては、從來どおりの外交壓力を維持するため、家康はあくまで豊臣政權の一員であり、政權は盤石であるということを强調する必要があったのであろう。

行長·正成は回答が遲延すれば再び戰爭を招くと警告し、かなり講和を急いでいる。朝鮮との講和は、對馬の生命線であるから、行長が義智の岳父としての私的な立場で講和を急いだという側面も否定できないが、正成も關与していることから、あくまで豊臣政權の一員としての立場での畵策であろう。政權の龜裂が深まり、未曾有の內亂へと發展しかけている狀況のなかで、對馬攻擊の可能性[4]をはらむ明軍の存在は脅威となりうる。それゆえ、明軍の撤退が早期に實現するよう、朝鮮との講和を急ぐ必要があったと考えられる。一方、完全撤退を目前に控えた明軍としても、撤退時に日本が後方から再攻擊してくるのは回避しなければならない。 こうしたタイミングで質官·質子の送還が實施されたことは、日本側と明軍側との思惑が一致してのことであろう。

2) 第1回遣使の背景

朝鮮としては、北方の女眞の脅威が強まるなかで、明軍の完全撤退後を

4) 洪性德「壬辰倭亂직후日本의對朝鮮講和交涉」(『韓日關係史研究』3、1995年)、中野等『文祿·慶長の役』(吉川弘文館、2008年)。

見据え、日本との講和を現實的なオプションとして準備しなければならない。そこで、回答書契を送付し、講和への布石を打とうとした。1600年(慶長5·宣祖33·万暦28)5月、朝鮮は義智·行長·正成を礼曹參議(正三品)と敵礼、調信を礼曹正郎·佐郎(正五品·正六品)と敵礼と定めたうえで、參議名と正佐郎名の回答書契の素案を備辺司が用意した5)。ところが、使者の石田調次らは既に釜山を出航していたため、軍官軍功正金達·校正朴希根·通事李希万らに對馬へ伝達させることとした6)。これが第1回偵探使である。

金達らが持參した書契は、義智宛の礼曹參議書契、行長·正成兩名宛の礼曹參議書契、調信宛の礼曹佐郎書契の3通であったと考えられるわけであるが、このうち行長·正成兩名宛の礼曹參議書契の草稿本と推定されるものを以下に示す。

[史料1]『青陸集』巻6·掲帖·日本回書條

羊陸相交、古人所譏、而 (1) 有問不答、亦云非礼。茲布遠情、以報惠書。貴邦·弊邑、隔海爲隣、世結懽好數百余年。貴邦曾無塩奴·爨婦之忿、而遽驅無名之兵、先侵与國之境、使廟社丘墟、生靈魚肉。若爭曲直、則將軍亦無辭矣。(2) 兵連禍結、十年于茲、糜爛之慘、兩國相当、要和之說、或可勉從。(3) 但皇朝之於弊邑、視之如子、不唯救難於一時、使経理·提督·諸將官領兵留屯于今不撤。故謀無輕重、事無大小、必皆先稟於皇朝、聽其處決。況此講和之事、不可不待准可而輕決於兩言也。戊戌以後、所送之价、天將帶去、至今未還。故久闕回音、以致貴邦之怪訝爾。非有他意於其間也。古語曰、「信不由衷、質無益也」。(4) 設使弊邑、不惜一使、再尋前好、而貴邦之無信、猶夫前也、則區々盤血、只欺鬼神。誠能以信爲本、有如歸日、毋踵前失、要爲永好、則天朝自有解紛之擧、而弊邑亦遵香火之約矣。

『青陸集』は金德謙の文集である。一方、對馬藩で編纂された松浦允任

5)『宣祖實錄』33年5月甲寅(12日)條。

6)『宣祖實錄』33年5月乙卯(13日)條、6月丙戌(15日)條。

編『朝鮮通交大紀』と阿比留恒久編『善隣通書』3にほぼ同文が収録されており、いずれも出典を『青陸集』とする。とりわけ後者は「和好第一番書石田甚左衛門返簡、出青陸集」との按文を付しており、阿比留恒久が『青陸集』所收の案文を石田調次が受け取った回答書契の本文であると判斷したことがわかる[7]。『宣祖實錄』の記述に照らせば、調次は回答書契を受けとらないまま對馬に歸島しているのだが、傍線部(1)に「有問不答、亦云非礼、玆布遠情、以報惠書」とあることから、戰後初の回答書契であることは明白であり、第1回偵探使が對馬まで伝達した書契とみることができる。

かつて洪性德氏は、『朝鮮通交大紀』所收の書契寫に着目し、文中に「貴島」ではなく「貴邦」とあることから、これが對馬宛ではなく日本宛であることを指摘している[8]。前掲の『青陸集』が「日本回書」との表題を付していることから、洪氏の指摘は妥当といえる。そうすると、第1回偵探使が伝達した書契3通のうち、行長・正成兩名宛の回答書契に相当するもので、「日本」(豊臣政權)に對する意思表示であることが判明するのである。

書契の內容を詳しくみていくと、傍線部(2)は、日朝「兩國」が講和に努めるべきであるとしたうえで、傍線部(4)では、朝鮮側が「一使」を派遣して「前好」を修しようとしても、日本側に「信」(信義)がなければ、「鬼神」を欺くことになるだけであると牽制し、「信」を根本に据え、「前失」を再び犯すことなく「永好」を求めるならば、「天朝」(明)はおのずと紛爭を收拾するだろうと述べる。直接の宛先は行長・正成の兩名であるが、豊臣政權に向けて講和の意思があることを伝えるとともに、その實現のため

7)『善隣通書』の編纂時期は、收錄する書契の年代からみて17世紀末～18世紀初頃と推定される。『朝鮮通交大紀』(1725年)は、先行する『善隣通書』の所說を踏襲したのであろう。なお、山田廉編『方策新編』(1806年)にも收錄されているが、これは寫本が流布した『朝鮮通交大紀』を參照した結果であろう。

8) 前掲洪論文。

には日本側が「信」を示さなければならないと主張したのである。ただし、傍線部(3)にあるように、明軍の駐留中であるため獨斷專行することができず、講和を先延ばしせざるをえないとも述べている。これ以降、朝鮮は明の威を借りる「借重之計」、および講和を先延ばしにする「遷就之計」を採ることになるわけであるが[9]、行長·正成宛の回答書契は、明の意向に配慮しながらも、將來的な日本との講和に含みをもたせたものといえよう。

一方、義智宛と調信宛の回答書契は確認できないが、偵探使の歸國にあわせて、義智または調信が書契を發したらしく、1600年9月、備辺司は以下のような回答書契案を作成している。

[史料2]『宣祖實錄』33年9月辛丑(1日)條(抄)

爾馬島、在壬辰之前、備將秀吉、將爲入寇之計、一一馳報本國、嘉爾誠意。緣何一朝、自爲先鋒、以負本國平日豢養之恩情。甚可惡。前此屢次乞款、節續致書、似亦有誠。今若盡數刷還被擄男婦、竭誠自效、則本國亦当許其自新之路而處之。

對馬側が「節續致書」(季節ごとに書契を送る)したことに誠意があると一定の評価をするとともに、被虜人をすべて送還して「竭誠自效」(自ら誠意を示すこと)するならば、對馬側の「自新之路」(過ちを改めること)を認めるとしている。被虜人の送還こそが誠意の証であり、その推進が講和の條件であると伝えたのである。

こうした朝鮮側の判斷の背景には、経略万世德が出國し、明軍の完全撤退が完了する反面、朝鮮の「自强之計」が緒についたばかりであるという軍事的な空白狀態があった。一方、日本では9月15日に豊臣政權を二分

9) 李啓煌『文祿·慶長の役と東アジア』(臨川書店、1997年)。

する關ヶ原の戰いが勃發し、東軍の徳川家康が勝利を收めた。從來、豊臣政權の講和の窓口であった行長は西軍の首謀者として斬られた。行長の娘婿である義智も西軍に加担したが、辛くも赦免された。

朝鮮政府が偵探使に託した書契は對馬で接受されたため、義智がこれを豊臣政權に確實に轉送したという保証はない。ともあれ、豊臣政權自体が瓦解しはじめ、講和交渉の体制にも変更が迫られるなかで、義智としては、最高實力者である徳川家康に對して、朝鮮側が示した講和の意思と「信」の要求をどのように伝えるのかが重大な問題だったといえる。

2. 講和交渉の再始動－1601年

1) 宗義智と徳川家康

關ヶ原の戰いが講和交渉に及ぼした影響は大きく、1601年(慶長6·宣祖34·万暦29)2月、朝鮮政府は日本からの使節が7か月間も到來しないことに疑念を呈しており、日本は「其國中極亂」であるとの情報も入手していた10)。

4月になると、「逃還本國人」11名と「倭子」1名が「日本國中亂起」と小西行長の敗死を伝えている。逃還人の一人である姜士俊は、宗義智が大坂にいること、柳川調信が南忠元·鄭昌世を對馬まで護送し、朝鮮に送還しようとしていること、義智が姜士俊らの送還を家康に申し出て許され、その際に「請和書」を与えられたこと、義智は講和が成立したあかつきには被虜人を掻きあつめて送還するつもりであること、 などを陳述している11)。多分に對馬側の意向を汲んだものではあるが、それだけに義智らの動向を知るうえで重要である。義智は大坂に滯在し、家康に對して、

10) 『宣祖實錄』34年2月庚午(1日)條。

11) 『宣祖實錄』34年4月庚午(3日)條·壬辰(25日)條。

西軍加担の赦免と講和交渉の継續を願い出ていたのだろう。一方、日本の大亂と行長の敗死という重大な情報に接した朝鮮政府は、逃還人の証言には懐疑的であり、日本情報を直接收集する方針に傾いた。このことが第2回偵探使派遣の前提をなすのである。

6月、「倭人」10名が釜山に着岸し、南忠元と被虜人250名を送還した。「倭人」は義智書契·調信書契と寺澤正成書契などを持參しており、 約1年ぶりとなる使節ということになる。それらの書契は講和を求める內容であり、「威嚇之意」が含まれてはいたものの、「悖惡之言」はなかったという[12]。また、南忠元の証言によると、義智·調信は大坂にのぼり、昨年の「朴希根持來書意」(第1回偵探使の金達·朴希根が伝達した書契の趣旨)を家康に報じたという[13]。これが眞實であるならば、行長·正成宛の書契(【史料１】)に記載された朝鮮側の講和の意思が初めて家康に伝えられたことになる。ただし、日本側への「信」(信義)の要求がストレートに伝えられたかは疑わしいところである。ともあれ、この段階での講和交渉には依然として正成も關与しているので、義智·調信は正成とともに、「豊臣政權」の一員として、 その最高實力者である家康の意向に従っていたものと考えられる。

2) 朝鮮による羈縻体制の再構築

朝鮮政府では、回答書契の文案をめぐる議論が行われた。宗義智·寺澤正成の要求が徳川家康の眞意であるのか懐疑的な見方が強かったが、對馬に關しては、「我が國を仰哺しているからには拒みがたい」、「兵力が乏しいので、当面は對馬を羈縻すべきである」、「羈縻を行うのであれば、まずは對馬側の「革面謝罪」が必要である」など、 對馬を羈縻せよとの主

12) 『宣祖實錄』34年6月甲午(28日)條、7月丁酉(2日)條。
13) 『亂中雜錄』辛丑6月條。

張が大勢を占めたが、對馬を羈縻する場合、明への説明が難しいとの危惧もあった[14]。こうして對馬を羈縻することが公論化され、正式な方針として決定される[15]。對馬を緩衝地帯として日本の再攻撃を回避する意図があったといえる。

そうした議論を経て作成されたのが8月日付の義智宛および柳川調信宛の礼曹參議鄭曄書契である[16]。まず、義智宛の書契によると、義智からの書契には「三韓征伐」伝説を示唆する文言が含まれていた。これに對して朝鮮側は、新羅・百濟以來、辺境で偶發的なトラブルはあったが、それは「島嶼間寇掠之徒」の仕業にすぎないのであって、國を傾けて兵を興し、不当に侵攻してきた「壬辰・丁酉」には及ばない、と反論している。そして、明は精兵20余万を八道に配置して屯田・教練しており、天將の判斷を受けなければならないので、少しも「自擅」はできないとしつつ、義智が「悔禍表誠」して「後福」を求めるならば、水陸諸將は天朝に報告するので「兩國之幸」となる、と述べている。

義智側は「豊臣政權」を背景として依然として强硬な姿勢であり、朝鮮側も「瞞辭」[17]を並べて「借重之計」「遷就之計」を採っていた。そうした驅け引きをしながらも、朝鮮は義智に「悔禍表誠」を要求し、對馬との講和の意思があることを伝えたのである。

このように朝鮮が對馬と講和するにあたっては、羈縻の再構築を大義名分としていた。

その論理がもっとも凝縮されているのが調信宛の書契である。以下に引用しよう。

---

14) 『宣祖實錄』34年7月己亥(4日)條。
15) 閔德基『前近代東アジアのなかの韓日關係』(早稲田大學出版部、2002年)、前掲河論文。
16) 『續善隣國宝記』。
17) 『宣祖實錄』35年正月己酉(16日)條。

[史料3]『續善隣國宝記』礼曹參議鄭曄書契寫[18)]

朝鮮國礼曹參議鄭曄奉復

日本國豊臣平公足下

信書与被擄人口俱至、備審誠款。上年報書、亦已兼悉。第天朝諸將留在國中、天將不見許、則敝邦無自擅之理。足下勿以遲報爲訝。貴島与敝邦、雲水相望、而島中良材皆我國之土產、則縱敝邦不以父母之邦自居、而貴島寧忍負而絶之。(1) 二百年來、敝邦於日本、世篤隣好、視貴島之人、有如內地赤子。時節朝聘、賞賜優渥。及足下之身、超授二品重秩。敝邦之命、似於足下不図、而其待足下則至矣。況至陪僕盡霑官祿、(2) 島中肖翹·草木孰非國家之所涵育哉。(中略)敝邦所不爲自擅之事、足下欲脅而成之耶。(3) 以足下之力、可止日本之兵、則雖講和如前日、而還而背盟又如前日。足下先既誑而負之、又將再誤耶。敝邦惟天朝之令、而天將說称、「對馬嶋累誑天朝及朝鮮。非有異常忠款、而其言尤不可視聽」云。敝邦獨能擅斷乎。雖然(4) 輿將來不追既往者、聖人之心也。包荒含垢、許人革面者、王者之道也。日本若能以誠信相与、而貴嶋亦且大如[加]懲悔、表著其非情忠悃、図所以自効於天將、而得全轉奏　天朝、則人所欲、天必從之乎。斯時也、惟敝邦、惟皇朝、是從前日之事、何可提起再論。唯在　足下盡誠意耳。貴使久留、慮足下懷疑、請子[于]天將賞米。先送來書、則天將轉報天朝。上司如有處置、当遣人報知。不宣。

万暦二十九年八月日

傍線部(1)(2)では、200年來、對馬の人を「內地赤子」のようにみなし、「朝聘」(擬制的な朝貢)してくれば「賞賜」を厚くし、對馬に繁茂する草木に至るまで、すべて「國家」が「涵育」してきたと述べている。これは從來の對馬に對する羈縻を强調したものであり、傍線部(3)では「足下之力」で「日本之兵」(戰爭)を制止するよう要求している。朝鮮としては對馬を羈縻して緩衝地帶とすることで、南方の國防を固めようとしたのである。

傍線部(4)では、「將來」を見据えて「既往」に拘らないのが「聖人之心」

18)『方策新編』4にも收錄される。

であり、「許人革面」(相手を許して態度を変えること)こそが「王者之道」であるとしたうえで、日本の「誠信」と對馬の「懲悔」が「非情忠悃」であれば、「天將」(明將)は「天朝」(明)に報告するので、「天」も講和を許すであろうと述べる。ここでいう「聖人」「王者」は、交隣の對象である日本に對しては明皇帝、羈縻の對象である對馬に對しては朝鮮國王を措定したものと考えられる。

このように、「天」を最上位に据え、「天朝」の册封を前提とする日本·對馬との交隣·羈縻關係を回復しなければならないという名分論が構築されたのである。朝鮮政府内では、台諫を中心とする講和反對派が日本を「不共戴天」の仇敵と斷じる名分論を強く唱えていた。したがって、講和推進派の名分論は、反對派の言論を抑えるための對内的な意味合いを多分に帯びるものであったといえよう。

3) 第2回偵探使派遣論議

1601年(慶長6·宣祖34·万暦29)11月、宗義智は井手智正を朝鮮に派遣し、講和を要請した[19]。彼が持參した義智の書契(月日未詳)[20]は、8月日付の礼曹參議鄭曄書契の「悔禍表誠」云々の文言を引用したうえで、徳川家康が常に撤兵を諫言していたこと、「陋邦」(豊臣政權)が「改非求和」していることは、「兩國之幸」であると述べている。朝鮮側では、その内容を「催和恐脅」と受けとめる見方もあったが[21]、少なくとも文面上からは强硬な姿勢が消え、書止文言も從來の「誠恐頓首謹言」から「恐惶不宣頓首謹言」へと低姿勢の度を增している。また、宣祖は義智·調信の進上

19) 『宣祖實錄』34年11月戊午(24日)條·辛酉(27日)條。
20) 『續善隣國宝記』、『方策新編』4。
21) 『宣祖實錄』34年11月戊午(24日)條

品に對して虎皮·豹皮·弓子などを回賜し、智正には大米40石を褒賞として賜給した[22]。こうした國王の賜物(回賜·特賜)は戰前までの伝統的な慣行であった。義智らが進上品を用意したのは、朝鮮側の講和の意思を確信したためであり[23]、朝鮮側も對馬との羈縻關係の再開を即物的なかたちで伝えたのである。

そして、12月1日付で義智宛と調信宛の礼曹參議鄭曄書契[24]が作成された。前者では義智の「惓々之意」(忠誠)を認め、「王者」は「已往」に拘らないとの論理をあらためて明示し、「貴邦」(日本)の「革面改心」を要求している。こうして義智は「革面改心」を証明する手段として、被虜人の送還に注力することになる。これと併行して、朝鮮政府は12月末から翌年2月にかけて、第2回偵探使の派遣に關する議論を本格化させた。

3. 第2回偵探使－1602年

1) 偵探使の派遣

朝鮮政府による偵探使の人選の議論をみていこう[25]。まず、候補となったのは惟政(松雲大師)であるが、彼は日本人に知られすぎているとの理由で却下された。ただし、惟政は明國内の経略(軍門)万世德のもとにいると僞り、軍官の全継信に惟政名の書契を對馬へ伝達させることとした。さらに、日本事情に精通する孫文彧のほか、「軍門伺候譯官」(万世德に奉仕する譯官)に僞裝した金孝舜を隨行させることにした。ところ

22) 『宣祖實錄』34年11月戊午(24日)條、12月壬辰(29日)條。

23) 前掲洪論文。

24) 『家康公初命和睦次第幷信使來朝事』、『善隣通書』3、『朝鮮講和書契』。

25) 『宣祖實錄』34年12月壬辰(29日)條、35年正月庚戌(17日)條、2月丙寅(3日)條。

が、惟政は實際には慶尚道の河陽縣にいたため、對馬側に工作が露見することを危惧し、惟政の師休靜(葆眞、西山大師)の名で書契を送ることになった。

休靜は戰時の義僧將であるが、司憲府の彈劾を受けて重罰を下されていたので[26]、實際に休靜が遣使に關係したわけではない。このとき経略万世徳は對馬との講和策を支持し、その当否は朝鮮側の自主的な判斷に委ねる姿勢であったが[27]、朝鮮側としては、明の朝廷からの確言が得られないかぎりは、従來どおりの愼重な姿勢をとらざるをえなかった[28]。こうした狀況下で禮曹書契を送ること、すなわち國家の公的な意思を表明することは得策でないため、仏僧主体の私的な偵察活動という体裁を取り繕ったわけである。

偵探使の對馬使行は1602年3～4月頃と推測される。惟政書契も休靜書契も確認できないため、偵探使の使行目的を詳細に知ることはできないが、前年の朝鮮政府の議論に照らすならば、對馬側が「革面改心」し、講和(羈縻關係の再構築)が可能かどうかを實地で確かめることが目的であったといえよう。

2) 偵探使帰国直後の被虜人送還

1602年(慶長7·宣祖35·万曆30)5月上旬、宗義智の使者とみられる「倭人」2名が徳川家康の命令と称して被虜人を送還し、書契5通を持參したため、全繼信が応接を担当した[29]。この時点で既に全繼信は偵探使の任務を終えて、歸國していたことがわかる。

---

26) 『宣祖實錄』25年5月戊辰條。
27) 前掲河論文。
28) 前掲中野著書。
29) 『宣祖實錄』35年5月乙丑(4日)條·丙寅(5日)條。

被虜人の送還をうけて、5月日付で義智宛の礼曹參議宋駿書契[30]が作成された。義智の「惓惓之誠」(忠誠)を認め、使者に「給米」するとの内容である。また、6月日付の柳川調信宛の礼曹參議宋駿書契[31]によると、義智の使者は井手智正であり、賞賜の内容は「米布」であったことがわかる。礼曹書契には、6月日付の全継信書契も添えられていた[32]。對馬で「款接」(誠意ある応接)を受けて釜山に戻ってきたこと、孫文彧が「貴島事情」を明に報告したことを述べたうえで、明將や休靜に關する虛説を織り交ぜつつ、「唐浦漁民」(1602年夏)[33]の劫掠事件に言及し、これが講和成立にむけての障害であると調信を責めている。

6月頃、義智は智正ら9名を派遣し、被虜人104名送還を送還した[34]。このとき智正は鳥銃10柄・山獺皮16束・丹木15斤・烏賊魚70束を商品として持參していた。朝鮮側は密貿易と機密漏洩を防止するため、「公家」が「都買」する、すなわち全量を公貿易で購入することとした。これは「前冬出來時事」(1601年11月の賜物再開)をうけての段階的な措置であった[35]。規模こそ小さいが、釜山での公貿易が事實上再開したのである。

8月、「倭人」14名が被虜人229名を送還し、朝鮮は「米石」を支給した[36]。8月日付の義智宛礼曹參議宋駿書契[37]によると、使者の智正が被虜人172名を送還したことをうけ、「貴島恭順之心」を認め、「米斛」を支給している。被虜人數に57名の齟齬が生じるが、智正とは異なる船で到來した「倭人」

---

30) 『宣祖實錄』35年5月丙寅(5日)條、『善隣通書』3、同17。

31) 『善隣通書』3。

32) 『善隣通書』3、『朝鮮通交大紀』。

33) 1602年夏、井手智正は慶尚道晋州牧固城縣唐浦の漁民を拘束し、對馬に連行していた(『宣祖實錄』36年2月甲午條、3月庚辰條、6月甲午條など)。

34) 『宣祖實錄』36年6月甲午條。

35) 『宣祖實錄』35年7月己巳(10日)條。

36) 『宣祖實錄』35年8月壬辰(3日)條。

37) 『善隣通書』17。『宣祖實錄』35年8月壬辰(3日)條所引の文案とは異なる。

によって送還されたのであろう。7~8月に従來よりも大規模かつ集中的な被虜人送還が實施されたことは注目される。

3)「通信使」の要求

1602年(慶長7·宣祖35·万暦30)11月、宗義智の使者井手智正ら20名が被虜人129名を送還したが、彼が持參した書契は11通にのぼった。そして、徳川家康は講和交渉の一切を宗義智に委任し、1年以内に講和を成立させるよう嚴命したとして、來春(1603年春)の「通信使」派遣を要請した[38]。このとき柳川調信が孫文彧に送ったとみられる書契を以下に引用しよう。

[史料4]　規伯玄方編『家康公初命和睦次第幷信使來朝事』柳川調信書契寫[39]

日本國豊臣調信謹白

朝鮮國把總孫公足下

伏以、西遊東還、跋陟之勞、推以図之。事勢如何、逐一示之。(1) 余先日以貴國去秋報章之旨、馳稟槐門家康公。(2) 君命曰、「汝止上京、速決和交成不成來」。天朝群議未決、以緩大事、則大不可乎也。和交若不能成、則貴國請早示其實、莫巧言緩延、只速要聞成不成之事。蓋是家康君之意也。古來愚慮者保國、聰敏者誤國。恐足下愼之。余在智正口布。不宣謹言。

まず、傍線部(1)に「貴國去秋報章之旨」を家康に報告したとあることが注目される。すなわち、前年(1601年)8月日付の禮曹參議鄭曄書契([史料3])の趣旨、すなわち朝鮮側の講和の意思が家康に報じられたというのであ

38)『宣祖實錄』35年12月壬辰(5日)條、36年6月甲午(9日)條。

39)『善隣通書』5·6、『朝鮮講和書契』にもほぼ同文が收録される。『仙巣稿別本』の文案よりも簡略化されている。

る。そして傍線部(2)によると、家康は「和交」(講和)の「成不成」を速やかに決するよう命じたという。

この內容とよく符合するのが、1602年(慶長7)のものと推定される12月30日付の義智宛の家康御內書である[40]。簡略な內容ながら、「高麗之儀」は「別紙」にて承知した旨が記されており、義智が家康に對して、講和交涉に關する狀況を報告していたことは確實である。したがって、「通信使」の招聘交涉は、義智が家康の指示を受けて行っていたとみてよい。

4) 「淸正一件」と第3回偵探使の予告

朝鮮側は万曆30年(1602)12月28日付の柳川調信宛孫文彧書契[41]において、全繼信らの對馬視察時の応接が「慇懃」であり、「誠意懇切」であったと認めつつ、加藤淸正の福建遣使に抗議している。この年4月に加藤淸正の使者が福建に到着し、被虜人87名を送還するとともに、「倭書」2通を提示し、朝鮮との講和を求めており[42]、朝鮮側は二元外交として反發を强めていた[43]。對馬側はこの事案を「淸正一件」と称している[44]。

このころ、 新任の経略である蹇達が講和に懷疑的な姿勢を示したため、朝鮮はその影響力を排除するため、自主的に講和を推進する方向へ傾いていった[45]。言い換えれば、朝鮮獨自の論理にもとづき對馬との羈縻關係を再構築し、宗氏を窓口として對日講和の機會を窺っていたということである。こうした枠組みを妨害するかのような淸正の對明工作

40) 德川義宣『新修德川家康文書の研究』(吉川弘文館、1983年)。
41) 『善隣通書』3。『宣祖實錄』36年正月己未(2日)條所引の文言とは若干異なる。
42) 『神宗實錄』万曆30年4月12日條。
43) 前揭河論文、貫井正之「義僧兵將·外交僧としての松雲大師の活動」(前揭仲尾·曺編著書、2002年)。
44) 『仙巣稿』全繼信宛柳川調信書契案(年月日の記載なし)。
45) 前揭洪論文。

は、朝鮮側にとって受け容れがたいものであった。

一方、清正が對明工作を図ったのは、新政権の樹立をめざす徳川家康が朝鮮との講和に強い關心を示しことをうけ、宗義智を出し抜こうとしたためだろう。それゆえ、對朝鮮外交の窓口を獨占したい義智にとっても、「清正一件」は厄介な出來事であったといえる。このように考えると、義智が前年(1601年)8月日付の礼曹參議鄭曄書契の趣旨を約1年間の空白をあけて家康に報告したことの理由がみえてくる。すなわち、「一件」以前の義智は家康との一定の距離をおきつつ對朝鮮外交を行っていたが、「一件」を契機として、家康への接近を強め、外交上の排他的な地位を固めるとともに、領國の保全を図る必要があったためと考えられるのである。このように、「一件」を契機として、徳川政権の意向を受けつつも、あくまで對馬獨自の立場を貫くという、近世的な對朝鮮外交のかたちが形成されたのであり、それを象徴するのが「通信使」の招聘交渉なのである。

從來、對馬側は豊臣政権の指示のもと「使臣」の派遣を要求していたが、「通信使」の要求は1601年11月が初めてである[46]。約3か月後の1603年2月、家康は征夷大將軍の宣下を受け、 徳川政権(幕府)が名實ともに誕生しており、「通信使」の招聘によって政権の正当性を誇示する意図があったと考えられるのである[47]。

---

46) 前掲洪論文。

47) ロナルド・トビ『近世日本の國家形成と外交』(創文社、1990年)、同『「鎖國」という外交』(小學館、2008年)、拙稿「對馬宗氏の日朝外交戰術」(荒野泰典・石井正敏・村井章介編『地球的世界の成立』吉川弘文館、2008年)。

4. 偵探使から許和使へ－1603～1605年

1)「清正一件」の影響の解消

1603年(慶長8·宣祖36·万曆31)正月、孫文彧と井手智正との問答記錄(1602年12月作成)が漢城に上送され、智正は3月の再來を予告して歸島した[48]。そして3月頃、智正が2月12日付とみられる宗義智書契と柳川調信書契を持參し、被虜人88名を送還するとともに、講和を要請した[49]。義智書契は「軍門」(経略)宛と禮曹宛の2通であるが、新任の経略である蹇達を交涉の相手とし、禮曹にはその取り次ぎを求めている。調信が「王京」(京都)に赴き、「內臣家康」が昨年(1602年)の休靜書契を「一覽」したことなどを伝え、被虜人送還と講和要求は「日本」(豊臣政權)の意思によるものであると主張している。ちょうど日本國內では德川家康が將軍宣下をうけて德川政權が名實ともに誕生した時期であるが、對朝鮮外交においては、家康の立場は依然として豊臣政權の「內臣」(內大臣)として說明されている。

一方、調信書契は軍門宛·禮曹宛·休靜宛·惟政宛、および全繼信宛([史料5])の5通であるが、いずれも〈唐浦漁民劫掠事件〉の弁明や「清正一件」に對する反論を述べている。調信はこれらの講和を阻害する事案を解消し、通信使の早期派遣を實現させようとしたわけであるが、彼が全繼信に宛てた書契の案文がもっとも注目される。長文のため、家康の政治的地位に關して說明した部分のみを拔粹して引用する。

[史料5]『仙巣稿別本』柳川調信書契案(部分拔粹)

大[太]閤秀吉公、遺命於家康曰、(1)「稚子秀頼、能見其爲人、請輔佐之、讓

48)『宣祖實錄』36年正月己未(2日)條、2月甲午(7日)條。

49)『宣祖實錄』36年3月庚辰(24日)條。

國政於秀頼。若又不然、家康自執政」云々。此事先是付面陳。故不能細說。今也秀頼年近志學、家康以國政要讓秀頼。於是、謂陋邦諸名曰、「任大閤遺命、雖乞和於朝鮮、未決諾不諾之事、而報義智及調信書、必借天朝余威、緩兩國和交。想是要待見陋邦変化者乎。可笑。家康縱下世、亦有秀頼。々々縱早世、亦陋邦不可無主。有主必抱恨。々々者、是兩國生民禍根也。何速決事、以抛干戈、不安枕席乎。(2) 和事未決、而讓國政於秀頼、則家康偏屬累於幼主也。是以、家康辭槐門守柳營。諸名亦艤船待和交成不成之報可也」云々。

『仙巣稿別本』(景轍玄蘇の遺文集)に收錄された草稿であり、表現にぎこちなさが殘る。この文面で書契の正本が作成されたか否かは未詳であるが、興味深い記述を含んでいる。傍線部(1)は豊臣秀吉の家康に對する「遺命」の內容である。その大意は「幼い秀頼を補佐して將來的には國政を讓ってもらいたいが、その器でなければ家康が執政せよ」というものである。後半は「陋邦諸名」(諸大名)に對する家康の發言內容であり、傍線部(2)によると、「講和が成立しないまま、國政を秀頼に讓ると、秀頼に臣從することになってしまう。このため、槐門(內大臣)を辭して柳營(幕府)を守ることにする。諸大名は艤船(兵船の準備)して講和の成否の知らせを待つがよい」と述べたという。

朝鮮との早期の講和成立が豊臣政權內における家康の求心力を强化する要因となること、逆に講和成立の遲れが家康の求心力低下を招き、秀頼への權力委讓という結末にいたること、それを嫌った家康が豊臣政權を離脫して新政權(幕府)を樹立したこと、講和が成立しない場合は德川政權として再戰の用意があることが述べられているのである。あくまで對馬宗氏を介して伝達された情報であるから、鵜呑みにすることはできないとしても、朝鮮との講和の成否が家康の政治的地位に大きく作用するという、政治と外交の力學を讀み取ることはできよう。1603年2月の調信書契は、徳川政權の樹立を急報し、かつ義智·調信による通信使の招聘交渉が將軍家康の意思であることを明確に表明するものなのである。

これに對して朝鮮側は、4月日付の義智宛礼曹参議李鐵書契[50]において、對馬側の「惓々之意」を認め、「順理輸誠」(道理に従い帰順する)すれば「天」は必ず講和を許すと述べている。「清正一書」に關しては「魔戱」であると批判しながらも、それ以上の追及を避けた。また、4月22日付の調信宛孫文彧書契[51]では、経略(軍門)の蹇達に「足下諭誠之實」を報告するとも告げている。こうした朝鮮側の對応は、家康による政權樹立とその外交担当者としての宗氏の位置づけをほぼ確信したことによるものであろう。

6月には義智の使者橘智久が朝鮮に到來し、家康が督促していると称して、通信使の招聘を交渉した[52]。彼が持參した義智書契[53]は、講和交渉の「受命人」は義智以外に存在しないことを家康が文書で保証したと伝えるものである。それが事實か否かを確かめうる日本側史料は見出せないが、義智としては、「清正一件」を精算して、朝鮮との外交窓口を獨占する意図があったといえる。一方、6月日付の調信宛礼曹参議李鐵書契[54]は、「貴島書契之辭」を経略の蹇達に急報したので、回答を待つようにと伝えるものである。

2) 講和論議の本格化

徳川政權樹立後の對馬側の外交攻勢に対し、1603年(慶長8·宣祖36·万

50) 『宣祖實錄』36年4月戊子(2日)條。『善隣通書』3は万曆30年4月日とするが、『宣祖實錄』の記事により、万曆31年4月日の誤りであることがわかる。

51) 『善隣通書』3。

52) 『宣祖實錄』36年6月己亥(14日)條、10月甲辰(22日)條。

53) 『宣祖實錄』36年6月己亥(14日)條。

54) 『善隣通書』3。

暦31)10月、備辺司は講和を「虚辭遷就」すること既に3年が経過しており、釜山開市も暫定措置であることから、今後の約條締結にむけての議論を開始した。賛否両論であったが、賛成派をもってしても、やはり明が許可しないことを懸念していた[55]。そこで経略の蹇達に諮ったところ、「倭奴」の「往來爲市」にあたって海辺の防備に努めよとの回答を得ている[56]。蹇達は對馬との講和・開市を容認する姿勢を示したのである。

11月、被虜人の金光が歸還し、彼に宛てた柳川調信書契と景轍玄蘇書契を持參した[57]。いずれも戰前からの歴史的経緯に言及したもので、調信書契には「王子一件」(1597年の講和條件)を蒸し返すような威壓的な文言もみられる。その一方で、玄蘇書契では、講和が實現しなければ、義智・調信は罪を免れないこと、「信使過海」を實現させ「和交之驗」とすることが金光の朝鮮に對する忠節であるとも述べている。義智・調信の書契は玄蘇の執筆によるものであるから、玄蘇は差出人の名義によって巧みに内容を書きわけ、總体として硬軟織り交ぜた要求をしていたのである。

明けて1604年(慶長9・宣祖37・万暦32)2月、金光は、徳川家康は再び朝鮮を攻めるつもりであること、義智・調信が講和を急ぐのは、關ヶ原の戰いで小西行長に与し、「同党之禍」を恐れているためであると証言している[58]。慶尙道左水使李永は、調信らは金光と口裏を合わせており、本心では講和を望んでいるが、金光にわざと再戰の恐れを語らせることで、朝鮮側の反応を試しているのであると看破している[59]。金光の証言をう

55) 『宣祖實錄』36年8月辛卯(8日)條、9月丙辰(3日)條。

56) 『宣祖實錄』36年10月甲辰(22日)條。

57) 『家康公初命和睦次第幷信使來朝事』、『善隣通書和好事考』、『善隣事考』、『朝鮮講和書契』。景轍玄蘇書契は『仙巣稿』、『宣祖實錄』37年2月甲辰(23日)條、『方策新編』4にも收録される。

58) 『宣祖實錄』37年2月戊申(27日)條。

59) 『宣祖實錄』37年3月乙卯(5日)條。

けて、朝鮮政府は再び對馬に遣使して「餌賊」(懷柔)と「偵探」を行うことを議論する[60]。これが對馬との講和(「許和」)を成立させる契機となり[61]、通信使の派遣要求を重要視する契機ともなった[62]。そして翌3月、井手智正が到來し、講和を要請したのに對し、朝鮮側は第3回偵探使を派遣する意思を智正に伝達したのである[63]。

3) 明の不干渉と第3回偵探使(許和使)の派遣

朝鮮が對馬視察の可否を明朝廷に諮っていたところ、1604年(慶長9·宣祖37·万曆32) 5月、「講信修睦」は自ら決せよとの公式の回答があった[64]。これによって、日本との講和交渉、ひいては「交隣」の回復に明が干渉するのではないかという積年の懸念が拂拭された。從來は講和交渉に關して明側との事前協議を行ってきたが、これ以後は事後報告で濟ませるようになったのである[65]。

これによって朝鮮側の講和にむけての動きが加速していった。翌6月には第3回偵探使(惟政·孫文彧·金孝舜·朴大根)の派遣計畫が實行に移されることになり、彼ら一行は8月下旬に井手智正に伴われて對馬に到着した[66]。この遣使は偵察を名目にしていたとはいえ、對馬に對して「許和」(講和を許す)の意思を伝達するという性質が強いことから[67]、以下では〈許和使〉と称することにしたい。

---

60) 『宣祖實錄』37年2月庚戌(29日)條。

61) 前揭閔著書。

62) 前揭洪論文。

63) 『宣祖實錄』37年3月壬戌(12日)條、『亂中雜錄』甲辰春條。

64) 『宣祖實錄』37年5月辛未(21日)條。

65) 前揭閔著書。

66) 『宣祖實錄』37年6月戊子(9日)條、12月戊午(13日)條、『事大文軌』万曆33年6月4日宣祖咨文案。

67) 前揭閔著書。

7月日付の義智宛礼曹參議成以文書契[68]では、智正が被虜人50名を送還したことに謝意を表し、経略の蹇達も對馬の「嚮款之誠」(誠意)を認めたと告げている。そして、朝鮮としても、對馬の「革心向國之意」(心を改めて朝鮮を慕う氣持ち)を認めており、たとえ「日本」(中央政權)に過失があろうとも、對馬と絶交する道理はないので、「往來交易」を暫定的に許可すると伝えている。さらに、對馬が誠意を示しつづければ、「帝王待夷之道」は「寛大」なものであり、「天朝」(明)も永久に絶交することはないと述べている。

このように、對馬との講和と日本との講和を區別したうえで、前者については羈縻の論理を前面に押し出したのである。また、惟政は7月11日付の礼曹告諭も持參している。以下に引用しよう。

[史料6] 規伯玄方編『家康公初命和睦次第幷信使來朝事』礼曹告諭寫[69]

朝鮮國礼曹、爲告諭事。據慶尙道海防將領等官呈称、(1)「馬嶋將我國被擄男婦節次刷還、頗有革心向國之誠」。且称、「本嶋土地瘠薄、五穀不蕃、歳多饑饉、自前資我國米布以爲衣食、乞照旧交市以資生理」等因。得此。(2)參詳本嶋前後刷還被擄人口、其數甚多。殊見本嶋革心向國之意。兼且土地瘠薄、歳多饑饉、情愿交市以資生理。我國不忍拒斥阻伊自新歸化之心。爲此。(3)移會慶尙道觀察使等官、轉行釜山節制使、体悉前項事意、遇有本嶋倭子乞要交易物貨者、許令開市。仍不許絲毫越法惹事不便外、合行告示前去。俾馬嶋倭人等、遵照諭帖內事意、各自改心易慮、痛革前習、一意諭誠、益勵自新之心、毋或違錯、有悞邦憲。爲此。故諭。

万暦參拾貳年柒月十一日示

受信者が明記されていないが、規伯玄方は「慶尙道ニ命セラルヽ諭文」

68)『善隣通書』3、『朝鮮通交大紀』。

69)『善隣通書』11、『朝鮮通交大紀』、『朝鮮講和書契』にも收錄される。

とする。國王文書の様式に「諭書」、官文書の様式に「通諭」があり[70]、「告諭」も下行文書の一種とみなされるわけであるが、「慶尙道」に對する告諭であるとすれば、わざわざ發信者名を「朝鮮國礼曹」とする必要はない。これは「對馬島主」宛の告諭であり、對馬に對する羈縻の姿勢を明確に打ち出したものとみるべきである[71]。

内容をみていくと、傍線部(1)では、對馬が「革心向國之誠」を表しているからには、朝鮮としては「饑饉」に苦しむ對馬を「交市」によって支援すべきであるとの慶尙道海防將領等官の呈(上行文書)を引用する。つづく傍線部(2)では、礼曹としては被虜人送還の實績に對馬側の「革心向國之意」と「自新歸化之心」を認めたことを述べる。そして、傍線部(3)は慶尙道觀察使·釜山節制使に對する命令の內容を引用したものであり、もし對馬の使者が「物貨」の「交易」を求めるならば「開市」(私貿易)を許すべきことなどを記す。

このように對馬との講和(「許和」)は、釜山浦における恒常的な「開市」の許可と同義だったのである。もちろん「開市」が本格化するのは己酉約條の施行(1611年)以後のことだが、釜山倭館を舞台とした近世日朝通交の基本的な枠組みが形成されたのである。

4) 家康と惟政の会見

惟政一行は1604年(慶長9·宣祖37·万曆32)中に對馬を出發し、京都で新年(1605年)を迎えた[72]。そして、2月20日(明曆19日)頃に伏見城で惟政は家

70) 崔承熙『增補版韓國古文書研究』(知識產業社、1989年)。

71) 礼曹の「諭」の前例としては、さしあたり16世紀前半の3例が確認される。2例は「朝鮮國礼曹諭日本國對馬島主」とある年未詳の礼曹諭書(『方策新編』2·3)、もう1例は「朝鮮國礼曹承王旨書諭日本國使臣貿銀事」とある年未詳の礼曹諭書(『方策新編』3)である。いずれも發信者名を「朝鮮國礼曹」としている。

72)『仙巢稿』。

康と會見したが、對馬側の工作によって、朝鮮側から講和を求めてきたかのように仕立てあげられていた[73]。このとき惟政が持參した礼曹參議成以文書契は、對馬藩の史書類(『善隣通書』3、『朝鮮通交大紀』)の錄文だけでなく、德川幕府系統の模本(『外國關係書翰』)・寫本(『異國日記』、『異國來翰之認』)の存在も確認されるため、家康に實際に提出されていたことがわかるが、兩者には文言の相違がある。幕府系統の模本(外國關係書翰)を引用しよう(平出・擡頭は煩瑣になるため省略する)。

[史料7] 『外國關係書翰』礼曹參議成以文書契寫(模本)

朝鮮國礼曹參議成以文(朱方印影)奉復

日本國對馬州太守平公足下

橘使至、遠承惠書、(A) 慰謝良深。前日所要之事、曾令孫文彧面稟軍門矣。文彧自密雲令[今]纔回來。蹇老爺以爲、「馬島嚮款之誠、固已領之。但日本素無誠信、向年兩丹[册]使之去、非便[但]不奉詔勅、待之亦不以礼。今雖要和、安知後日不爲反覆如前日也。(B) 決不可輕信其言而遽許其請。(C) 我國雖欲勉副、而誠不可違越天朝擅便行也。但貴島与我境密邇、世諭誠款。(D) 豈可以日本之故幷与貴島而絶之哉。(E) 日本若能有此更諭誠意、終始不変、則帝王待夷之道、自來寬大、天朝亦豈有終絶之理哉。唯在日本誠不誠如何耳。(1) 幸將此意細陳于內府公何如。千万勉之。(2) 自貴島出來俟[倭]子前後二十三名、或言「饑饉敢丐生活」、或称「厭避徭[差]役、擧家逃來」。此輩情雖可憐、義不可容留、並附船尾還送。橘使且往來勞苦、略以米斛奬遣耳。(3) 余在葆眞大師弟子松雲及孫文彧口宣。不具。

万曆參拾貳年染月日

礼曹參議成以文(朱方印影)

『善隣通書』本(書契原本の寫し)と比較し、削除された文言をみていこう。(A)の部分は「幷刷還被擄男婦五十名」が削除されている。對馬側が獨自に

73) 米谷均「松雲大師の來日と朝鮮被虜人の送還について」(前揭仲尾・曺編著書、2002年)。

被虜人送還を行ったことを隱蔽したのであろう。(B)の部分は「卽且訖遣金光、裝成虛套、肆行哄脅、而比得撥報、亦言『荒唐船隻、出沒於防踏及娚妹島之間』云。情形所在、尤極叵測」が削除されている。金光を利用した工作や「荒唐船隻」の活動を隱蔽したのである。(C)の部分は「如日本執此爲讐復逞猖獗、則天朝但当水陸來攻、以示威靈而已。仍差偵探委官絡繹出來。沿途飛撥、更加整飾、令將大小事情星夜馳報。此則橘使之所目覩也」が削除されている。明軍が再來する可能性やその偵察活動に言及した部分を不穩な文言とみて削除したのである。(4)と(5)の部分は「而近且刷還人口、前後不絶。可見貴島革心向國之意也」と「齎持物貨、往來交易、姑且許之」が削除されている。朝鮮の羈縻を受容することで、國交回復前であるにもかかわらず貿易を再開した事實を隱蔽したのである。

つづいて追加·変更された文言をみていこう。傍線部は、本來は「幸可勉之」であったが、朝鮮側の意思を義智から「內府公」(家康)に伝達してほしいという文言に改竄されている。對馬への〈許和使〉を家康への使節に仕立てあげたことを意識したものである。波線部は、本來は「頃者有倭子間愁戒·古沙久等二名、自貴島出來、託言饑饉敢丐生活繼。有倭子山所于等二十壹名亦自貴島出來」であったが、個人名を省略して簡潔な文言に改めたのである。点線部は、本來は「余在孫文彧口宣」であったが、孫文彧の前に「葆眞大師弟子松雲」が追加されている。このことは、朝鮮側が〈許和使〉の正使を孫文彧としていたのに對し、對馬側が〈許和使〉を家康への使節に仕立てあげるにあたり、惟政を〈正使〉に据えたことを示唆するものである。

このように、對馬側が種々の工作を施すことで、伏見城での會見が實現したわけであるが、家康はこれを一応の講和の成立とみなし、その恩賞として義智に肥前田代領に2,800石を加增した[74]。伏見の會見後まもな

74) 荒野泰典『近世日本と東アジア』(東京大學出版會、1998年)。

くに發給されたと推定される5月23日付の義智宛家康御內書を引用しよう。

[史料8]「九州國立博物館所藏文書」德川家康御內書[75]
其許之樣子、懇被申越候、無事之儀、弥相調候樣、可被入精候、將又大鷹二居·虎皮二枚、遠路祝着候也、
五月廿三日(家康黑印)
對馬侍従殿

これは家康が義智に宛てた御內書(將軍書狀)である。義智が「其許之樣子」(對朝鮮外交の狀況)を家康に報告したこと、これに對して家康が「無事之儀」(講和)がますます調うように精を入れよと命じたものである。義智が井手智正に惟政を朝鮮まで護送するよう命じていること、および惟政が5月上旬頃には朝鮮に歸還していることからみて[76]、義智は惟政が朝鮮に歸國したことを急報したのであろう。これをうけて、家康は「通信使」の來日による國交回復を期待し、義智にさらなる交涉を命じたのである。

惟政が持ち歸った3月日付の禮曹宛義智書契[77]によると、「去歲之秋」(1604年7月)に孫文彧が來島して「許和講好」したことについて、「不堪感激之至」と喜びを表現している。また、義智·調信連名の別幅にも「和好」の成立についての謝辭、および被虜人1,390名を送還する旨が記されていた[78]。惟政らの來島が對馬と朝鮮との講和成立を意味することが明確に

75) 近年、九州國立博物館が一点物として購入したものである。同館が所藏する「宗家文書」(重要文化財、將軍御內書·老中奉書群が多數を占める)と本來は一体をなしていた文書である。
76) 『宣祖實錄』38年5月乙酉(12日)條·戊子(15日)條·丁酉(24日)條。
77) 『宣祖實錄』38年5月乙酉(12日)條。

認識されているのである。その一方で、「本國」(德川政權)と講和しなければ、後日の憂いになるとの牽制の文言もみえる。さらに、調信が「閣下書」(改竄された礼曹參議成以文書契、[史料7])を家康に届けたところ、家康はこれを「一覽」し、使節を伏見に導いてくれば、「誠心」を述べるつもりであると語ったとして、速やかに「和好之驗」を示すよう要求している。これに關しては、家康御內書([史料8])の趣旨と符合する。

朝鮮側は「和好之驗」を通信使のことと解釋した。そして、宣祖は安易に通信使を派遣すべきではないとしつつも、「王者」は「夷狄」を永久に拒むことはできないとの論理を開陳し、通信使の派遣に含みをもたせている79)。こうした「王者」(帝王)の論理は、1601年以來、講和推進派の言論の基調をなしていたのである。

おわりに

1600年から1604年にかけて、計3回にわたり對馬を訪れた偵探使の派遣の背景･目的を論じてきた。偵探使がはたした役割を簡單に整理したい。

第1回は豊臣政權に對して講和の余地があることを示唆する書契(小西行長･寺澤正成宛回答書契)を伝達すること、第2回は對馬との講和(羈縻關係の再構築)の實現可能性を調査することが最重要の任務であったといえる。これらは明の朝廷や経理･経略の意向に制約されながらも、朝鮮が主体的に講和を模索した結果である。第3回は德川家康の政權掌握をほぼ確信したことを契機として遣使の論議が高まり、かつ明からの干涉の懸念が拂拭されたことで、實行に移された。本來の遣使目的は對馬

---

78) 『宣祖實錄』38年5月乙酉(12日)條。
79) 『宣祖實錄』38年5月丁酉(24日條)。

との講和(「許和」)を成立させることであり、〈許和使〉としての性格が強い。伏見城での家康との會見は、宗氏側の畫策ではあるが、遣使論議の経緯からすれば、朝鮮側としては家康との會見は決して想定外のことではなかったといえよう。

このように「偵探使」は講和にむけて段階的に派遣されたものだったわけであるが、依然として朝鮮政府内は講和推進派と反對派に二分されていた。そうした状況のなかで、推進派が儒學的根據として標榜したのが「帝王待夷之道」、あるいは「聖人之心」「王者之道」であった。具体的には、「將來」(未來)を見据えて「既往」(過去)に拘泥しないのが「聖人之心」であり、「許人革面」(相手を許して態度を変えること)が「王者之道」とされたのである。

最後に對馬側の反応に触れておこう。1605年7月と10月に被虜人240名が送還され[80]、11月には信安(柳川調信の被官)が講和の可否の回答を催促した[81]。彼は10月13日付の義智書契と柳川智永(景直、調信子)書契を持參していた。前者は被虜人など123名を送還すること、去る9月29日に調信が沒したことを伝えるとともに、「信使」の派遣を要請したものである。後者は亡父調信が「貴國陋邦和好之事」(朝鮮と日本との講和成立)を遺訓としたことに触れたうえで、「一使」の派遣を要請したものであるが、對馬は「貴國東藩」であると表明し、きわめて低姿勢な態度を示したことに注目される。「東藩」という言説は、もともと特別な要求のあるときに使用されてきたものであり[82]、北方の女眞と南方の對馬との羈縻關係の回復をめざす朝鮮から讓歩を引き出すための切り札となるものであった。これに對する12月日付の義智宛礼曹參議成以文書契には「深嘉貴島向國

80) 『善隣通書』17所收の万暦33年7月日付·同年10月日付宗義智宛礼曹參議宋駿書契寫。
81) 『海行錄』乙巳年12月10日條。
82) 關周一『中世日朝海域史の研究』(吉川弘文館、2002年)。

之誠」とあり[83]、朝鮮側の態度もよりいっそう軟化している。

このように、朝鮮と對馬との羈縻關係の再構築の過程で浮上した「帝王」(王者)と「東藩」という言説は、1607年の日朝國交回復、1609年の己酉約條締結を導く潤滑油としての役割を果たすことになるのである。ところが、光海君代には、この言説が問題視されるようになる。明との册封關係を意識し、朝鮮こそが明の「東藩」であると主張し、對馬側が朝鮮國王を「皇帝」と称することを批判したのである[84]。つまり、宣祖代において、對馬との羈縻關係の再構築、ならびに日本(豊臣·德川政權)との交隣關係の再構築を図るうえで時限的な有効性をもちえた言説だったのである。

---

83) 『海行錄』乙巳年12月15日條。

84) 拙稿 「己酉約條の締結·施行過程と對馬の「藩營」貿易」(韓日文化交流基金編『임진왜란에서 조선통신사의 길로』景仁文化社、2019年)。

〈번역문〉

조일 강화교섭에서 偵探使의 위치

아라키 가즈노리 | 일본 국립역사민속박물관

머리말

본고는 「壬辰戰爭」 직후의 對馬·朝鮮 간에 행해진 강화교섭과정에 대하여 偵探使(정탐사)를 중심으로 검토한 것이다. 1598년 종전 이후 1607년 조일국교회복에 이르는 기간 동안 총 4차례에 걸쳐 조선 사신들이 쓰시마를 찾았다. 이에 관해서 가장 정확하게 정리한 하우봉의 연구에 따르면 제1회(1600년)의 사자 金達·朴希根은 피로인 송환 촉구, 제2회(1602년)의 사자 전계신·손문욱은 왜정 정탐, 제3회(1604년)의 사자 유정(松雲大師)·손문욱은 왜정 정탐·피로인 송환·강화 논의, 제4회(1606년)의 사자 전계신·손문욱은 이에야스(家康) 국서의 조사를 使命으로 하고 있었다.[1)]

이 가운데 확실히 '정탐'을 명목으로 한 것은 제2회와 제3회이고, 이것을 협의의 '정탐사'라고 할 수 있지만, 본고에서는 전후 최초의 遣使인 제1회를 포함하여 '정탐사'로 보고자 한다. 다만, 제3회는 쓰시마에 대한 '許和'(강화를 허용) 의사를 전달하는 임무도 띠고 있어 '許和使'라고도 칭할 수 있을 것이다. 한편 제4회는 쓰시마와의 강화 성립 후의 遣使이므로 이를 '정탐사'에 포함하는 것은 타당하지 않다.

---

1) 河宇鳳, 「國交再開期における松雲大師の活動とその意義」(仲尾宏·曺永祿 編, 『朝鮮義僧將·松雲大師と德川家康』, 明石書店,2002年)

따라서 본고에서는 1600년부터 1604년까지 총 3회에 걸친 광의의 '정탐사'에 대해서 그 파견 배경과 목적을 고찰하고자 한다. 종래의 연구에서는 주로 「조선왕조실록」의 기사를 가지고 검토해 왔지만 본고에서는 대마 조선간에 주고 받았던 외교문서(서계)를 분석하여 정탐사를 일련의 강화교섭 과정에 위치시키는 것을 시도해 보고자 한다.

필자는 1598년부터 1607년에 걸친 강화 협상 과정을 외교 문서(서계)를 통하여 검토한 적이 있지만[2], '정탐사' 문제를 보다 깊이 다루지 못했고, 또한 지면 사정상 중요한 사료를 소개하면서 충분한 검토를 가하지 못한 아쉬움이 있다. 본고는 기왕에 발표한 논문 일부를 내용을 고쳐 오류나 부족한 점을 보정하면서 새로운 내용을 보완하였음을 밝혀둔다.

1. 제1회 偵探使 — 1600년

1) 遣使의 전 단계

1598년(慶長3·宣祖31·萬曆26)에 종전을 맞이하자 소 요시토시(宗義智)는 도요토미(豊臣) 정권의 지시를 받고 있으면서도 쓰시마의 독자적인 입장에서 歲賜米를 요구하는 등 이전까지의 권익 회복을 시도했으나 사절은 모두 조선에서 억류됐다. 이러한 막힌 상황이 타개되는 계기가 된 것이 1600년 4월 요시토시가 보낸 사절이다. 사자인 이시다 진자에몽(石田甚左衛門) 調次는 명나라의 質官 40여명과 피로인 20여명을 송환하는 동시에 소 요시토시의 서계(3월 28일자)·야나가와 시게노부(柳川調信)의 서계(同)·고니시 유키나가(小西行長)·데라자와 마사시게(寺澤正成)가 연서한 서계(1월 27일)를 지참하였다.[3]

2) 拙稿, 「「壬辰戰爭」の講和交涉」(『SGRAレポート』, 2019年 간행 예정)

3) 『宣祖實錄』 33年 4月 甲申(11일)조·丁亥(14일)조

요시토시는 서계에서 조선측이 무응답이라는 것, 지난해의 사절을 억류하고 있다는 것, 조선 사절이 도해해 오지 않는 것을 비난하고 신속한 사자 파견이 전쟁 종결을 위해 필요하며, '和好一事'는 '太閤遺命'(도요토미 히데요시의 유명)이라고 주장하였다. 또한 시게노부 서계에서는 '太閤相國'의 '遺命'을 받은 도쿠가와 이에야스(德川家康)가 도요토미 히데요리(豊臣秀頼)를 보좌하고 있으므로 정권은 굳건하다는 것을 강조하고, 이러한 사실은 '二士'(質官인 王建功·陳文棟)도 잘 알고 있다고 주장하였다. 유키나가·마사시게가 연서한 서계는 이에야스가 피로인의 송환을 히데요리에게 상신했는데, 히데요리가 요시토시에게 송환을 명했다는 내용이다. 진위는 불분명하지만, 이에야스의 정권 장악 정보가 조선 내에서 유포되는 상황에서 유키나가·마사시게로서는 종래와 같은 외교적 압력을 유지하기 위해 이에야스는 어디까지나 도요토미 정권의 일원이며, 정권은 굳건하다는 사실을 강조할 필요가 있었던 것이다.

유키나가·마사시게는 회답이 지연되면 다시 전쟁을 초래할 것이라고 경고하고, 강화를 상당히 서둘렀다. 조선과의 강화는 쓰시마의 생명선이기에 유키나가가 요시토시의 장인이라는 사적인 입장에서 강화를 서두른 측면도 부정할 수 없지만, 마사시게도 관여하고 있는 것으로 보아 어디까지나 도요토미 정권의 일원이라는 입장에서의 획책일 것이다. 정권의 균열이 깊어지고 전대미문의 내란으로 발전하기 시작하고 있는 상황 속에서 쓰시마 공격의 가능성을[4] 내포하는 명군의 존재는 위협이 될 수 있다. 그러므로 명군의 철수가 조기에 실현되도록 조선과의 강화를 서두를 필요가 있었다고 생각된다. 한편, 완전 철수를 눈앞에 둔 명군으로서도 철수시에 일본이 후방에서 다시 공격해 오는 것은 피하지 않으면 안된다. 이러한 타이밍에 質官·質子의 송환이 실시된 것은 일본측과 명군측의 요구가 일치한 것으로 보인다.

4) 洪性德, 「壬辰倭亂 직후 日本의 對朝鮮 講和交涉」(『韓日關係史研究』3, 1995년); 中野等 『文祿·慶長の役』(吉川弘文館, 2008년)

2) 제1회 遣使의 배경

조선으로서는 북쪽의 여진족의 위협이 강해지는 가운데 명군의 완전 철수 이후를 내다보고 일본과의 강화를 현실적인 옵션으로 준비해야만 했다. 게다가 회답서계를 송부하여 강화로의 포석을 치려고 했다. 1600년(慶長5·宣祖33·萬曆28) 5월 조선은 요시토시·유키나가·마사시게를 예조참의(정3품)와 敵禮, 시게노부를 예조정랑·좌랑(정5품·정6품)과 적례로 정한 후에 참의 명의와 좌랑 명의의 회답서계 초안을 비변사가 준비했다[5] 그런데 사자 石田調次 등은 이미 부산을 출항했기 때문에 군관군공정 김달·교정 박희근·통사 이희만 등에게 쓰시마에 전달하도록 했다.[6] 이것이 제1회 정탐사이다.

김달 등이 지참한 서계는 요시토시 앞 예조참의 서계, 유키나가·마사시게 두 사람 앞 예조참의 서계, 시게노부 앞 예조좌랑 서계의 3통이었다고 생각할 수 있는데, 아래의 사료는 이 가운데 유키나가·마사시게 두 사람 앞으로 보낸 예조참의 서계의 초고본으로 추정된다.

[史料1] 『靑陸集』卷6·揭帖·日本回書條

羊陸相交、古人所譏、而(1) 有問不答、亦云非禮。茲布遠情、以報惠書。貴邦·弊邑、隔海爲隣、世結懽好數百余年。貴邦曾無塩奴·爨婦之忿、而遽驅無名之兵、先侵与國之境、使廟社丘墟、生靈魚肉。若爭曲直、則將軍亦無辭矣。(2) 兵連禍結、十年于茲、糜爛之慘、兩國相当、要和之說、或可勉從。(3) 但皇朝之於弊邑、視之如子、不唯救難於一時、使経理·提督·諸將官領兵留屯于今不撤。故謀無輕重、事無大小、必皆先稟於皇朝、聽其處決。況此講和之事、不可不待准可而輕決於兩言也。戊戌以後、所送之价、天將帶去、至今未還。故久闕回音、以致貴邦之怪訝爾。非有他意於其間也。古語曰、「信不由衷、質無益也」。(4)設使弊邑、不惜一使、再尋前好、而貴邦之無

---

5) 『선조실록』 33년 5월 갑인(12일)조.

6) 『선조실록』 33년 5월 을묘(13일)조, 6월 병술(15일)조.

信、猶夫前也、則區々盤血、只欺鬼神。誠能以信爲本、有如歸日、毋踵前失、要爲永好、則天朝自有解紛之擧、而弊邑亦遵香火之約矣。

『靑陸集』은 金德謙의 문집이다. 한편, 쓰시마번에서 편찬된 마츠우라 마사타다(松浦允任) 편의 『朝鮮通交大紀』와 아비루 쓰네히사(阿比留恒久) 편 『善隣通書』3에 거의 동일한 글이 수록되어 있으며, 출전은 모두 『청륙집』으로 되어 있다. 특히 후자는 "和好第一番書石田甚左衛門返簡、出靑陸集"라고 按文을 붙이고 있어서, 아비루 쓰네히사가 『청륙집』에서 수록한 안문을 石田調次가 받은 회답서계의 본문이라고 판단하였음을 알 수 있다.[7] 『선조실록』의 기록을 보면 調次는 회답서계를 받지 않는 채 쓰시마로 돌아갔지만, 밑줄 친 부분에 "有問不答亦云非禮、玆布遠情"라고 되어 있는 것에서 전후 최초의 회답서계임이 명백하고, 제1회 정탐사가 쓰시마에 전달한 서계로 볼 수 있다.

일찍이 홍성덕은 『조선통교대기』에 수록된 서계 사본을 주목하여 내용 중에 '貴島'가 아닌 '貴邦'이 있다고 하여, 이것이 쓰시마 앞이 아닌 일본에 전한 것임을 지적하였다.[8] 앞서 언급한 『청륙집』이 '日本回書'라는 표제를 붙이고 있다는 점에서 홍씨의 지적은 타당하다고 할 수 있다. 그렇다면 제1회 정탐사가 전달한 서계 3통 가운데, 유키나가·마사시게 두 사람 앞 회답 서계에 해당하는 것으로, '일본'(도요토미 정권)에 대한 의사 표시라는 것이 판명된다.

서계의 내용을 자세히 살펴보면, 밑줄부분(2)는 일조 '양국'이 강화를 위해 노력해야 할 것을 말하고, 밑중부분(4)에서는 조선측이 '一使'를 파견하

7) 『善隣通書』의 편찬시기는 수록된 서계의 연대로 미루어 17세기 말~18세기 초 무렵으로 추정된다. 『朝鮮通交大紀』(1725년)는 선행하는 『善隣通書』의 설을 답습한 것이다. 또한 山田廉 편, 『方策新編』(1806년)에도 수록됐지만, 이것은 사본이 널리 알려진 『朝鮮通交大紀』을 참조한 결과로 추정된다.

8) 홍성덕, 앞의 논문

여 '前好'를 행하려 해도 일본측에 '信'(신의)이 없으면 '鬼神'을 속이는 것이 될 뿐이라고 견제하고 '信'을 근본으로 삼아 이전의 잘못을 다시 범하지 않고 '永好'를 구한다면 '天朝'는 자연스럽게 분쟁을 수습할 것이라고 말한다. 직접 수신처는 유키나가·마사시게 두 명이지만, 도요토미 정권을 향해서 강화의 의사가 있음을 전함과 동시에 그 실현을 위해서는 일본측이 '信'을 보이지 않으면 안 된다고 주장한 것이다. 다만, 밑줄부분(3)에 있는 것처럼 명군이 주둔 중이므로 독단적으로 전행할 수 없고, 강화를 미룰 수 밖에 없다고도 말했다. 이후 조선은 명나라의 힘을 빌리는 '借重之計' 및 강화를 미루는 '遷就之計'를 취하게 되는 것이지만[9] 유키나가·마사시게 앞으로 보내는 회답서계는 명나라의 의향을 배려하면서도 장래적으로는 일본과의 강화에 여운을 남긴 것이라고 할 수 있다.

한편 요시토시와 시게노부 앞으로 보낸 회답 서계는 확인하기 어렵지만 정탐사의 귀국에 맞추어 요시토시 또는 시게노부가 서계를 보낸 듯하며, 1600년 9월, 비변사는 다음과 같은 회답서계안을 작성하였다.

[史料2] 『宣祖實錄』 33年 9月 辛丑(1일)條(抄)

爾馬島、在壬辰之前、備將秀吉、將爲入寇之計、一一馳報本國、嘉爾誠意、緣何一朝、自爲先鋒、以負本國平日豢養之恩情、甚可惡。前此屢次乞款、節續致書、似亦有誠、今若盡數刷還被擄男婦、竭誠自效、則本國亦当許其自新之路而處之。

쓰시마측이 '節俗致書'(계절마다 서계를 보내다)한 것에 성의가 있다고 일정한 평가를 함과 동시에 피로인을 모두 송환하여 '竭誠自效'(스스로 성의를 보이는 것)한다면, 쓰시마측의 '自新之路'(잘못을 고치는 것)을 인정한다고 하였다. 피로인의 송환이야말로 성의의 증거이며, 그 추진이 강화의

9) 李啓煌, 『文祿·慶長の役と東アジア』(臨川書店, 1997年)

조건이라고 전한 것이다.

이러한 조선측의 판단 배경에는 經略 万世德이 출국하여 명군의 완전 철수가 완료되는 반면, 조선의 '自强之計'가 겨우 시작되었을 뿐이라는 군사적인 공백 상태가 있었다. 한편 일본에서는 9월 15일에 도요토미 정권을 양분하는 세키가하라 전투가 발발하여 동군 도쿠가와 이에야스가 승리를 거뒀다. 종래, 도요토미 정권의 강화의 창구였던 유키나가는 서군의 주모자로 참수되었다. 유키나가의 사위인 요시토시도 서군에 가담했는데 어렵게 사면되었다.

조선정부가 정탐사에 맡긴 서계는 쓰시마에서 접수되었기 때문에 요시토시가 이를 도요토미 정권에 확실히 전송했다는 보증은 없다. 어쨌든 도요토미 정권 자체가 와해되기 시작해 강화 교섭의 체제에도 변경이 임박해지고 있는 가운데 요시토시로서는 최고 실력자인 도쿠가와 이에야스에 대해 조선측이 제시한 강화 의사와 '信'의 요구를 어떻게 전하느냐가 중대한 문제였다고 할 수 있다.

2. 강화교섭의 재시동 – 1601년

1) 소 요시토시와 도쿠가와 이에야스

세키가하라 전투가 강화 협상에 미친 영향은 커서, 1601년(慶長6·선조34·만력29) 2월 조선 정부는 일본 사신이 7개월 동안 오지 않는 것에 의심을 보이면서 일본은 '其國中極亂'이라는 정보도 입수하였다.[10)]

4월이 되자 '逃還本國人' 11명과 '倭子' 1명이 '日本國中亂起'라는 것과 고니시 유키나가가 패하여 죽었다는 사실을 전했다. 逃還人 중 한 명인 姜

---

10) 『선조실록』 34년 2월 경오(1일)조.

士俊은 소 요시토시는 오사카에 있는 것, 야나가와 시게노부(柳川調信)가 남충원, 정창세를 쓰시마까지 호송하여 조선에 송환하려 하는 것, 요시토시가 강사준 등의 송환을 이에야스에게 청하여 허용되었고, 그 때 '請和書'가 주어졌다는 것, 요시토시는 강화 성립을 계기로 피로인을 찾아서 송환할 것이라는 등을 진술하였다[11]

예상한 대로 쓰시마측의 의향을 전한 것이긴 하지만, 그런 까닭에 더욱 더 요시토시 등의 동향을 아는 데에 중요하다. 요시토시는 오사카에 체재하여 이에야스에 대해서 서군 가담에 대한 사면과 강화 교섭의 계속을 바라고 있었던 것으로 추정된다. 한편 일본의 대란과 유키나가의 敗死라는 중대한 정보를 접한 조선 정부는 도망쳐 돌아온 사람의 증언에는 회의적이었으며 일본 정보를 직접 수집한다는 방침으로 기울었다. 이것이 제2회 정탐사 파견의 전제가 되는 것이다.

6월 '왜인' 10명이 부산에 도착하여 南忠元과 피로인 250명을 송환했다. '왜인'은 요시토시 서계, 시게노부 서계와 데라자와 마사시게 서계 등을 지참했으며, 약 1년 만의 사절이었다. 그 서계들은 강화를 요구하는 내용이다, '威嚇之意'가 포함됐지만 '悖惡之言'은 없었다.[12] 또한 남충원의 증언에 따르면 요시토시·시게노부는 오사카에 올라가 작년 '朴希根持來書意'(제1회 정탐사인 김달·박희근이 전달한 서계의 취지)를 이에야스에게 보고했다고 한다.[13] 이것이 진실이라면 유키나가·마사시게 앞의 서계([사료 1])에 기재된 조선의 강화 의사가 처음 이에야스에 전해진 것이 된다. 다만, 일본 측에 대한 '信'(信義)의 요구가 스트레이트로 전해졌는지는 의심스러운 점이 있다. 어쨌든 이 단계에서 강화 교섭에는 여전히 마사시게도 관여하고 있으므로, 요시토시·시게노부는 마사시게와 함께 '도요토미 정권'의 일원으로서

11) 『선조실록』 34년 4월 경오(3일)조·임진(25일)조.
12) 『선조실록』 34년 6월 갑오(28일)조, 7월 정유(2일)조.
13) 『난중잡록』, 신축 6월 조.

그 최고 실력자인 이에야스의 뜻을 따르고 있었던 것으로 생각된다.

2) 조선의 기미체제 재구축

조선 정부에서는 회답서계 문안을 둘러싼 논의가 이루어졌다. 소 요시토시·데라자와 마사 시게의 요구가 도쿠가와 이에야스의 진의인지에 대해서는 회의적인 시각이 강했지만 쓰시마에 관해서는 "우리나라를 仰哺하고 있는 상황에서 거부하기 어렵다", "병력이 부족하므로 당면한 문제는 쓰시마를 羈縻할 수 밖에 없다." "기미를 한다면 우선은 쓰시마측의 '革面謝罪'가 필요하다"라는 등 쓰시마를 기미하자는 주장이 대세를 차지했지만, 쓰시마를 기미할 경우 명에 대한 설명이 어렵다는 우려도 있었다.[14] 이로써 쓰시마를 기미하는 것이 공론화되어 공식 방침으로 결정된다.[15] 쓰시마를 완충지대로 하여 일본의 재공격을 회피하려는 의도가 있었다고 할 수 있다.

이러한 논의를 거쳐 작성된 것이 8월 일자 요시토시와 야나가와 시게노부에게 보내는 예조참의 鄭曄의 서계이다.[16] 우선 요시토시 앞으로 보낸 서계에 따르면, 요시토시의 서계에는 '삼한정벌' 전설을 시사하는 문구가 포함되어 있었다. 이에 대해 조선측은 신라·백제 이래 변방에서 우발적인 트러블은 있었지만, 그것은 '島嶼間寇掠之徒'의 소행일 뿐이며, 나라를 기울여 군사를 일으켜 부당하게 침공해 온 '壬辰·丁酉'에는 미치지 못한다고 반박하고 있다. 그리고 명나라는 정병 20여 만을 8도에 배치하고 둔전을 지급·훈련하고, 天將의 판단을 받지 않으면 안 되기 때문에 조금도 '自擅'은 할 수 없다며 요시토시가 '悔禍表誠'하여 '後福'을 구한다면 水陸 諸將은 천조에 보고할 것이므로 '兩國之幸'이 된다고 말하고 있다.

---

14) 『선조실록』 34년 7월 기해(4일)조

15) 민덕기, 『前近代東アジアのなかの韓日關係』(早稲田大學出版部, 2002年); 하우봉, 위의 논문

16) 『續善隣國宝記』

요시토시 측은 '도요토미 정권'을 배경으로 하여 여전히 강경한 자세이며, 조선측도 '瞞辭'[17]로 '借重之計', '遷就之計'를 채택하고 있었다. 그러한 교섭을 하면서도 조선은 요시토시에게 '悔禍表誠'을 요구하고, 쓰시마와 강화 의사가 있음을 전한 것이다.

이처럼 조선이 쓰시마와 강화에서 羈縻의 재구축을 대의명분으로 삼았다. 그 논리가 가장 응축되어 있는 것이 시게노부 앞 서계이다. 다음에서 인용해 보자.

[史料3]『續善隣國宝記』礼曹參議鄭曄書契 寫[18]

朝鮮國礼曹參議鄭曄奉復

日本國豊臣平公足下

信書与被擄人口俱至、備審誠款。上年報書、亦已兼悉。第天朝諸將留在國中、天將不見許、則敝邦無自擅之理。足下勿以遲報爲訝。貴島与敝邦、雲水相望、而島中良材皆我國之土產、則縱敝邦不以父母之邦自居、而貴島寧忍負而絶之。(1) <u>二百年來、敝邦於日本、世篤隣好、視貴島之人、有如內地赤子、時節朝聘、賞賜優渥</u>。及足下之身、超授二品重秩。敝邦之命、似於足下不図、而其待足下則至矣。況至陪僕盡霑官祿、(2) <u>島中肖翹·草木孰非國家之所涵育哉</u>。(中略) 敝邦所不爲自擅之事、足下欲脅而成之耶。(3) <u>以足下之力可止日本之兵</u>、則雖講和如前日、而還而背盟又如前日。足下先既誑而負之、又將再誤耶。敝邦惟天朝之命、而天將說称、「對馬嶋累誑天朝及朝鮮。非有異常忠款、而其言尤不可視聽」云。敝邦獨能擅斷乎。(4) <u>雖然輿將來不追既往者、聖人之心也。包荒含垢許人革面者、王者之道也。日本若能以誠信相与、而貴嶋亦且大如[加]懲悔、表著其非情忠悃、図所以自効於天將、而得全轉奏天朝、則人所欲、天必從之乎</u>。斯時也、惟敝邦、惟皇朝、是從前日之事、何可提起再論、唯在足下盡誠意耳。貴使久留、慮足下懷疑。請子[于]天將賞米、先送來書、則天將轉報天朝。上司如有處置、当遣人報知。不宣。

---

17)『선조실록』35년 정월 기유(16일)조

18)『方策新編』에도 수록되어 있다

万曆二十九年八月日

밑줄 친 부분(1) (2)에서는 200년 동안 쓰시마인을 '內地赤子'처럼 간주하여, '朝聘'(의제적인 조공)해 오면 '賞賜'를 후하게 하여 쓰시마의 무성한 초목에 이르기까지 모두 '국가'가 '涵育'해 왔다고 말하고 있다. 이것은 종래의 쓰시마에 대한 기미를 강조한 것으로, 밑줄 (3)부분에서는 '足下之力'으로 '日本之兵'(전쟁)을 제지하도록 요구하고 있다. 조선으로서는 쓰시마를 기미해 완충지대로 삼음으로써 남쪽의 국방을 굳히려고 한 것이다.

밑줄 (4)에서는 '장래'를 내다보며 '기왕'에 연연하지 않는 것이 '聖人之心'이며. '許人革面'(상대를 용서하고 태도를 바꾸는 것)이야말로 '王者之道'라 하여 일본의 '성신'과 쓰시마의 '懲悔'가 '非情忠悃'이라면, '天將'(明長)은 '천조'(明)에 보고할 것이므로, '天'도 강화를 허용할 것이라고 말한다. 여기서 말하는 '성인', '왕자'는 교린의 대상인 일본에 대해서는 명 황제, 기미의 대상인 쓰시마에 대해서는 조선국왕을 규정한 것으로 생각된다.

이처럼 '天'을 최상위로 삼고, '天朝'의 책봉을 전제로 한 일본·쓰시마와의 교린·기미관계를 회복해야 한다는 명분론이 구축된 것이다. 조선 정부 내에서는 대간을 중심으로 한 강화반대파가 일본을 '不共戴天'의 仇敵으로 단정하는 명분론을 강하게 주창하고 있었다. 따라서 강화추진파의 명분론은 반대파의 언론을 억누르기 위한 대내적인 의미를 다분히 띤 것이라고 할 수 있다.

3) 제2회 정탐사 파견 논의

1601년(慶長6, 宣祖34, 萬曆29) 11월, 소 요시토시는 이데 도모마사(井手智正)를 조선에 파견하여 강화를 요청했다.[19] 그가 지참한 요시토시의 서

19) 『선조실록』 34년 11월 무오(24일)조·신유(27일)조

계(월일 미상)[20]는 8월 일자 예조참의 鄭曄 서계의 '悔禍表誠'이라는 문구를 인용한데다가 도쿠가와 이에야스가 항상 철병을 간언했다는 것, 陋邦(도요토미 정권)가 '改非求和'하고 있다는 것은 '兩國之幸'임을 서술하고 있다. 조선 측에서는 그 내용을 '催和恐脅'으로 받아들이는 시각도 있었다.[21] 적어도 문구상에서는 강경한 자세가 사라지고, 글을 마치는 문구도 종래의 '誠恐頓首謹言'에서 '恐惶不宣頓首謹言'으로 저자세의 태도가 늘고 있다. 또한 선조는 요시토시·시게노부의 진상품에 대해서 호피·표피, 활 등을 회사하고 도모마사에게는 쌀 40석을 포상으로 사급했다.[22] 이러한 국왕의 賜物(回賜·特賜)은 전쟁 전까지의 전통적인 관행이었다. 요시토시 등이 진상품을 준비한 것은 조선 측의 강화의사를 확신했기 때문이고,[23] 조선측도 쓰시마와의 기미관계 재개를 즉물적인 형태로 전한 것이다.

그리고 12월 1일자로 요시토시와 시게노부에게 보낸 예조참의 정엽의 서계[24]가 작성되었다. 전자에서는 요시토시의 '惓惓之意'(忠誠)을 인정하고, '王者'는 '已往'에 구애되지 않는다는 논리를 재차 명시하고, '貴邦'(日本)의 '革面改心'을 요구하고 있다. 이리하여 요시토시는 '혁면개심'을 증명하는 수단으로서 피로인의 송환에 주력하게 된다. 이와 병행하여 조선정부는 12월 말부터 이듬해 2월까지 제2회 정탐사 파견에 관한 논의를 본격화시켰다.

---

20) 『續善隣國宝記』; 『方策新編』 4
21) 『선조실록』 34년 11월 무오(24일)조
22) 『선조실록』 34년 11월 무오(24일)조, 12월 임진(29일)조
23) 홍성덕, 위의 논문
24) 『家康公初命和睦次第幷信使來朝事』; 『善隣通書』 3; 『朝鮮講和書契』

3. 제2회 정탐사 – 1602년

1) 정탐사의 파견

조선 정부에 의한 정탐사 인선을 둘러싼 논의를 살펴보자.[25] 먼저, 후보가 된 것은 惟政(松雲大師)이지만, 그는 일본인에게 너무 알려져 있다는 이유로 각하되었다. 다만, 유정은 명 국내의 경략(軍門) 萬世德의 아래에 있다고 속여, 군관 전계신에게 유정 명의 서계를 쓰시마에 전달하도록 했다. 또 일본 사정에 정통한 손문욱 외에 '軍門伺候譯官'(만세덕에 봉사하는 역관)으로 위장한 金孝順을 수행하도록 하였다. 그런데 유정은 실제로는 경상도의 하양현에 있었기 때문에 쓰시마 측에 공작이 노출되는 것을 염려해 유정의 스승 休靜(葆眞,西山大師)의 이름으로 서계를 보내게 되었다.

휴정은 전시의 의승장이었지만, 사헌부의 탄핵을 받아 중벌이 내려졌기 때문에[26] 실제로 휴정이 遣使에 관계된 것은 아니다. 이때 경략 만세덕은 쓰시마와의 강화책을 지지했고, 그 정당성의 여부는 조선측의 자주적인 판단에 맡긴다는 자세였지만[27], 조선측으로서는 명 조정으로부터의 확언을 얻을 수 없는 한은 종래와 같은 신중한 자세를 취하지 않을 수 없었다.[28] 이런 상황에서 예조서계를 보내는 것, 즉 국가의 공적인 의사를 표명하는 것은 득책이 아니기 때문에 불교 승려가 주체가 되는 사적인 정찰활동이라는 체제를 꾸민 것이다.

정탐사의 쓰시마 사행은 1602년 3~4월경으로 추측된다. 유정 서계도 휴정 서계도 확인할 수 없으므로 정탐사의 사행목적을 상세하게 알 수는 없지만, 전 해에 있었던 조선정부의 논의에 비추어 보면 쓰시마가 '革面改心

---

25) 『선조실록』 34년 12월 임진(29일)조, 35년 정월 경술(17일)조, 2월 병인(3일)조
26) 『선조실록』 25년 5월 무진조
27) 하우봉, 위의 논문
28) 中野, 위의 저서

'하여 강화(기미관계의 재구축)가 가능한지를 실지에서 확인하는 것이 목적이었다고 할 수 있다.

2) 정탐사 귀국 직후의 피로인 송환

1602년(慶長7, 宣祖35, 萬曆30) 5월 상순, 소 요시토시의 사자로 보이는 '왜인' 2명이 도쿠가와 이에야스의 명령을 칭하고 피로인을 송환하고 서계 5통을 지참하였으므로 전계신이 접대를 담당했다.[29] 이 시점에서 이미 전계신은 정탐사의 임무를 마치고 귀국하고 있음을 알 수 있다.

피로인 송환을 받고 5일자로 요시토시 앞의 예조참의 宋駿의 서계가[30] 작성되었다. 요시토시의 '惓惓之誠'(忠誠)을 인식하고, 사자에게 '給米'한다는 내용이다. 또한 6월 일자로 야가가와 시게노부에게 보낸 예조참의 宋駿의 서계에[31] 의하면 요시토시의 사자는 이데 도모마사이며, 賞賜의 내용은 '米布'였음을 알 수 있다. 예조서계에는 6월 일자의 전계신의 서계도 딸려 있었다.[32] 쓰시마에서 '款接'(성의있는 접대)을 받고 부산에 돌아온 것, 손문욱이 '貴島事情'을 명나라에 보고토록 한 것을 언급하고, 명나라 장수나 휴정에 관한 뜬소문을 섞으면서 '唐浦漁民'(1602년 여름)[33]의 겁략 사건을 언급하고, 이것이 강화성립에 대한 장애물이라고 시게노부를 비난하고 있다.

6월경 요시토시는 도모마사 등 9명을 파견하고 피로인 104명 송환을 송환하였다[34]. 이때 도모 마사는 조총 10자루, 山獺皮 16束·단목 15근·烏賊

---

29) 『선조실록』 35년 5월 을축(4일)조·병인(5일)조

30) 『선조실록』 35년 5월 병인(5일)조; 『善隣通書』 3, 17

31) 『善隣通書』 3

32) 『善隣通書』 3; 『朝鮮通交大紀』

33) 1602년 여름, 이데 도모마사는 경상도 진주목 고성현 당포의 어민을 구속하여 쓰시마에 연행하였다(『宣祖實錄』 36년 2월 갑오조, 3월 경진조, 6월 갑오조 등)

34) 『선조실록』 36년 6월 갑오조

魚 70속을 상품으로 지참했다. 조선측은 밀무역과 기밀누설을 방지하기 위해 '公家'가 '都賣買'하는 즉 전량을 공무역으로 구입하기로 했다. 이는 '前冬出來時事'(1601년 11월의 賜物再開)을 받은 후의 단계적 조치였다.[35] 규모는 작지만 부산에서 공무역이 사실상 재개된 것이다.

8월 '왜인' 14명이 피로인 229명을 송환했고, 조선은 '米石'을 지급했다.[36] 8월 일자의 요시토시 앞 예조참의 송준의 서계[37]에 의하면 사자인 도모마사가 피로인 172명을 송환하자 '貴島恭順之心'을 인정하고 '米斛'을 지급하고 있다. 피로인 수에 57명의 차이가 생기는데, 도모마사와는 다른 배로 온 '왜인'에 의해 송환된 것으로 추정된다. 7~8월에 종래보다도 대규모이면서 집중적인 피로인 송환이 실시된 것은 주목된다.

3) '통신사'의 요구

1602년(慶長7, 宣祖35,萬曆30) 11월, 소 요시토시의 사자 이데 도모마사 등 20명이 피로인 129명을 송환했는데, 그가 가져온 서계는 11통에 이르렀다. 그리고 도쿠가와 이에야스는 강화협상의 일체를 소 요시토시에게 위임, 1년 이내에 강화를 성립시키라고 엄명했다고 하면서 내년 봄(1603년 봄) '통신사' 파견을 요청했다.[38] 이때 야나가와 시게노부가 손문욱에게 보낸 것으로 보이는 서계를 다음에 인용해 보자.

> [史料4] 規伯玄方編『家康公初命和睦次第幷信使來朝事』柳川調信書契寫[39]
> 日本國豊臣調信謹白

35) 『선조실록』 35년 7월 기사(10일)조
36) 『선조실록』 35년 8월 임진(3일)조.
37) 『善隣通書』 17. 『선조실록』 35년 8월 임진(3일)조에 인용된 문안과는 다르다
38) 『선조실록』 35년 12월 임진(5일)조, 36년 6월 갑오(9일)조
39) 『善隣通書』 5·6; 『朝鮮講和書契』에도 거의 같은 내용이 수록되어 있다. 『仙巢稿別本』의 문안에서도 간략화되어 있다.

朝鮮國把總孫公足下

伏以西遊東還、跋陟之勞、推以図之。事勢如何、逐一示之。(1) 余先日以貴國去秋報章之旨、馳稟槐門家康公。(2) 君命曰、「汝止上京、速決和交成不成來」。天朝群議未決以緩大事、則大不可乎也。和交若不能成。貴國請早示其實莫巧言緩延、只速要聞成不成之事。蓋是家康君之意也。古來愚慮者保國、聰敏者誤國。恐足下愼之。余在智正口布。不宣謹言。

우선 밑줄 친 부분(1)에 '貴國去秋報章之旨'를 이에야스에게 보고한 것으로 되어 있는 것이 주목된다. 즉, 전년(1601년) 8월 일자의 예조참의 정엽 서계([사료 3])의 취지, 즉 조선측의 강화 의사가 이에야스에 보고됐다는 것이다. 그리고 밑줄(2)에 따르면 이에야스는 '和交'의 '成不成'을 신속하게 결정하도록 명했다고 한다.

이 내용과 잘 부합하는 것이 1602년(慶長7) 것으로 추정되는 12월 30일자로 요시토시에게 보낸 이에야스의 御內書이다.[40] 간략한 내용이지만 '高麗之儀'는 '별지'에서 승낙한 내용이 기록되어 있으며, 요시토시가 이에야스에 대해서 강화 교섭에 관한 상황을 보고했다는 것은 확실하다. 따라서 '통신사'의 초빙 교섭은 요시토시가 이에야스의 지시를 받아 실시하였다고 봐도 좋다.

4) '淸正一件'과 제3회 정탐사의 예고

조선 측은 만력 30년(1602) 12월 28일자의 야나가와 시게노부에게 보내는 손문욱의 서계[41]에서 전계신 등이 쓰시마를 시찰할 때 응접이 '慇懃'하고, '誠意懇切'하였다고 인정하면서 가토 기요마사(加藤淸正)의 福建遣使에 항의하고 있다. 이 해 4월에 가토 기요마사의 사자가 푸저우(福建)에 도착하여 피로인 87명을 송환하는 동시에 '倭書' 2통을 제시하여 조선과의 강

---

40) 德川義宣, 『新修德川家康文書の硏究』(吉川弘文館, 1983年)

41) 『善隣通書』 3, 『宣祖實錄』 36年 正月 己未(2일)조 인용 문구와는 약간 다르다.

화를 요구하고 있어[42], 조선측은 二元外交라며 강하게 반발했다.[43] 쓰시마측은 이 사안을 '기요마사 잇켄'이라고 칭하였다.[44]

이때 신임 경략인 蹇達이 강화에 회의적인 자세를 보였기 때문에 조선은 그 영향력을 배제하기 위해 자주적으로 강화를 추진하는 방향으로 기울어 갔다.[45] 다시 말해, 조선의 독자적인 논리에 의거해 쓰시마와 기미관계를 재구축하고, 소씨를 창구로 삼아 대일강화의 기회를 엿보고 있었다는 것이다. 이러한 틀을 방해하는 듯한 기요마사의 對명공작은 조선측에게는 받아들이기 어려운 것이었다.

한편, 기요마사가 대명공작을 시도한 것은 신정권의 수립을 목표로 하는 도쿠가와 이에야스가 조선과의 강화에 강한 관심을 나타내자 소 요시토시를 제외하려고 한 때문일 것이다. 그렇기 때문에 대조선외교의 창구를 독점하려는 요시토시에게도 '기요마사 잇켄'은 성가신 사건이었다고 할 수 있다. 이렇게 보면 요시토시가 전년(1601년) 8월 일자 예조참의 정엽 서계의 취지를 약 1년간의 공백을 두고 이에야스에게 보고한 이유가 보인다. 즉, '잇켄' 이전의 요시토시는 이에야스와 일정한 거리를 두고 대조선 외교를 행하였지만, '잇켄'을 계기로 이에야스에 대한 접근을 강화하고 외교상의 배타적인 지위를 굳히는 동시에 領國의 보전을 도모할 필요가 있었기 때문이라고 생각된다. 이와 같이 '잇켄'을 계기로 도쿠가와 정권의 의향을 받아들이면서도 어디까지나 쓰시마의 독자적인 입장을 관철하는 근세적인 대조선 외교의 형태가 형성된 것이며, 그것을 상징하는 것이 '통신사'의 초빙 교섭이다.

종래, 쓰시마측은 도요토미 정권의 지시 하에 '사신'의 파견을 요구하였

---

42) 『신종실록』, 만력 30년 4월 12일조.

43) 하우봉, 위의 논문; 貫井正之, 「義僧兵將·外交僧としての松雲大師の活動」(仲尾·曺 編 著書, 2002년).

44) 『仙巢稿』, 全繼信宛柳川調信書契案(연월일 기재 없음)

45) 홍성덕, 위의 논문

지만, 통신사의 요구는 1601년 11월이 처음이다.[46] 약 3개월 후인 1603년 2월 이에야스는 세이타이 쇼군(征夷大將軍)의 宣下를 받아 도쿠가와 정권(막부)이 명실상부하게 탄생하고 있어, '통신사'의 초빙으로 정권의 정당성을 과시하려는 의도가 있었다고 보인다.[47]

4. 偵探使에서 許和使로 — 1603~1605년

1) '기요마사 잇켄'의 영향 해소

1603년(慶長8, 宣祖36, 萬曆31) 정월, 손문욱과 이데 도모마사의 문답 기록(1602년 12월 작성)이 한성에 보내지고, 도모마사는 3월에 다시 올 것을 예고하고 쓰시마로 돌아갔다.[48] 그리고 3월경, 도모마사가 2월 12일자로 보이는 소 요시토시 서계와 야나가와 시게노부의 서계를 지참하고 피로인 88명을 송환하는 동시에 강화를 요청했다.[49]

요시토시 서계는 '軍門'(經略)앞과 예조 앞 2통인데, 신임 경략인 건달을 협상 상대로 하고, 예조에는 그 중개를 요구하였다. 시게노부가 '왕경'(교토)에 가서 '內臣 이에야스'가 지난 해(1602년) 휴정의 서계를 '일람'한 것 등을 전하고, 피로인 송환과 강화 요구는 '일본'(도요토미 정권)의 의사에 의한 것이라고 주장하였다. 마침 일본 국내에서는 도쿠가와 이에야스가 장군 선하를 받아 명실공이 도쿠가와 정권이 탄생한 시기이지만, 대조선 외교에서 이에야스의 입장은 여전히 도요토미 정권의 '內臣'(大內臣)으로 설명

46) 홍성덕, 위의 논문

47) ロナルド·トビ, 『近世日本の國家形成と外交』(創文社, 1990年); 同, 『「鎖國」という外交』(小學館, 2008年); 拙稿, 「對馬宗氏の日朝外交戰術」(荒野泰典·石井正敏·村井章介 編, 『地球的世界の成立』, 吉川弘文館, 2008年).

48) 『선조실록』 36년 정월 기미(2일)조, 2월 갑오(7일)조.

49) 『선조실록』 36년 3월 경진(24일)조.

되고 있다.

한편 시게노부의 서계는 軍門앞·휴정 앞·유정 앞 및 전계신 앞(사료 5)의 5통인데, 모두 〈唐浦漁民劫掠事件〉의 변명이나 '기요마사 잇켄'에 대한 반론을 밝혔다. 시게노부는 이들 강화를 저해하는 사안을 해소하고 통신사의 조기 파견을 실현시키려고 한 것이지만, 그가 전계신에게 보낸 서계의 案文이 특히 주목된다. 장문이므로 이에야스의 정치적 지위에 관해 설명한 부분만을 발췌해 인용하고자 한다.

[史料5] 『仙巣稿別本』 柳川調信書契案(부분 발췌)

大[太]閤秀吉公、遺命於家康曰、「(1) <u>稚子秀頼、能見其爲人、請輔佐之、讓國政於秀頼。若又不然、家康自執政</u>」云々。此事先是付面陳。故不能細説。今也秀頼年近志學、家康以國政要讓秀頼。於是、謂陋邦諸名曰、「任大閤遺命、雖乞和於朝鮮、未決諾不諾之事、而報義智及調信書、必借天朝余威、緩兩國和交。想是要待見陋邦変化者乎。可笑。家康縦下世、亦有秀頼。々々縦早世、亦陋邦不可無主。有主必抱恨。々々者、是兩國生民禍根也。何速決事、以抛干戈、不安枕席乎。(2) <u>和事未決、而讓國政於秀頼、則家康偏屬累於幼主也。是以、家康辭槐門守柳營。諸名亦艤船待和交成不成之報可也</u>」云々。

『仙巣稿別本』(景轍玄蘇가 남긴 문집)에 수록된 초고로 표현에 번잡함이 남는다. 이 내용을 통해 서계의 정본 작성에 대해서는 알 수 없지만 흥미로운 기술을 포함하고 있다. 밑줄 친 (1)부분은 도요토미 히데요시의 이에야스에 대한 '遺命'의 내용이다. 그 대강의 뜻은 "어린 히데요리(秀頼)를 보좌해 장기적으로는 국정을 물려받게 하고 싶지만, 그 그릇이 아니면 이에야스가 집정하라"는 것이다. 후반은 '陋邦諸名'(諸大名)에 대한 이에야스의 발언 내용으로, 밑줄 (2)부분에 의하면, "강화가 성립되지 않은 채 국정을 히데요리에게 물려주면, 히데요리에게 臣從하게 되어버린다. 이를 위해 槐門

(內大臣)을 그만두고 류에이(柳營, 막부)을 지키기로 한다. 여러 다이묘는 艤船(병선의 준비)하여 강화의 성패 소식을 기다리는 것이 좋다"라고 말했다고 한다.

조선과의 초기 강화 성립이 도요토미 정권 내에서 이에야스의 구심력을 강화하는 요인이 된다는 것, 반대로 강화 성립의 지연이 이에야스의 구심력 저하를 초래해 히데요리로의 권력이양이라는 결말에 이른다는 것, 그것을 싫어한 이에야스가 도요토미 정권을 이탈해 신정권(막부)을 수립한 것, 강화가 성립되지 않을 경우는 도쿠가와 정권으로서 다시 전쟁할 준비가 되어 있다는 것이 기술되어 있다. 어디까지나 쓰시마 소씨를 통해 전달된 정보이므로 그대로 받아들일 수는 없다 해도 조선과 강화의 성패가 이에야스의 정치적 지위에 크게 작용한다는 정치와 외교의 역학을 읽을 수 있다. 1603년 2월의 시게노부 서계는 도쿠가와 정권의 수립을 급보하고 또한 요시토시·시게노부에 의한 통신사 초빙 교섭이 장군 이에야스의 뜻임을 분명히 표명하는 것이다.

이에 대해 조선 측은 4월 일자의 요시토시 앞 예조참의 李鐵의 서계[50]에서 쓰시마측의 '惓惓之意'를 인정해 '順理輸誠'(도리에 따라 귀순한다)하면 '天'은 반드시 강화를 허가할 것이라고 기술하고 있다. '기요마사 잇켄'에 관해서는 '魔戲'라고 비판하면서도 그 이상의 추궁을 피했다. 또한 4월 22일자 시게노부에게 보내는 손문욱의 서계[51]에서는 경략(군문)인 건달에게 '足下諭誠之實'을 보고한다고도 고하고 있다. 이러한 조선측의 대응은 이에야스에 의한 정권 수립과 그 외교 담당자로서의 소씨의 위상을 거의 확신한 데 따른 것으로 보인다.

6월에는 요시토시의 사자 다치바나 도모히사가 조선에 와서 이에야스가

50) 『선조실록』 36년 4월 무자(2일)조. 『善隣通書』3은 万曆30年4月日이지만, 『宣祖實錄』의 기사에 의하면 万曆31年4月日이 잘못되었음을 알 수 있다.

51) 『善隣通書』 3

독촉하고 있다고 칭하며 통신사 초빙을 교섭했다.[52] 그가 지참한 요시토시 서계[53]는 강화 교섭의 '受命人'은 요시토시 이외에 존재하지 않음을 이에야스가 문서로 보증했다고 전하는 것이다. 그것이 사실인지의 여부를 확인할 수 있는 일본측 사료는 찾을 수 없지만, 요시토시로서는 '기요마사 잇켄'을 정산하고 조선과의 외교 창구를 독점하려는 의도가 있었다고 할 수 있다. 한편 6월 일자의 시게노부 앞 예조참의 李鐵이 서계[54]는 '貴島書契之辭'를 경략 건달에게 급보했으므로 회답을 기다리도록 하라고 전 한 것이다.

2) 강화 논의의 본격화

도쿠가와 정권 수립 이후 쓰시마측 외교 공세에 대해, 1603년(慶長8, 宣祖 36, 萬曆31) 10월 비변사는 강화를 '虛辭遷就' 한 것이 이미 3년을 경과했으며, 부산 開市도 잠정 조치였기 때문에 향후의 약조 체결을 위한 논의를 개시했다. 찬반양론이었지만 찬성파조차도 역시 명나라가 허가하지 않을 것을 염려하였다.[55] 거기에서 경략 건달에게 자문한 결과, '倭奴의 '往來爲市'를 당하여 바닷가의 방비에 노력하라는 답변을 얻었다.[56] 건달은 쓰시마와의 강화·개시를 용인하는 자세를 보인 것이다.

11월 피로인 金光이 귀환하고, 그에게 보낸 야나가와 시게노부 서계와 게이테쓰 겐소(景轍玄蘇)의 서계를 지참하였다.[57] 모두 전쟁 전부터 역사

52) 『선조실록』 36년 6월 기해(14일)조, 10월 갑진(22일)조
53) 『宣祖實錄』 36年 6月 己亥(14日)조.
54) 『善隣通書』 3
55) 『선조실록』 36년 8월 신묘(8일)조, 9월 병진(3일)조
56) 『선조실록』 36년 10월 갑진(22일)조.
57) 『家康公初命和睦次第幷信使來朝事』; 『善隣通書和好事考』; 『善隣事考』; 『朝鮮講和書契』; 景轍玄蘇 서계는 『仙巢稿』; 『宣祖實錄』 37년 2월 갑진(23알)條; 『方策新編』 4에도 수록되었다.

적 경위를 언급한 것으로 시게노부의 서계에는 '王子一件'(1597년의 강화 조건)을 거의 판박이 한 것 같은 위압적인 문구도 보인다. 그 한편으로 겐소 서계에서는 강화가 실현되지 않으면 요시토시·시게노부는 죄를 면할 수 없다는 것, '信使過海'를 실현시켜 '和交之驗'으로 하는 것이 김광의 조선에 대한 충절이라고도 기술하고 있다. 요시토시·시게노부의 서계는 겐소가 집필한 것이기 때문에 겐소는 발신인의 명의로 교묘하게 내용을 써서 총체적으로 강경하게 짜여진 요구를 하고 있었던 것이다.

새해가 되어 1604년(慶長9·선조37·만력32) 2월 김광은 도쿠가와 이에야스가 다시 조선을 공격할 것, 요시토시·시게노부가 강화를 서두르는 것은 세키가하라 전투에서 고니시 유키나가에 가담하여 '同党之禍'를 두려워하고 있기 때문이라고 증언했다.[58] 경상도 좌수사 이영은 시게노부 등은 김광과 입을 맞추고 있고 본심으로는 강화를 원하지만, 김광에게 일부러 재침의 우려를 말하게 함으로써 조선측의 반응을 시험하고 있는 것으로 간파하였다.[59] 김광의 증언을 받아들여 조선정부는 다시 쓰시마에 사신을 파견해 「餌賊」(懷柔)와 '정탐'을 행하는 것을 논의한다.[60] 이것이 쓰시마와 강화(許和)를 성립시키는 계기가 되어[61] 통신사의 파견 요구를 중요시하는 계기가 되었다.[62] 그리고 3월 이데 도모마사가 도래하여 강화를 요청한 반면 조선측은 제3회 정탐사를 파견할 뜻을 도모마사에게 전달한 것이다.[63]

58) 『선조실록』 37년 2월 무신(27일)조.
59) 『선조실록』 37년 3월 을묘(5일)조.
60) 『선조실록』 37년 2월 경술(29일)조.
61) 민덕기, 위의 책
62) 홍성덕, 위의 논문
63) 『선조실록』 37년 3월 임술(12일)조; 『亂中雜錄』 甲辰 春條

3) 명의 불간섭과 제3회 정탐사(許和使)의 파견

조선이 쓰시마 시찰 여부를 명 조정에 의견을 묻던 중, 1604년(慶長4, 宣祖37, 萬曆32) 5월 '講信修睦'은 스스로 결정하라는 공식 회답이 있었다.[64] 이에 따라 일본과의 강화교섭, 나아가서는 '交隣'의 회복에 명이 간섭하는 것이 아닌가 하는 오랜 우려가 불식되었다. 종래에는 강화교섭에 관해서 명측과 사전 협의를 실시해 왔지만 이 이후는 사후 보고로 끝내게 된 것이다.[65]

이에 따라 조선측의 강화를 향한 움직임이 가속화되고 있었다. 6월에는 제3회 정탐사(유정·손문욱·김효순·박대근)의 파견 계획이 실행에 옮겨지게 되어 그들 일행은 8월 하순 이데 도모마사와 함께 쓰시마에 도착했다.[66] 이 遣使는 정찰을 명목으로 하고 있었다고는 하지만, 쓰시마에 대해 '허화'(강화를 허락한다)의 의사를 전달한다는 성격이 강한 것이기 때문에[67] 이하에서는 '허화사'라고 칭하고자 한다.

7월 일자의 요시토시 앞 예조참의 成以文의 서계[68]에서는 도모마사가 피로인 50명을 송환한 것에 대해 사의를 표하며 경략 건달도 쓰시마의 '嚮款之誠'(誠意)을 인정했다고 고하고 있다. 그리고 조선으로서도 쓰시마의 '革心向國之意'(마음을 바꾸어 조선을 사모하는 마음)를 인정하고 있으며, 설령 '일본'(중앙정권)에 과실이 있더라도 쓰시마와 절교할 도리는 없기 때문에 '往來交易'을 잠정적으로 허가한다고 전하였다. 게다가 쓰시마가 계속 성의를 보이면, '帝王待夷之道'는 '寬大'한 것이고, '天朝'(明)도 영구히 절교하는 일은 없을 것이라고 말하였다.

이와 같이 쓰시마와의 강화와 일본과의 강화를 구별한 후에 전자에 대해

---

64) 『선조실록』 37년 5월 신미(21일)조.

65) 민덕기, 위의 책

66) 『선조실록』 37년 6월 무자(9일)조, 12월 무오(13일)조, 『事大文軌』 만력33년 6월 4일 宣祖咨文案.

67) 민덕기, 앞의 책

68) 『善隣通書』 3; 『朝鮮通交大紀』.

서는 기미의 논리를 전면에 내세웠던 것이다. 또 유정은 7월 11일 예조 告諭도 지참하였다. 이하에서 인용해 보자.

[史料6] 規伯玄方 編『家康公初命和睦次第幷信使來朝事』礼曹告諭寫[69)]

朝鮮國礼曹爲告諭事。據慶尚道海防將領等官呈称、「(1) 馬嶋將我國被擄男婦節次刷還、頗有革心向國之誠」。且称、「本嶋土地瘠薄、五穀不蕃、歲多饑饉、自前資我國米布以爲衣食、乞照旧交市以資生理」等因。得此。(2) 參詳本嶋前後刷還被擄人口、其數甚多。殊見本嶋革心向國之意。兼且土地瘠薄、歲多饑饉、情愿交市以資生理。我國不忍拒斥阻伊自新歸化之心。爲此。(3) 移會慶尚道觀察使等官、轉行釜山節制使。体悉前項事意、意遇有本嶋倭子乞要交易物貨者、許令開市。仍不許絲毫越法惹事不便外、合行告示前去。俾馬嶋倭人等、遵照諭帖內事意、各自改心易慮痛革前習、一意諭誡、益勵自新之心、毋或違錯、有悞邦憲。爲此。故諭。

万曆參拾貳年柒月十一日示

수신자가 명기되어 있지 않지만, 기하쿠 겐포(規伯玄方)는 '경상도에 명하는 諭文'이라고 하였다. 국왕문서 양식에 '諭書', 관문서 양식에 '通諭'가 있으며[70)], '告諭'도 下行文書의 일종으로 간주되는 것인데, '경상도'에 대한 告諭라고 한다면 일부러 발신자명을 '조선국 예조'라고 할 필요는 없다. 이것은 '쓰시마 도주' 앞으로 보내는 고유이며, 쓰시마에 대한 기미의 자세를 명확하게 밝힌 것으로 봐야 할 것이다.[71)]

내용을 살펴보면, 밑줄친 (1)에서는 쓰시마가 '革心向國之意誠'을 나타

---

69) 『善隣通書』11; 『朝鮮通交大紀』; 『朝鮮講和書契』에도 수록되어 있다.

70) 최승희, 『증보판 한국 고문서 연구』(지식산업사, 1989년).

71) 예조의 '諭'의 전례로서는 당장 16세기 전반에 3사례가 확인된다. 2例는 '朝鮮國礼曹諭日本國對馬島主'라는 연도 미상의 예조유서(『方策新編』 2·3), 또 1例는 '朝鮮國礼曹承王旨書諭日本國使臣貿銀事'라고 되어 있는 연도 미상의 예조유서(『方策新編』)이다. 모두 발신자 명을 '朝鮮國礼曹'라 하고 있다.

71) 『仙巣稿』。

내고 있는 이상 조선으로서는 '饑饉'에 시달리는 쓰시마를 '交市'로 지원해야 한다는 경상도 海防將領 등 官呈(上行文書)을 인용한다. 계속되는 밑줄 (2)부분에서는 예조로서는 피로인 송환 실적으로 쓰시마측의 '혁심향국지의'와 '自新歸化之心'을 인정하였음을 말한다. 그리고 밑줄 (3)은 경상도 관찰사·부산절제사에 대한 명령 내용을 인용한 것이며, 만약 쓰시마의 사자가 '物貨'의 '교역'을 원한다면 '개시'(사무역)를 허용해야 할 것 등을 기록하였다.

이와 같이 쓰시마와의 강화(허화)는 부산포에서의 항상적인 '개시'의 허가와 동일한 것이었다. 물론 '개시'가 본격화되는 것은 기유약조 시행(1611년) 이후의 일이지만, 부산 왜관을 무대로 한 근세 일조통교의 기본적인 틀이 형성된 것이다.

4) 이에야스와 유정의 회견

유정 일행은 1604년(慶長9, 宣祖 37, 萬曆 32) 중에 쓰시마를 출발, 교토에서 새해(1605년)을 맞이했다.[72] 그리고 2월 20일(明曆 19일) 경에 후시미성에서 유정은 이에야스와 회견했지만 쓰시마측의 공작으로 조선측에서 강화를 요구한 것처럼 만들 수 있었다[73]. 이때 유정이 가져온 예조참의 성이문의 서계는 쓰시마번의 史書類(『선린통서』 3; 『朝鮮通交大紀』)에 기록된 글뿐만 아니라 도쿠가와 막부 계통의 모본(『외국관계서한』)·사본(『異國日記』, 『異國來翰之認』)의 존재도 확인되기 때문에 이에야스에게 실제에 제출되었다는 것을 알 수 있지만, 양자에는 문구의 차이가 있다. 막부 계통의 모본(외국관계서한)을 인용해 보자(平出·擡頭는 생략한다).

---

72) 米谷均, 「松雲大師の來日と朝鮮被虜人の送還について」(仲尾·青編著書, 위의 책, 2002年).

73) 米谷均, 「松雲大師の來日と朝鮮被虜人の送還について」(前揭仲尾·青編著書, 2002年)

[史料7]『外國關係書翰』礼曹參議成以文書契寫(模本)
朝鮮國礼曹參議成以文(朱方印影)奉復
日本國對馬州太守平公足下
橘使至、遠承惠書、(A)慰謝良深。前日所要之事、曾令孫文彧面稟軍門矣。文彧自密雲令[今]纔回來。蹇老爺以爲、「馬島嚮款之誠、固已領之。但日本素無誠信、向年兩丹[册]使之去、非便[但]不奉詔勅待之、亦不以礼。今雖要和、安知後日之不爲反覆如前日也。(B)決不可輕信其言而遽許其請。(C)我國雖欲勉副、而誠不可違越天朝擅便行也。但貴島与我境密邇、世諭誠款。(D)豈可以日本之故并与貴島而絶之哉。(E)日本若能有此更諭誠意、終始不変、則帝王待夷之道、自來寬大、天朝亦豈有終絶之理哉。唯在日本誠不誠如何耳。(1) 幸將此意細陳于內府公何如, 千万勉之。(2) 自貴島出來侯 [倭]子前後二十三名、或言「饑饉敢丐生活」、或称「厭避徭[差]役擧家逃來」。此輩情雖可憐、義不可容留、並附船尾還送。橘使且往來勞苦、略以米斛奬遣耳。(3)余在葆眞大師弟子松雲及孫文彧口宣。不具。
万曆參拾貳年柒月日
礼曹參議成以文(朱方印影)

『선린통서』 책(서계 원본의 사본)과 비교하여 삭제된 문구를 살펴보자. (A)부분은 '并刷還被擄男婦五十名'이 삭제되어 있다. 쓰시마측이 독자적으로 피로인 송환을 은폐한 것이다. (B)부분은 "卽且詭遣金光、裝成虛套、肆行哄脅、而比得撥報、亦言『荒唐船隻、出沒於防踏及娚妹島之間』云。情形所在、尤極叵測"이 삭제되어 있다. 김광을 이용한 공작과 '荒唐船隻'의 활동을 은폐한 것이다. (C)부분은 "如日本執此爲釁復逞猖獗、則天朝但当水陸來攻、以示威靈而已。仍差偵探委官絡繹出來。沿途飛撥、更加整飭、令將大小事情星夜馳報。此則橘使之所目覩也"이 삭제되어 있다. 명군이 다시 올 가능성과 그 정찰 활동을 언급한 부분을 불온한 문구로 보고 삭제한 것이다. (D)와 (E)부분은 "而近且刷還人口、前後不絶。可見貴島革心向國之意也"와 "齎持物貨、往來交易、姑且許之"가 삭제되어 있다. 조선이 기미를 수용함으로써 수교 전임에도 불구하고 무역을 재개한 사실을 은폐한 것이다.

계속해서 추가·변경된 문구를 살펴보자. 밑줄친 부분은 본래는 "'幸可勉之'였으나 조선측의 의사를 요시토시로부터 '內府公(이에야스)에게 전달해 달라는 문구로 개찬되었다. 쓰시마로의 '허화사'를 이에야스에 대한 사절으로 만든 것을 의식한 것이다. 물결선 부분은 본래는 "頃者有倭子間愁戒·古沙久等二名、自貴島出來、託言饑饉敢丐生活繼。有倭子山所于等二十壹名亦自貴島出來"였지만, 개인 이름을 생략하고 간결한 문구로 고친 것이다. 점선 부분은 본래는 '余在孫文彧口宣'이었으나, 손문욱 앞에 '葆眞大師弟子松雲'이 추가되었다. 이것은 조선측이 '허화사'의 정사를 손문욱으로 한 것에 대해, 쓰시마측이 '허화사'를 이에야스에 대한 사절로 만들면서 유정을 '정사'로 삼았음을 시사해주는 것이다.

이처럼 쓰시마측의 여러가지 공작으로 후시미 성에서 면담이 실현되었지만, 이에야스는 이를 일단 강화의 성립으로 간주하고, 그 상으로 요시토시에게 히젠의 다시로령(肥前田代領)에 2,800석을 더하여 주었다.[74] 후시미의 회견 후 얼마되지 않아 발부된 것으로 추정되는 5월 23일 자 요시토시 앞 이에야스의 內書를 인용하고자 한다.

[史料8]「九州國立博物館所藏文書」德川家康御內書[75]
其許之樣子、懇被申越候、無事之儀、弥相調候樣、可被入精候、將又大鷹二居·虎皮二枚、遠路祝着候也、
五月廿三日(家康黑印)
對馬侍從殿

74) 荒野泰典,『近世日本と東アジア』(京大學出版會, 1998年).
75) 최근 규슈박물관이 한 점만으로 구입한 것이다. 동 박물관이 소장한「宗家文書」(重要文化財, 將軍御內書·老中奉書群이 다수를 점한다)와 본래는 하나를 이뤘던 문서이다.

이것은 이에야스가 요시토시에게 보낸 御内書(將軍書狀)이다. 요시토시가 '其許之様子'(對조선 외교상황)를 이에야스에게 보고한 것에 대해 이에야스가 '無事之儀'(강화)가 더욱 더 잘될 수 있도록 열심히 하라고 명한 것이다. 요시토시가 이데 도모마사에게 유정을 조선까지 호송하도록 명한 것과 유정이 5월 초 쯤에는 조선에 귀환한 것으로 보고[76] 요시토시는 유정이 조선에 귀국했음을 급보한 것이다. 이것을 받고 이에야스는 '통신사'의 도일에 의한 국교 회복을 기대하고, 요시토시에게 한층 더한 교섭을 명한 것이다.

유정이 가지고 돌아간 3월 일자 예조 앞 요시토시 서계[77]에 의하면 '작년 가을'(1604년 7월)에 손문욱이 來島하여 '許和講好'한 데 대해서 '不堪感激之至'라고 기쁨을 표하였다. 또한 요시토시·시게노부 연명의 별폭에도 '화호'의 성립에 대한 감사의 말 및 피로인 1,390명을 송환한다는 내용이 덧붙여 적혀 있었다.[78] 유정 등의 來島가 쓰시마와 조선의 강화 성립을 의미한다는 것을 분명히 인식하고 있는 것이다. 한편, '본국'(도쿠가와 정권)과 강화하지 않으면, 후일의 염려가 된다는 견제의 문구도 보인다. 이어 시게노부가 '閣下書'(개찬된 예조참의 성이문의 서계([사료7])를 이에야스에게 보냈는데 이에야스는 이것을 '일람'하고 사절을 후시미에 안내해 '성심'을 말할 것이라고 했다면서 조속하게 '和好之驗'을 표하도록 요구하였다. 이에 관해서는 이에야스 御内書([사료8])의 취지와 부합한다.

조선측은 '화호지험'을 통신사의 일로 해석했다. 그리고 선조는 안이하게 통신사를 파견해서는 안 된다면서도 '王者'는 '夷狄'을 영구히 거부할 수 없다는 논리를 개진하여 통신사 파견에 여운을 남겼다.[79] 이러한 '왕자'(제왕)의 논리는 1601년 이후 강화 추진파의 언론 기조를 이루고 있었던 것이다.

76) 『선조실록』 38년 5월 을유(12일)조·무자(15일)조·정유(24일)조.
77) 『선조실록』 38년 5월 을유(12일)조.
78) 『선조실록』 38년 5월 을유(12일)조.
79) 『선조실록』 38년 5월 정유(24일)조.

맺음말

지금까지 1600년부터 1604년까지 총 3차례 걸쳐 쓰시마를 찾은 정탐사의 파견 배경과 목적을 논하였다. 정탐사가 맡은 역할을 간단히 정리하면 다음과 같다.

제1회는 도요토미 정권에 대해서 강화의 여지가 있음을 시사하는 서계(고니시 유키나가·데라자와 마사시게 앞 회답서계)를 전달하는 것, 제2회는 쓰시마와 강화(기미관계의 재구축)의 실현 가능성을 조사하는 것이 가장 중요한 임무였다고 할 수 있다. 이들은 명나라 조정이나 經理·經略의 의향에 제약을 받으면서도 조선이 주체적으로 강화를 모색한 결과이다. 제3회는 도쿠가와 이에야스의 정권 장악을 거의 확신한 것을 계기로 遣使의 논란이 커지고, 나아가 명으로부터의 간섭 우려가 불식됨으로써 실행에 옮겨졌다. 본래의 견사 목적은 쓰시마와의 강화('허화')를 성립시키는 것으로, '허화사'로서의 성격이 강하다. 후시미 성에서 이에야스와의 회견은 소씨측의 획책이긴 하지만, 견사 논의의 경위에서 보면 조선측으로서는 이에야스와의 회견은 결코 예상 밖의 일이 아니었다고 할 수 있다.

이처럼 '정탐사'는 강화를 위해 단계적으로 파견된 것이었지만, 여전히 조선 정부 안에는 강화 추진파와 반대파로 양분되어 있었다. 이러한 상황에서 추진파가 유학적인 근거로서 표방한 것이 '帝王待夷之道' 혹은 '聖人之心', '王者之道'였다. 구체적으로는 '장래'를 내다보고 '기왕'(과거)에 구애되지 않는 것이 '聖人之心'이며, '許人革面'(상대를 용서하고 태도를 바꾸는 것)이 '王者之道'로 여겨진 것이다.

마지막으로 쓰시마측의 반응을 언급하고자 한다. 1605년 7월과 10월 피로인 240명이 송환되고[80], 11월에는 信安(柳川調信의 被官)이 강화의 가부

80) 『善隣通書』 17에 수록된 만력 33년 7월 일자·同年10월 일자 宗義智 앞 예조참의 宋駿 書契 사본

에 대한 회답을 재촉했다.[81] 그는 10월 13일자 요시토시 서계와 야나가와 도시나가(柳川智永, 景直, 調信의 자)의 서계를 가지고 있었다. 전자는 피로인 등 123명을 돌려보내고 지난 9월 29일에 시게노부가 사망한 사실을 전하면서 '신사'파견을 요청하였다. 후자는 사망한 아버지 시게노부가 '貴國陋邦和好之事'(조선과 일본과의 강화성립)를 유훈으로 하였음을 언급한 후에 '一使'의 파견을 요청한 것이지만, 쓰시마는 '貴國東藩'이라고 표명하여 대단히 저자세를 보인 것을 주목하고 있다. '동번'이라는 언설은, 원래 특별한 요구가 있을 때에 사용되어 온 것으로[82], 북쪽의 여진과 남쪽 쓰시마의 기미관계 회복을 목표로 하는 조선으로부터 양보를 이끌어내기 위한 비장의 카드였다. 이에 대한 12월 일자 요시토시 앞 예조 참의 성이문의 서계에서는 '深嘉貴島向國之誠'라고 되어 있고[83] 조선측의 태도도 한층 누그러졌다.

이처럼 조선과 쓰시마의 기미관계 재구축의 과정에서 부상한 '제왕'(王者)과 '동번'이라는 주장은 1607년 조일국교 회복, 1609년 기유약조 체결을 이끌 윤활유로서의 역할을 하게 된다. 그런데 광해군대에는 이 언설이 문제시된다. 명나라와의 책봉관계를 의식해 조선이야말로 명나라의 '동번'이라고 주장하고 쓰시마측이 조선국왕을 '황제'라 칭하는 것을 비판한 것이다[84]. 즉, 선조대에 쓰시마와 기미관계의 재구축 및 일본(도요토미·도쿠가와 정권)과 교린 관계의 재구축을 도모하는 데에 한시적인 유효성을 가진 언설이었던 것이다.

81) 『海行錄』 을사년 12월 10일조
82) 關周一, 『中世日朝海域史の硏究』(吉川弘文館, 2002年)
83) 『海行錄』 을사년 12월 15일조
84) 拙稿, 「己酉約條の締結·施行過程と對馬の「藩營」貿易」(韓日文化交流基金 編, 『임진왜란에서 조선통신사의 길로』, 景仁文化社, 2019년)

〈토론문〉

荒木和憲, 「조일 강화교섭에서 探賊使의 역할」에 대한 토론문

장순순 | 전주대학교

1. 논문의 의의

○ 본 발표는 임진·정유왜란으로 단절되었던 조일 양국간의 관계를 회복하기 위한 강화교섭 과정, 정확하게는 1598년부터 1607년까지 총 4차례에 걸쳐 쓰시마에 파견된 조선 사신들 가운데 1600년, 1602년, 1604년 사자를 '탐적사'로 보고 그 파견 배경과 목적, 그 역할 등을 실증적으로 분석한 것이다.

○ 발표자는 조선정부가 '정탐'을 명목으로 쓰시마에 파견한 탐적사는 1602년, 1604년 2회였다는 기존 연구에 대하여 1600년 사자를 '탐적사'에 포함하여 조일 강화교섭 중에 총 3회의 탐적사 파견이 있었다고 보았다.

○ 왜란 직후 조일 국교재개 과정을 살펴보는 데 있어서 주요한 논쟁점 가운데 하나는 기유약조의 체결이 조선과 일본간 약조(treaty)의 체결인가, 조선과 쓰시마간의 '사적' 통교의 성립인가의 여부라고 할 수 있다. 이러한 논쟁은 강화교섭 과정 중 조선과 쓰시마간의 사자 파견, 조선의 통신사 파견, 국서의 왕복 문제와도 연결된다. 즉 통신사 파견을 비롯한 일련의 외교

행위가 막부의 요청 혹은 이해 속에서 이루어졌는가, 아니면 막부 몰래 쓰시마가 자도(自島)의 이익을 위해 임의적으로 공작하여 이루어졌는가 하는 문제이다.

본 논문의 가장 큰 특징은 왜란 직후 진행된 양국 간의 강화교섭 내용을 외교문서[서계]를 자료로 정치하게 밝힘으로써 조선후기 조일 국교재개는 도요토미 정권과 도쿠가와 막부의 인지 하에 이루어졌음을 규명하였다는 점이다.

2. 질문 및 논의 사항

○ 3장-(4) '淸正一件'과 제3회 탐적사의 예고에서, 1602년 4월에 가토 기요마사가 중국 푸저우에 도착하여 피로인 89명을 송환하면서 조선과의 강화를 요구하고 있다. 발표자는 조선측이 이에 대해 반발하였다고 하고 가토 기요마사가 조선과의 강화를 요구한 이유에 대해서"도쿠가와 이에야스가 조선과의 강화에 강한 관심을 나타내자 소 요시토시를 제외하려고 한 때문"이라고 설명하고 있다. 그렇다면 가토 기요마사가 소 요시토시를 제외하고 조선과의 강화교섭을 주도함으로써 얻을 수 있는 것은 무엇이었는지 일본 국내의 정치 상황과 관련하여 설명을 부탁드린다.

○ 4장-(3) 명의 불간섭과 제3회 탐적사(허화사)의 파견에서, "일본과의 강화교섭, 나아가서는 '私交'('교린')의 회복"에서 '私交'('교린')의 회복은 무엇을 의미하는가?

○ 다음으로 직접적으로 관련은 없지만 조선후기 초기 통신사가 지참한 국서의 위조에 대해 의견을 듣고 싶다. 본 발표문에 따르면 일본의 중앙정

부는 쓰시마의 대조선교섭 상황을 쓰시마의 관계자로부터 지속적으로 보고 받고 있다. 이러한 상황 속에서 막부는 과연 쓰시마의 국서위조 사실 내지 정황을 전혀 몰랐을까 하는 점이다. 알면서 침묵했는지, 정말로 몰랐는지에 대해서 발표자의 고견을 듣고 싶다.

제3편

평화와 대결

18세기, 平和의 使令, 通信使 _ 민덕기
조선통신사행의 적극적 일본 평가와
일본측의 '易地聘禮' 제기

19世紀における征韓論の表出 _ 木村直也
その背景と諸要因の考察

18세기, 平和의 使命, 通信使

-조선통신사행의 적극적 일본 평가와 일본측의 '易地聘禮' 제기-

민덕기 | 청주대

1. 머리말

1471년 간행된 신숙주의 『海東諸國記』의 서문엔 "무릇 交隣·聘問하여 풍속이 다른 민족을 어루만질 때엔 반드시 그 실정을 알아야 禮를 다할 수 있게 되고, 그 예를 다하여야 마음을 다할 수 있다. (중략) 그들의 습성은 강하고 사나우며, 武術에 精練하고 舟楫에 익숙하였다. 그런데 우리나라와는 바다를 사이에 두고 서로 바라보게 되었으니, 그들을 만약 도리대로 잘 어루만져 주면 예절을 차려 朝聘할 것이나, 그 도리를 차리지 못한다면 우리를 침략하길 함부로 할 것이다."라고 말하고 있다. 즉 '교린'은 상대의 사정을 잘 파악하여 그에 합당한 禮와 마음을 다하는 것이므로, 일본에 대해서도 능히 그 회유하는 방법을 얻어서 일본인이 禮를 가지고 朝聘하여 오도록 하지 않으면 안 된다고 주장하고 있는 것이다.

이러한 조선 前期의 '包容的 對日인식'은 임진왜란으로 인하여 사라진다. 일본은 하늘 아래 같이 살 수 없는 원수('不俱戴天之怨讎')가 되었고, '倭亂'을 벌인 일본인은 '倭奴'이며 그들의 리더는 '倭酋'가 되어버렸다. 아메노모리 호슈(雨森芳洲, 1668~1755)가 己亥통신사의 제술관 신유한에게 거론한 불만이 이를 시사하고 있다. 호슈는, 조선인의 문집을 보면 일본에 관한 것은 반드시 '倭賊'이니 '蠻酋'니 하여 일본을 추하고 멸시함이 차마

입으로 표현할 수가 없을 정도라며, 조선이 일본을 모욕함이 어찌 이 지경에 이른 것인가 하고 평생토록 한을 품은 사람도 있다고 노기를 품어냈다(신유한, 『해유록 -문견잡록』).

에도막부의 요청에 의해 통신사를 파견하였지만, 조선의 파견 목적은 어디까지나 일본의 再侵을 우려하여 일본 정세를 탐색하기 위한 것이었다. 일본의 두려운 '武'를 조선의 '文'으로 제압하려는 이른바 '文化示威'의 일환이기도 하였다. 17세기의 통신사행들은 이러한 조선의 목적을 충실히 이행하였다.

그런데 18세기 들어 통신사행은 일본을 객관적으로 바라보고 있다. 일본인이나 일본 문물을 華夷的 시각에서 떠나 관찰하고 있다. 그 대표적인 인물로 1719년의 신유한과 1763년의 김인겸이다. 본 논문에서는 신유한의 『해유록』과 김인겸의 『일동장유가』를 통해 검토하고자 한다.

한편 일본의 조선통신사에 대한 경우는 어떠한가? 18세기 초 아라이 하쿠세키(新井白石)는 에도가 아닌 대마도에서 '傳命禮'를 행하자는 '易地聘禮'(한국에서는 '易地通信'이라 일컬음)를 제안하고 있고, 18세기 말 나카이 치쿠잔(中井竹山)이 이 제안을 적극 주장하고 있다. 본 논문에서는 이 두 사람의 '역지빙례' 제안의 배경을 논해 보고자 한다.

2. 18세기 통신사행의 적극적 일본 평가

(1) 己亥통신사행(1719년)의 申維翰의 경우

신유한(1681~1752)은 18세기 前半期를 풍미한 문장가이자 詩人으로 당대에 널리 알려졌던 인물이다. 밀양 출신으로 25세에 進士에 합격하고 33세 때 增廣試에 장원급제하였으나, 서얼 출신이어서인지 4년 뒤에야 祕書著作郞이란 벼슬에 오른다. 그리고 39세에 己亥통신사행에 製述官으로 참여하게 된다.

제술관이란 통신사행의 文事에 관한 일을 주관하며 일본 文士들과의 筆談唱和에 주도적 역할을 담당하는 만큼, 당대 조선 최고의 문장가이자 시인으로 알려진 신유한이 선발된 것이다.

신유한은 기행일기와 詩作을 『海游錄』으로, 견문한 것을 부록 『見聞雜錄』으로 기록하였다. 그의 『해유록』은 박지원의 『熱河日記』에 견줄 수 있는 기행문학으로 평가되고 있고, 조선통신사 연구나 한일관계 연구의 중요자료로 활용되고 있다.

『해유록』의 戊戌(1718년) 正月'에는, 신유한이 昆侖學士 崔昌大를 찾아갔을 때 최창대가 자신의 書架에서 『白石詩草』를 꺼내 보이며 말하길, 이것은 辛卯통신사행(1711년)이 얻어온 일본의 아라이 하쿠세키란 사람의 시집인데 이 사람이야말로 자네가 대적할만한 사람이다. 일본은 땅도 넓고 산수 또한 맑고 곱다 하니 반드시 글재주 있는 사람들도 있을 것이라고 주의를 환기시켜 준 사실을 기록하고 있다.

최창대의 표현에서, 일본은 큰 나라이며 글재주 있는 사람도 많다는 일본 인식이 보인다. 신유한의 『해유록』에서도 자유스러운 일본 관찰을 엿볼 수 있다. 우선 『해유록 -聞見雜錄』의 일본 여성에 대한 관찰을 살펴보자.

> 女色은 요염하고 고운 것이 많아서 비록 연지와 분을 바르지 아니하여도 대개 부드럽고 매끄럽고 희다. 분을 바르고 화장을 짙게 한 자도 또한 살결이 부드럽고 미끈하므로 자연히 본색과 같으니, 눈썹을 그리고 불그스레한 안색, 검은 머리 꽂비녀에 오색 무늬의 비단옷을 입고, 띠로서 허리를 묶고 부채를 안고 선 사람을 바라보니 인간의 형용이 아닌 것 같았다.

이러한 일본 여성에 대한 묘사는 이전의 사행록에서는 좀처럼 보이지 않는다. 아름다움이 '인간의 형용'이 아닌 것 같다는 표현에서, 華夷관념과 전혀 별개의 시선을 가진 인간 신유한을 바라볼 수 있을 것이다. 그는 이어

오사카의 유명한 창녀의 이름과 나이도 물어 적고 있다. 그는 또, "일본에는 男娼의 곱기가 女色보다 倍나 되고 그것을 사랑하여 惑하는 것이 또 여색보다 배나 된다." 고 미소년에 대한 일본인들의 관심을 기술하고 있다(『해유록 -聞見雜錄』).

아무래도 신유한은 男色에도 관심이 많았던 모양이다. 이를 증명하기라도 하듯 아이노시마(藍島)에서 "살결이 눈과 같고 그린 눈썹과 붉은 입술에다 기름 바른 머리"의 "용모와 服飾이 훤하게 빛"나는 옥동자를 만난 신유한은, 대뜸 일본말로 그 소년에게 나이를 묻고 있다. 그리고는 이 13세 미소년에게 그 자리에서 絶句를 써 준다.

> 海上의 碧桃花는 천년 만에 한 번 열매를 맺네. 仙童이 나무 사이에 있으니 顔色이 꽃과 같네. 나는 三韓사람, 뗏목 타고 仙界에 왔네. 뜻밖에 만나 서로 말은 못하나, 그대를 보매 그림을 본 것 같네(8월 3일조).

그 미소년을 仙界에 사는 꽃 같은 仙童으로 묘사하고 있다. 일본어로 말을 건네는 자세처럼 詩句에서도 華夷관념 따위는 찾아볼 수 없다. 미소년이 절구를 쓴 종이를 소중히 받아 품에 넣고 돌아가자 신유한은, 그 미소년을 치쿠젠(筑前) 太守가 변복하고 온 것이리라 추측한다.

신유한의 일본 인식은 일본인에게 직접 일본어로 말을 걸고 있다는 사실이다.

> (교토에서) 나도 이미 왜인의 말을 익혀 들어서 때로 아는 말이 있기 때문에 자주 왜인을 불러서 차를 청하여 마시고 담배를 태우면서 길 里數를 물으니, 왜인들이 매우 흥미를 갖고 대답하였다(9월 11일).

> (藤枝에서) 때마침 詩를 청하는 왜인이 없어서 홀로 조용히 앉았는데 얼굴이 자못 준수한 한 사람이 칼을 차고 使館 아래에 서 있었다. 내가 왜말로 성명을 물었더니, '笠井金左衛門이라.'고 하였다. 또 '글을 아는가?' 하고 물

> 으니, 모른다고 하였다. 아마 本城 태수의 幕下武官으로서 나를 접대하는 것을 관리하기 위하여 온 모양인데, 사람됨이 사랑스러웠다. 두어 자 글을 써 주니, 그 사람은 이마에 손을 얹고 사례하였다(9월 21일).

제술관이란 '公'的인 입장을 배제한 채, '私'的으로 일본인과 일본어로 대화했다는 것, 그리고 그 사실을 기록으로 남기고 있다는 점에서 신유한의 자유로운 일본관을 엿볼 수 있겠다. 그는 에도에서 접한 쇼군(將軍) 요시무네(吉宗)에 대해서도 다음처럼 긍정적으로 평가하고 있어 결코 '倭酋'와 같은 시각은 관찰되지 않는다.

> 요시무네는 위인이 매섭고 준수하고 명석하였다. 지금 나이 35세인데 기개가 魁傑스럽고 또한 局量이 있었다. 武는 좋아하면서 文은 싫어하고 검소함을 숭상하고 사치를 배척하였다. 그는 늘 말하기를, "일본 사람이 조선의 문학을 사모하나 학풍과 분위기가 각각 달라 배워서 능할 수 없는 것이 있으니, 우리는 스스로 일본문을 하는 것만 못하다. 조선 사신이 일본에 왔을 때에 군사의 위엄을 보이고 음악을 베푸는 儀式이 있으나 이것도 별다른 의의가 없다. 군사는 우리가 수비하는 바이니, 저들이 보고 두려워한다면 우리의 환영하여 접대하는 뜻을 잃는 것이요, 저들이 보고 멸시한다면 우리의 강함을 보이는 계책이 아니다. 음악에 있어서는 나라마다 풍속이 각각 있는 것이니, 타국의 음악이 어찌 저들의 귀를 기쁘게 할 수가 있겠는가. 교린하는 도리는 성의가 귀중한 것이니, 저 먼 곳에서 온 사람들을 지체시키지 말고 기쁘게 하여 돌려보내야 한다. 번거롭고 세세한 형식은 모두 삭제하라." 하였다 한다. 그의 爲政은 반드시 후하고 질박함을 먼저하여 궁한 백성을 어루만져 주게 하고, 官에 대한 빚을 감면하고, 사람이 죽을 죄를 범하면 혹 코를 베고 발을 베어 사형을 대신하니, 백성들이 칭송하지 않는 이가 없었다(9월 27일).

『해유록』의 묘사는 섬세하다 못해 눈앞에서 벌어지는 광경과도 같다. 9월 4일 오사카로 들어갈 때의 모습을 보자.

구경하는 남녀들이 양쪽에 담처럼 늘어섰는데, 대저 모두 비단옷을 입었다. 여자는 검은 머리에 기름을 바르고 꽃잠·대모빗을 꽂고 연지와 분을 바르고 붉고 푸른 채색 그림의 긴 옷을 입고 보배 띠로 허리를 묶었는데, 허리는 가늘고 길어서 바라보면 佛畫와 같았다. 수려한 童男은 그 복색과 단장이 여자보다도 더욱 예뻤다. (중략)

때때로 어린애 울음소리와 여자의 웃음소리가 들렸는데, 웃을 때에는 반드시 그림무늬의 손수건으로 입을 가렸고 구슬을 굴리는 듯한 작은 웃음소리가 새소리와 같았다. 그밖에는 한 사람도 자리에서 나오거나 길을 범하거나 떠들거나 하는 자가 없었다. 가을볕이 사람에게 내리쬐므로 혹은 채색 수건으로 머리를 덮기도 하고, 혹은 희고 둥근 笠子를 쓰고 있었다. 모두 두 무릎을 꿇고 고요히 앉기도 하고 멀리 서기도 하여 바라보는데 각각 지형을 따라 高低·縱橫이 되었다. 이와 같이 수풀처럼 빽빽이 20리에 늘어서서 갈수록 더욱 번성하여, 나의 눈에 들어온 것만도 이루 말할 수 없었다.

산천·樓臺·인물이 곱고 아름다웠고 대죽과 나무가 아름답게 우거져서 그 찬란함이 서로 어여쁨을 질투하여 자랑하는 것 같았다. 왼쪽에서 볼 때에는 오른쪽의 관광을 놓칠까 두려웠고, 오른쪽에서 볼 때에는 왼쪽의 것이 문득 더욱 기이하므로 배를 타고 반나절 동안 가는 사이에 두 눈이 다 붉어져서 마치 식욕 많은 사람이 珍羞를 얻어놓고 배는 불렀으면서도 입은 당기는 것과 같았다.

통신사 행렬을 구경하는 일본인 무리를 묘사한 것으로 『열하일기』에 버금간다는 『해유록』의 문학성을 느끼게 하는 대목이다. 돋보이는 것은 이 구경꾼들을 오히려 구경하는 신유한의 여유로운 모습이다.

일본 儒者들과 통신사행과의 詩文唱和는 신속하게 정리·출간되었던 모양이다. 신유한은 歸路의 오사카에서 다음처럼 적고 있다.

담(湛)장로가 오사카에서 새로 출판된 『星槎答響』 두 권을 나에게 보였는데, 이것은 나와 세 書記가 장로와 화답한 시편으로, 이미 출판된 것은 赤關(현 시모노세키) 이전의 작품이요, 그 나머지는 아직 출판이 끝나지 않았단다. 날짜를 계산해 보니 한 달 안에 출판된 것이다. 왜인이 일을 좋아하고 이름을 좋아하는 습성이 자못 中華와 다름이 없었다(11월 4일).

신유한은 일본을 "자못 中華와 다름이 없었다"고 평가하고 있다. 이렇듯 그에게는 임진왜란을 통해 형성된 일본인에 대한 공포나 '倭奴' '倭賊'으로 표현되는 경멸적 시각을 찾아보기 쉽지 않다. 오히려 객관적이다.

(2) 癸未통신사행(1763년)의 金仁謙의 경우

金仁謙(1707~1772)은 公州 출신으로 47세에 進士가 되었으나, 서얼로써 벼슬길을 스스로 체념하고 살던 중, 57세인 1763년 계해통신사행의 書記로 꼽혀 일본을 다녀오게 된다. 이때의 일본기행을 그는 한글의 歌辭형태로 『日東壯遊歌』에 남기게 된다.

『일동장유가』를 통해 김인겸의 일본인식을 검토·소개하여 보면 첫째, 일본의 대도시와 풍경 감상이 객관적이라는 것이다.

땅거미가 지는 시각에 효고(兵庫)로 들어올 때엔 그 경치에 반하여 "천하에 壯한 구경 이에서 또 없으리. 사나이 좋은 줄을 오늘이야 알리로다. 부녀처럼 들었으면 이런 것을 어이하리." 라고, 남자라서 使行으로 올 수 있었기 때문에 이런 귀한 구경을 할 수 있게 되었다고 기뻐하고, 효고의 夜景을 '天地間 奇觀'이라고 평하고 있다(1월 19일).

오사카에서 숙소가 될 혼간지(本願寺)로 이동하면서 그는 그 번화함을 조선의 鐘路보다 1만배나 더하다고 적고 있다(1월 20일). 오사카에 체류하여선 더욱 구체적으로 그 번화함을 묘사하고 있는데 특히 조선과의 비교·관찰이 돋보인다. 즉 서울 都城은 동서 10리가 채 못 되고 宰相이라도 집을 짓는데 방 100칸을 넘을 수 없으며 흙기와 집이라도 좋은 집이라고 일컫는다. 그러나 오사카는 1,000칸의 방을 둔 집도 짓고 구리기와에 황금으로 꾸며놓고 있다는 비교이다. 또한 남북 100리 넓이의 도시가 번화하여 중국보다 더한 장관을 이루고 있다고, 중국을 다녀온 사행의 역관에게서 들은 말을 소개하고 있다. 이러한 좋은 곳을 '더럽고 못쓸 씨'의 일본인이라고 수식하고는 있으나, 천황계가 이천년을 이어오고 인구가 번성하였으니 하늘의 뜻을 모르겠다고 탄식하고 있다. 또한 인물이 모여 文士와 호걸도 많이 있다고 한다고 긍정하고 있다(1월 22일).

나고야(名古屋)의 번화함에 대하여는 산천의 광활함과 인구의 번성함, 전답의 비옥함과 家屋의 사치함이 중국에도 흔치 않을 정도이며, 조선의 三京도 이에 비하면 별 것 아니라고 비교 평가하고 있다(2월 3일). 나아가 에도에 진입하여서는, 沃野가 千里로 이어지고 사치스런 누각과 저택들에 인물 남녀가 번성하며, 성곽이 정연하고 교량도 배를 이어 만들어 놓았는데 오사카나 '西京'(교토)보다 3배나 크다고 감탄하고 있다(2월 16일).

곳곳에서 접한 일본 경치에 대해서도 감탄을 금치 못하고 있으나 특히 후지산에 대해서는, "대저 한 地上 嶺이 我國을 의논하면 조령과 上下하되 예서 부산(富士山) 바라보니 서너 층이 더한지라 백리나 남직하다. 海東의 명산 중에 제일하라 하리로다." 하고, 그 산에 있는 하코네(箱根) 호수를 보곤 "장함도 장할시고 천지간 奇觀일다. 우리나라 공갈못을 장하다 하거니와 여기 비겨 보게 되면 자취물(발자욱에 괸 물)과 다를소냐. 백두산 大澤水와 한라산 백록담이 이와 어떠한작신고 아무러나 異常하다." 고 적고 있다(2월 13일).

즉 후지산을 조선의 鳥嶺과 비교하다가 그 높이를 눈썰미로 재보고 海東의 명산 중에 제일이라 평가하고 있다. 하코네 호수에 대해서는 조선의 상주군 함창면의 공갈못이 크다고 하지만 하코네 호수에 비하면 발자욱에 괸 물 정도일 것으로, 백두산 천지나 한라산 백록담이라면 비교대상이 될 거라고 제시하고 있다.

둘째, 김인겸의 일본관찰은 일본 文士와의 교류에서도 잘 나타나고 있다.

> 歸路에 올라 시나가와(品川)에서 숙박하게 된 3월 11일, 잠자리에 들려는데 6명의 일본인 文士가 찾아왔다. 그들은 나막신에 우산을 받쳐 들고 30리 소낙비 길을 넘어지고 자빠지면서 밤이 들어서야 온 것이다. 이에 "精誠이 거룩하고 義氣도 있다 할세." 모두들 노잣돈조로 물건들을 "至誠으로 주는지라 아니 받기 불쌍하다. 조금씩 더러 받고 글을 다 次韻하여 필묵을 답례하다. 그 중에 묵정한이 눈물짓고 슬퍼하니 비록 異國 사람이나 인정이 무궁하다."(3월 11일).

> 후지사와(藤澤)에 이르렀는데 다시 두 일본인이 130리 길을 따라와서 차마 이별이 아쉬워 우리들의 옷을 붙들고 눈물을 비처럼 흘리다가, 밤이 되자 돌아가더니 다시 길가로 되돌아와 서 있다. 그러다가 우리 가마의 곁에 와서는 손으로 눈물을 씻고 목메어 우니, 그 모습이 "참혹하고 기특하니 마음이 좋지 아니해. 뉘라서 穢놈들이 간사하고 괴팍하다던고. 이 거동 보아하니 마음이 軟하도다."(3월12).

> 귀로의 오사카로 다시 들르게 되자, 수십 명의 詩客들이 와서 보고, 에도에서도 두 사람이 글을 보내 문안하니 "그 情이 懇惻하고 信義도 있다 하네(4월 5일). 귀국하기 위해 오사카를 출발하는데 일본 詩客 두 명이 길가에 와 기다리고 있다가 그 중 한 명이 소매를 잡고 슬피 운다. 결국 손목을 잡고 이별을 고하려니 울적하고 서운한 마음이 "피차에 일반이다."(5월 6일조).

김인겸은 이처럼 일본 文士들과의 교류에서 '人情'과 '精誠' '惻隱'을 느끼고 이별을 아쉬워하고 있다. 이들과의 교류에서 '華夷'차별은 찾아볼 수 없다.

셋째, 김인겸은 일본 문물에 대한 탐구적인 자세가 적극적이었음을 알 수 있다. 그리고 우수한 설비를 발견하면 상세히 관찰하고 조선에서 이를 본받아 시행할 수 있을까의 여부에까지 생각이 미치고 있다.

오사카에서 교토로 이동 중인 淀浦에서 강물에 담겨 물의 힘으로 돌아가는 물레방아와 마주치곤, 상세하게 그 운용 방법과 사용의 편리함을 기술하고 있다(1월 27일). 계미통신사행의 正使 조엄도 또한, 淀浦에서 마주

친 水車를 보곤 別破陣의 허규와 都訓導 변박을 시켜 자세히 그 제도와 모양을 보게 하여 조선에서도 사용할 수 있을까를 검토하게 하고 있다(『海槎日記』 1월 27일). 김인겸은 오카자키(岡崎)로 향하는 중 강물에서 배를 줄지어 엮어 만든 배다리(舟橋)를 보고는 자세하게 그 만든 모습을 묘사하고 있다(2월 3일).

김인겸은 또한 식물이나 화초에 대해서도 자세히 관찰하고 있다. 대표적인 것이 고구마에 대한 관찰이다. 그는 부산을 떠나 대마도에 도착하여 이윽고 고구마를 발견한다. 그리고 쌀과 바꾸어 사다가 쪄 먹고는 맛이 무척 좋고 달다고 평하고 있다. 그리고 척박한 대마도에서 '孝子土蘭'으로서 구황식물 역할을 하고 있는 이 고구마의 씨를 얻어다가 조선에 심어 가난한 백성들이 흉년에 먹게 하면 좋겠다고 희망하면서도 取種하기 어려울 것을 걱정하고 있다(10월 15일).

조엄 또한 대마도에서 재배하는 甘藷 또는 孝子麻라고 불리는 일본음으로 고귀마라 하는 고구마에 대해 상세히 적고 있다. 즉 그 뿌리와 잎의 생김새와 맛과 요리법까지 소개하고 있으니, "생으로 먹을 수도 있고 구워서도 먹으며 삶아서도 먹을 수도 있었다. 곡식과 섞어 죽을 쑤어도 되고 拌淸하여 正果로 써도 된다. 떡을 만들거나 밥을 섞거나 간에 되지 않는 것이 없으니" 가히 흉년에 대비할 훌륭한 작물이라는 것이다. 그는 고구마의 재배법과 저장법마저 설명하고 있다. 그리고 대마도에 도착하자마자 이른바 고구마를 부산진으로 보냈고 귀국할 때 또 구하여 동래로 가져가 퍼뜨릴 예정이라고 적고, 문익점이 木棉 퍼뜨리듯 하여 백성들에게 큰 도움이 되게 해야 할 것이라고 바라고 있다(『海槎日記』 6월 18일조).

넷째, 김인겸의 일본 여성에 대한 적극적인 평가이다.

김인겸은 나고야에서의 美色을 다음처럼 극찬하고 있었다. 인물이 밝고 아름다운 것이 이곳이 으뜸으로 특히 "계집들이 다 몰속 一色이라." 샛별 같은 눈매에 朱沙처럼 빨간 입술, 白玉같은 잇속과 나비 같은 눈썹, 삘기처럼 보드라운 손에 매미 같은 이마, "얼음으로 새겼으며 눈으로 무어낸 듯 사람의 혈육으로 저리 곱게 생겼는고." 漢나라 成帝의 황후였던 趙飛燕이나 양귀비를 萬古에 미색이라 일컫지만 여기에 데려다 놓으면 응당 무색할 것이니, 越나라 미녀가 천하제일이라 함이 진실로 옳을시고. 우리나라 옷에다가 七寶 넣어 꾸며 입히면 神仙인지 귀신인지 눈부시어 분간 못할 것이다." 오다와라(小田原)에 와서는 인물이 준수하고 美色도 많을시고."라 하더니, 에도에 이르러서는 '女色의 美麗'하기가 나고야와 같다고 평하고 있다. 往路의 나고야에서 그처럼 극찬하여 마지않던 美色에 대하여 歸路의 나고야에서는 어떻게 표현하고 있을까? "女色의 거룩하기는 (나고야가) 倭國中 제일이라. 젊은 名武들이 좌우에 앉은 絶色 다 주어 보려하고 여기 보고 저기 보니, 체머리 흔들듯이 저물도록 길을 오며 도리질하는구나." 라고 묘사하고 있다. 나고야의 여인들이 얼마나 아름다운지 사행에 편성된 軍官들인 名武들이 좌우에 앉아 있는 미녀들을 다 보며가려고 左보고 右보며 체머리 흔들 듯 도리질하며 지나가고 있더라는 것이다.

3. 18세기 일본측의 '易地聘禮' 제기

(1) 아라이 하쿠세키(新井白石)의 경우

아라이 하쿠세키(新井白石, 1657~1725)는 에도시대 제6대 쇼군 이에노부(家宣)의 侍講으로 막부의 정치를 좌지우지한 인물이다. 또한 辛卯통신사행(1711년)의 접대총책을 맡아 이를 수행하며 조선과의 聘禮 외교를 여러모로 개혁하였다(以下 이와 관련한 내용은 민덕기, 『前近代 동아시아 세계의 韓·日관계』 경인문화사, 2007, 제8장을 참고).

고대 한일관계에 대한 하쿠세키의 인식은 다음에 보이듯이 『日本書紀』나 『古事記』를 그대로 역사적 사실로 객관화한 것이다.

> 또한 本朝의 國史를 생각해 보니, 처음에 神攻皇后가 三韓을 정벌하여 日本府를 설치하여 그 나라들을 비로소 지배하기 시작하여 齊明天皇 때까지, 역대 24대의 천황과 460 여년간 그 나라의 君民으로서 我朝의 臣妾이 아닌 자가 없었다(『朝鮮國信書の式の事』).

그러나 현실적인 의미에서의 조선관은 그것과는 반대였다. 그는 26세인 1682년, 조선에서 파견된 信使를 찾아가 自作의 詩集을 보여주고 그 序文을 써줄 것을 요청하여 써 받은 적이 있었다. 그가 통신사에게 이러한 요청을 한 것은 당대 일본의 지식층이 일반적으로 조선을 문화적 선진국으로 인식하고 있었기 때문이다(宮崎道生, 『新井白石の時代と世界』 吉川弘文館, 1975, 163쪽). 당대 유명한 유학자 키노시다 쥰안(木下順庵)이 하쿠세키를 門下生으로 맞이하는 것도 통신사로부터 詩集의 序文을 써 받았다는 이유에서였다. 통신사가 인정할 정도의 詩라면 그 수준이 월등할 것이라는 게 당대의 일반적인 인식이었고, 하쿠세키 자신도 그러한 조선의 문화적 권위를 충분히 인식하고 이용했던 것이다.

하쿠세키는 主君 이에노부가 쇼군이 된 후에는 빙례 개혁 등의 필요에서였는지 많은 조선 서적을 탐독하고, 그것을 자신의 저서에 인용하고 있다(宮崎道生, 『新井白石の洋學と海外知識』 吉川弘文館, 1973, 308쪽). 이를 통해 하쿠세키가 조선을 의례질서를 지향한 先行왕조로서 평가하고 있었음을 짐작할 수 있다. 『해동제국기』의 「朝聘應接紀」를 抄錄·번역하여 쇼군에게 올린 것은 그 단적인 예라고 할 수 있다. 나아가 조선을 '禮樂之國' '禮義之鄕'이라 칭하고 있는 것이나, 文事를 가지고 자만하는 나라라고 그 사실을 시인하고 있는 것(『國書復号紀事』) 등도 현실적인 대조선 인식의 하나의 표현일 것이다.

하쿠세키는 많은 조선의 역사서적을 접할 수 있었던 만큼이나, 거기에 나타난 조선의 일본관에 대해서는 불쾌해 하고 있었다. 즉, 조선이 예의와

신의를 가지고 일본과 교제한다고 하면서도 대내적으로 도쿠가와 이에야스(德川家康)를 비롯한 역대 쇼군을 '倭酋'라 칭하고 있고, 통신사 파견도 단지 倭情을 정탐하기 위한 것이라며 비난하고 있었다. 아울러 그는 조선의 역사서가 일본을 마치 조공국처럼 기술하고 일본인을 '倭酋' '倭奴' '倭賊'이라 기술하고 있다고 지적하고 있다.

그렇다면 하쿠세키를 그토록 분개하게 만든 조선 역사서란 대체로 어떤 것일까? 기해통신사행(1719년)의 신유한은 歸路의 오사카에서 金誠一의 『海槎錄』·柳成龍의 『懲毖錄』·姜沆의 『看羊錄』 등이 출판되어 있는 것을 보고, '적대국 일본'을 정탐한 비밀스런 조선의 기록들을 오히려 敵인 일본에게 告하는 결과가 되었다고 안타까워하고 있다(『海游錄』 11월 4일조). 이로 보아 일본을 '불구대천지원수'로 묘사하고 있는 이 책들이 이미 일본에 널리 읽혀지고 있었음을 알 수 있고, 하쿠세키의 분노 또한 이러한 책들의 탐독 결과가 아니었을까 생각된다.

그런데 신묘통신사를 접대한 이후의 기록인 『朝鮮聘使後議』에 이르면, 하쿠세키의 조선에 대한 호의적 인식은 없어지고, 그 대신에 조선과의 외교를 에도빙례가 아닌 易之聘禮, 즉 에도에서 전명례를 행하지 않고 대마도로 지역을 바꿔 빙례를 행하는 제안을 쇼군 이에노부에게 하게 된다. 그렇다면 하쿠세키가 제안한 역지빙례의 배경은 무엇일까?

그것은 첫째로 일본의 國威손상을 우려했다고 하는 측면이다. 즉 文事를 가지고 뽐내는 조선이 일본의 '敵禮'的 외교자세를 무시하고 自國의 위신만을 중시하려고 하는 것은 이번 통신사 접대 과정에서 증명된 것이니, 지금부터 이후 조선과 빙례를 가지고 논쟁해도 일본에게 이길 승산이 없다고 하는 판단이다.

둘째로 경제적 측면에서이다. 국가 재정이 쇠퇴한 후에는 지금처럼 통신사에 대한 융숭한 접대체제를 취할 수 없는 만큼 오히려 일본의 쇠약한 국력만이 국외로 노출될 위험이 있다는 것이다.

하쿠세키는 역지빙례의 착상을 後漢의 광무제가 西域과의 관계를 금하기 위해 국경의 玉門關을 폐쇄하여 후대에 칭송된 故事로부터 얻었다고 한다. 그리고 조선에 역지빙례를 통고할 때에는 『예기』의 「曲禮」내용, 즉 "禮는 왕래하는 것을 기린다. 가는데 오지 않는 것은 非禮이다. 오는데 가지 않은 것 또한 非禮이다.("禮尙往來, 往而不來, 非禮也, 來而不往, 亦非禮也")"를 인용하여 이행하려는 계획을 세우고 있었다.

조선이 통신사를 보내면서, 일본으로부터의 답례 사신은 계속 거절한다면 앞으로는 "그 나라 사신이 와서 우리나라 국경에 와 멈추고, 우리나라 사신도 또한 국경에 가 그 나라 사신을 영접하여 예의로 보답해야 할 것이다. 그렇게 되면 그들도 오고 우리도 가고, 왕래의 예의로서 서로 실례되는 바가 없을 것이다." 라고 대마도를 역지빙례의 장소로서 제안하고 있다(『朝鮮聘使後議』).

하쿠세키의 역지빙례 제안은 그 실행마저 염두에 둔 것이었다. 이는 그가 사신으로 보낼 사람의 사회적 지위나 예물의 규모 등에 대해서도 거론하고 있는 것으로 보아 알 수 있다. 그러나 이 계획은 구체화하지 못한 채 쇼군 이에노부의 사망에 의해 좌절되고 말았다고 하쿠세키는 『朝鮮聘使後議』를 끝맺고 있다.

(2) 나카이 치쿠잔(中井竹山)의 경우

1711년의 통신사행 이후 역지빙례가 다시 막부에서 논의되는 것은 1791년 '간세이(寬政)의 개혁'(1787~1793) 때였다. 그 중심은 로쥬(老中)의 수반인 마츠다이라 사다노부(松平定信)였다. 사다노부는 하쿠세키의 『朝鮮聘使後議』를 접한 것이 동기가 되었고, 1788년 교토에 갔을 때 나카이 치쿠잔(中井竹山)이 올린 「草茅危言 —朝鮮の事」에 크게 영향을 받아 역지빙례를 본격 논의하기에 이르렀다고 한다(以下 이와 관련한 내용은 민덕기, 『前近代 동아시아 세계의 韓·日관계』 경인문화사, 2007, 제8장을 참고).

「朝鮮の事」로 보면, 치쿠잔이 하쿠세키에 의한 통신사측의 '非禮'에 대응한 개혁이나 통신사 접대비용의 절감책 등을 높이 평가하고, 역지빙례건에 이르러서는 하쿠세키의 그것을 답습하고 있다. 그러므로 여기서는 치쿠잔의 조선관을 검토하고, 그것이 18세기 말 역지빙례의 제안에 어떻게 연관되어져 가는가를 분석하여, 이를 가지고 하쿠세키의 역지빙례 제안과 비교하여 보기로 한다.

우선 치쿠잔의 조선관을 「朝鮮の事」의 4개조 중에서 역지빙례 제안과 관련되는 제1, 제4조에서 정리하여 보면 다음과 같다.

① 神功皇后의 三韓정벌 이후 조선은 일본에 복종·조공하는 속국이었는데 지금의 정세는 달라져 있다. 그 이유는 이에야스가 '一時의 權'(조선에 강화를 요청하는 서한을 보낸 일)을 가지고 隣好를 닦았기 때문이다. 조선 또한 "이전처럼 우리 皇京에 조공하지 않는다. 다만 친선을 에도에 통할 뿐이라면 속국이라고도 할 수 없고, 聘禮하는 사자로서 대우하여 客禮로 하지 않을 수 없다."

② 통신사는 "원래 작은 변방 나라의 사신이다. 비록 지금은 (조선이 일본의) 속국이 아니라 하더라도 그렇게까지 천하의 재물을 쏟아서 접대할 일이 아니다."

③ 옛날엔 조선이 천황에게 上表하여 '日本國皇帝陛下'라고 하고, 그 답서는 勅答으로 하였다. 또 "옛날엔 80척의 배로 歲貢을 바치게 했으니 鞭捬의 서약을 지키는 속국이어서 그럴 수 있었으니, 이를 국가의 大體로 했다. 그렇지만 喪亂을 겪어 군주의 권위가 무너지고 皇威가 쇠퇴했으니 다시는 옛날처럼 되돌아갈 수 없게 되었다. 만물이 변하듯 세월도 바뀌는 법이다."

④ "변방의 韓人으로 하여금 萬里 넘어 멀리서 오게 한 것은 御代(에도 막부)의 威光이 참으로 경하할만한 일이나, 옛날에 비추어 생각하면 천년동안의 속국인 작은 오랑캐를, 때가 때라고는 말하지만 隣交를 명분으로 抗禮(敵禮)하는 것은 아무래도 마음 내키는 바가 아니다. 이는 대마도가 간절하게 簡使의 계책을 꾸며 비롯된 일이다."

전반적으로 조선을 속국시하는 인식이 작용하고 있다. 그렇다고는 하나, 屬國 인식이 당시가 아닌 지난 고대의 사실로서 현재로는 계승할 수 없는 것으로 되어 있으며(①), 다시는 옛날처럼 돌아 갈 수 없다고 하여 현재와의 단절이 강조되어 있다(③). 게다가 고대의 속국이었던 나라의 사자를 천하의 재물을 쏟아서 접대하고 있다고 지적하고 있는 것은(②), 史實과 현실과의 커다란 괴리를 자인하고 있음을 보여준다. 그런데 ④에서는 고대의 사실이 현실과 비교되어 있어, 통신사의 에도행을 대마도로 轉向시키라고 주장하는 근거로 되어 있다. 이 인식은 결론을 이끌어내는 주된 논리로 되어 있다.

치쿠잔은 제4조에서 통신사 來聘은 隣交의 의례로서 폐지해서는 안되지만, "이제와서는 크게 양국을 해치는 일이 되었으므로 서로 생략하여 크게 축소하여 '隣交의 禮'만이라도 세울 수 있다면" 되는 것으로, 양국이 대마도에서 빙례를 행한다면 조선으로서도 크게 기뻐할 것이라고 말하여, 조선측의 적극적인 찬동을 예상하고 있다. 즉 조선측의 입장도 배려하여 역지빙례가 제안된 것임을 보여주고 있다. 일반적으로 멸시관에 근거한 제안이라면 일방적이며 상대를 낮추는 것이 되어야 할텐데, 치쿠잔은 이처럼 스스로 그것을 부정하고 있는 것이다. 더구나 일본측의 역지빙례 제안은 통신사의 일방통행적 현상에 대한 대안으로서 '적례'적 입장에서 당연한 것이기도 하다. 따라서 ④의 "隣交를 명분으로 抗禮(敵禮)하는 것은 아무래도 마음 내키는 바가 아니다." 라고 한 그의 조선멸시관은 실제상으로는 역지빙례 제안과 상관관계를 가지지 않는다.

이처럼 그의 조선멸시관이 역지빙례의 제안과 상관관계를 가지지 않는다면 그것은 다른 것과 작용하고 있음을 보여줄 것이다. 그런 관점에서 「朝鮮の事」제2·제3조를 검토하여 보자.

제2조에서 치쿠잔은 우선, 하쿠세키의 「五事略」을 인용하여 조선은 武力을 가지고 일본에 대항할 수 없기 때문에 文事로서 설욕하려고 통신사를

파견하여 온다고 단정하고 있다. 또한 그들은 일본측이 학문에 어두운 것을 이용하여 속이고 있다면서, 그 한 예로 통신사가 일본을 왕래할 때에 휘두르고 다니는 '巡視' '淸道' '令'이라 써진 깃발을 지적하고 있다. 즉 '순시'는 領內 순시를 나타내므로 일본이 조선의 속국임을, '청도'는 지나는 길의 여러 다이묘들에게 청소하라고 명령함을, '령'은 일본측에 호령하니 잘 받들라는 의미라고 설명하고 있다. 그리고 이러한 깃발들은 청나라 사신이 조선에 파견되었을 때에 들고 다니는 것이므로, 조선의 공공연한 이러한 행위는 일본을 능멸하는 것이라고 격렬하게 비난하고 있다. 그리고 근간에 있을지 모를 통신사의 來聘에는 이같은 깃발 들기를 중지시켜야 할 것으로, 그런 불손을 방관한다면 나라의 치욕이 될 것이라고 경계하고 있다. 나아가 1711년의 통신사 三使를 조선이 귀국 후 처벌한 것은 선린우호를 거스르는 행위였다고 비판하고 있다.

그러나 치쿠잔의 깃발에 대한 비판은 '文事的 示威'라는 조선 사절에 대한 강박관념에서 나온 피해의식이라 할 수 있겠다. 통신사가 들고 다니는 깃발들은 일본에 대한 시위용이 아니라 500명 전후에 이르는 大사절단 내부를 통제하기 위한 것이었기 때문이다. '令' 깃발의 예를 보면 오윤겸 『東槎上日錄』(1617) 8월 28일조에, 교토 체류 중 조선 격군이 숙직하던 일본인과 난투극을 벌인다는 소식에 사신이 군관을 시켜 이 '令' 깃발을 가지고 가 격군들을 포박해 오게 했다고 적혀있다. 임광 『병자일본일기』(1636) 10월 19일조에는, 대마도에서 도주가 개최한 연회에 '巡視' '令'의 깃발을 들고 가 사행의 소란스런 분위기를 엄숙하게 만들었다고 기록하고 있다.

치쿠잔은 또 통신사의 이러한 깃발 사용이 청나라로부터 흉내 낸 것이라고 추정했지만, 청나라 사절이 조선에 와서 위압적인 태도를 취할 수 있었던 것은 양국이 君臣관계에 처해지는 병자호란 이후의 일이다. 그런데 앞의 임광의 기록을 보면 병자호란 발발 2개월 전에 이미 '순시' '령'의 깃발이 등장하고 있음으로 보아 그의 추정은 잘못된 것이라 할 수 있다.

이처럼 제2조가 조선측의 대일외교를 비난하고 있는 것에 대해, 제3조는 일본인의 조선사절에 대한 자세를 주로 비난하고 있다. 즉 詩文贈答을 청하여 몰려드는 일본인들의 통신사에 대한 비굴한 자세를 생생하게 묘사하여 이것이 일본의 치욕이라고 말하고 있다. 그는 1764년 도일한 통신사의 객관을 방문하여 그러한 광경을 직접 목격하였다며, 이런 비굴한 일본인들 때문에 통신사측의 일본멸시가 생겨났다고 관찰하고 있다. 그리고 자각 있는 사람이나 '正學眞才'한 사람은 이러한 비굴한 일본인들의 태도를 부끄러워하여 통신사에게 접근하지 않고 있는 것인데, 통신사측을 이를 모르고 일본에 인재가 없다고 하는 것은 탄식할 일이라고 평하고 있다. 따라서 차기 통신사의 來聘에는 시문증답이나 필담을 원하는 사람을 사전에 미리 엄선하여 통신사에게 접촉케 할 것이며, 그리해야 "漢人(통신사)도 我邦에 인재가 있음을 알고 옷깃을 여미며 경솔한 태도를 멈추게 할 수 있다" 고 주장하고 있다.

이 제2·제3조에는 역지빙례 그 자체는 언급하고 있지 않다. 그러나 통신사의 일본 멸시태도나 일본인의 치욕적인 제반 행위를 근본적으로 금지시키기 위해서는 역지빙례가 필요하다는 것을 시사하고 있다고 봐야할 것이다. 그리고 전술한 조선측의, 일본을 속국처럼 하는 행위나 통신사의 시문증답에서의 오만방자한 태도에 대한, 치쿠잔의 강한 불만이 오히려 조선 속국시관을 前面에 장식하는 이유가 되었다고 여겨진다. 즉 그는 일본에 대해 우위에 서려는 조선측에 대항하기 위해 『日本書紀』 등에 실린 조선 속국설을 집어내어 ④처럼 재생시키려고 했을 것이다.

그러면 역지빙례가 조선멸시와 한 세트로 묶어져 제안된 까닭은 무엇일까? 그것은 역지빙례가 '에도 來聘'이라는 祖法(祖宗之法)을 바꾸는 일이 되기 때문일 것이다. 이른바 조선사절의 '에도 내빙'은 에도 막부의 창시자 이에야스에 의해 비롯된 것이므로 祖法이다. 그런 조법을 고치는 데 국위손상(통신사측의 일본인 멸시, 일본인들의 비굴한 행위 등)과 막부 재정의 압박이라는 실제상의 이유를 내걸 수는 없었을 것이다. 그렇다면 막부의 체면도 손상시키지 않으면서 조법을 바꾸는 데는 그럴 듯한 명분이 필요했을 것이다. 이에 치쿠잔은 역지빙례를 조선 속국시관과 한 세트로 차려 내놓음으로서 조법 개정의 정당한 명분으로 삼고자 했다고 볼 수 있다.

치쿠잔의 역지빙례 제안은 전술한 것처럼 경제적 이유가 중심이며, 거기에 통신사의 무례함이나 일본인들의 비굴한 행위 등을 방지하기 위함이었다. 그러므로 그의 조선 속국시관은 어디까지나 명분에 불과한 것이다. 이런 자세는 하쿠세키에게도 공통스런 것이었다. 즉 하쿠세키는 조선측 사료에 보이는 '倭酋' 표현이나 조선측의 통신사 파견을 통한 '倭情정탐' 의도 등을 이유로 삼아, 신의가 없는 오랑캐에겐 '에도 내빙'이 불필요하다는 명분을 세우게 되고, 그를 바탕으로 역지빙례를 제안하게 된다.

4. 맺음말

癸未통신사행(1763년)은 대마도에서의 1811년의 역지빙례를 제외하곤 최후의 통신사행이 되어버렸다. 그런데 역대 통신사행 중 가장 많은 12종의 사행록이 저술되어 전하고 있다. 그만큼 사행의 많은 사람이 일본 여행에 큰 의미를 부여하여 기록하고 싶어 했음을 알 수 있다. 이 기록들에는 꽤 긍정적이고, 객관적이고, 인간적인 일본 관찰들이 있었다. 대표적인 것으로 전술한 김인겸 외에 書記 元重擧(1717~1790)의 『和國志』와 서기 成大中(1732~1809)의 『日本錄』이 있다.

원중거는 일본인들이 상투를 하지 않고 쪽바리 버선을 신고 있어도 "우리와 똑같이 눈으로 보고 귀로 듣는다. 어찌 우리만이 독특한 五氣와 五性을 가져서 그들과 다르겠는가? 하물며 그들의 총명하고 專靜함과 義를 사모하고 善을 좋아하는 것, 자신의 일과 직업에 근면하고 몰두하는 점 등에 있어서는, 나는 오히려 우리나라 사람이 그들에게 험 잡히지나 않을까 두렵다."라고 담백하게 표현하고 있다. 또한 관혼상제에서 삭발하거나 칼을 차는 것, 치아를 물들인다거나 火葬의 장례 등을 조선과 다른 '異國的'인 일본의 풍속에 대해 담담하고 객관적인 자세로 자세히 서술하였다.

원중거의 일본관을 구체적으로 검토한 하우봉은, "오늘날에 적용해도 별 틀림이 없을 정도로 타당성을 지니고 있는 논의라 생각된다. 조선시대의 일본인론으로서는 가장 자세하고 구체적이며, 그리고 객관적이다. 이른바 일본 夷狄觀을 청산한 위에 일본인의 장점을 높이 평가하였고, 동시에 한계성을 지적하였다." 고 하고, 원중거의 일본문화 평가를 日本夷狄觀이나 조선우월관을 극복한 '문화상대주의' 자세라고 규정하고 있다(하우봉, 『조선시대 한국인의 일본인식-「조선후기 통신사행원의 일본인식」』혜안, 2006).

성대중도 일본 往還기간 접촉한 일본 文士로써 龜井魯과 那波師曾을 높이 평가하고 "내가 혼자서 가만히 그 두 사람을 생각해 보니, (일본 문사들의 시기질투로) 뜻밖의 화를 당하지 않으면 반드시 뜻밖의 일 때문에 곤욕을 겪게 될 것이다." 고 걱정하고, 또한 뛰어나 재주를 가지고 있음에도 세상에서 인정받지 못하는 그들을 안타까워하고 있다.

원중거와 성대중의, 그리고 본문에서 다룬 신유한과 김인겸의 긍정적이며 객관적이고 인간적인 일본 관찰과 평가는 18세기에 많아지기 시작하여 1763년의 계미통신사행 때 최고조에 달한 듯하다. 그런데 이와는 대조적으로 일본측의 통신사행에 대한 평가는 18세기에 들어서 낮아지기 시작하여 계미통신사행에 이르러서는 최저점에 도달하는 듯하다. 역지빙례가 더욱 구체화되기 때문이다.

그러면 왜 역지빙례가 18세기 초반에 제시되어 점차 구체화 되어 갔을까? 하쿠세키도 치쿠잔도 같은 의견이었다. 통신사행이 오만하게 일본을 경멸하는 '文事的 示威'를 벌여 일본의 국위를 손상시켰다는 것이 첫째이고, 통신사 접대가 엄청난 경제적 부담으로 가중되어 일본이 피폐해질 것이란 점이 둘째이다.

그런데 하쿠세키가 강조한, "禮는 왕래하는 것을 기린다. 가는데 오지 않는 것은 非禮이다. 오는데 가지 않은 것 또한 非禮이다."란 측면을 간과할 수 없다. 조선사절만 에도에 오고 일본사절은 漢城에 가지 못한다는 편향적인 一方向的 사절외교의 한계가 그 근저에 불만으로 내재되어 있었다고 할 수 있다. 그래서 역지빙례로 조선사절도 오고, 일본사절도 가게 되는 대마도를 傳命禮 장소를 택했다는 것이다.

2019년의 한국엔 문재인 정권의 '反日캠페인'이 기승을 부리고 있다. 일본여행이 자제되고 일본 칭찬이 주저되는 분위기 속에 살고 있다. 이런 시기에 일본을 있는 그대로 긍정하고 평가한 신유한과 김인겸, 원중거와 성대중의 일본인식을 재음미하는 것도 의미가 있지 않을까 여겨진다.

〈토론문〉

閔德基「18世紀、平和の使令、通信使—朝鮮通信使行の積極的日本評価と日本側の『易地聘礼』提起—」への討論文

鶴田啓 | 東京大学史料編纂所

1.

閔德基氏の發表予稿を興味深く讀んだ。 江戸時代(朝鮮後期)の通信使制度は17世紀初頭の日朝兩國の政治情勢－－成立間もない德川政權と倭亂後の朝鮮王朝－－のもとで成立したといえる。またともに明帝國との關係を意識しての行動だった。 しかし成立がそのようだったとしても、安定的に継續する中で当所意図していなかった文化的接触が生まれ、また一方で新たな摩擦や課題も發生する。

閔氏の發表は前半で、18世紀朝鮮通信使行に加わった製述官や書記官の日本觀察を取り上げ、そこに日本に對する客觀的な觀察や積極的な評価が見られるという特徵を指摘している。そこで閔氏は、倭亂直後から17世紀にかけての日本に對する敵意が18世紀には薄れ、客觀視できるようになったというニュアンスで書かれているように感じた。 しかし私が思うに、客觀的な觀察眼や報告作成能力は、朝鮮の官僚·知識人が元來持っていたのではないだろうか。 たとえば、 宋希璟は応永外寇(己亥東

征)直後の日本に赴いて『老松堂日本行錄』をまとめ、 姜沆は丁酉倭亂で捕虜になって『看羊錄』を遺し、南部主簿申忠一(宣祖28年末から翌正月にかけてヌルハチの本據地であったヘトゥアラへ赴いた)はヌルハチについて詳細な報告を提出した(宣祖29年正月30日に收載)。 これらはいずれも平和とは言いがたい緊張狀態の中で作成されたが、著者本人の力量に加えて、公の使者として外國へ赴くとか、通常では得がたい經驗をするなど、いくつかの條件が存在した場合に優れた記錄が遺されたことを示している。18世紀通信使行の日本評価の背景を考えると、日本との關係が安定して戰爭の記憶が遠くなるとともに、日本における學問の興隆を見て、好意的に見る記述も增えたのではないだろうか。ただし18世紀日本の儒學は朱子學だけではなかった。それらを通信使行の知識人がどのように見たのかは追究するべき課題であろう。 そのような例として、夫馬進氏の『朝鮮燕行使と朝鮮通信使』(名古屋大學出版會、 2015年)第10章「1764年朝鮮通信使と日本の徂徠學」では、1764年通信使に加わっていた南玉(製述官)·成大中(正使書記)·元重擧(副使書記)らが荻生徂徠(1666-1728)の『徂徠集』を江戸で入手して熟讀し、その學識に感心したことが論じられている。(もちろん最終的には、朱子學を攻擊した異端の徒という評価になるが。)

2.

發表は後半で18世紀の易地聘礼構想を扱っている。 正德通信使(辛卯度)實施後に新井白石が構想した"易地聘礼"と中井竹山や松平定信のそれとは、どのような關係になるだろうか。後の人が白石の『朝鮮聘使後議』を讀んで影響を受けている事は間違いない。 白石の記述をもう一度確認してみると、 使聘礼終了後に白石が上申した意見の前半部には“徳川家宣のような英主と白石のような礼を知る者が日本に揃わなければ、礼を正しい形にすることはできないし、人民の負担からみても國家の長策ではないから、この機會に朝鮮を謝絶するのが適当である。”とあり、礼を立てようとすることが争いの元になるなら、朝鮮使節の応接自体を止めるべきだという議論である。しかしそれに續く部分では「礼尙往來」の言葉を引用しつつ境上(對馬)での応接案を對馬藩主から朝鮮に伝達させること、日本側の使者は高家二人に使番を副えること、朝鮮が承諾せず信使を派遣しないと言えば、好(よしみ)を絶ち謝絶しても構わないことなどが記される。 朱子學者であった白石がつねに意識していたのは、幕府に日本の政権にふさわしい“礼”を備えることであり、「百年にして礼樂起る」も白石が好んだ言葉であった。『朝鮮聘使後議』の後半では朝鮮に對する不信·不滿が記述されるが、これも“朝鮮は礼を以て交際するには値しない國”に結びつく。 白石の議論の核にはずっと“礼”が存在していた。

さて、 通信使接待の國内負担について中井竹山は一般論の形で「天下ノ財粟ヲ傾ケテ応接スル」と書いたが、 實際それは幕府にとっても每回難しい問題になっていた。横山恭子氏の一連の研究によれば、通信使一行の淀·江戸間往復のために用意される乗馬用の馬·馬具一式とそれに付き添う人員は大名に賦課され、 また荷物運搬用の馬と人足は伝馬·助郷制度と國役金·商人請負で用意されたが、これらは大名やその領民、沿道や諸國の人民にとって大きな負担になっていた。18世紀を通じて幕府は、より廣い範囲に負担を求め、できるだけ負担が公平になるよう(他の役負担との重複を避けるなど)努力していたが、 通信使の通行場所から離れた地域から馬と人員を提供する場合、 直接的な役務期間は僅かであっても、往復と待機の日數を含めると何倍もの負担になった。松平定信から見て直近の宝暦・明和通信使(甲申度)では、道中の日數が伸びたため、國役金の賦課基準はそれまでの3分/100石から3兩/100石へと4倍に上がっていた。(横山恭子「近世中期朝鮮通信使の乗馬調達」『朝鮮學報』213、2009年、「近世中期朝鮮通信使乗馬役の研究－道中における鞍置馬・鞍皆具負担を中心に－」『史學』79-4、2010年、「朝鮮通信使乗馬役加賀藩前田家－正徳・享保期の鞍置馬派遣を中心に－」『地方史研究』359、2012年、「近世中期加越能地域の朝鮮人御用－享保四年越中國礪波郡驛馬派遣から－」『日本歴史』779、2013年、「朝鮮通信使人馬役と商人請負制の展開－享保四年通信使行列の通交實態から－」『交通史研究』81、2013年)。朝鮮使節応接の件について、松平定信が自分の子孫のために書き遺した『宇下人言』では、『朝鮮聘使後議』と『草茅危言』の論理をそのまま書いていて、定信獨自の朝鮮観を知ることは難しい。幕府は1791年對馬藩に易地聘礼交渉を命じる際に數通の漢文文書(議狀・令・口占陳狀)と和文の書契草案を手交したが、それらには当然ながら朝鮮蔑視の文言は無く、"對馬から江戸までの往復の負担が大きいので、簡易の法によって隣交のため不易の制度を定めたい"という趣旨であった。(『浄元院公實錄・上』、田保橋潔「朝鮮國通信使易地行聘考」『近代日鮮關係の研究・下』朝鮮總督府中樞院、1940年、667-669頁)定信個人の朝鮮に對する認識はともかく、政策としての易地聘礼は、寛政改革が目指した"幕府支配体制の安定と継續"と同一線上に存在したと評価できるのではないだろうか。

19世紀における征韓論の表出
―その背景と諸要因の考察―

木村直也 | 立教大

はじめに

慶応3～4(1867～68)年に徳川幕府が倒壊し、明治新政府が樹立されると、日朝關係は大きく変動し、「交隣」から「征韓」へと轉回した。この日朝關係の轉回についてはこれまで筆者が検討を重ねてきた[1]が、本報告ではそうした轉回を起こさせた背景と諸要因について考察してみたい。

江戸時代の日朝關係は平和的·安定的な關係を保っていたが、明治新政府樹立後にそれが破壞されていった経緯については、田保橋潔以來の研究がある[2]ものの、手厚く先行研究が蓄積されてきたとは言いがたく、

---

1) 日朝關係の轉回の全体像については、關周一編『日朝關係史』(吉川弘文館、2017年)所收の木村直也「Ⅲ近世の日朝關係とその変容」を參照。他に木村直也「幕末の日朝關係と征韓論」(『歴史評論』516、1993年4月)、「幕末における日朝關係の轉回」(『歴史學研究』651、1993年10月)、「幕末期の朝鮮進出論とその政策化」(『歴史學研究』679、1995年12月)、「幕末期の幕府の朝鮮政策」(田中健夫編『前近代の日本と東アジア』吉川弘文館、1995年)、「東アジアのなかの征韓論」(『日本の對外關係7近代化する日本』吉川弘文館、2012年)、「明治維新期の日朝關係―近世日朝通交システムの終焉」(明治維新史學會編『講座明治維新6明治維新と外交』有志舍、2017年)など。

2) 田保橋潔『近代日鮮關係の研究』上卷(朝鮮總督府中樞院、1940年)。沈箕載『幕末維新日朝外交史の研究』(臨川書店、1997年)。吉野誠『明治維新と征韓論―吉田松陰から西郷隆盛へ』(明石書店、2002年)。石田徹『近代移行期の日朝關係―國交刷新をめぐる日朝双方の論理』(溪水社、2013年)。石川寛「日朝關係の近代的改編と對馬藩」(『日本史研

日本の學校教科書でもほとんど說明されていない。また、個別實証研究を進展させると同時に、なぜ幕末維新期に日朝關係が轉回し、征韓論が表出してくるのかについて、大きな視野から背景と諸要因について考察を進める必要があろう。その際には、次のような單純化の罠に陥らないように注意すべきである。

① 江戸時代の日朝關係が理想的な平和友好を實現しており、明治以降は侵略一辺倒の歷史であると兩極化して捉えてしまう。
② 轉回の原因について、たとえば「新政府が國交を求めたのに朝鮮が拒絶した」といった表面的·短期的な現象に歸してしまう。
③ 日本は歷史を通じて一貫して朝鮮を侵略しようとする意志があるとし、朝鮮侵略は必然的·宿命的なものと解釋してしまう。

①については、江戸時代にはさまざまな矛盾や利害對立、相互の認識の齟齬などを含みこみながらも平和的·安定的な關係が維持されていたこと、 明治以降も朝鮮·韓國との良好な關係に腐心した人々がいたことも考慮に入れるべきである。②については、大きな時代背景のもと、諸要因や事象が複合的に關連し合った結果で起こった変動であることに留意すべきである。また③については、隣國蔑視意識が歷史通貫的な形で部分的に、かつ相互にあったとはいえ、宿命論に陥るのではなく、そうした意識が前面に表出するか否かは時代の狀況によることを理解すべきである[3)]。

究』480、2002年)、「明治期の大修參判使と對馬藩」(『歷史學硏究』775、2003年)。牧野雅司「明治維新期の對馬藩と「政府等對」論」(『日本歷史』766、2012年)。また韓國語著作としては玄明喆、金興秀らの硏究がある。

3) 池內敏『日本人の朝鮮觀はいかにして形成されたか』(講談社 2017年)。

本稿ではこうした点に留意しつつ、考察を進めていきたい。

1. 江戸時代の日朝関係の構造と実態

對馬は朝鮮半島に近く、山がちの地形で農業生産が少ないため、朝鮮貿易からの利益に大きく依存していた。境界領域にある對馬は、國家·民族を超えた交流の可能性をもつ境界としての性格と、中央からみれば周緣·辺境としての性格、すなわち國境を守る役割をにないつつ中央に依存するという性格の二つを有していた[4]。對馬の宗氏は、豊臣秀吉による朝鮮侵略[文祿·慶長の役、壬辰·丁酉倭亂](1592～98年)ののち、國書僞造·改竄などまで行って日朝關係を修復し、對馬·朝鮮間の貿易を再開させた。以後、江戸時代において對馬藩が日朝兩國の媒介となり、通信使が來日して文化交流を行うなど、 平和的·安定的な關係が幕末まで二世紀半にわたって維持される。

その近世日朝通交システムの構造は、付図のようなものである。

ここで留意すべきは、對馬藩宗氏は徳川幕府に臣従する大名であることが基本であるが、 朝鮮との通交を行う際には朝貢·臣從的な形式を含み込んでいたことである。具体的には、朝鮮國王即位祝賀の使節による上表文形式の書契捧呈、釜山倭館での宴享における對馬使節による朝鮮國王殿牌拝礼、進上(封進)·回賜形式の物貨交換、朝鮮から對馬への渡海料など米の支給といった事項があげられる。こうした微妙な三角關係によって江戸時代の日朝通交システムは維持されていたのである。

このようなありようについて、對馬藩内でも全く異論がなかったわ

4) 木村直也 「對馬—通交·貿易における接触領域」(『岩波講座日本歴史20地域論』岩波書店、2014年)。

けではない。例えば江戸時代中期の儒者滿山雷夏は、對馬が朝貢·臣從しているかのような形式を屈辱ととらえている[5]。また近年、日朝友好の象徵的な人物として知られている雨森芳洲であるが、彼は釜山倭館で朝鮮側と熾烈な交涉をしており、 また申維翰『海游錄』では芳洲が通信使一行と激しく對立する場面も描かれている。よく引用される『交隣提醒』(1728年)の一節「誠信と申し候は實意と申す事にて、互いに欺かず爭わず、眞實をもって交わり候を誠信とは申し候」についても、その直後には、朝鮮とまことの「誠信之交」を行うのであれば、對馬からの送使は辭退して朝鮮からのもてなしを受けないようにするべきだが、それは容易に實現できない、と續くのである[6]。彼の認識は、國家の体面や利害をかけた熾烈な外交交涉のすえの認識であるからこそ、深い意味をもつのだと言える。

江戸時代の日朝關係が平和的·安定的に二世紀半にわたって維持されたことは、高く評価すべきである。しかし、そこにあったのは單に「友好」だけの意識ではなかった。むしろさまざまな利害對立、認識の齟齬など諸矛盾を含み込みながらも、何とか維持され續けたことに留意すべきであろう。

2. 日朝関係の変質

江戸時代の平和的·安定的な日朝關係は、近世東アジア國際社會の安定に寄与するとともに、東アジアの経濟的ネットワークの一環を

---

5) 石川寛「對馬藩の自己意識」(九州史學硏究會編『境界のアイデンティティ』、岩田書院、2008年)。
6) 雨森芳洲『交隣提醒』(田代和生校注、平凡社·東洋文庫852、2014年)。

になっていた。しかし、その二世紀半にわたる交流の間に東アジアの環境は大きく変化し、日朝關係の意義も変質していくことになる[7)]。

1644年の明清交替のあと、中國ではなお動亂が續いていたが、それも1683年に台湾の鄭氏勢力が清に降伏して遷界令が撤廢されると東アジア海域は活性化し、長崎に渡來する唐船の來航が增加した。そのため德川幕府は17世紀末から、金銀の流出を抑えるべく貿易制限を本格化させ、また生糸·絹織物·朝鮮人參·藥種など輸入品目の國產化政策を進めた(とくに德川吉宗政權期)。その結果、對馬·朝鮮間の貿易にもその影響が及び、貿易量は元祿期(1688～1704)をピークとして漸減していくことになる。國內経濟が大きく進展する一方で、日本経濟における日朝貿易の相對的意義が低下していったと言えよう。

こうした貿易の衰退は、朝鮮貿易に依存する對馬藩の財政窮乏に直結する。18世紀以降、對馬藩は幕府に對して度重なる拝借·拝領の願いを提出し、そのうちある程度は認められている。安永5(1776)年に對馬藩は、私貿易「斷絶」を理由に每年金12,000兩の幕府援助を得ることに成功する。對馬藩は早い時期から九州に領地(田代領)を与えられており、19世紀初めには關東地方(下野國)にも若干の領地を得るが、しかし幕末にかけて藩財政はしだいに窮乏の度を深め、それは對馬藩の諸史料の記載からも明らかに見てとれる。こうした狀況が、幕末に對馬藩が日朝通交変革路線をとる背景となる。また朝鮮も、日常の交易品や通信使渡來時の贈答品の調達に苦しんでいた。

18世紀末になると幕府(松平定信政權)は、對馬易地聘礼(通信使による國書交換を江戶ではなく對馬で行う)を對馬藩に指示し、朝鮮側との長期にわたる困難な交涉のすえ、文化8(1811)年に對馬易地聘礼は實現す

7) 本章に關しては、木村直也「近世中·後期の國家と對外關係」(曾根勇二·木村直也編『新しい近世史』2、新人物往來社、1996年)を參照。

る。その理由の主たるものは財政的理由である。通信使が江戸まで往復すれば、沿道諸藩などの負担(財政的負担、人馬の調達など)が大きく、また幕府の負担も膨大なものがあるからである。さらに、松平定信に獻呈された中井竹山(積善)『危言』の「朝鮮ノ事」には、「神功皇后の遠征以來、韓國は服從朝貢し、わが屬國であったのに現在はそうなっていないが、元來小さな偏邦(朝鮮)の使節にここまで天下の財粟を傾けて応接する必要はない」という趣旨の記述がみられ、 こうした朝鮮蔑視觀も背景にあったことが指摘されている。通信使の経濟的負担に耐えられなくなっていった時期に、こうした朝鮮蔑視觀が表出してくるのである。

通信使は廢止されたわけではなく、その後も德川將軍の代替わりごとに計畫されるものの延期を繰り返し、結果的に1811年が最後の通信使になる[8]。通信使渡來に際しては、沿道や江戸で多彩な交流が繰り廣げられ、その文化的影響は各地に及んでいくのだが、江戸への往復の最後は1764年であるから、 江戸時代後半の約100年間は對馬以外の日本人は通信使渡來を体驗する機會がなくなり、それが朝鮮への關心を相對的に低下させていく一因になったものと考えられる。

3. 対外進出論の一般化

18世紀末からのロシアの接近以來、歐米の艦船が日本に多く渡來するようになり、幕府のみならず廣く知識層に危機感が釀成されていった。また同時期には、天明飢饉、天保飢饉などを契機に一揆·打ちこわしが多

8) 幕末期には通信使派遣が近づくと延期交渉が行われ、渡來が實現しないうちに將軍の代替わりが起こって通信使派遣交渉がやり直される、ということを繰り返した。日朝双方で通信使に對する意欲が低下していることが窺われる。

發するようになり、階層間對立に基づく村方騷動も頻發し、國內における社會不安が高まっていった。これらはまさに「內憂外患」として捉えられた。

江戶時代初めから、日本は「武威」の國であるとの觀念は武士層などの間に存在していたが、近世を通して上層の農民·町人ら中間層の力量が增し、彼らが高い教養を身につけつつ獨自の情報ネットワークを構築していくと、「武威」の觀念は階層的にも、空間的にも擴大していった。「武威」の觀念は、一方では歐米列强の軍事力を前にした幕府が、戰爭敗北による「武威」損傷を危惧して避戰策をとらざるを得ない狀況を生み出すとともに、他方では「武威」觀念が擴大した各層からは、日本の「武威」を貫徹しうる政權·政体が望まれるようになる。ペリー來航時に幕府が諸大名にアメリカ大統領國書への對応を諮問した際、多くの大名が、本來斷固たる對応をとって「武威」を示すべきだが、實際に戰いになれば敗北する可能性もあるので、穩便な、あるいは曖昧な對応をとるべきだと答申したのは、この時期の領主層がジレンマを抱えていたことを表している。

迫り來る歐米列强に對して「武威」を示せない狀況を打破し、列强に對峙する方法として、日本周辺の軍事的に弱い國·地域を確保して列强の日本への侵出を防止するとともに、富國强兵を図るいう考え方、すなわち對外進出論がしだいに廣がっていった[9)]。18世紀末以降、內憂外患狀況が進んでいくなかで、林子平·本多利明·佐藤信淵といったイデオローグたちは、國防や富國强兵の觀点から、周辺地域への進出·侵略を提起した[10)]。これら当時としては最も世界事情に通じていた一部の學者·経世家による進出論は、現實性には乏しく、誇大で評論家的な進出論だった

---

9) 木村直也「幕末期の朝鮮進出論とその政策化」(『歷史學研究』679、1995年12月)。
10) 林子平『三國通覽図說』(1785年)、『海國兵談』(1786年)。本多利明『経世秘策』(1798年)、『西域物語』(1798年)。佐藤信淵『混同秘策』(1823年)。

と言える。

ロシアのレザノフが長崎に來航して通商を要求した(1804年)が、幕府は朝鮮·琉球·清國·オランダ以外と通信·通商しないのが「祖法」だとして拒否し、オランダ國王からのいわゆる開國勸告書翰(1844年)への回答では、朝鮮·琉球を通信の國、清國·オランダを通商の國と位置づけた。この段階では一応、日朝關係を含む從來の對外關係を確實に認定したと言える。しかし1801年には「鎖國」という言葉の初出がみられ、知識層を中心にこの言葉が使われるようになり、幕末段階では爲政者など廣範に使用されるようになる[11]。こうして「鎖國·開國」言説が廣がっていくが、「鎖國」という概念は明らかに歐米列强を意識したものであり、從來の周辺諸國·民族との對外關係の存在を無視ないし輕視する發想である。幕末にかけて、歐米列强への强い關心と警戒感から、從來の對外關係で交流していた諸國への關心が低下していった証左であろう。

嘉永6(1853)年にペリーが來航すると、廣範な人々の對外危機意識を喚起した。尊王攘夷思想の系統では、吉田松陰をはじめ、平野國臣、眞木和泉、久坂玄瑞などが對外進出論·侵略論を述べている[12]。歐米列强との通商を容認する論者では、福岡藩主黑田齊溥、老中堀田正睦、長州藩の長井雅樂、越前藩の橋本左內、横井小楠、勝海舟らの著述の中で、對外進出をして世界の强國になることが謳われている[13]。さらには儒學者の中でも、老中板倉勝靜の顧問であった山田方谷などは、周辺地域への露骨

---

11) 國民各層に廣く「鎖國·開國」言説が定着するのは明治時代になってからである。大島明秀 『「鎖國」という言説―ケンペル著·志筑忠雄譯 『鎖國論』の受容史』(ミネルヴァ書房、2009年)。

12) 吉田松陰「幽囚錄」(1854年)、杉梅太郎宛書翰(1855年4月24日付)。平野國臣「培覆論」(1862年)。眞木和泉の西鄉隆盛宛書翰(1863年秋)。久坂玄瑞「廻瀾條議」(1862年)。

13) 黑田齊溥のペリー來航に關する上書(1853年)。堀田正睦の意見書(1857年)。橋本左內の村田氏壽宛書翰(1857年)。長井雅樂「航海遠略策」(1861年)。横井小楠「國是三論」(1860年)。勝海舟の日記(1862年閏8月20日)。

な侵略論を展開している[14]。

このように、幕末には様々な立場から對外進出論が唱えられるようになっていた。付言しておくと、最近の幕末維新史研究においては、幕末の「攘夷」という概念はかなり廣いものであったことが指摘されている。すなわち「攘夷」とは、外夷を打ち拂って排除するという意味にとどまらず、歐米列强に屈する形で條約を結ぶことは斷固拒否するものの、「皇國」が主導權をもった形で條約を結び直し、あるいは一時的には現狀の條約を容認してでも、歐米列强に學びつつ富國强兵を図り、さらには積極的に對外進出して世界に冠たる强國になることを目指すような發想も多かったとされる。そのように捉えなければ、吉田松陰がペリー艦隊再來の際(1854年)に密航しようとしたことや、長州藩が下關で外國船を砲擊している時期(1863年)にロンドンに留學生らを密航させていた事實は理解できないであろう。

こうした多様な思想傾向からの對外進出論は、いずれも實際に政策化するにはなお非現實的で、誇大な主張であると言わざるをえない。とりわけ朝鮮への進出に關しては、日朝關係の實態にはほとんど觸れられていない。おそらく、現實に對馬藩が行ってきた日朝通交の具体的な內容に關しては、あまり知られていなかったことが推定される。しかしながら、こうした對外進出論が一般的となり、建前として通用する時代風潮であったことは確認しておきたい。

また、こうした言説の中では、神功皇后による三韓征伐·三韓朝貢が頻繁に言及されることにも留意したい。この伝說について、近代歷史學においては史實ではないことが言われているが、幕末当時では一般的な“知識”、“常識”であったと言わざるをえない。この伝說が古代以來存在するから、日本人はつねに朝鮮に侵略的な意識を抱いているのだと單純

14) 『山田方谷全集』所載の意見書(1861年)、進昌一郎宛書翰(1864年4月16日)。

化するのではなく、幕末の時代思潮の中で三韓征伐が表出·强調されてきたと捉えるべきであろう。さらに勇壯な海外雄飛を論じる中では、日本人が東南アジアにまで盛んに進出していた中世の記憶が呼び起こされていることも指摘できる。そのことは、江戸時代が「鎖國」であったとする觀念を强め、そこからの脫却が對外進出と結びつくことになる。

こうした幕末期の思潮が、對馬藩による日朝通交変革·朝鮮進出論の提唱の背景になったのである。

4. 対馬藩による日朝通交変革·朝鮮進出論の提唱

幕末期に對馬藩は、たびたび幕府から財政援助を受けつつも、財政窮乏を深刻化させていた。たとえば文久年間(1861～64)では、朝鮮からの物貨が澁滯していることに關して朝鮮側との交涉が難航しているなかで、每年多くの援助要求を幕府に訴えているし[15]、對馬宗家の日記·記錄類を見ても、儉約の勵行(藩主とその家族を含む)や藩士への知行米支給の滯りなどが記述されている。また明治初年には、膨大な內外債が蓄積されていた[16]。朝鮮貿易停滯に伴う財政問題の解決は、對馬藩にとって差し迫った問題であった。

文久元(1861)年2月にロシア艦ポサドニック号が對馬淺茅湾に來航し、半年にわたって占據を續けた際には、對馬藩は移封を求める內願書を幕府に提出している[17]。 それまでにも對馬藩が移封に言及することは

15) 長崎縣立對馬歷史民俗資料館藏·宗家文庫 「公義被仰上」の文久2(1862)年の册子を見れば、朝鮮に送る銅を幕府から調達する代金の延べ拂いなども含め、諸種の幕府援助·特別措置の願いをこの年には十數件提出している。

16) 田保橋潔「明治維新期に於ける對州藩財政及び藩債に就いて」(『近代日鮮關係の研究』下卷、朝鮮總督府中樞院、1940年)。

あったが、幕府からの援助を引き出すための壓力として言われたにすぎないとされる。しかしこのときは、幕府内でも對馬の上知·開港が檢討されており、また對馬藩内でもこの内願書提出を周知させていることから、現實味を帶びた措置だと言ってよい。對馬藩としては、農業收入の乏しい對馬を離れ、十分な財政基盤(領地)を得たうえで、日朝關係にも關与し續ける目算であったと考えられる。ポサドニック号が退去したのちに到着した幕府の外國奉行ら一行が對馬巡檢を行い、その報告書が提出された結果、對馬上知·開港、對馬藩の移封は見合わせとなった。

そのころ對馬藩内では、藩主継嗣をめぐる對立が激しくなっていた。近世後期の對馬藩における内訌では、財政窮乏狀態を改善するための幕府援助を獲得した勢力が大きな發言力をもつ結果になる。文久2(1862)年8月、尊王攘夷派藩士らが、移封論を推進していた家老を殺害する事件が起きた。主導權を握った尊攘派らは、自らの藩内基盤を强固にし、移封に代わる援助を幕府に求めるべく、藩論を破約攘夷へ轉換させた長州藩と尊王攘夷路線に基づく同盟關係を結んだ。大島友之允ら周旋グループは長州藩の桂小五郎(木戸孝允)らとの接触を重ね、 幕府·朝廷へ對馬·朝鮮問題を働きかけた[18]。 11月の對馬藩による藩情說明書によれば、「食を異邦に仰ぐ」(米を朝鮮に依存している)ことは國威にかかわるとし、從來の日朝關係の問題点と對馬防衛を訴えている。長州藩尊攘派の思想傾向からすれば、こうした朝鮮問題に關する對馬藩の主張は同調すべきものであったと考えられ、實際に對馬藩の援助要求運動を全面的に支援

17) 日野清三郎 『幕末における對馬と英露』(長正統編、東京大學出版會、1968年)。木村直也「幕末期の幕府の朝鮮政策」(田中健夫編 『前近代の日本と東アジア』吉川弘文館、1995年)。

18) この援助要求運動については、木村直也「文久三年對馬藩援助要求運動について－日朝外交貿易体制の矛盾と朝鮮進出論」(田中健夫編 『日本前近代の國家と對外關係』吉川弘文館、1987年)を參照。

することになる。

こうして對馬藩は、さかんに朝廷·幕府の有力者に働きかけたが、その際、桂小五郎の仲介により、積極的な對外進出論を唱えていた山田方谷と勝海舟に接触し、支援を得たことは注目される。山田方谷は前述のように、老中板倉勝靜の顧問で誇大な對外侵略論を持論としており、大島友之允らの援助要請を受けて、幕府に提出する對馬藩願書の草案を添削し、その書中に朝鮮進出論を書き込むことに寄与した。願書は老中板倉の內覽を経て幕府に提出されるが、その直前には板倉から朝鮮國体情探索の命令が出されている。幕府としても日朝通交変革の第一歩を踏み出そうとしたのである。また勝海舟は当時、幕府の軍艦奉行並であり、對馬の上知·開港と、東アジア交易擴大による海軍建設を主張していた。彼は大島ら對馬藩士と頻繁に接触して要請を受け、 對馬援助·日朝通交変革に向けて積極的に支援した。

文久3(1863)年5月12日、對馬藩から幕府に對し、毎年3万石の米の支給と武器·軍艦の貸与を求める願書が提出され、その中に朝鮮進出論が盛り込まれた。その論理は、次のようなものである。

外夷が朝鮮を侵略する恐れがあり、對馬のみならず天下の大事であり、遅れれば人(他國)に制せられるから、外夷が朝鮮に侵入する前に策略を立て、家康以來の和交と信義をもって援助する主意を示せば朝鮮は服従するだろう。もし服從せず兵威を示しても、秀吉の朝鮮出兵のような無名のそしりは受けない。朝鮮へ手を付けるにあたっては、当初は隣好の誠意を盡くし、承服しなければ兵威を示すことになる。朝鮮進出にあたり、日朝交易が斷絶しても戰略的要衝の對馬を維持できるよう援助が必要である。

幕府內では侃々諤々の議論のすえ、5月26日に對馬藩の要求を認め、毎年3万石支給を通達した。また勝海舟の對馬差遣も通達された。

しかし、同年の八月十八日の政変、翌元治元(1864)年7月の禁門の変により、長州藩を中心とする尊王攘夷勢力は中央政局から追放され、長州尊攘派と結託していた對馬藩への批判も強くなった。對馬藩は、日朝通交変革を進める契機として勝海舟の對馬下向に期待していたが實現せず、毎年3万石支給も2年間實施されただけで停止された。

そのようななかで元治元年10月26に大島友之允は、幕府目付の向山榮五郎に對し約6500字に及ぶ朝鮮進出建白書を提出した[19]。その建白書では、前年の援助要求願書における朝鮮進出論を略述したうえで、突然兵威をもってするのではなく「御恩德」を先にし、もし朝鮮が德化に服さなければ「赫然膺懲之御勇斷」に出るべきであり、朝鮮は「素より狐疑深き國風」ですぐに承服しないだろうから、恩·威·利の三つを活用すべきだ、という基本方針を述べ、次の7項目の具体的な提案をする。

① 「兩國交際之規則を改」:兩國交際の旧弊一新、朝鮮所々の開港、日本人植民
② 「勉て彼之民心を服す」:「御仁恩」と利益で朝鮮の民心を收攬
③ 「兩國之禁を破」: 兩國の固陋の法禁を改める突破口として武器輸出禁止を解除
④ 「彼我之物產を開」: 朝鮮での諸產業開發は双方の利益、朝鮮が日本に化す方便に
⑤ 「神州之武威勇氣を示す」: 朝鮮で軍事演習をし朝鮮人に日本の義勇尙武を見せる
⑥ 「清國之商路を開」: 朝鮮を媒酌として北京との商路を開く
⑦ 「大に海軍を興起す」: 朝鮮·清國との交易を海軍興起の財源に(勝

19) 木村直也 「元治元年大島友之允の朝鮮進出建白書について(上)」(『史學』57-4、1988年3月)。

海舟の構想)

その後、あとがき部分で幕吏の對馬下向を求めている。

文久3(1863)年の對馬藩援助要求願書や翌年の大島友之允建白書では、日朝通交を自藩に有利な形に変革したいとする意識が前面に表れている。前述したような他の對外進出論に比べ、日朝通交･貿易の實態がある程度踏まえられており、對馬藩の現實の利害に基づいた主張と言える。もちろん幕府援助を引き出すための誇大な論理であり、現實離れした部分もなくはないが、しかしその後一貫して對馬藩は日朝通交変革路線を歩むことになる。

この對馬藩による朝鮮進出論提唱について、いくつか留意点を指摘しておく。まず、基本的な意識として、「皇國」の優越感と朝鮮蔑視觀がみえている。援助要求運動を主導した大島らの意識は、その背後にある当時の時代思潮に根差しているものと言えよう。すなわち、多様な對外進出論が表出されていた環境のもと、長州藩などの尊王攘夷派の意識、山田方谷の侵略主義的な議論、勝海舟の東アジア交易構想との接触が影響していたものと考えられる。そしてそれらの基底にあるものは、武器輸出禁止解除を提唱しているように、朝鮮は軍事的に弱小であるという認識である。「文」の國である朝鮮が、「武」の觀点から低位に位置づけられているのである。またこの朝鮮進出論では、はじめは誠意をもって説得するが、朝鮮はたやすく服從しないだろうから「恩･威･利」を活用して工作し、それでも聞かれなければ討つという論理構成、つまり段階的進出論を展開していることが注目される。最初から大軍を送って侵略せよという暴論ではなく、段階的進出の論理によって硬軟の多様な立場からの支持を獲得し、政策化への現實性を付与することにつながると言えよう。

日朝關係に關する具体的知識が一般的ではなかった幕末において、日朝通交を担ってきた当事者である對馬藩が、財政窮乏打開の意図から日朝通交変革·朝鮮進出論を提起した意義は大きいものと考える。

5. 幕府使節派遣計画と"1867年ショック"

慶応2(1866)年に朝鮮では、來航したフランス·アメリカ艦船と衝突する丙寅洋擾が起こった[20)]。10月に朝鮮政府は丙寅洋擾を伝える書契を對馬に向けて送付し、對馬藩は翌年3月に將軍慶喜へ轉達した。また横浜·長崎の開港場からも丙寅洋擾に關する情報が入り、フランス·アメリカは朝鮮を再襲撃するとの風聞もあった。對馬藩は釜山倭館·長崎·横浜での情報を随時幕府へ伝えたが、藩内の史料からは、對馬藩がフランス·アメリカの再擧を予想して朝鮮と仏·米との和解の必要性を早期に認識し、幕府と協議する意向であったことがわかる。とりわけ慶応3(1867)年1月の大島友之允宛の藩内文書には、従來の御役職(對馬による日朝通交)が成り立ち、「神州(日本)におゐても禍を轉じて福となすの御長策」を行って、かねて取りかかっている「朝鮮國御重用件」(日朝通交変革)がうまく運ぶようにすべきであると書かれている。

その結果、幕府は朝鮮とフランス·アメリカとの間を調停する使節の派遣を計畫した。幕府使節の朝鮮派遣は、江戸時代の日朝關係ではなかったことであり、場合によっては漢城まで行く計畫であったことも含め、きわめて異例なことである。幕府はこの計畫を立てるにあたり、老中板倉勝靜が對馬藩に對して朝鮮取扱規則の変革、以酊庵輪番制廢止·

20) 本章に關しては、木村直也「幕末における日朝關係の轉回」(『歷史學研究』651、1993年10月)を參照。

別役人派遣を指示しており、日朝通交変革を視野に入れたものであることがわかる。しかも、幕府がアメリカに調停を打診した文書では、朝鮮が「無義の擧」を行ったため「忠告善導せざるを得ざるの理あり」としており、西洋近代國際社會に擦り寄る姿勢を見せている。

毎年3万石支給が停止され、藩内抗爭も激烈な狀況で、再び財政窮乏が深刻化した對馬藩は、幕府使節派遣が計畫された時期に、すでに貿易改革の動きを開始していた。慶応3(1867)年1月、對馬藩は倭館攔出(釜山倭館から不法に館外に出ること)を行い、東萊府に對して公貿易に關する改善措置を要求して認めさせた。ついで3月には講信大差使を倭館へ派遣し、今後は東萊府使との直接交涉を行うことや、武器輸出解禁を含めた貿易規則変更について異例な內容の交涉を申し入れ、朝鮮側は旧例違反として拒絶した。

さらに同時期には朝鮮にとって看過することができない問題が起こった。慶応2年(1866)年後半、清國の新聞に日本人八戸順叔(幕府代官手代の子)の發言が掲載された。その內容は、日本國は「火輪軍艦八十余艘」を保有し、「往討朝鮮之志」があるというものであり、朝鮮は5年に一度朝貢していたのに、今は日本に服していないからだとの理由も付されていた。このような發言をした八戸の意図は不明だが、幕末における對外進出論の高まりを背景にしていたと思われる。この新聞記事情報を入手した清朝は、宗主國の立場から朝鮮へ通報した。その際、春暖になればフランスが再來襲するだけでなく日本も進兵するだろうという風說情報も添付していた。 慶応3(1867)年3月に朝鮮政府は八戸順叔の征韓記事に關して詰問する書契を對馬藩に送った。對馬藩は、釜山倭館での書契受取時に日朝通交見直しを强調し、また幕府への轉達時には、記事を否定して隣睦を唱えることが使節派遣による調停に有利に働くとの認識を示していた。幕府も、八戸問題に關連させて調停使節の意義を朝鮮に理解させるよう對馬藩に指示を与えた。その結果、八戸順叔記事を事實無根だと否定する8月の書契には、幕府使節派遣についても付記されていた。對馬藩·幕府はともに、八戸問題をむしろ積極的に使節派遣や日朝通交変革に結びつけようとしたのである。

つまり慶応3(1867)年には、對馬藩による貿易改革交渉、幕府による調停使節派遣の予告、八戸順叔征韓記事問題が同時並行的に朝鮮にもたらされた。朝鮮にとって三つの問題はいずれも、日朝關係の基本に關わるような異例な事態であり、いわば"1867年ショック"と呼びうるような衝撃を朝鮮に与え、日本への猜疑心を高めたことは想像に難くない。朝鮮は幕府の調停使節派遣を拒絶した。

幕府使節派遣の準備は、大政奉還(慶応3(1867)年10月14日)以降も續けられ、朝廷からも計畫續行を認められたが、「王政復古」クーデタ(同年12月9日)、戊辰戰爭勃發(翌年1月3日)によって幕府が倒壊したことにより、使節派遣は自然消滅となった。

この使節派遣計畫では、對馬藩はこれを日朝通交変革の突破口として位置づけ、一貫して深く積極的な關与を行った。また幕府(德川慶喜政權)は、外交權を掌握する主權者としての地位を內外に示す意図をもち、西洋近代國際社會への志向を伴いながら、やはり日朝通交変革を意図した。幕府が朝鮮に直接使節を派遣するということは、中央政府による日朝外交掌握への第一歩でもある。基本的に旧例固守の姿勢をとる朝鮮政府は、日本側から異例な三つの問題を突きつけられて日本への不信を抱いていた。このような狀況で、翌年の新政府樹立通告書契がもたらされるのである。

6. 明治新政府と木戸孝允

すでに幕末以來、對馬藩による財政援助要求にからんだ日朝通交変革の動きが展開されている状況で、明治新政府(維新政權)が樹立された。新政府は当初、確固とした組織もなく、國政運営には關与した経驗のない者たちが新政府の中樞に入った。これまで朝鮮外交に關与した幕府關係者はおおむね排除され、新政府の首腦の中で日朝關係に詳しい人物はほとんど見当たらなかったが、唯一の例外は木戸孝允(桂小五郎)と言ってよい。前述のように木戸は、幕末文久年間以來、對馬藩の大島友之允らと連携して、對馬藩の運動に關わってきたからである。また木戸は、安政5(1853)年に吉田松陰から鬱陵島開拓計畫をもちかけられ、吉田の死後、万延元(1860)年には「竹島(鬱陵島)開拓建言書」を幕府老中に提出しており[21]、朝鮮への進出に關心が高かった。

新政府が樹立された直後の明治元(1868)年1月から、對馬藩の大島友之允らは木戸孝允ら長州藩關係者に接触し、對馬·朝鮮問題を訴え、木戸は對馬藩士を三條實美·岩倉具視へも紹介している[22]。3月23日に政府は對馬藩に對し、これまでのとおり朝鮮通交を担うよう「家役」を命じ、「王政御一新」なので海外の儀は「旧弊等一洗」するようにと指示した。また同時に、朝鮮との國交は朝廷で取り扱う旨を朝鮮へ通達するよう指示した。すなわち朝鮮への新政府樹立通告を命じたのである。この對馬藩への通達案は木戸孝允が作成したようであり[23]、對馬藩から政府に提出する建議書の添削も木戸が引き受けていた。

---

21) 岸本覺「幕末海防論と「境界」意識」(子安宣邦編『江戸の思想』9、ぺりかん社、1998年)。

22) 以下本章に關しては、木村直也「明治維新期の日朝關係—近世日朝通交システムの終焉」(明治維新史學會編『講座明治維新6·明治維新と外交』有志舍、2017年)を參照。

23) 宮內廳書陵部藏·木戸家文書の中に木戸の草稿と思われる文書が收められている(村田明夫氏のご教示による)。

閏4月6日に對馬藩は政府に對し朝鮮通交刷新を建議したが、建議書には「別錄」「兩國交際ノ節目」も添付されていた。とりわけ「別錄」では、①朝鮮外交を對馬一手に任せず、②今回の交隣一新に際し通商交易も對策をとり、列强より先んずれば制するので、「恩威並行」して進めれば、數年後に朝鮮は日本の「外府」のようになる、③朝鮮から食糧を得ていることは「藩臣之礼」を取るに近く、弊例をすみやかに更革することが「韓國へ御手ヲ下サセラレ候御順序之第一」となる、④名分條理を正し從來の弊例を改める、⑤朝鮮は「元來偏固之風習、善悪旧規ヲ拘守」する國柄なので、丁寧に説得しても聞かれなければ「赫然膺懲」し、「皇國義勇之氣象」を徹するように、などと主張している。この文書は元治元(1864)年の大島友之允の朝鮮進出建白書と酷似しており、對馬藩が幕末以來の日朝通交變革路線の上に立っていることは明らかである。對馬藩は、新政府樹立・旧弊一新の狀況を利用し、政府の力を借りて日朝通交を自藩に有利な方向へ変革しつつ、對馬藩への財政援助を强く要望していたのである。

樹立したばかりの新政府内における日朝關係についての理解は一般に乏しかったから、對馬藩や木戸孝允の主張が大きな影響力を有した。また、新政府が旧幕府の旧弊を一新することをスローガンに掲げている狀況は、從來の日朝通交における屈辱性や弊礼の除去の主張に全面的な支持を与えることになる。さらに徳川將軍を打倒して天皇中心の政府を打ち立てたということは、幕末以來の尊王思想の延長上において、天皇を戴く國としての國威發揚を求める意識を增大させるとともに、從來朝鮮國王と敵礼(對等)關係にあった徳川將軍より天皇のほうが上位にあるという名分論的な認識を表出させることになった。

明治元(1868)年5月以降、對馬藩の大島友之允は、外國官と日朝國交調整・對馬藩援助について交渉を重ねた。その結果、藩主宗義達の官位を上昇させ、「王政御一新」を朝鮮に通告するための書契が作成された。この書契では、江戸時代における慣行を一方的に変更した。すなわち、①從來對馬藩主を「日本國對馬州太守拾遺平某」と表記していたものを、「日本國左近衛少將對馬守平朝臣義達」とし、天皇の臣下であることを明示した、②對馬が朝鮮に臣従しているような性格をもつ朝鮮支給の図書(銅印)を廢止し、新政府による新印を使用した、③日本の天皇に關して「皇」「勅」の文字(朝鮮にとっては宗主國の清國皇帝にしか使えない)を使用した、という変更を行い、これがのちに問題となった。外交ではとりわけ、儀礼と外交文書において兩國の關係を視覺的に表現することになるが、この書契形式の変更は、日本の新政府が朝鮮より上位にあることを明示するものである。

12月に對馬藩から新政府樹立通告のための大修大差使が送られ、釜山倭館に到着した。すでに予告使節も派遣されて書契形式の変更を告知していたが、予告書契も含め、朝鮮側は大修大差使を拒絶した。こうした変更が朝鮮側からの反發を受けることは、對馬藩はある程度予想していた。使節派遣前の10月8日の藩主宗義達による藩內への戒諭では、朝鮮側の反發によって貿易が停滞するすることも覺悟するよう訴えている。

朝鮮側の拒絶は、新政府との國交樹立を呼びかけた使節を朝鮮が"不当にも"拒否したという形で日本側の多數には受け取られ、以後、日朝關係は險惡化し、征韓論が朝野において高まっていくことになる。すなわち、日朝關係は「交隣」から「征韓」へと轉回してしまうのである。

木戸孝允は、新政府樹立通告の大修大差使が朝鮮に向かいつつあった明治元(1868)年12月14日の日記に、 岩倉具視に對して次のように述べたと記している[24]。

すみやかに天下の方向を一定し、使節を朝鮮に遣し、彼の無禮を問い、

---

24) 『木戸孝允日記』第一(日本史籍協會、1932年、東京大學出版會から覆刻再刊、1982年、國立國會図書館デジタルコレクションにも收載)。

彼もし服せざるときは罪を鳴らして其土を攻撃し、大いに神州之威を伸張せんことを願う。しかるときは天下の陋習たちまち一変して、遠く海外へ目的を定め、したがいて百芸器械等、眞に實事にあい進み、おのおの内部を窺い、人の短を誹り、人の非を責め、各自顧省せざる之悪弊一洗に至る。必ず國地大益、言うべからざるものあらん。

木戸の征韓論として有名な文章であるが、いまだ内部不統一で安定していない新政府の矛盾を解消するために征韓を位置づけている。また朝鮮側の「無禮」というのは、これが書かれた日付を考えれば朝鮮による大修大差使拒絶を指すのではない。木戸が對馬藩關係者から幕末以來聞かされていた、朝鮮が對馬を臣従させているような形式をとっていることと解釋するのが自然であろう。こうした認識が、征韓論の背景にあったのである。こうした意識をもつ木戸孝允が、樹立されたばかりの新政府の朝鮮外交に大きな影響力をもったことは留意すべきであろう。

7. 近世日朝通交システムの終焉と征韓論の表出

明治2(1869)年以降、日朝國交交渉は停滞する[25]。新政府における外交部署はしだいに整えられていくが、朝鮮外交への政府の取り組みは右往左往する。對馬藩による大修大差使書契の伝達失敗を受けて、對馬藩の媒介をはずして政府が直接朝鮮外交を接収し、「皇使」(政府使節)を朝鮮に乗り込ませるべきだという性急な議論が出てきた。征韓論が朝野で顯在化してくるにつれ、こうした議論には最終的に武力行使も辭さないという文言も付け加わるようになる。明治3(1870)年には木戸孝允、外務省から釜山倭館に實情調査のため往復した佐田白茅・森山茂・齋藤榮、さらに柳原

25) 本章に關しては、前掲・木村直也「明治維新期の日朝關係」を參照。

前光外務權大丞などが意見書を提出したが、これらは、すみやかに「皇使」を朝鮮に派遣して說得し、軍事的な威壓なども加え、聞かれなければ武力行使を行う、といった內容で共通する。多少硬軟のニュアンスが異なるものの、單純に朝鮮を討てとするものではなく、幕末以來の對馬藩による朝鮮進出論の論理と同樣、段階的進出論になっている。この段階では、無責任な立場にある學者·経世家だけではなく、實際に外交政策の提起·運用にあたる者たちが征韓論を唱えていることに留意したい。

一方で、性急に政府が朝鮮外交を接收すれば、朝鮮との關係はさらに惡化するという懸念も強く出ていた。對馬藩は、それまでは新政府による後ろ盾を得て朝鮮側に通交變革を迫る姿勢であったが、政府による朝鮮外交接收の方向が打ち出されるに及んで、日朝通交における自らの特權を喪失する危惧に直面することになり、政府による接收に当たっての問題点や、接收までに解決すべき課題を列擧して、性急な接收に抵抗する姿勢を示した。政府でもそうした課題を處理する見通しは立っておらず、種々の議論が飛び交いつつ、朝鮮外交接收の動きはすぐには進まなかった。その間にも、對馬藩が倭館で朝鮮側譯官との間で、兩國政府等對(同等の政府高官どうし)による交際という妥協案を提示する(1870年)などしたが、事態の解決には至らなかった。

明治3(1870)年10月に政府は、外務省權少丞吉岡弘毅らに釜山出張を命じ、政府官吏として交渉を試みさせた。朝鮮側は初めは彼らとの會見を拒否し、また會見が實現したのちも國交交渉は進展しなかった。明治4(1871)年7月14日に廢藩置縣が斷行されて對馬藩が消滅したため、政府は宗氏の朝鮮通交家役を罷免することになった。なお朝鮮との交渉を効果的に行うべく、旧藩主の宗重正(義達)を外務大丞に任じて朝鮮國出張を命じるという動きも示したが、それは實現しないまま、政府は倭館接收の準備を進めた。 明治5(1872)年9月に外務大丞花房義質一行が軍艦に乗って釜山に到着し、倭館接收作業をして歸還した。このような措置に朝鮮側は強く反發し、撤供撤市(物資を倭館に供給しないこと)を斷行した。翌明治6(1873)年4月に外務省出仕廣津弘信が釜山草梁公館(倭館)統轄のために着任し、倭館は完全に外務省によって接收された。ここに近世日朝通交システムは終焉し、近代國家の中央政府による朝鮮外交の直接掌握が果たされたのであった。

しかし、その後もなお國交交渉は進展せず、政府内では不滿がくすぶっていた。明治6(1873)年には草梁公館前に掲げられた朝鮮側の掲示(日本を「無法之國」と表現)を契機に、政府内では朝鮮に斷固たる措置をとるように求める議論が起こり、西鄕隆盛を使節として朝鮮に派遣する方針をめぐって10月に政府は分裂する。いわゆる征韓論政変である[26]。西鄕が自らの主張を論じる際に、不平士族らによる「內亂を冀う心」を外(朝鮮)に移すことで、「國を興すの遠略」を論じたことはよく知られている[27]。その後の大久保利通を中心とした政府のもとで、江華島事件(1875年)が起こり、日朝修好條規が締結され(1876年)、朝鮮は開港されるのである。

おわりに

日本において、三韓征伐伝説など朝鮮蔑視觀が古代から存在していた

26) このときの西鄕隆盛の主張をめぐっては武力侵略論(征韓論)か、平和的交涉論(遣韓論)かという論爭が1970年代末から行われたが、筆者は、最高首脳の一人である西鄕の朝鮮派遣じたい当時の狀況からすれば强硬な策であり、また西鄕の主張を征韓・遣韓の二者擇一で捉えるのではなく、段階的進出論の一環として捉えるべきだと考えている。

27) 明治6(1873)年8月17日付、板垣退助宛、西鄕隆盛書簡(『西鄕隆盛全集』第3巻、大和書房、1978年)。

のは事實だが、日本人が宿命的につねに朝鮮を侵略しようとしていたわけではない。江戸時代にはさまざまな利害對立、認識の齟齬など矛盾を含み込みつつ、二世紀半という長きにわたって平和的·安定的な關係を築いていた。征韓論のような主張が社會のなかで前面に表出してくるのは、それなりの時代的背景や諸要因が積み重なった結果である。

本稿では、19世紀に日本で征韓論が表出してくる背景·諸要因を廣く考察してみた。本稿で指摘した背景·諸要因は次のようなものである。① 近世中·後期の東アジア各地域の変化により、日朝關係の意義が変質した。② 近世後期に日朝貿易が衰退に向かい、對馬藩は財政窮乏に陷り、さかんに打開を試みた。③ 18世紀末以降、歐米列强への關心の高まりに對して東アジア地域への關心の相對的低下が起こり、「鎖國」概念の普及とともに周辺地域との關係を無視·輕視する傾向が强まった。④ さらには歐米列强への危機感から、周辺地域に進出すべきだとする對外進出論が多様な立場から廣範に唱えられた。⑤ 幕末政治の変動、とりわけ尊王攘夷運動の高揚と連動しながら對馬藩が援助要求運動を行い、日朝通交変革·朝鮮進出論を提唱し、幕府も一定程度これを受け入れた。⑥ 對馬藩·幕府がそれぞれの思惑を抱きつつ、丙寅洋擾を日朝通交変革に利用しようとし、朝鮮にとって“1867年ショック”が日本への猜疑心を高めるものとなった。⑦ 新政府樹立により、天皇を戴く國として國威を發揚しつつ朝鮮外交を位置づけようとした。⑧ 不安定な政權の內部矛盾を解消する方便として、征韓を位置づける動向があった。

以上の諸点のうち、どれを主要なものと評価するかについては議論があろう。ただし、征韓論の表出は單純な理由から起きたものではなく、これらが複合的に絡まって起きたものと理解すべきである。また、兩國關係は相互作用によるものである。幕末維新期の朝鮮王朝は、基本的に旧例固守の姿勢を續けており、大院君政權による排外攘夷政策が推進された時期でもある。歐米諸國との條約を結んだ日本への批判的な眼差しもあり、“1867年ショック”を受けて日本への猜疑心を高めた狀況で、翌年の新政府樹立通告書契において日本側による一方的な形式変更を突きつけられ、態度を硬化させた。こうした幕末維新期の日朝關係の轉回には、日本･朝鮮相互の認識の齟齬と、相互理解の不足による見通しの甘さが見て取れる。日本側は、1867年に異例な貿易変革交渉、幕府使節派遣、八戸順叔征韓記事の否定を同時に行うことによって日朝通交変革が効果的に進められると判斷したが、それが朝鮮側にどのような意識を抱かせるかまで讀み切っていない。また、新政府の權威を高めるべく國威を發揚し、從來の屈辱性を一掃しようと新政府樹立通告書契を送ったが、朝鮮側の反發を過小評価していた。一方朝鮮側は、從來通りの對馬による通交を維持することを求め續けるが、日本における新政府樹立による新たな狀況を理解し切れていないようにも思われる。いくつかの妥協案が相互に試みられてはいたが、 それらを適切なタイミングで實現することができず、「交隣」から「征韓」への轉回を決定づけてしまったことは、その後の歴史にとって不幸なことと言わざるをえない。

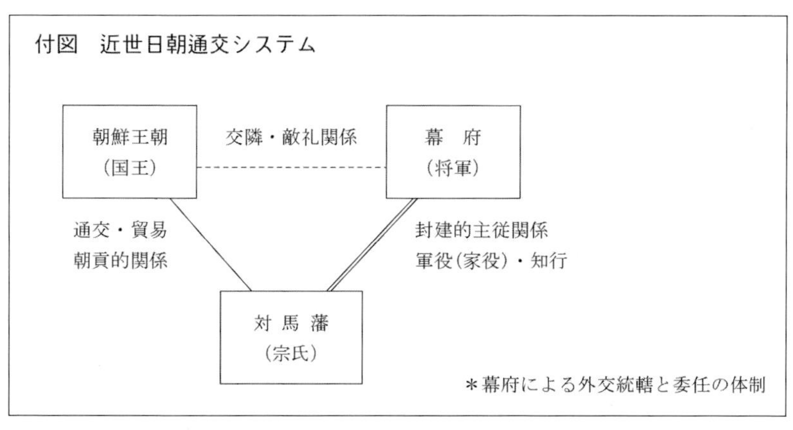

〈번역문〉

19세기 정한론의 표출

- 그 배경과 여러 요인의 고찰 -

木村直也 | 立教大

시작하며

慶応3～4(1867~68)년에 도쿠가와 막부가 무너지고 메이지 신정부가 수립되자 일조관계는 크게 변동해「交隣」에서「征韓」으로 돌아섰다. 이날 일조관계의 전환에 대해서는 그동안 필자가 검토를 거듭해 왔는데,[1] 본 보고에서는 이런 전환을 일으킨 배경과 여러 요인을 살펴보고자 한다.

에도시대의 일조관계는 평화적·안정적 관계를 유지했지만, 메이지 신정부가 수립된 이후 그것이 파괴되었는데 그 경위에 대해서는, 田保橋潔 이후 연구가 있지만,[2] 선행 연구가 축적되어 왔다고는 하기는 어렵고, 일본

1) 일조관계의 전환에 대해서는 다음을 참조. 關周一編 『日朝關係史』(吉川弘文館、2017年)所收の木村直也「Ⅲ近世の日朝關係とその変容」を參照。他に木村直也 「幕末の日朝關係と征韓論」(『歷史評論』516、 1993年4月)、「幕末における日朝關係の轉回」(『歷史學硏究』651、1993年10月)、「幕末期の朝鮮進出論とその政策化」(『歷史學硏究』679、1995年12月)、「幕末期の幕府の朝鮮政策」(田中健夫編『前近代の日本と東アジア』吉川弘文館、1995年)、「東アジアのなかの征韓論」(『日本の對外關係7 近代化する日本』吉川弘文館、2012年)、「明治維新期の日朝關係—近世日朝通交システムの終焉」(明治維新史學會編『講座明治維新6 明治維新と外交』有志舍、2017年)등。

2) 田保橋潔 『近代日鮮關係の硏究』上卷(朝鮮總督府中樞院、1940年)。沈箕載 『幕末維新日朝外交史の硏究』(臨川書店、1997年)。吉野誠 『明治維新と征韓論—吉田松陰から西

학교 교과서에서도 거의 설명되지 않았다. 또한 개별 실증연구를 진전시키는 동시에, 왜 막말유신기에 조북관계가 전환되고, 정한론이 표출되는지에 대해서는, 큰 시야에서 배경과 여러 요인에 대해 고찰을 진행해야 할 필요가 있다. 이때 다음과 같은 단순화의 덫에 빠지지 않도록 주의해야 한다.

① 에도시대의 일조관계가 이상적인 평화 우호를 실현하고 있으며, 메이지 이후에는 침략 일변도의 역사라고 하는 양극화에 잡혀 있다.
② 전환의 원인에 대해서, 예를 들어 "신정부가 국교를 요구한 것에 조선이 거절했다"라고 하는 표면적, 단기적 현상에 그치고 있다.
③ 일본은 역사를 통해 일관되게 조선을 침략하려는 의지가 있다며, 조선 침략은 필연적 숙명적인 것으로 해석하고 있다.

①에 대해서는, 에도시대에는 다양한 모순이나 이해 대립, 상호 인식의 어긋남 등을 포함하면서도 평화적·안정적인 관계가 유지되고 있었다는 것, 메이지 이후에도 조선·한국과의 양호한 관계에 부심한 사람들이 있었던 것도 고려해야 한다. ②에 대해서는 커다란 시대 배경 아래, 여러 요인이나 현상이 복합적으로 관련하여 나타난 결과에서 일어난 변화임에 유의해야 한다. 또한 ③에 대해서는, 이웃 국가 비하 의식이 역사 통관적인 형태로, 부분적이고 또한 상호간에 있었다고는 하지만, 숙명론에 빠지는 것이 아니라, 그러한 의식이 전면에 표출할지의 여부는 시대 상황에 따른 것임을 이해해야 한다.[3]

鄕隆盛へ』(明石書店、2002年)。石田徹『近代移行期の日朝關係—國交刷新をめぐる日朝双方の論理』(溪水社、2013年)。石川寛「日朝關係の近代的改編と對馬藩」(『日本史研究』480、52002年)、「明治期の大修參判使と對馬藩」(『歴史學研究』775、2003年)。牧野雅司「明治維新期の對馬藩と「政府等對」論」(『日本歴史』766、2012年)。또한 한국어 저작으로 玄明喆、金興秀 등의 연구가 있다.

3) 池內敏『日本人の朝鮮観はいかにして形成されたか』(講談社 2017年)。

본고에서는 이러한 점에 유의하면서, 고찰을 하고자 한다.

1. 에도시대 일조관계의 구조와 실태

쓰시마는 한반도에 가깝고 산과 같은 가파른 지형으로 농업생산이 적기 때문에 조선무역으로부터의 이익에 크게 의존하고 있었다. 경계영역에 있는 쓰시마는 국가·민족을 넘은 교류의 가능성을 가지는 경계로서의 성격과 중앙에서 보면 주변·변방으로서의 성격, 즉 국경을 지키는 역할을 하지 않으면서도 중앙에 의존한다는 두 가지의 성격을 가지고 있었다.[4] 쓰시마의 宗氏는 豊臣秀吉의 조선침략(文祿·慶長の役、壬辰·丁酉倭亂)(1592~98년)의 이후, 국서위조·조작 등까지 전개된 일조관계를 복원하고, 쓰시마·조선 간의 무역을 재개시켰다. 이후 에도시 대에 쓰시마번이 일조 양국의 매개체로, 통신사가 일본에 와서 문화 교류를 하는 등, 평화적·안정적인 관계가 에도 막부 말기까지 2세기 반 동안 유지되었다.

이 근세 일조통교시스템의 구조는 별도의 <도표1>과 같다.

〈도표1〉 근세 일조통교시스템

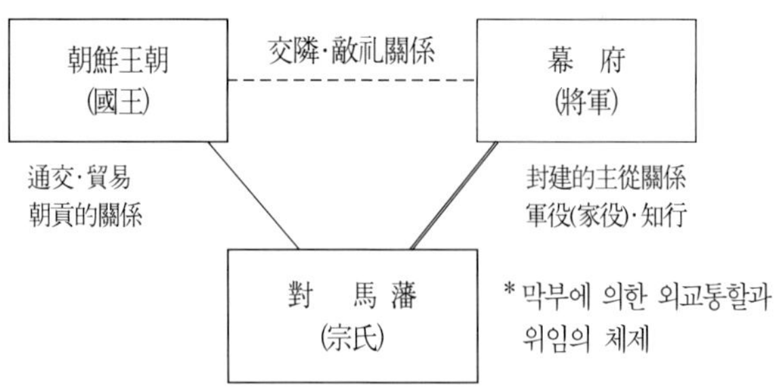

4) 木村直也「對馬—通交·貿易における接触領域」(『岩波講座日本歴史20地域論』岩波書店、2014年)。

여기서 유의해야 할 것은 쓰시마번 宗氏는 도쿠가와막부에 신종(臣從)하는 다이묘인 것이 기본으로, 조선과 통교를 할 때에는 조공·신종적인 형식을 포함하고 있었다. 구체적으로는 조선국왕 즉위 축하사절에 의한 상표문 형식의 서계 봉정, 부산왜관에서의 연향에서의 대마사절에 의한 조선국왕전 패배례(牌拜禮), 진상 (封進), 회사(回賜)형식의 물화교환, 조선에서 대마로의 도해료 등의 쌀지급이라는 사항을 들 수 있다. 이러한 미묘한 삼각관계에 의해 에도시대의 조일통교시스템은 유지되었던 것이다.

이러한 상황에 대해서, 쓰시마번 내에서도 전혀 이론이 없었던 것은 아니다. 예를 들면 에도시대 중기의 유학자 滿山雷夏은 쓰시마가 조공·신종하고 있는 형식을 굴욕으로 파악하고 있다.[5] 또한 최근 일조 우호의 상징적인 인물로 알려진 雨森芳 洲가 있는데, 그는 부산 왜관에서 조선측과 치열한 교섭을 벌였고, 또한 신유한 의『海游錄』에서는 그가 통신사 일행과 격렬하게 대립하는 장면도 그려져 있다. 자주 인용되는『交隣提醒』(1728年)의 한 구절,

「誠信と申し候は實意と申す事にて、互いに欺かず爭わず、眞實をもって交わり候 を誠信とは申し候」에 이어, 그 직후에는 조선과 진정한「誠信之交」를 벌인다면, 쓰시마 로부터의 송사(送使)는 사퇴하고 조선에서 대접을 받지 못하게 해야 하지만 그것은 쉽게 실현될 수 없었다.[6] 그의 인식은 국가의 체면과 이해를 건 치열한 외교협상 끝에 한 인식이기 때문에, 깊은 의미가 있다고 할 수 있다.

에도시대의 조일 관계가 평화적·안정적으로 두세기 반 동안 유지된 것은 평가해야 한다. 그러나 거기에 있었던 것은 단지 "우호"만의 의식이 아니었다. 오히려 다양한 이해 대립, 인식의 어긋남 등 여러 모순이 포함되어 있는

5) 石川寬「對馬藩の自己意識」(九州史學硏究會編『境界のアイデンティティ』、岩田書院、2008年)。

6) 雨森芳洲『交隣提醒』(田代和生校注、平凡社·東洋文庫852、2014年)。

데, 어떻게든 유지되었음에 유의해야 할 것이다.

2. 일조관계의 변질

에도시대의 평화적·안정적인 일조관계는 근세 동아시아 국제사회의 안정에 기여함과 동시에 동아시아의 경제적 네트워크의 일환을 이루고 있었다. 그러나 그 2세기 반에 걸친 교류 동안 동아시아의 환경은 크게 변화하고 일조관계의 의의도 변질되어 가게 된다.[7)]

1644년 명청교체(明淸交替) 이후 중국에서는 여전히 동란이 계속되고 있었지만, 그것도 1683년 대만의 정씨(鄭氏)세력이 청나라에 항복하여 천계령(遷界令)이 철폐되자 동아시아 해역은 활성화되었고, 나가사키로 도래하는 당나라 선박의 내항이 증가했다. 이에 따라 도쿠가와막부는 17세기 말부터 금은의 유출을 억제하기 위해 무역제한을 본격화시켰고, 또한 생사·비단, 조선인삼·약종 등 수입 품목의 국산화 정책을 진행했다.(특히 德川吉宗정권기) 그 결과 대마·조선 간 무역에도 그 영향이 있고, 무역량은 원록기(元祿期)(1688~1704)를 정점으로 감소의 길로 나가게 된다. 국내 경제가 크게 진전되는 한편 일본 경제에서 일조무역의 상대적 의의가 낮아졌다고 할 수 있다.

이와 같은 무역의 쇠퇴는 조선무역에 의존하는 쓰시마번의 재정 궁핍과 직결된다. 18세기 이후 쓰시마번은 막부에 대해 거듭된 배차·배령의 소원을 제출하였고, 그 중 어느 정도는 인정되고 있다. 安永5(1776)년 쓰시마번은 사무역 단절을 이유로 매년 금 12,000량의 막부 원조를 얻는데 성공한다. 쓰시마번은 이른 시기부터 규슈에 영지를 부여받았으며, 19세기 초에는

---

7) 본장에 대해서는 木村直也「近世中·後期の國家と對外關係」(曾根勇二·木村直也編『新しい近世史』2、新人物往來社、1996年)을 참조.

간토지방(下野國)에도 약간의 영지를 얻지만, 막말에 걸쳐 쓰시마번의 재정은 점점 궁핍해졌는데, 그것은 쓰시마번의 여러 사료에서도 분명하게 볼 수 있다. 이런 상황이 막말 쓰시마번이 일조통교의 변혁 노선을 취하는 배경이 된다. 또한 조선도 일상 교역품과 통신사 도래 시 사은품 조달에 시달리고 있었다.

18세기 말이 되면 막부(松平定信政權)는, 對馬易地聘礼(통신사에 의한 국서교환 을 에도가 아닌 쓰시마에서 함)를 쓰시마번에 지시하고, 조선측과 장기간에 걸친 어려운 협상 끝에 文化8(1811)년 對馬易地聘礼는 성사된다. 통신사가 에도까지 왕복하면, 가는 길의 여러 번 등의 부담(재정적 부담, 인마 조달 등)이 크고 막부의 부담도 방대한 것이 있기 때문이다.

게다가 松平定信에게 봉헌된 中井竹山(積善)『危言』の「朝鮮ノ事」에는 「神功皇后の遠征以來、韓國は服從朝貢し、わが屬國であったのに現在はそうなっていないが、元來小さな偏邦(朝鮮)の使節にここまで天下の財粟を傾けて応接する必要はない」라는 취지의 설명이 나와 있는데, 이런 조선멸시관도 배경이었다고 지적되고 있다. 통신사의 경제적 부담을 견디지 못하게 된 시기에 이런 조선 멸시 관이 표출되었던 것이다.

통신사는 폐지된 것이 아니라, 그 후에도 도쿠가와 장군의 대안에 따라 계획된 바의 연기를 거듭하고, 결과적으로 1811년 통신사가 마지막이 된다.[8] 통신사 도래에 있어서는 왕래하는 길과 에도에서 다채로운 교류가 펼쳐지며, 그 문화적 영향은 각지에 미쳤다. 에도 왕복의 마지막은 1764년이니 에도시대 후반 약 100년 동안 쓰시마 이외의 일본인들은 통신사 도래를 경험할 기회가 없어졌다. 그것이 조선에 대한 관심을 상대적으로 저하시키는 한 원인이 된 것으로 보인다. 막말기에는 통신사 파견이 되면 연기 교섭

---

8) 막말에는 통신사 파견 문제가 나타나면 연기 협상이 이뤄지고, 도래가 성사되지 않으면 장군의 대안이 나와 통신사 파견 협상이 다시 시작되는 것을 반복했다. 조일 양쪽에서 통신사에 대한 의욕이 떨어지고 있는 것이 보인다.

이 있고, 도래가 성사되지 않으면 장군의 대안으로 통신사 파견 협상이 다시 시작되는 일을 되풀이 했다. 조일 양쪽에서 통신사에 대한 의욕이 떨어지고 있는 것이 확인된다.

3. 대외진출론의 일반화

18세기 말부터 러시아 접근 이후, 구미 함선이 일본에 많이 도래하게 되면서 막부뿐만 아니라 널리 지식층에 위기감이 조성되어 갔다. 또한 같은 시기에는 天明飢饉, 天保飢饉 등을 계기로 一揆·打ちこわし가 다발하게 되었고, 계층 간 갈등에 따른 곳곳에서의 소동도 빈발하여 국내에 있어서 사회 불안이 높아져 갔다. 이것은 바로 내우외환으로 파악되었다.

에도시대 초부터 일본은 「武威」의 나라라는 관념은 무사층 등 사이에 존재했 지만, 근세를 통해 상층 農民·町人ら 중산층의 역량이 커졌고, 그들이 높은 교양을 익히면서 독자적인 정보 네트워크를 구축해 나가자「武威」의 관념은 계층적으로나 공간적으로나 확대되어 갔다.「武威」의 관념은 한편으로는 구미 열강의 군사력을 앞에 둔 막부가 전쟁 패배로 인한,「武威」의 손상을 우려해 전쟁을 피하는 정책을 마련할 수밖에 없는 상황을 만들어 냈다. 다른 한편으로는「武威」의 관념이 확대된 각층에서는 일본의「武威」를 관철할 수 있는 정권·정체가 바람직해지게 된다. 페리 내항 때 막부가 여러 다이묘에게 미국 대통령 국서에 대한 대응을 자문했을 때, 많은 다이묘들이 단호한 대응을 취해,「武威」를 보여야 하지만, 실제로 싸움이 되면 패배할 수도 있기 때문에 원만하거나 모호한 대응을 취해야 한다고 답을 한 것은 이 시기 영주층이 딜레마를 안고 있었음을 보여준다.

임박한 구미 열강에 대해「武威」를 보여주지 못하는 상황을 타파하고, 열강에 대치하는 방법으로 일본 주변의 군사적으로 약한 國·地域을 확보해,

열강의 일본 침출을 방지함과 동시에 부국강병을 도모하는 사고방식, 즉 대외진출론이 점점 확산되었다.[9] 18세기 말 이후 내우외환 상황이 계속되는 가운데, 林子平·本多利 明·佐藤信淵와 같은 이데올로그들은 국방과 부국강병의 관점에서 주변 지역으로의 진출·침략을 제기했다.[10] 이렇게 당시 가장 세계 사정에 정통했던 일부 학자·경 세가들의 진출론은 현실적으로는 부족하고 과대하여 평론가적인 진출론이었다고 할 수 있다.

러시아의 레자노프가 나가사키에 내항해 통상을 요구했는데(1804년), 막부는 조선·류구·청국·네덜란드 이외의 통신·통상하지 않는 것이「祖法」이라며 거부했고, 네덜란드 국왕의 이른바 개국권고서한(1844년)에 대한 답변에서는 朝鮮·琉球를 통신의 나라, 청국·네덜란드를 통상의 나라로 자리매김했다. 이 단계에서는 일단, 일조관계를 포함한 기존의 대외관계를 확실히 인정했다고 할 수 있다. 그러나 1801년에는 '쇄국'이라는 말의 첫 출문이 나타나는데, 지식층을 중심으로 이 말이 쓰이게 되었고, 막말 단계에서는 위정자 등이 광범위하게 사용되게 된다.[11] 이렇게 '쇄국·개국' 담론이 확산되어 갔는데, '쇄국'이라는 개념은 명백히 구미 열강을 의식한 것이며, 기존의 주변국가·민족과의 대외관계 존재를 무시 내지는 경시하는 발상이다. 막말에 걸쳐 서구 열강에 대한 강한 관심과 경계감에서, 기존의 대외관계에서 교류하던 국가들에 대한 관심이 저하되어 간 증거일 것이다.

嘉永6(1853)년 페리 내항은 광범위한 사람들의 대외 위기의식을 환기했다. 尊王攘夷思想의 계통에서는, 吉田松陰을 비롯해 平野國臣、眞木和泉、久坂玄瑞 등이 대외 진출론·침략론을 언급하고 있다.[12] 구미 열강과의 통

---

9) 木村直也「幕末期の朝鮮進出論とその政策化」(『歴史學硏究』679、1995年12月)。

10) 林子平『三國通覽図說』(1785年)、『海國兵談』(1786年)。本多利明『経世秘策』(1798年)、『西域物語』(1798年)。佐藤信淵『混同秘策』(1823年)。

11) 국민들 사이에서 널리「鎖國·開國」이라는 언설이 정착한 것은 메이지시대가 되어서부터이기 때문이다. 大島明秀『「鎖國」という言說―ケンペル著·志筑忠雄譯『鎖國論』の受容史』(ミネルヴァ書房、2009年)。

상을 용인하는 논자로는, 福岡藩主黑田齊溥、老中堀田正睦、長州藩의 長井雅樂、越前藩의 橋本左內、橫井小楠、勝海舟 등의 저술 속에서, 대외 진출을 통해 세계의 강국이 되는 것이 확인된다.13) 심지어는 유학자 중에서도, 老中板倉勝靜의 고문이었던 山田方谷 등은 주변 지역에 대한 노골적인 침략론을 전개하고 있다.14)

이처럼 막말에는 다양한 입장에서 대외 진출론이 주창되었다. 부언하면, 최근의 막말유신사 연구에 있어서는 막말의「攘夷」라는 개념은 상당히 넓은 것이었음이 지적되고 있다. 즉,「攘夷」란 외이(外夷)를 타격하고 배제한다는 뜻에 그치지 않고, 구미 열강에 굴복하는 형태로 조약을 맺는 것은 단호히 거부하는 것, '황국'이 주도권을 가진 형태로 조약을 맺거나, 일시적으로는 현 상태의 조약을 용인해도 구미 열강에 배우는 부국강병을 도모하고, 나아가 적극적으로 대외 진출해서 세계에 자랑스러운 강국이 되는 것을 목표로 하는 발상도 많았다. 그렇게 보지 않으면, 吉田松陰이 페리 함대 재래 때(1854년)에 밀항하려 했던 것과 長州藩이 시모세키에서 외국선을 포격하고 있는 시기(1863년)에 런던에 유학생들을 밀항시킨 사실을 이해할 수 없을 것이다.

이런 다양한 사상적 성향의 대외진출론은 모두 실제로 정책화되기에는 비현실적이고 과장된 주장이라고 말할 수밖에 없다. 특히 조선 진출에 관해서는, 일조관계의 실태에 대해서는 거의 언급되지 않았으며, 아마도 현실적으로 쓰시마번이 해온 일조통교의 구체적인 내용에 관해서는 그다지 알려지지 않았던 것으로 추정된다. 그러나 이런 대외진출론이 일반화되고, 표면

12) 吉田松陰「幽囚錄」(1854年)、杉梅太郎宛書翰(1855年4月24日付)。平野國臣「培覆論」(1862年)。眞木和泉の西鄉隆盛宛書翰(1863年秋)。久坂玄瑞「廻瀾條議」(1862年)。

13) 黑田齊溥의 페리내항에 관한 상서(1853年)。堀田正睦の意見書(1857年)。橋本左內の村田氏壽宛書翰(1857年)。長井雅樂「航海遠略策」(1861年)。橫井小楠「國是三論」(1860年)。勝海舟の日記(1862年閏8月20日)。

14)『山田方谷全集』의 의견서(1861)、進昌一郎宛書翰(1864年4月16日)。

상으로 통용되는 시대 풍조가 있었던 것은 확인해 두고 싶다.

또한 이런 담론 속에서는 神功皇后에 의한 삼한정벌·삼한조공이 자주 언급된다는 점도 유의하고 싶다. 이 전설에 대해 근대 역사학에서는 사실이 아니라는 말이 나오지만 막말 당시에는 일반적인 '지식', '상식'이었다고 밖에 말할 수 없다. 이 전설이 고대 이후 존재하기 때문에, 일본인은 항상 조선에 침략적인 의식을 품고 있다고 단순화하는 것이 아니라 막말의 시대사조 속에서 삼한정벌이 표출·강조되어 왔다고 포착해야 할 것이다. 더욱이 씩씩하게 해외 웅비를 논하는 가운데, 일본인들이 동남아에까지 진출했던 중세 기억을 불러일으키고 있다는 사실도 지적할 수 있다. 이것은 에도시대가 '쇄국'이었다고 하는 관념을 강화하고, 거기에서의 탈피가 대외 진출과 결부되게 된다. 이와 같은 막말기의 사조가 쓰시마번에 의한 일조통교 변혁·조선진출론의 제창의 배경이 된 것이다.

4. 쓰시마번에 의한 일조통교의 변혁·조선진출론의 제창

막말기에 쓰시마번은 종종 막부로부터 재정 지원을 받으면서도 재정 궁핍이 심화되었다. 예를 들어, 文久年間(1861~64)에서는, 조선으로부터 물화가 정체되는 것에 대해 조선 측과의 협상이 난항을 겪고 있는 가운데, 매년 많은 원조 요구를 막부에 호소하고 있었고,[15] 쓰시마 宗家의 일기·기록류를 보아도, 검약의 격려(번주와 그 가족 포함)와 번사에 대한 지행미(知行米) 지급의 지체 등이 기술되어 있다. 또한 메이지 초년에는 방대한 내외채

15) 長崎縣立對馬歷史民俗資料館藏·宗家文庫「公義被仰上」の文久2(1862)年의 책자를 보면, 조선에 보내는 동을 막부로부터 조달하는 대금의 연장 지불 등을 포함하여, 여러 종류의 막부원조와 특별조치의 청원을 이 해에는 수십 건을 제출하고 있다.

(內外債)가 축적되어 있었다.[16] 조선무역 정체에 따른 재정문제 해결은 쓰시마번에게 긴박한 문제였다.

文久元年(1861) 2월 러시아함 뽀사드니크호가 쓰시마의 淺茅湾에 내항하고, 반년 동안 점거를 계속했을 때, 쓰시마번은 이봉(移封)을 요구하는 내원서(內願書)를 막부에 제출하고 있다.[17] 그때까지도 쓰시마번이 이봉을 언급한 것은 있었지만, 막부로부터 원조를 이끌어내기 위한 압력으로 말한 것뿐이었다. 그러나 이때는 막부 내에서도 쓰시마 우지(上知)·개항(開港)이 검토되고 있고, 또한 쓰시마번 내에서도 이 내원서 제출을 주지시키고 있기 때문에, 현실감을 띤 조치라고 해도 좋다. 쓰시마번으로서는 농업 수입이 부족한 쓰시마를 떠나, 충분한 재정 기반(영지)을 얻고, 일조관계에도 계속 관여할 심산이었던 것으로 생각된다. 뽀사드니크호가 퇴각한 뒤 도착한 막부의 외국 봉행(奉行) 일행이 쓰시마 순검을 실시했고, 그 보고서가 제출된 결과 쓰시마 우지(上知)·개항(開港), 쓰시마번의 이봉을 보게 되었다.

당시 쓰시마번에서는 번주 계승을 둘러싼 갈등이 심해져 있었다. 근세 후기 쓰시마 번에서의 내홍에서는 재정 궁핍 상태를 개선하기 위한 막부 원조를 획득한 세력이 강력한 발언권을 갖게 되었다. 文久2(1862)년 8월 尊王攘夷派 번사들이 이봉론을 추진하던 家老를 살해하는 사건이 일어났다. 주도권을 잡은 尊攘派는 스스로 번내 기반을 공고히 하고, 이봉을 대체할 원조를 막부에 구해야 했고, 번론을 파악하고 攘夷로 전환시킨 長州藩과 尊王攘夷노선에 기초해 동맹관계를 맺었다. 大島友之允를 비롯한 주선그룹은 長州藩의 桂小五郎(木戶孝允)들과 접촉을 거듭해, 막부·조정에 쓰시마·조선문제를 일으켜 세웠다.[18] 11월의 쓰시마번에 의한 번정(藩情)설명

16) 田保橋潔 「明治維新期に於ける對州藩財政及び藩債に就いて」(『近代日鮮關係の研究』 下巻、朝鮮總督府中樞院、1940年)。

17) 日野清三郎『幕末における對馬と英露』(長正統編、東京大學出版會、1968年)。木村直也「幕末期の幕府の朝鮮政策」(田中健夫編『前近代の日本と東アジア』吉川弘文館、1995年)。

서를 보면,「食を異邦に仰ぐ」(쌀을 조선에 의존한다)는 것은 국위와 관련된다고 하고, 종전의 일조관계의 문제점과 쓰시마 방위를 호소하고 있다. 長州藩 尊攘派의 사상 경향으로 볼 때, 이런 조선문제에 관한 쓰시마번의 주장은 동조해야 할 것이라 여겨지며, 실제로 쓰시마번의 원조요구운동을 전폭적으로 지원하게 된다.

이로써 쓰시마번은 조정·막부의 유력 인사들에게 의탁했는데, 그때 桂小五郞의 중재로 공격적인 대외진출론을 주창하던 山田方谷, 勝海舟를 접촉해, 도움을 얻은 것은 주목된다. 山田方谷는 앞서 언급했듯이 老中 板倉勝靜의 고문으로 과장된 대외침략론을 지론으로 했으며, 大島友之允의 원조요청을 받아 막부에 제출하는 쓰시마번의 원서 초안을 첨삭하고, 그 서중에 조선진출론을 써 넣는데 기여했다. 원서는 노중 板倉勝靜의 내람(內覽)을 거쳐 막부에 제출되는데, 그 직전에 板倉勝靜로부터 조선국체 정황 탐색의 명령이 내려지고 있다. 막부로서도 일조 통교 변혁의 첫발을 내딛으려고 했던 것이다. 또한 勝海舟는 당시 막부의 군함 봉행(奉行)하고, 對馬의 上知·開港과 동아시아 교역 확대에 의한 해군 건설을 주장했다. 그는 大島友之允를 비롯한 쓰시마 번사와 수시로 접촉하여 요청을 받고, 쓰시마 원조·일조통교 변혁을 위해 적극적으로 지원했다.

文久3(1863)년 5월 12일 쓰시마번에서 막부에 대하여 매년 3만석의 쌀 지급과 무기·군함 대여를 요구하는 원서가 제출되었고, 그 안에 조선진출론이 담겼다. 그 논리는 다음과 같다.

> 외이(外夷)가 조선을 침략할 우려가 있어, 쓰시마뿐만 아니라 천하의 소중한 일로, 늦어지면 사람(타국)에게 제압되니, 외이가 조선을 침입하기 전

---

18) 이 원조 요구 운동에 대해서는 木村直也「文久三年對馬藩援助要求運動について－日朝外交貿易体制の矛盾と朝鮮進出論」(田中健夫編 『日本前近代の國家と對外關係』 吉川弘文館、1987年)을 참조.

에 술책을 세우고, 家康 이후의 화교와 신의를 갖고 원조하는 주의를 보이면 조선은 복종할 것이다. 만약 복종하지 않고 병위를 보여도, 秀吉의 조선 출병 같은 무명의 비난은 받지 않는다. 조선에 손을 대려면, 당초에는 인호(隣好)의 정성을 다하고, 승복하지 않으면 병위를 보여주면 된다. 조선 진출에 있어, 일조교역이 단절되더라도 전략적 요충지인 대마를 유지할 수 있도록 원조가 필요하다.

막부 내에서는 쟁쟁한 논의 끝에, 5월 26일에 쓰시마번의 요구를 인정해 매년 3만 석 지급을 하달했다. 또한 勝海舟의 쓰시마 차용도 하달되었다.

그러나 같은 해 8월 18일의 정변, 이듬해 元治元年(1864) 7월의 禁門の変으로 인해 長州藩을 중심으로 하는 尊王攘夷 세력은 중앙정국에서 추방되어, 長州尊攘派와 결탁했던 쓰시마번에 대해 비판도 강해졌다. 쓰시마번은 일조 통교 변혁을 추진하는 계기로 勝海舟의 쓰시마 하향에 기대했지만 실현되지 않았고, 매년 3만 석 지급도 2년 간 실시되고 정지되었다.

그런 가운데 元治元年 10월 26일 大島友之允는 막부감사(目付)인 向山榮五郎에게 약 6,500자에 이르는 조선 진출 건백서를 제출했다.[19] 그 건백서에서는 전년도 원조요구원서에 조선진출론을 약술한 뒤, 갑자기 병위(兵威)를 가지고 하는 것이 아니라, 어은덕(御恩德)을 먼저 하고, 만일 조선이 덕화에 복종하지 않으면, '赫然膺懲之御勇斷'에 나서야 하며, 조선은 「素より狐疑深き國風」으로 곧 승복하지 않을 것이기 때문에, 恩·威·利 3가지를 활용해야 한다는 기본방침을 설명하고, 다음의 7개 항목의 구체적인 제안을 한다.

① 「兩國交際之規則を改」：兩國交際の旧弊一新、朝鮮所々の開港、日本人植民

19) 木村直也 「元治元年大島友之允の朝鮮進出建白書について(上)」(『史學』57-4、1988年3月)。

② 「勉て彼之民心を服す」：「御仁恩」と利益で朝鮮の民心を收攬
③ 「兩國之禁を破」：兩國の固陋の法禁を改める突破口として武器輸出禁止を解除
④ 「彼我之物産を開」：朝鮮での諸産業開發は双方の利益、 朝鮮が日本に化す方便に
⑤ 「神州之武威勇氣を示す」：朝鮮で軍事演習をし朝鮮人に日本の義勇尙武を見せる
⑥ 「淸國之商路を開」：朝鮮を媒酌として北京との商路を開く
⑦ 「大に海軍を興起す」：朝鮮·淸國との交易を海軍興起の財源に(勝海舟の構想)

그 후, 엽서에서 막리(幕吏)의 쓰시마 하향을 요구하고 있다.

文久3(1863)년 쓰시마번 원조요구서와 이듬해 大島友之允의 건백서에서는 日朝通交를 자기 번에 유리한 형태로 변혁하고 싶다는 의식이 전면에 드러난다. 앞서 언급한 것과 같은, 다른 대외진출론에 비해, 일조통교·무역의 실태가 어느 정도 근거를 두고 있어, 쓰시마번의 현실 이해에 기반한 주장이라고 할 수 있다. 물론, 막부 원조를 이끌어내기 위한 과장된 논리이며, 현실에서 떨어진 부분도 없지는 않지만, 그러나 그 후 일관되게 쓰시마번은 일조 통교 변혁 노선을 걷게 된다.

이 쓰시마번에 의한 조선진출론 제창에 대해 몇 가지 유의점을 지적해 둔다. 먼저 기본의식으로 '황국'의 우월감과 조선멸시관이 보인다. 원조 요구 운동을 주도한 大島의 의식은 그 뒤에 있는 당시의 시대사조에 뿌리를 두고 있는 것이라고 할 수 있다. 즉, 다양한 대외진출론이 표출되어 있던 환경 하에서 長州藩 등의 尊王攘夷派의 의식, 山田方谷의 침략주의적 논의, 勝海舟의 동아시아 교역 구상과의 접촉이 영향을 미쳤던 것으로 생각된다. 그리고 그 기저에 있는 것은 무기 수출 금지 해제를 옹호하는 것처럼, 조선은 군사적으로 약소하다는 인식이다.「文」의 국가인 조선이, 「武」의 관점에서 낮은 차원에자리매김하고 있다. 또한 이 조선진출론에서, 처음에는 성의를 갖고 설득하지만, 조선은 쉽게 복종하지 않을 것이기 때문에,「恩·威·利」를 활용해 공작하고, 그래도 듣지 않으면 토론하겠다는 논리 구성, 즉 단계적 진출론을 펼치고 있는 것이 주목된다. 처음부터 대군(大軍)을 보내 침략하라는 폭론(暴論)보다는 단계적 진출 논리를 통해 경연(硬軟)한 다양한 입장에서 지지를 획득하고, 정책화로의 현실성을 부여하는 것으로 이어진다고 말할 수 있다.

일조관계에 대한 구체적 지식이 일반적이지 않았던 막말에 있어서, 일조통교를 맡아온 당사자인 쓰시마번이 재정궁핍 타개의 의도에서 일조통교 변혁·조선진출론을 제기한 의의는 큰 것이라고 생각된다.

5. 막부사절 파견계획과 “1867년 쇼크”

慶応2(1866)년 조선에서는 내항한 프랑스·미국 함선과 충돌하는 병인양요가 일어났다.[20] 10월에 조선 정부는 병인양요를 전하는 서계를 쓰시마로 보내고 쓰시마번은 이듬해 3월 將軍慶喜에게 전달했다. 또한 요코하마, 나가사키의 개항장에서도 병인양요에 관한 정보가 들어갔고, 프랑스·미국은 조선을 다시 습격할 것이라는 풍문도 있었다. 쓰시마번은 부산 왜관, 나가사키, 요코하마에서 정보를 수시로 막부에 전달했는데, 쓰시마번의 사료에서는 쓰시마번이 프랑스, 미국의 재거(再擧)를 예상하여, 조선과 프랑스·미국과 화해의 필요성을 조기에 인식하고, 막부와 협의할 의향이었음을 알 수 있다. 특히 慶応3(1867)년 1월 大島友之允 앞의 번(藩)내 문서에는, 기존의

20) 본장에 관해서는 木村直也「幕末における日朝關係の轉回」(『歷史學硏究』651、1993年10月)을 참조.

御役職(대마도에 의한 일조통교)이 들어서고,「神州(日本)におゐても禍を轉じて福となすの御長策」을 행하여, 오히려 취하고 있는「朝鮮國御重用件」(日朝通交変革)이 잘 추진되도록 해야 한다고 쓰여 있다.

그 결과 막부는 조선과 프랑스, 미국 간에 중재하는 사절의 파견을 계획하였다. 막부사절의 조선 파견은 에도시대의 일조 관계에서는 없었던 것이고, 경우에 따라 한성까지 갈 계획이었던 것도 포함해서, 극히 이례적인 일이다. 막부는 이 계획을 세우면서 老中 板倉勝靜가 쓰시마번에 대하여 조선취급규칙의 변혁, 以酊庵輪番制廢止·別役人派遣을 지시하고 있는데, 일조통교 변혁을 시야에 넣은 것임을 알 수 있다. 게다가 막부가 미국에 조정을 타진한 문서에서는, 조선이「無義の擧」를 일으켰기 때문에,「忠告善導せざるを得ざるの理あり」라고 하고, 서양 근대 국제사회에 다가가는 모습을 보이고 있다.

매년 3만석 지급이 정지되고, 번내 항쟁도 격렬한 상황에서, 다시 재정궁핍이 심화된 쓰시마번은 막부의 사절 파견이 계획된 시기에 이미 무역개혁 움직임을 시작하고 있었다. 慶応 3(1867)년 1월 쓰시마번은 왜관 출입(부산 왜관에서 불법으로 관외로 나가는 것)을 하고, 동래부에 대해 공무역에 관한 개선조치를 요구해 인정하게 했다. 이어 3월에는 講信大差使를 왜관으로 파견해, 동래부사와 직접 협상을 벌이거나 무기수출 해금을 포함한 무역규칙 변경에 대해, 이례적인 내용의 협상을 신청했는데, 조선측은 구례(旧例) 위반이라고 거절했다.

또한 같은 시기에는 조선에 간과할 수 없는 문제가 일어났다. 慶応2년(1866)년 후반, 청국 신문에 일본인 八戶順叔(幕府代官手代の子)의 발언이 실렸다. 그 내용은 일본국은「火輪軍艦八十余艘」보유하고,「往討朝鮮之志」가 있다면서, 조선은 5년에 한번 조공하고 있었는데, 지금은 일본에 복종하지 않기 때문이라고 이유를 붙여졌다. 이와 같은 발언을 한 八戶의 의도는 불분명하지만, 막말에 있어서 대외진출론의 고조를 배경으로 했던 것으로 보인다. 이 신문기사 정보를 입수한 청조는 종주국 입장에서 조선에 통보했다. 여기에, 따듯한 봄이 되면 프랑스가 다시 내습할 뿐만 아니라 일본도 진병(進兵)할 것이란 풍설정보도 첨부했다.

慶応3(1867)년 3월 조선 정부는 八戸順叔의 정한 기사에 관해서 힐문하는 서계를 쓰시마번에 보냈다. 쓰시마번은 부산 왜관에서의 서계 접수 때 일조 교재 재검토를 강조했고, 또한 막부로 전달할 때에는 기사를 부정하고, 인목(隣睦)을 주창하는 것이 사절 파견에 의한 중재에 유리하게 작용할 것이라는 인식을 시사했다. 막부도 八戸 문제와 관련시켜 조정 사절의 의의를 조선에 이해시키도록, 쓰시마번에게 지시했고, 그 결과 八戸順叔의 기사를 사실 무근이라고 부인하는 8월의 서계에는 막부사절 파견에 대해서도 부기되어 있었다. 쓰시마번과 막부는 모두 八戸 문제를 오히려 적극적으로 사절 파견이나 일조통교 변혁으로 연결하려고 했다.

즉, 慶応3(1867)년에는 쓰시마번의 무역개혁 협상, 막부에 의한 조정사절 파견 예고, 八戸順叔의 정한기사 문제가 동시에 조선에 전해졌다. 조선에 있어서 세 가지 문제는 모두, 일조관계의 기본에 관련된 이례적인 사태이며, 말하자면 '1867년 쇼크'라고 부를 수 있는 충격을 조선에 주어, 일본에 대한 의심을 높인 것은 상상하기 어렵지 않다. 조선은 막부의 중재 사절 파견을 거절했다.

막부사절 파견 준비는 大政奉還(慶応3(1867)년 10월 14일) 이후에도 계속되었고, 조정으로부터도 계획 속행을 인정받았으나,「王政復古」쿠데타(동년 12월 9일), 戊辰戰爭 발발(이듬해 1월 3일)에 의해 막부가 무너짐에 따라 사절파견은 자연히 소멸이 되었다.

이 사절 파견 계획에서 쓰시마번은 이를 일조 통교 변혁의 돌파구로 자리매김하고, 일관되게 깊이 적극적인 관여를 하였다. 또한 막부는 외교권을 장악하는 주권자로서의 지위를 대내외적으로 보여주려는 의도를 갖고, 서양 근대 국제사회로의 지향을 하면서, 역시 일조 통교 변혁을 의도했다. 막부가 조선에 직접 사절을 파견한다는 것은 중앙정부의 일조 외교에 대한 장악의 첫걸음이다. 기본적으로 구례고수(旧例固守)의 자세를 취한 조선 정부는 일본측의 이례적인 세 가지 문제로 대응한 일본에 불신을 품고 있었다. 이런 상황에서 이듬해 새 정부 수립 통고서계가 전해졌던 것이다.

6. 메이지신정부와 木戸孝允

이미 막말 이후 쓰시마번의 재정원조 요구에 얽힌 일조 통교 변혁의 움직임이 전개되고 있는 상황에서, 메이지 신정부(유신정권)가 수립되었다. 새 정부는 당초 확고한 조직도 없고, 국정운영에 관여한 경험이 없는 자들이 중추에 들어갔다. 그 동안 조선 외교에 관여한 막부 관계자는 대체로 배제되어, 새 정부의 수뇌부 중에 일조관계에 정통한 인물은 거의 발견되지 않았지만, 유일한 예외는 木戸孝允(桂 小五郎)라고 할 수 있다. 앞서 언급했듯이, 木戸는 막말 文久年間 이후 쓰시마번의 大島友之允와 연계하여 쓰시마번의 운동에 관여해 왔기 때문이다. 또한 木戸는 安政5(1853)년 吉田松陰에서 울릉도 개척 계획을 짜냈고, 吉田 사후 万延元年(18 60)에는 「竹島(鬱陵島)開拓建言書」를 막부 老中에게 제출해서,[21] 조선 진출에 관심이 높았다.

신정부가 수립된 직후인 明治元年(1868)1월부터 쓰시마번의 大島友之允 등은 木戸孝允 등의 長州藩 관계자와 접촉해서 쓰시마·조선문제를 호소했고, 木戸는 對馬藩士를 三條實美, 岩倉具視에게 소개하고 있다.[22] 3월 23일 정부는 쓰시마번에 대해 지금까지와 마찬가지로 조선통교를 담당하라고

21) 岸本覺 「幕末海防論と「境界」意識」(子安宣邦編『江戸の思想』9、ぺりかん社、1998年)。
22) 이하 본장에 관해서는 木村直也「明治維新期の日朝關係—近世日朝通交システムの終焉」(明治維新史學會編 『講座明治維新6·明治維新と外交』有志舍、2017年)을 참조.

「家役」을 명령하고,「王政 御一新」이기에 해외의 의(儀)는 「旧弊等一洗」하도록 지시했다. 또한 동시에 조선과의 국교는 조정에서 담당한다는 뜻을 조선에 통달하도록 제시했다. 즉, 조선에 새로운 정부 수립 통고를 명령했던 것이다. 이 쓰시마번에 대한 통달안은 木戸孝允가 작성한 것 같고,[23] 쓰시마번에서 정부에 제출하는 건의서의 첨삭도 木戸가 맡았다.

윤(閏) 4월 6일 쓰시마번은 정부에 조선통교 쇄신을 건의했는데, 건의서에는 「別錄」「兩國交際ノ節目」도 첨부되어 있었다. 특히「別錄」에서는, ①朝鮮外交を 對馬一手に任せず、②今回の交隣一新に際し通商交易も對策をとり、列强より先んずれば制するので、「恩威並行」して進めれば、數年後に朝鮮は日本の「外府」のようになる、③朝鮮から食糧を得ていることは「藩臣之礼」を取るに近く、弊例をすみやかに更革することが「韓國へ御手ヲ下サセラレ候御順序之第一」となる、④名分條理を正し從來の弊例を改める、⑤朝鮮は「元來偏固之風習、善惡旧規ヲ拘守」する國柄なので、丁寧に說得しても聞かれなければ「赫然膺懲」し、「皇國義勇之氣象」を徹するように、등을 주장하고 있다. 이 문서는 元治元年(1864)의 大島友之允의 朝鮮進出建 白書와 흡사한데, 쓰시마번이 막말 이래의 일조통교 변혁노선에 섰던 것은 분명하다. 쓰시마번은 신정부 수립, 구폐일신(旧弊一新)의 상황을 이용하여, 정부의 힘을 빌어 일조통교를 자신의 번에 유리한 방향으로 변혁시켰으며, 쓰시마 번의 재정원조를 강력하게 요망했던 것이다.

수립된 지 얼마 되지 않은 신정부의 일조 관계에 대한 이해는 일반적으로 보면, 부족했기 때문에 쓰시마번이나 木戸孝允의 주장이 큰 영향력을 가졌다. 또한 새 정부가 구(旧)막부의 구폐를 일신하는 것을 슬로건으로 내세우고 있는 상황은, 기존 일조통교에 있어서의 굴욕성이나 폐례의 제거(弊

23) 宮内廳書陵部藏·木戸家文書 가운데 木戸의 초고라고 생각되는 문서가 수집되어 있다.(村田明夫氏의 교시에 기초한다.)

礼の除去) 주장에 전폭적인 지지를 한 것이다. 나아가 德川將軍을 타도해 천황 중심의 정부를 세웠다는 것은 막말 이후의 尊王思想의 연장선상에서, 천황을 받드는 나라로서의 국위발양을 요구하는 의식을 증대시키는 것과 함께 동시에, 종래 조선국왕과 적례(대응)관계(敵礼(對等)關係)에 있던 德川將軍 보다 천황이 더 상위에 있다는 명분론적 인식을 표출하게 되었다.

明治元年(1868) 5월 이후 쓰시마번의 大島友之允는 외국관(外國官)과 일조 국교 조정·쓰시마번 원조에 대해 협상을 거듭했다. 그 결과 번주인 宗義達의 관위가 상승되고, 「王政御一新」을 조선에 통고하기 위한 서계가 작성되었다. 이 서계에 서는 에도시대에 있어서 관행을 일방적으로 변경하였다. 즉 ①從來對馬藩主を「日本國對馬州太守拾遺平某」と表記していたものを、「日本國左近衛少將對馬守平朝臣義達」とし、天皇の臣下であることを明示した、②對馬が朝鮮に臣從しているような性格をもつ朝鮮支給の図書(銅印)を廢止し、新政府による新印を使用した、③日本の天皇に關して「皇」「勅」の文字(朝鮮にとっては宗主國の淸國皇帝にしか使えない)を使用した、라고 하는 변경을 하여, 이것이 이후 문제가 되었다. 외교 에서는 특히 의례와 외교문서에 있어 양국의 관계를 시각적으로 표현하게 되는데, 이 서계 형식의 변경은 일본의 새 정부가 조선보다 상위권에 있음을 명시하는 것이다.

12월 쓰시마번으로부터 신정부 수립 통고를 위한 大修大差使가 보내져서, 부산 왜관에 도착했다. 이미 예고사절도 파견되어 서계 형식 변경을 공지하고 있었으나, 예고서계(予告書契)도 포함해서, 조선측은 大修大差使를 거절하였다. 이런 변화가 조선측으로부터 반발을 살 것이라는 것은 쓰시마번은 어느 정도 예상하고 있었다. 사절 파견 전인 10월 8일 번주인 宗義達에 의한 쓰시마번 내의 계유(戒諭)에서는 조선측의 반발에 의해 무역이 정체될 수도 있다면서 각오하듯이 호소하고 있다.

조선측의 거절은 새 정부와의 수교를 촉구한 사절을 조선이 '부당하게도'

거부 했다는 형태로 일본측 다수에게 받아들여졌고, 이후 일조관계는 험악해지고, 정한론이 조정에서 높아지게 된다. 즉 일조관계는「交隣」에서「征韓」으로 돌아 가 버렸던 것이다.

木戸孝允는 새정부 수립 통고의 大修大差使가 조선으로 향하던 明治元年(1868) 12월 14일 일기에 岩倉具視에 대해 다음과 같이 말했다고 적고 있다.[24)]

> すみやかに天下の方向を一定し、使節を朝鮮に遣し、彼の無禮を問い、彼もし服せざるときは罪を鳴らして其土を攻擊し、 大いに神州之威を伸張せんことを願う。しかるときは天下の陋習たちまち一変して、遠く海外へ目的を定め、したがいて百芸器械等、眞に實事にあい進み、おのおの内部を窺い、人の短を誹り、人の非を責め、各自顧省せざる之悪弊一洗に至る。必ず國地大益、言うべからざるものあらん。

기도의 정한론으로 유명한 문장이지만, 아직 내부의 불통으로 안정되지 않은 새 정부의 모순을 해소하기 위해 정한을 자리매김하고 있다. 또한 조선측의「無禮」라는 것은 이것이 적힌 날짜를 감안하면, 조선의 大修大差使 거절을 가리키는 것이 아니다. 木戸가 쓰시마번 관계자로부터 막말 이후로 들려졌던, 조선이 쓰시마를 신종(臣從)시키고 있는 형식을 취하고 있는 것으로 해석함이 자연스럽다. 이런 인식이 정한론의 배경이었다는 것이다. 이런 의식을 가진 木戸孝允가 수립된 지 얼마 안 된 신정부의 조선 외교에 큰 영향력을 끼쳤다는 것은 유의해야 할 것이다.

---

24) 『木戸孝允日記』第一(日本史籍協會、1932年、東京大學出版會から覆刻再刊、1982年、國立國會図書館デジタルコレクションにも收載)。

7. 근세 일조통교시스템과의 종언과 정한론의 표출

明治2(1869)년 이후 일조 국교 협상은 정체된다.[25] 신정부 외교부처는 점차 안정 되지만 조선 외교에 대한 정부의 대처는 갈팡질팡한다. 쓰시마번의 大修 大差使의 서계 전달 실패로, 쓰시마번의 역할을 무시하고, 정부가 직접 조선 외교를 접수하고,「皇使」(政府使節)를 조선에 보내야 한다는 성급한 논의가 나타났다. 정한론이 조야에서 현재화됨에 따라, 이런 논의에는 결국 무력행사도 불사하겠다는 문구도 부가되기도 한다. 明治3(1870)년에는 木戶孝允, 외무성에서 부산 왜관에 실정조사를 위해 왕복한 佐田白茅·森山 茂·齋藤榮, 심지어 柳原前光 外務權大丞 등이 의견서를 제출했는데, 이들은「皇使」를 조선에 파견해 설득하고, 군사적인 위압 등도 더하며, 듣지 않으면 무력행사를 벌이겠다는 내용이 공통된다. 다소 부드러운 뉘앙스가 다르긴 하지만, 단순히 조선을 토벌하는 것이 아니라, 막말 이후의 쓰시마번에 의한 조선진출론의 논리와 마찬가지로, 단계적 진출론이다. 이 단계에서는 무책임한 입장에 있는 학자·경세가뿐 아니라 실제로 외교정책의 제기·운용을 담당하는 자들이 정한론을 주창하고 있음에 유념하고 싶다.

한편 성급히 정부가 조선 외교를 접수하면 조선과의 관계는 더욱 악화될 것이라는 우려도 강하게 나오고 있었다. 쓰시마번은 이전까지는 새 정부의 후광을 받아 조선측에 통교변혁을 압박하는 자세였지만, 정부에 의한 조선외교 접수 방향이 도출됨에 따라 일조교섭에서 자신의 특권을 상실할 우려에 직면하게 되자, 정부에 의한 접수의 문제점과 접수까지 해결해야 할 과제를 열거하며, 성급한 접수에 저항하는 자세를 보였다. 정부에서도 이런 과제를 처리할 방침이 서 있지 않아, 여러 논의가 난무하면서 조선 외교 접수 움직임은 곧바로 진행되지 않았다. 그 사이에도 쓰시마번이 왜관에서 조

25) 본장에 관해서는 앞의 木村直也「明治維新期の日朝關係」를 참조.

선측 역관과의 사이에서, 양국 정부 대등 (동등한 정부 고위 관료끼리)의 교제라는 타협안을 제시하는 것(1870년) 등은 했지만 사태 해결에는 이르지 못했다.

明治3年(1870) 10월 정부는 外務省權少丞 吉岡弘毅 등에게 부산 출장을 명령해 정부 관리로서 협상을 시도하게 했다. 조선측은 처음에는 이들과의 회견을 거부하고, 또한 회견이 성사된 뒤에도 국교협상은 진전되지 않았다. 明治4年(1871) 7월 14일에 廢藩置縣이 단행되어 쓰시마번이 소멸되었기 때문에 정부는 宗氏의 조선 통교의 자리를 파면하게 되었다. 덧붙여 조선과의 협상을 효과적으로 수행하기 위해 옛 번주인 宗重正(義達)을 외무대승으로 임명하고 조선국 출장을 명령하겠다는 움직임도 보였다. 그것은 실현되지 않은 채, 정부는 왜관 접수 준비를 진행했다. 明治5年(1872) 9월 외무대승 花房義質 일행이 군함을 타고 부산에 도착해서, 왜관 접수 작업을 하다가 귀환했다. 이와 같은 조치에 조선측은 강력 반발해 철공 철시를 단행했다. 다음해인 明治6年(1873) 4월 외무성 출사 廣津弘信가 부산 초량공관 통할을 위해 갔고, 왜관은 완전히 외무성에 의해 접수되었다. 여기에 근세 일조 통교시스템은 종언을 고했고, 근대 국가인 중앙정부에 의한 조선 외교의 직접 장악이 이뤄진 것이었다.

그러나 이후에도 국교 협상은 진전되지 않았고, 정부 안에서는 불만이 쌓여 있었다. 明治6年(1873)에는 초량공관 앞에 내건 조선측 게시(일본을 「無法之國」으로 표현)를 계기로 정부 내에서는 조선에 단호한 조치를 취하라는 논의가 일어나고, 西鄕隆盛를 사절로 조선에 파견할 방침을 놓고 10월 정부는 분열한다. 이른바 정한론정변이다.[26] 西鄕가 자신의 주장을 논할 때

26) 이 시기의 西鄕隆盛의 主張에 대해 武力侵略論(征韓論), 平和的交涉論(遣韓論)이라는 논쟁이 1970년대말부터 있었다. 필자는 최고 수뇌부의 한 사람이었던 西鄕의 朝鮮派遣에 대해 당시의 상황에서 보면 강경책으로, 또한 西鄕의 주장을 征韓·遣韓의 2자택1일이 아니라 段階的 進出論의 일환으로 생각한다.

불평사족들의「内亂を冀う心」을 바깥(조선)으로 돌리는 것으로,「國を興すの遠略」을 논한 것은 잘 알려져 있다.[27] 이후 大久保利通을 중심으로 한 정부 하에서 강화도 사건(1875년)이 일어나고, 일조수호조규가 체결되어(1876년), 조선은 개항되었던 것이다.

맺음말

일본에서 삼한정벌전설 등 조선멸시관이 고대부터 존재했던 것은 사실이지만, 일본인들이 숙명적으로 항상 조선을 침략하려 했던 것은 아니다. 에도시대에는 다양한 이해 대립, 인식 등 모순을 포함하면서도, 2세기 반이라는 긴 기간 동안 평화적이고 안정적인 관계를 쌓고 있었다. 정한론 같은 주장이 사회 안에서 전면적으로 표출되는 것은 나름의 시대적 배경과 여러 요인이 축적된 결과이다.

본고에서는 19세기 일본에서 정한론이 표출되는 배경, 여러 요인을 넓게 고찰해 보았다. 이 논문에서 지적한 배경과 요인은 다음과 같다. 첫째, 근세 중·후기의 동아시아 각 지역의 변화로 인해 조일 관계의 의의가 변질되었다. 둘째, 근세 후기에 일조 무역이 쇠퇴해 갔고, 쓰시마번은 재정 궁핍에 빠지면서 잠시 타개를 시도했다. 셋째, 18세기말 이후 서구 열강에 대한 관심 고조에 대해 동아시아 지역에 대한 관심의 상대적 저하가 나타나면서,「鎖國」개념의 보급과 함께 주변 지역과의 관계를 무시·경시하는 경향이 강해졌다. 넷째, 나아가 구미 열강에 대한 위기감에서 주변지역으로 진출해야 한다는 대외진출론이 다양한 입장에서 광범위하게 제기되었다. 다섯째, 막말 정치의 변동, 특히 尊王攘夷運動의 고양과 연동 하면서 쓰시마번이 원

27) 明治6(1873)年8月17日付、板垣退助宛、西鄉隆盛書簡(『西鄉隆盛全集』第3卷、大和書房、1978年)。

조 요구운동을 벌여 일조 통교 변혁·조선진출론을 제창하였고, 막부도 일정 정도 이를 받아들였다. 여섯째, 대마번·막부가 각각 별도의 생각을 품으면서, 병인양요를 일조 통교 변혁에 이용하려고 하여, 조선에서는 '1867년 쇼크'가 일본에 대한 의심을 높이게 되었다. 일곱째, 신정부 수립으로 천황을 받드 는 나라로서 국위를 발양하면서, 조선 외교를 자리매김하려 했다. 여덟째, 불안정한 정권의 내부 모순을 해소하는 방편으로 정한을 자리매김하는 동향이 있었다.

이상의 여러 서술 가운데 어느 것을 주요한 것으로 평가할 것인지에 대해서는 논의가 있을 것이다. 다만, 정한론의 표출은 단순한 이유로 일어난 것이 아니라 이들이 복합적으로 얽혀 일어난 것으로 이해해야 한다. 또한 양국 관계는 상호작용에 의한 것이다. 막말 유신기의 조선 왕조는 기본적으로 구례 고수의 자세를 갖고 있으며, 대원군정권에 의한 排外攘夷政策이 추진된 시기이기도 하다. 서구 국가들과 조약을 맺은 일본에 대한 비판적인 시각도 있어, '1867년 쇼크'를 통해, 일본에 대한 의심이 높아진 상황에서, 이듬해 신정부 수립 통고서를 계기로 일본측에 의한 일방적인 형식 변경은, 조선정부의 태도를 경화시켰다. 이런 막말 유신기의 일조관계의 전환에는 일본·조선 상호 인식의 어긋남과 상호 이해 부족에 따른 전망의 안일함이 보인다. 일본측은 1867년 이례적인 무역변혁 협상, 막부사절 파견, 八戶順叔의 정한기사의 부정을 동시에 수행하여, 일조 통교 변혁이 효과적 으로 진행될 것으로 판단했으나, 그것이 조선측에 어떤 의식을 갖게 할 것인지에 대해서는 읽어내지 못했다. 또한 새 정부의 권위를 높이기 위해 국위를 발양하고 기존의 굴욕을 일소하고자 신정부 수립 통고서계를 보냈지만, 조선측의 반발을 과소평가하고 있었다. 반면 조선측은 기존대로 쓰시마에 의한 통교 유지를 계속요 구하지만, 일본의 신정부 수립에 따른 새로운 상황을 이해하지 못하는 것 같다. 여러 타협안이 상호 시도되고는 있었지만, 그들을 적절한 타이밍에서 실현할 수 없어, 「交隣」에서「征韓」으로의 전환을 결정

짓고 말았던 것은 이후 역사에 있어서 불행한 일이라고 말할 수밖에 없다.

마지막으로 부언해 두면, 막말 유신기의 일조관계의 전환에 대해 논하면, 「現在の日韓關係に似ている」라는 소감이 드는 경우가 많다. 에도시대에는 모순과 이해 갈등을 안고 있으면서도 평화적·안정적 관계를 유지했다. 상호 경제적인 이익을 보장하는 목적이 컸지만, 오로지 자국의 이익·체면만을 추구하기보다 양호한 양국관계 유지를 지향하는 의지가 우선이었다고 할 수 있다. 막말 유신기처럼 양국 관계 유지의 지향이 일단 후퇴해 버리면 양국 관계는 무너져 가는 것이다. 역시 역사에서 배울 것은 많다.

〈토론문〉

"19세기 정한론의 표출-그 배경과 여러 요인의 고찰-"에 대한 토론

김인덕 | 청암대

역사를 공부하면서 한 개인과 개인의 연구를 기억하는 것은 역사 연구의 시점으로 다시 돌아가는 일로 생각합니다. 기회를 주신 손승철 교수님께 감사드립니다.

19세기의 정한론이 다시 논의될 필요에 대해 재론하는 것이 과연 의미 있는 일인지 생각하면서, 국제 관계에 대한 적극적인 이해, 특히 한일관계에 대한 이해가 필요함을 절실하게 생각합니다.

최근 국내와 한일관계를 생각하면, 일반인과 청년학생의 바른 역사인식이 절대적이라고 생각합니다. 오늘 이 자리에서 저는, 역사 인식의 본질은 민족과 국가를 넘어 공유의 지점이 있다는 전제를 함께 하는 것에서라고 생각해 봅니다. 이런 점에서 정한론의 의미와 출현 배경의 생각하는 것은 의미 있는 일이라고 생각합니다.

그러나 상황적 이해와 함께 인본주의에 기초한 역사연구의 본질적 접근도 적극 고려, 시도해야 할 책무가 아닐지 모르겠습니다. 물론 인간 삶의 본질에 대한 이해를 국제관계와 무관하게 이해하는 것은 학문의 본원주의와 상충되는 점도 있습니다. 역사 연구의 본질 문제와 이와 관련한 인본주의에 대한 근본적 이해를 국제관계의 갈등 구조 속에서 시도하는 일은 무시되어서는 곤란한 한 연구라고, 필요하다고 생각합니다.

이런 시점에서 본 연구의 의미는 절대 작지 않다고 생각한다.

선생님의 연구는 흥미로운 대목이 여러 지형에서 존재한다고 생각합니다. 토론자로서의 의무를 다하기 위해 다음과 같은 사실 설명에 대한 보충 설명을 청합니다.

1. 선생님은 흥미로운 정한론 출현의 여러 지형을 일본 국내와 국제관계 속에서 설명해 주고 있습니다. 여러 말씀 가운데 주목되는 점이 메이지유신 주도층의 정한론에 인식으로 그 가운데 西鄕隆盛의 주장입니다. 선생님은 그의 주장을 征韓·遣韓의 2자택1일이 아니라 段階的 進出論의 일환으로 보고 있습니다. 유신의 주도층으로 그의 위상과 그의 정한론이 갖고 있는 내용에 대해 구체적인 언급과 이후 일본사회의 영향을 설명해 주시면 감사하겠습니다.

2. 조선시대 쓰시마번이 해 온 '일조통교'의 구체적인 내용, 가운데 '재정궁핍 타개의 의도'가 전면적인 것으로 설명하면서, 다른 요소를 사상하고 무매개적으로 해석하는 것으로 볼 수는 없을지에 대한 인식의 문제가 있다고 생각하는데, 이에 대한 고견을 청합니다.

3. 정한론 같은 주장이 사회 안에서 전면적으로 표출되는 것은 나름의 시대적 배경과 여러 요인이 축적된 결과이기는 하지만, 시대적 한계 그 이상의 역사적 한계는 없는 것인지에, 그리고 이런 인식의 극복 방안은 없는 것인지에 대해 생각해 보면 무리는 아닌지요.

4. 현재적 관점에서의 '자국의 이익·체면만을 추구하기보다 양호한 양국 관계 유지를 지향하는 의지'의 구체적인 실현 방안, 국제평화의 전제로 동화주의의 극복과 반전반핵평화공동전선의 구축의 방안은 어떨지요?

이상 토론을 마무리 하겠습니다. 감사합니다.

제4편

北島万次와 한국사학계

임진왜란사 연구와 北島万次

조원래 | 순천대 명예교수

1. 머리말

일본중·근세사와 豊臣秀吉의 조선침략사(임진왜란 7년전쟁사) 연구에 평생을 바친 北島万次(1935~2018) 선생이 세상을 떠난 지 2년이 지났다. 1957년 早稻田大學 사학과를 졸업하고 東京都立大學 대학원 수사과정에 입학한 후 2018년 5월 타계하기까지 그가 역사학 연구와 함께한 세월이 60년이었다. 그 중 1973년에 임진왜란의 종군기록이었던 田尻鑑種의 『高麗日記』를 학계에 최초로 소개하면서부터 그의 임진왜란사 연구가 시작되었다. 그로부터 45년이 지난 2018년 1월,위중한 병세에도 불구하고 「丁酉倭亂と全羅道の民衆」[1]이란 유작논문을 탈고하기까지 그의 임진왜란사 연구는 그칠이 없었다. 한 분야의 연구에 쏟은 것이 반세기의 여정이었다.

그 동안에 쌓은 연구업적 중에서도 『豊臣政權の對外認識と朝鮮侵略』(校倉書房, 1990)을 포함한, 임진왜란사의 대표적인 연구서가 6권이었다. 아울러 3천 60여 페이지에 달하는 사료집『豊臣秀吉朝鮮侵略關係史料集成』 전3권(平凡社, 2017)과 이순신의 『난중일기』를 완역하여 펴낸 『亂中日記 壬辰倭亂の記錄』 전3권(平凡社 東洋文庫, 2000~2001)의 譯註書를 함께

1) 이 논문은 2018년 11월에 재단법인 임진정유 동북아평화재단이 임진·정유재란 종전7주갑기념 국제학술론총으로 발행한『韓中日共同硏究 정유재란사』(범우사, 2018)에 실려 있다.

남겼다. 그 밖에 일본과 한국에서 발표된 豊臣秀吉의 조침침략관련 논문과 에세이·논설·시평·좌담회 기록들은 다 헤아릴 수도 없다. 그러므로 여기에서 北島万次의 임진왜란사 연구에 대한 모든 것을 검토하기란 불가능한 일이다. 다만 20세기 일본의 임진왜란사 연구동향에 관하여 먼저 검토한 다음, 기타지마 선생이 남긴 대표적인 저서들을 중심으로 하여 그의 壬辰倭亂史學이 갖는 연구사적 위치에 대하여 가늠하고자 한다. 그의 장대한 연구업적은, 그가 열어놓은 새로운 연구지평 위에서 앞으로 한·중·일 삼국의 학계에서 활발한 논의가 있을 것으로 기대한다.

2. 20세기 일본의 임진왜란사 연구동향

에도시대 이래 일본에서는 神功皇后의 '삼한정벌'의 전설과 豊臣秀吉의 '조선정벌'이 곧 국위를 빛낸 자랑스런 역사였다고 강조하면서, 조선은 일찍부터 일본의 속국이라는 인식하에 노골적으로 조선을 멸시하는 경향이 있었다. 이와 같은 역사인식은 19세기까지 일관된 흐름으로 이어졌고, 따라서 언제든지 조선을 그들의 정복대상으로 보는 의식, 즉 조선정벌관이 기조를 이루었고, '히데요시의 武威'를 높이고 조선을 경멸하는 풍조가 만연하였다. 이것은 1831년 川口長孺가 저술한 『征韓偉略』에 그대로 반영되어 임진왜란사의 줄거리로 정리되었다.

그후 『征韓偉略』은 일본의 임진왜란사 연구에 큰 영향을 미쳤을 뿐 아니라 1893년 『豊太閤征韓秘錄』과 1905년 『弘安文祿征戰偉績』 등의 출간을 자극하여 청일전쟁과 러일전쟁의 논리를 대변하고 일본군의 전의를 고양시키려 하였다. 특히 『弘安文祿征戰偉績』은 13세기 麗蒙聯合軍의 日本遠征과 임진왜란사를 함께 묶어서 동경제국대학 역사학회가 편집한 논문집으로서, 개인도 아닌 대학의 연구기관이 의도적으로 '일본의 국위를 드높인 전쟁사례'로 미화하였다. 이 책에서 임진왜란과 관련된 논문들을 보면, 「豊臣秀吉이 外征을 일으킨 목적」·「文祿役에 있어서 우리 전투력」·「豊臣秀吉의 군률」 등 모두 13편의 논문을 실어서 풍신수길의 조선침략을 칭송하였다. 그리하여 이 책을 러일전쟁에 참전한 일본군의 각 부대에 보내어 병사들의 전의를 고양시키고자 하였다. 뿐만 아니라 일본 제국주의가 아시아 인접국가들을 침략하려 한 시점에서 각급 학교의 역사교재로 활용하여 군국주의적 역사의식 형성에 이용하고자 하였다.[2)]

이와 같은 분위기가 일제강점기로 전환된 이후에는 그 같은 기조가 한층 강화되고 그 왜곡의 심도 역시 깊어졌다. 일본인의 우월성을 과장하여 선전하는 한편, 조선인의 열등의식을 조장하려는 의도가 역력하였다. 식민지 체제에 종사한 어용학자들의 연구성향 역시 일제의 입장을 유리하게 기술하는 반면, 조선측에는 불리한 면만을 들춰내어 강조하는 서술태도를 취하였다.[3)] 그 대표적인 저술로서 青柳綱太郎의 『豊臣秀吉の征韓戰記』(1912), 池内宏의 『文祿慶長の役』 丁編第一(1914)과 別編第一(1636),大關定祐의 『朝鮮征伐記』(1916～1917), 참모본부의 『日本戰史 朝鮮役』(1924), 田中義成의 『豊臣時代史』(1925) 등을 들 수 있다. 그중에서도 池内宏의 『文祿慶長の役』과 그의 학풍은 오랫동안 일본의 학계에 큰 영향을 미쳤다. 그러므로 여기에서는 그 책의 저술과정과 池内宏의 문제의식을 중심으로 하여 당시 일본측의 임진왜란사 연구성향에 대해 살펴보기로 한다.

『文祿慶長の役』에 대한 연구는 남만주철도주식회사의 용역에 의해 이루어졌다. 약칭 '만철'로 일컬어진 이 회사는 일본이 러일전쟁에서 승리한 결과, 러시아로부터 만주지역 철도부설권을 획득함으로써 1906년 만주에 설립한 국책회사였다. 당시 滿鮮史硏究의 일환으로서 조선시대사를 담당한 저자가 임진왜란사에 관한 집필을 맡게 되었던 것이다. 그의 전체적인 연구

2) 北島万次, 『文祿慶長の役』<付編 解說>「解說」(吉川弘文館, 1987), 130~131쪽.
3) 이장희, 「왜란과 호란」(『한국사연구입문』제2판, 한국사연구회, 1988), 316~317쪽.

계획은 체계적이고 거창한 것이었다. 모두 세 부분, 즉 正篇·別篇·附篇으로 나누어 저술하되, 각 편의 체제상 성격을 달리하였다. 정편에서는 전쟁이 시작된 유래로부터 終戰에 이르기까지 전체적인 경과를 통론한다는 것이었고, 별편에서는 전쟁 개시 이후 각 부대의 행동에 대하여 細論한 것들로 구성한다는 것이었으며. 부편에서는 정편과 별편에 논술된 것들 중에서 특별한 논증을 요하는 사항들에 대하여 따로 집필한 논고들을 수록하겠다는 것이었다.4)

임진왜란사 전체를 通史的으로 포착하려 한 그의 포부는 실로 웅대한 것이었다. 그러나 괄목할만한 그의 연구계획에도 불구하고 池內宏의 『文祿慶長の役』은 미완의 것이 되었을 뿐만 아니라 당초의 계획과는 전혀 다른 것이 되고 말았다. 저자는 별편의 例言을 통하여, 남만주철도회사의 역사조사실이 폐지된 것과 자료의 소실 등으로 인해 연구가 뜻대로 이루어질 수 없었음을 변명하려 하였으나 그것은 설득력 있는 이유가 될 수 없었다. 1914년에 출간된 정편 제 1책의 내용을 볼 때, 그가 내세운 목표와는 판이하게 다른 내용으로 서술되었기 때문이다. 전쟁의 시작에서부터 종전시까지의 경과를 모두 정편에서 통론하겠다고 했으면서도, 실제에 있어서는 전쟁의 배경을 서술하는 데 그치고 말았던 것만으로도 그 사실을 알 수 있다. 모두 4장으로 구성된 정편 제1의 목차를 보면,「제1장 秀吉의 대외적 태도」,「제2장 鮮王入朝의 命과 통신사의 來朝」,「제3장 征明의 계획과 그 준비」,「제4장 征鮮遂行의 사정」으로 되어 있다. 이것으로 볼 때 이케우치의 『文祿慶長의 役』 정편은 임진왜란 7년전쟁사를 다룬 것이 아니라 그 서설에 그친 연구였다고 할 수 있다.

池內宏의 연구에서 눈에 띄는 또 하나의 문제점은 별편의 내용을 통해서도 확인된다. 별편은 위에서 서술된 그의 연구계획에서 보았듯이, 전쟁중의 일본군 각 부대의 군사행동을 세론하겠다고 하였다. 그런데 6장 부록으로

---

4) 池內宏, 『文祿慶長の役』丁編第一, 例言.

편성된 별편의 목차를 보면,「제 1장 제1군 내지 제3군의 경성진격」,「제 2장 제4군 이하 제군의 동정」,「제 3장 入京諸軍의 동정 및 평양점령」,「제 4장 黑田長政의 황해도 경략」,「제 5장 加藤清正 등의 함경도 경략」,「제 6장 森吉成 島津義弘 등의 강원도 경략」, 「부록 東萊安樂書院 釜山東萊 二城 陷落圖에 대하여」로 되어 있다. 일본군의 군사행동에 대하여 서술하겠다고 했던 것이, 7년전쟁 기간 중 오직 1592년의 초전에 국한하여 취급하였을 뿐 그 밖의 사실에 대하여는 전혀 서술된 바가 없었다. 주로 전쟁초기에 있어서 일본군이 우세를 보인 전투, 즉 조선측의 패전을 설명하는 데 역점을 두었던 것이다. 뿐만 아니라 전체적인 목차 설정에 있어서도 '경성 진격'·'평양 점령'·'황해도 경략' 등 진격·점령·경략 등의 어휘를 구사한 것 자체가 곧 일본군의 승리를 강조하는 데 서술목표가 있었음을 입증한다. 또한 부록 논문의 경우, 송상현과 관련된 동래부의 '殉節圖'를 '陷落圖'로 바꿔 명명함으로써 그것이 오류였건 의도적이었건 간에 역사적 사실을 판이하게 왜곡하였다.[5)]

이렇게 볼 때 池内宏의 임진왜란사 연구는 미완의 연구였다는 한계성 외에도 풍신수길의 조선침략사를 일제의 국가적 이익에 결부시켜 서술하였다는 사실을 부인할 수 없다. 따라서 그의 연구결과에 대하여는 당대에 이미 白鳥庫吉이 평가했던, 다음의 글로써 대변할 수 있겠다.

> 東亞列國의 국제관계와 조선인의 국민성을 아는 데에 있어서 절호의 자료공급이라 할 수 있고, 특히 반도가 우리 제국의 영토에 들어와 있는 오늘날에 있어서 새로 편입된 백성에 대한 위무정책과 반도에 대한 실제적 경영 및 대륙에 대한 제반 교섭… 등에 없어서는 안 될 자료가 된다.[6)]

5) 허선도,「임진왜란론」,『천관우선생환력기념 한국사학론총』(정음사, 1985), 551~552쪽.
6) 池内宏,『文祿慶長の役』丁編第一,「序」.

白鳥庫吉이 밝힌 대로 그의 임진왜란사 연구는 조선인의 국민성을 파악하는 데 있어서 절호의 자료공급이 되게 하였으며, 특히 반도의 식민지 경영에 없어서는 안될 자료로 제공되었다. 그러나 池內宏의 이와 같은 연구결과에도 불구하고 임진왜란 7년전쟁이 실패로 끝났다는 사실만은 그들 역시 부인하지를 못하였다. 白鳥庫吉이 그 책의 서문에서,“전쟁의 진상을 탐구하여 실패한 원인을 밝히는 것은 史學上의 흥미있는 문제가 아닐 수 없다” 라고 하여, 그들 스스로가 실패한 침략전쟁이었음을 인정하였다.7)

일제강점기 池內宏의 임진왜란사 연구가 주로 육전 중심의 서술이었다는 점에서,일본군이 완패했던 해전에 대한 연구는 어떠하였는가에 대해서도 관심을 갖지 않을 수 없다. 1942년 有馬成甫가 해전사만을 취급한『朝鮮役水軍史』를 내놓았다. 이 책은 일제 말기의 해군장교 출신이었던 그가 임진왜란 해전을 軍事史的으로 취급한 최초의 저술이었다. 그런데 여기에서 그는 최초의 해전인 옥포해전의 승패에 관하여 논평하기를,“조선수군에게 있어서는 이 전투가 실로 중대한 정신적 영향을 미쳤다고 볼 수 있다. 즉, 이 서전의 승리는 군의 사기를 진작시키기에 충분한 효과가 있었던 것이다” 라고 하면서도, “그러나 일본군으로서는 일개 소부대의 전투에 지나지 않았고, 그 패전의 결과도 또한 작전상에 하등의 영향을 주지 않았다”8) 라고 하여, 전혀 이해할 수 없는 논리를 폈다. 당시의 전선·화력·전투력 등 조·일 양국의 해상전력에 있어서 현격한 차이가 있었던 상황에서, 일본군이 옥포해전에서 당한 패전의 충격이 얼마나 컸었는가에 대하여는 더 말할 필요도 없다. 나아가서 임진년 7월의 한산도 패전의 결과에 대해서도 그는, “이 해전에 참가한 일본수군은 결코 전수군이 아니고 脇坂의 일군에 지나지 않았기 때문에 그 패전이 하등에 육상군의 행동에는 영향을 주지 않았을 뿐 아니라 일본수군에게 있어서 좋은 자극이 되어 비로소 진지한 해상

7) 조원래,『임진왜란사 연구의 새로운 관점』(아세아문화사, 2011),19쪽.
8) 有馬成甫,『朝鮮役水軍史』(海と空社, 1942), 284쪽.

작전을 계획하게 되었다."[9] 라고 하였다. 따라서 객관적인 결과와는 전혀 상반된 억측을 되풀이 하고 있었다. 이것이 곧 일제강점기 일본측 연구자들의 임진왜란사 서술태도였다. 이와 같은 실정에서도 일본수군의 완패를 솔직하게 시인한 德富猪一郎의 경우에 있어서는,"임진왜란시 일본인들은 거의 완전한 육상동물이었다. 그들은 호랑이를 물속에 던져놓은 것과 같은 모양이 되어 해전에서는 십분의 일의 능력도 발휘할 수가 없었다."[10]라고 비판했던 것이 새롭게 주목된다.

일제강점의 시대가 막을 내린 뒤 일본측의 임진왜란사 연구에는 새로운 변화가 일고 있었다. 이것은 일제의 패망과 한국의 독립이라고 하는 시대적 환경과도 관계가 있었을 것이다. 전후에 있어서 일본 역사학계의 분위기는 전시대와 차이가 있었다. 이 시기 대부분의 연구자들은 池內宏에게 직접 배웠거나 그의 학문적 영향을 받은 인물들이었다. 중요한 것은, 그가 임진왜란사를 오직 일본측의 시각에서 바라보았던 것과는 달리, 전후의 연구자들은 침략을 당한 조선측의 입장을 함께 통찰하는 문제의식을 보였다는 사실이다. 따라서 池內宏의 실증사학을 비판적으로 받아들여 재해석하는 경향이 대두되었다. 특히 역사인식에 있어서 그와는 다른 시각의 연구자들이 1950년대에 나타나기 시작하였다. 『豊臣秀吉』(1954, 岩波新書)을 저술한 鈴木良一와 통사로서의 『朝鮮史』(1951,岩波全書)를 펴낸 旗田巍가 그 대표적인 학자들이었다.

鈴木良一의 경우에는 『豊臣秀吉』의 목차에서 '조선침략'이란 용어를 처음으로 사용하였다. 그는 또 "『文祿慶長の役』 연구는 있어도, 「침략과 저항의 역사」에 대한 연구는 없었다"고 하여 종래의 학설사를 비판하였고, 임진왜란사에서 조선민중의 투쟁을 부각시켰다.[11] 旗田巍 역시 "조선인이

9) 有馬成甫, 위의 책, 99~100쪽.
10) 德富猪一郎, 『近世日本國民史 豊臣氏時代朝鮮役』下卷(개정판, 民友社, 1925), 25쪽.
11) 北島万次, 『豊臣政権の對外認識と朝鮮侵略』(校倉書房.1990), 56쪽.

걸어온 조선인의 역사"를 제창하여『조선사』를 저술하였다. 그는 이『조선사』에서 임진왜란중 조선민족이 일본군에게 어떻게 대응하였는가에 대해 깊은 관심을 보였고, 특히 의병투쟁을 통하여 보여준 조선의 민족정신을 높이 평가하였다.

1960~70년대에 들어와서는 임진왜란중 조·명·일 3국의 입장을 함께 돌아보려는 문제의식과 함께 조선측의 사료에 대한 관심, 나아가서 전쟁중에 시달린 조선의 민중에 대한 연구가 이루어지기도 하였다.『對外關係史硏究』3권을 저술한 中村榮孝는 중권에 수록한 임진왜란사 연구에서,『조선왕조실록』·『事大文軌』·『징비록』·이순신의 전쟁기록(『난중일기』」와『임진장초』)과 정유재란기의 피로인 일기(鄭希得의『月峰海上錄』)에 이르기까지 주로 조선측 사료들을 폭넓게 활용하며 자세히 해설하였다. 또한 임진왜란 중 조선의 민중문제에 눈을 돌린 內藤雋輔는 특히 전쟁중 일본에 끌려온 조선인 被擄人들의 문제에 대해 천착하였다. 그는 노예적 노동을 강요당했던 조선인 피로인들의 생활실태를 회답사나 통신사 등의 기록을 통하여 밝히려고 노력하였으며, 정유재란 중 일본군에 의해 조선민중이 학살당하는 광경을 생생하게 기록한『朝鮮日日記』를 일찍이 발굴하여 소개하기도 하였다. 內藤雋輔의 문제의식은 조선의 피로인들 중에서도 기록을 남길 줄 몰랐던 농민이나 도공들의 실상에 대하여 더욱 큰 관심을 기울였다는 점에서 주목을 받았다. 1976년에 그가 저술한『文祿·慶長の役における被擄人の硏究』에는 그와 같은 연구결과가 잘 나타나 있다.

이와 같은 배경 위에서 1970~80년대에 이르러 豊臣秀吉의 朝鮮侵略에 대한 역사적 고발이 본격적으로 이루어지면서 北島万次의 새로운 임진왜란사 연구가 시작되었던 것이다.

3. 北島万次의 임진왜란사 연구, 半世紀의 여정

1957년 와세다대학 사학과를 졸업하면서 北島万次가 제출했던 졸업논문이 「日本近代社會への轉換期における政治過程に關する一考察」이었다. 그로부터 2018년 세상을 떠나기 직전에 집필된 논문 「丁酉倭亂と全羅道の民衆」(『韓中日共同研究 정유재란사』所收, 재단법인 임진정유동북아평화재단, 2018)에 이르기까지 北島万次의 역사학 연구는 60여년에 걸친 긴 여정이었다. 초기 약 15년 동안의 연구주제는 중세말기로부터 近世初期에 있어서 일본의 領主制와 幕藩制國家論이 중심을 이루었다. 이 분야의 연구가 탄탄해진 기반 위에서 1970년대 전반기에 이르러 豊臣秀吉의 朝鮮侵略史 연구가 시작되었다.

1973년 8월에 임진왜란의 종군기록인 『田尻鑑種의 「高麗日記」』(『歷史評論』 279)를 학계에 소개한 뒤, 그 해 9월에 「天正期における領主的結集の動向と大名權力 -肥前·筑後の場合-」(『歷史學研究』 400)이란 논문을 발표하였다. 이것은 본격적인 임진왜란사 연구에 앞서서 먼저, 침략전쟁의 근거지였던 규슈지역의 大名權力이 亂前에 어떤 움직임을 보이고 있었는가에 대하여 천착한 연구였다. 1975년 3월에 들어서 기타지마는 원로학자 中村榮孝 등과 함께 '秀吉の朝鮮侵略'이란 주제하에 좌담회를 가진 후, 이어서 4월에는 「秀吉の朝鮮侵略挫折と義兵運動展開の基盤」(『역사평론』 300)이란 연구논문을 발표하였다. 이것이 「秀吉의 조선침략」을 주제로 하여 北島万次가 발표한 최초의 논문이었다. 「풍신수길의 조선침략」이란 표현을 쓴 것이 물론 그가 처음은 아니었다. 1954년에 『豊臣秀吉』을 저술한 鈴木良一이 그 책 제6장을 「朝鮮侵略」[12]으로 설정하여 임진왜란에 대한 부분을 서술하였기 때문이다. 그러나 鈴木良一의 연구는 거기에서 그쳤으며, 뒤에서 보듯이 45년간에 걸친 기타지마의 연구와는 비교될 바가 아니었다.

---

12) 鈴木良一, 『豊臣秀吉』(岩波新書 171, 岩波書店, 昭和 29년), 157~201쪽.

다만, 앞에서 서술된 20세기의 연구사에서 본 대로 鈴木良一·旗田巍·中村榮孝·內藤雋輔 등의 연구가 그에게 영향을 미친 것은 부인할 수 없다. 중요한 것은 기타지마의 「秀吉の朝鮮侵略挫折と義兵運動展開の基盤」에 나타난 문제의식이었다. 그는 秀吉의 침략전쟁이 실패로 돌아간 것에 대해 논급하면서도, 그 초점은 일본군에게 맞선 조선의 민족적 저항에 두었다는 점이다.

1975년 임진왜란사에 대한 첫 번째 논문이 발표된 이후 '秀吉의 조선침략'이란 주제로 쓰여진 기타지마의 논문·엣세이·강연 등이 눈에 띄게 많아졌다. 또한 1977년 전일본역사학대회에서 「秀吉の朝鮮侵略と幕藩制國家の成立」을 발표하여 주목을 받으면서, 그의 전문분야가 임진왜란사임을 일본역사학계에 각인시킨 계기가 되었다. 그후 1982년 『朝鮮日日記·高麗日記 ―秀吉の朝鮮侵略とその歷史的告發―』이 출간되었다. 이 책은 北島万次의 임진왜란사에 관한 최초의 저서이자 사료를 중심으로 체계화한 대표적인 저술이었다. 『日記·記錄による日本歷史叢書 - 近世4』로 출판된 본서는 임진년과 정유년의 제1·2차 조선침략전쟁 당시에 남긴 일본군의 종군일기를 중심으로 하여 임진왜란 7년전쟁사를 통사로 엮어낸 저서였다. 앞에서 이미 언급한 대로 『高麗日記』는 1973년 기타지마 자신이 『역사평론』에서 최초로 소개한 것으로서 이것은 1592년 3월~1593년 2월까지 鍋島直茂를 수행했던 田尻鑑種의 진중일기였고, 『朝鮮日日記』는 1597년 6월~1598년 2월까지 太田一吉를 따라 종군했던 승려 慶念이 남긴 일기였다.

위의 저서는 두 가지 면에서 그 특징을 찾을 수 있다. 하나는 처음부터 끝까지 사료로 말하고, 사료로 실증하였다는 점이다. 즉 1차사료들을 직접 제시하는 방법을 통하여 논지를 전개해 간 서술체제를 취하였다. 다른 하나는 '히데요시의 조선침략에 대한 역사적 고발'을 부제로 하였듯이, 침략군의 철저한 점령정책과 잔학한 살육작전에도 불구하고 두 차례의 침략전쟁이 실패로 돌아갔던 과정을 치밀하게 분석하였다는 점이다. 특히 제2차 침략기(정유재란)에서는 「일본군의 조선재침과 그 잔학행위」를 독립된 장으로 설정한 후 「방화와 살략」·「코베기」·「조선인 장병 사냥하기」 등을 각 절로 삼아 침략전쟁의 잔학성을 고발하였다. 이와 같은 임진왜란사 저술은 지금까지 어디에서도 찾아볼 수 없었던 예였다. 고문서류의 1차사료를 통하여 침략전쟁의 만행을 역사과학으로 폭로한 최초의 사례였다.

기타지마의 『朝鮮日日記·高麗日記 -秀吉の朝鮮侵略とその歷史的告發-』에서 활용된 사료는 종군장수들과 그 가문이 남긴 일기류·기록류·고문서류·설화류 등의 주요사료들이 빠짐없이 인용되었을 뿐 아니라 조선측의 『선조실록』·『선조수정실록』·『징비록』·『난중일기』·『임진장초』·『난중잡록』·『민씨임진록』·『간양록』등은 물론, 명측의 『明神宗實錄』·『兩朝平攘錄』 등 참전 3국의 각종 사료들이 총동원되었다. 1982년은 그의 임진왜란사 연구가 시작된 지 10년에도 미치지 못한 시기였지만, 그가 이 분야의 연구에서 사료를 얼마나 중시하였는가에 대하여는 위의 저서에 잘 나타나 있다. 따라서 그의 연구는 그만큼 철저한 사료학으로부터 비롯되었다.

임진왜란의 사료연구에 쏟은 기타지마의 학문적 열정에 대하여는, 그가 「조선왕조실록을 읽는 모임」(처음 명칭은'이조실록을 읽는 모임')을 조직하여 40년 동안 이 강독회를 이끌어온 사실로도 충분히 알 수 있다. 1978년 4월 자신이 동경대 사료편찬소에 연수 중일 당시부터 매월 2회씩 정기적으로 가진 이 모임은 그의 병세가 매우 위중했을 무렵인 2018년 3월 22일, 마지막으로 출석하던 날까지 빠짐없이 계속되었다. 40년간에 걸쳐 쌓인 그의 예습노트가 119책에 달하였을 만큼 방대한 것이었다고 한다.[13)]

1990년대 이후 사료연구를 통하여 임진왜란사 연구지평을 넓힌 기타지마의 역사학에서 빼놓을 수 없는 또 다른 연구업적들이 있다. 하나는 2000~2001년 전 3책으로 간행한 이순신의『난중일기』 번역작업(『亂中日記

13) 村井章介, 「ごあいさつ」, 『北島万次さんを偲ぶ』,北島万次さんを偲ぶ會實行委員會, 2018.

壬辰倭亂の記錄』Ⅰ·Ⅱ·Ⅲ, 平凡社 東洋文庫)을 들 수 있다. 그가 6년 동안 심혈을 기울인 『난중일기』의 역주작업이야 말로 일본측의 임진왜란 해전사 연구를 자극하는 한편, 종래에 잘못 인식되어온 임진왜란 해상전투의 진실을 바로 이해하는 데 크게 공헌하였다. 다른 하나는 그가 세상을 떠나기 1년 전인 2017년에 한·중·일 3국의 임진왜란사 관련사료들을 집대성하여 출간한 『豊臣秀吉朝鮮侵略關係史料集成』(平凡社, 2017)이 그것이다. 이것은 1973년 이래 기타지마의 임진왜란사 연구과정에서, 그가 섭렵한 사료들을 총망라하여 분석·정리한 사료전집이었다. 193종에 달하는 주요사료들을 1585년 7월에서부터 1598년 12월에 이르기까지 사건발생의 연월 순으로 일목요연하게 배열, 전 3책 약 3000 쪽에 달하는 분량으로 편찬하였다. 여기에는 『선조실록』을 비롯하여 약 40여 종의 조선측 사료들이 포함되었다. 이 방대한 사료집은 앞으로 한·중·일 3국의 임진왜란사 연구에서 반드시 필요가 자료원이 될 것이다.

1982년 『朝鮮日日記·高麗日記 －秀吉の朝鮮侵略とその歷史的告發－』을 출간하여 한·중·일 3국의 학계로부터 크게 주목을 받은 이후 90년대에 들어서 기타지마의 연구는 한층 심화되었다. 1992년의 경우에는 3편의 논문과 2편의 임란사 에세이가 모두 한 해에 발표되는 놀라운 연구활동을 보였다.[14] 1992년은 임진왜란 4백 주년을 맞는 해였기에 한·일 양국에서 모두 임진왜란관련 학술행사들이 연속으로 개최되었던 것과 유관하였을 것이다. 그런데 특히 주목되는 것은 그동안 한국측에서만 사용해 오던 '임진왜란이란 호칭을 그때부터 기타지마 역시 적극적으로 사용하기 시작하였다는

14) 세 편의 논문으로는 「壬辰倭亂期の朝鮮と明」(1992.7, 동경대출판회,『アジアのなかの日本史 11』), 「日本史における倭亂」-日本人は倭亂をどうとらえてきたか-」(1992.7, 大阪人權歷史資料觀,『倭亂』), 「壬辰倭亂と朝鮮の自立意識」(1992.8, 『歷史地理敎育』 제495호) 등이다. 두 편의 에세이는 「壬辰倭亂のあらた視點」 (1992.10, 『群馬評論』 제52호)과 「壬辰倭亂の義兵顯彰碑と日本帝國主義」 (1992.11, 『歷史學硏究』 제639호) 이다.

점이다. 한국측의 연구시각과 임진왜란사관에 공감하였기 때문이었을 것으로 생각된다.

일본측의 사료를 활용하여 조선침략의 역사를 저술했던 1982년 이후 2018년 기타지마의 유작논문이 발표되기까지 30년 동안 쌓아온 그의 연구 업적 가운데 대표적인 저서만을 열거해 보면 다음과 같다.

1982.4, 『朝鮮日日記·高麗日記 －秀吉の朝鮮侵略とその歴史的告發－』, 株式會社 そしえて.
1990.9, 『豊臣政權の對外認識と朝鮮侵略』, 校倉書房.
1995.9, 『豊臣秀吉の朝鮮侵略』, 吉川弘文館.
2002.7, 『壬辰倭亂と秀吉·島津·李舜臣』,校倉書房.
2007.4, 『加藤清正 -朝鮮侵略の實像』,吉川弘文館.
2012.10, 『秀吉の朝鮮侵略と民衆』, 岩波書店.

위의 저서들 중에서 『豊臣政權の對外認識と朝鮮侵略』·『豊臣秀吉の朝鮮侵略』·『秀吉の朝鮮侵略と民衆』에 대하여 간략하게 언급하고자 한다. 『豊臣政權の對外認識と朝鮮侵略』은 1980년대 후반 거의 매년에 걸쳐 쓰여진 연구논문들을 수록한 저서이다. 전체 6개장으로 구성된 이 연구서는 근현대 일본 역사학계에서 이루어진 임진왜란사 연구결과를 면밀하게 분석한 논문에서부터 조선침략의 배경과 히데요시 휘하 大名權力의 군사·경제적 욕구에 대한 문제, 조선의 의병투쟁과 침략전쟁 좌절의 실상, 난중 왜교관계의 특성과 對明講和交涉의 문제점, 그리고 豊臣政權의 전제화 과정 등에 이르기까지 도요토미 정권의 대외인식과 관련하여 조선침략전쟁 과정에서 주목되어야 할 문제들을 심층적으로 분석하였다. 이 저술은 저자의 연구력이 가장 왕성했던 시기, 50대 초반의 연구서로서 그의 대표적인 임진왜란사 저서로 꼽을 수 있다. 특히 「제1장 豊臣政權の朝鮮侵略に關する學說史的檢討」에서는 에도시대 이래의 '조선정벌사관'으로부터 일본의 현대

역사학에 이르기까지 일본인의 임진왜란사 인식과 朝鮮觀에 대하여 먼저 고찰하였다. 그리고 19세기 川口長孺의 『征韓偉略』으로부터 20세기 중후반에 이르기까지 약 30여명의 학자들이 남긴 임진왜란관계 저술들을 세밀하게 검토하여 이를 학설사적으로 분석하였다. 끝부분에 서술한 '임진왜란사 연구과제와 전망'에 이르기까지 이 논문은 2백자 원고지 분량 약 700매에 달하는 방대한 것이었다.

1990년의 『豊臣政權の對外認識と朝鮮侵略』이 본격적인 학술연구서인데 대하여 5년 뒤에 나온 『豊臣秀吉の朝鮮侵略』은 일본역사학회에서 편집한 일본역사총서의 하나로서 임진왜란 7년 전쟁사에 대한 개설서라 할 수 있다. 일본의 사학과 대학원생들과 지식인들에게 잘 알려진 이 책은 일본군의 조선침략전쟁사를 올바로 이해하는 데 있어서 더 없이 중요한 저서가 되었다. 간결하고 평이한 문체로 쓰여진 본서는 「왜란의 맹아」·「明征服을 향한 제1차 조선침략」·「왜란에 대한 반격」·「파탄으로 끝난 日明講和交涉」·「조선의 영토탈취를 위한 제2차 조선침략」·「왜란의 상처」 등 모두 6장으로 구성되었다. 이 책의 특징은 목차에서 보듯이 '왜란'이란 용어를 거듭 사용하였다는 점이다. 이것은 곧 한국측에서 쓰고 있는 임진·정유왜란의 호칭이 의식적으로 투영된 것으로서, 일본군의 조선침략전쟁을 조선의 입장에서 표현하려 했던 것으로 보아야 할 것이다.

2012년 岩波新書의 하나로 나온 『秀吉の朝鮮侵略と民衆』은 평소 바른 역사교육과 역사학의 대중화에 관심을 쏟아온 저자에게 특히 소중한 저서였다. 문고판으로 출판된 이 책의 저술 목적은, 전쟁을 벌인 지배층의 의도와는 전혀 관계없이 전란에 휘말려 온갖 고난을 겪었던 민중. 그 수많은 하층민의 수난사를 일반대중에게 널리 알리려는 데 있었다. 전체 5개장으로 구성된 본서의 핵심 부분은 제 4장과 제 5장이다. 제 4장은 「이순신의 조선수군을 지탱한 사람들」로서, 전라좌수영에 소속된 기술직 하층민들을 중심으로 하여 해상전투를 승리로 이끌었던 그들의 역할과 희생에 대하여 집중

적으로 서술하였다. 제 5장은 「조선인이 된 일본인들」로서, 침략전쟁에 휩쓸려 종군한 이후 조선에 투항한 사람들, 즉 降倭의 기구한 운명과 수난상에 대해 자세히 서술하였다. 특히 4장에서는 조선수군의 하부구조를 이룬 연해민들 가운데 전라좌수영에 소속되었던 船匠·弓匠·火砲匠 등의 기술병들, 천신만고의 고초를 겪으며 전선을 운용했던 格軍들, 실전에 동원되어 해상전투의 주역으로 활약했던 射手·土兵·鮑作 등의 구체적인 기능과 戰功에 이르기까지 논급되었다. 이순신의 『난중일기』를 精緻하게 분석하여 밝힌 이 연구는 전에 없었던 유일한 연구였다. 『난중일기』가 조선측의 사료임에도 불구하고 지난 날 한국에서는 무수한 번역작업이 유행하였을 뿐, 임진왜란 해전사 연구가 오직 이순신의 전략전술과 전쟁능력을 밝히는 데에 집중되었을 뿐 조선수군의 수많은 주역들에 대한 연구가 없었던 것에 대하여 부끄러워하지 않을 수 없다. 이와 같은 사실을 통하여 볼 때, 기타지마의 임진왜란사 연구가 그만큼 넓고 또 깊었음을 확인할 수 있다.

北島万次의 임진왜란사 연구방법의 하나로서 침략을 당했던 조선측, 즉 한국의 입장에서, 한국인 연구자들과 함께 하는 공동연구가 진행되었다는 것이다. 그 구체적인 방법이 곧 일본측과 조선측의 사료를 함께 놓고 한국의 연구자들과 공동으로 이루어진 학술활동이었다. 또한 한국에서 행해진 그의 학술강연을 통하여 일반 국민들과의 소통이 자주 있었던 것도 사실이다. 이에 대하여는 다음 표를 통하여 그 대체적인 상황을 알 수 있다.

시기	주제	학술회의 및 논문 게재지	관계기관
1994.03	임진왜란연구와 『조선왕조실록』	학술회의.「조선왕조실록의 고전국역사업」 * 『민족문화』 제7호(94.12)에 게재	민족문화추진회
1994.08	임진정유왜란의 해전과 일본·조선 양국의 사료에 대하여	학술회의.「임진왜란 해전사의 역사적 재조명과 해전유물발굴」	해군사관학교 충무공유물발굴단
1997.07	정유왜란과 전라도의 전투	학술회의.「정유왜란과 전라도정신의 재조명」	전북애향운동본부· 한일관계사연구회

시기	주제	학술회의 및 논문 게재지	관계기관
1998.01	임진왜란과 진주성전투	학술회의.「임진왜란박물관개관기념 국제학술회의」 *『남명학연구』제7호(경상대 남명학연구소)에 게재	국립진주박물관·경상대 남명학연구소
1998.11	임진왜란에 관한 일본의 역사인식	학술회의.「사명당기념학술회의-임왜란에 있어서 한중일 삼국관계」 *『사명당유정』(2000.3)에 게재	사명당기념사업회
1998.11	임진왜란과 이순신-사천해전을 중심으로	학술회의,「사천의 역사와 임진왜란」 *『남명학연구』제8호 게재	사천문화원·경상대 남명학연구소
1998.12	조선수군의 연승과 일본군의 대응전술	학술회의.「이순신장군 순국400주년기념학술회의」	전쟁기념관
2000.04	『난중일기』로 본 임진왜란	학술회의.「제2회 한일 국제학술회의」	순천향대 이순신구소
2003.10	강원도에서의 임진왜란	논문게재.『왕조실록 속의 일본』에 수록	한일관계사학회
2003.10	이순신의 수군을 뒷받침한 사람들	논문게재. 『충무공 이순신』에 수록	국립진주박물관
2007.12	임진왜란에서의 두 개의 화의 조건과 그 풍문	논문게재.『한일교류와 상극의 역사』에 수록	한일관계사학회
2009.09	『난중일기』의 세계와 이순신	학술회의.「임진왜란과 동아시아세계의 변동」 *『임진왜란과 동아시아세계의 변동』(2010, 경인문화사)에 수록	한일문화교류기금·동북아역사재단
2010.04	히데요시의 조선침략에 대한 학설사와 연구과제	논문게재.『임진왜란과 동아시아세계의 변동』에(2010, 경인문화사) 수록	경인문화사
2010.04	제1차 진주성전투의 경위와 제2차 전투의 요인	논문게재.『임진왜란과 진주성전투』(국립진주박물관 발행)에 수록	국립진주박물관
2011.08	『난중일기』에 보이는 항왜에 대하여	논문게재.『임진왜란과 전라좌수영』에 수록	한일관계사학회
2011.08	이순신의 해전과 일본측 사료	논문게재.『임진왜란과 전라좌수영』에 수록	한일관계사학회
2012.11	국제전쟁으로서의 임진왜란과 그 역사인식	학술회의.임진왜란 제7주갑기념 국제학술회의 *『국제전쟁의로서의 임진왜란』(한국학중앙연구원 발행)에 수록	한국학중앙연구원 동아시아역사연구소

시기	주제	학술회의 및 논문 게재지	관계기관
2016.11	임진왜란에 관한 일본·한국·중국의 사료와 그 특질	논문게재.『한일 양국 서로를 어떻게 기록했는가』에 수록	한일문화교류기금
2016.11	임진왜란 시기구분과 그 내용	논문게재.『한일 양국 서로를 어떻게 기록했는가』에 수록	한일문화교류기금
2018.12	정유왜란과 전라도의 민중	유작논문.『한중일공동연구 정유재란사』(2018, 범우사)에 수록	(재)임진정유 동북아 평화재단

위의 표에 나타난 것은 1994년으로부터 약 20여년 동안 한국에서 행해진 기타지마의 학술활동을 정리한 것이지만, 빠뜨린 것도 없지 않을 것이다. 이것은 공식적인 학술회의와 거기에서 발표한 논문들을 나타낸 것이다. 그 밖에도 개인적인 학술행사를 통해 한국에 오고간 일은 자주 있었다. 일본의 학술단체를 인솔하여 왜성을 답사하거나, 사료조사 및 역사유적 탐방을 위해 한국을 왕래했던 일이 비일비재하였다. 따라서 한국에 대한 이해를 깊이 하면서, 한국인 연구자들과의 공동연구를 통하여 생의 마지막까지 일본의 조선침략전쟁사를 연구했던 일본인 학자가 곧 北島万次였다.

北島万次의 역사학 연구 60년 여정에서 그가 남긴 학문적 업적은 역사학 연구 그 자체만이 아니었다. 역사교육과 역사학의 대중화를 위해 쏟은 그의 열정과 헌신이 또한 매우 컸었기 때문이다. 1967년 동해대학부속 望星高校의 歷史教諭로 재직하였을 때의 논문 「전국시대와 역사교육」(『역사학연구』 제 294호)에서부터 1998년의 시평논문이었던 「교과서 검정에 대한 삼중구조의 실태」에 이르기까지 역사교육과 관련된 기타지마의 저서·편저·논문·교과서 집필·시평·좌담회 등이 모두 25건으로 나타나 있다.[15] 이것은 1998년까지 확인된 것만의 통계이지만, 그가 일본의 역사교육학 발전에 있어서도 그만큼 크게 공헌했던 사실을 입증한다. 아울러 역사교과서 재판과

15) 北島万次さんを偲ぶ會實行委員會, ㄴ『北島万次さんを偲ぶ』,「著作目錄」, 2018.

검정소송을 지원하는 데에 헌신했던 사실에 대해서도 언급하지 않을 수 없다. 1965년 일본 문부성이 고교 역사교과서 검정과정에서『新日本史』에 대해 불합격처분을 내린 사건이 발생하였다. 불합격 대상의 원고 중에는 물론 임진왜란사 관련내용도 포함되어 있었다. 이것은 단순한 교과서 문제가 아니라 皇國史觀을 계승한 문부성 교과서조사관이 교과서 집필자의 역사관에까지 개입했던 사건으로, 역사학자 기타지마로서는 그것을 바라보고만 있을 수가 없었던 것이다. 역사연구자가 지켜야 할 사회적 책임이 있는 한, 그것을 묵시할 수 없다고 판단했던 것이 기타지마의 소신이었다.[16] 따라서 국가를 상대로 한 교과서재판이 장기화 되고 있었을 때「교과서검정소송을 지원하는 역사학관계자의 모임」이 결성되었고, 여기에 적극적으로 참여하여 활동했던 역사학자가 곧 北島万次였다. 그는 1977년부터 이 모임의 편집장을 맡아 역사교과서운동의 중심에 섰다. 당시 그는 "역사교과서 재판은 결코 법정에서만의 문제가 아니다. 우리들의 역사연구와 교육에 대한 실천적 과제를 분명히 해가는 문제이기도 하다" [17]라고 역설하며, 많은 사람들의 참여와 호응을 이끌어 냈다. 이와 같은 그의 소신은 1986년 공저로 출판된『역사학을 배우는 것과 가르치는 것』(동경대학출판회 발행)가운데 그가 집필한「교과서문제와 역사연구」에서도 강조되고 있다. 역사학자로서, 역사교육학자로서 한결같았던 北島万次의 실천적 삶이 어떠하였는가를 보여준 또 하나의 예가 될 것이다.

4. 임진왜란사 연구에 있어서 北島万次의 위치

일제강점기 이후「조선정벌」사관을 제대로 극복하지 못한 일본의 임진왜

16) 北島万次,『豊臣政權の對外認識と朝鮮侵略』(校倉書房.1990), 62쪽.
17) 北島万次さんを偲ぶ會實行委員會, 위의 책,「小品集」50쪽.

란사 연구는 전후에 있어서도 큰 변화는 없었다. 여전히 「풍신수길의 조선정벌」 또는 「조선출병」,「文祿慶長의 役」,「조선역」 등의 호칭이 그대로 쓰여지고 있었던 것이 한 예였다. 그러나 1980년대에 이르러 새로운 전기를 맞이하였다. 1982년에 北島万次의 『朝鮮日日記·高麗日記 —秀吉の朝鮮侵略とその歷史的告發—』이 출간되면서, 임진왜란은 곧 일본의 조선침략 전쟁이었음을 분명히 한 것에서 비롯되었다. 물론 저자는 「풍신수길의 조선침략」이란 표현을 썼다. 그가 일본인 학자로서 「풍신수길의 조선침략」 대신에 '일본군의 조선침략전쟁'이란 노골적인 표현을 쓰기는 어려웠을 것이다. 그럼에도 불구하고 北島万次는 조선측의 입장에서 임진왜란사를 서술하는 데 일관된 연구를 반세기에 걸쳐 계속해 왔다. 뿐만 아니라 그의 저서·논문·강연·에세이 등을 통하여 일본군의 조선침략사에 대한 연구를 그치지 않았으며, 개설서 『풍신수길의 조선침략』을 저술하여 그 역사적 진실을 대중화하였다. 따라서 그는 임진왜란 7년전쟁사를 일본의 조선침략전쟁사로 정립시킨 최초의 일본측 역사학자가 되었다. 이것이 北島万次의 임진왜란사학이 갖는 가장 큰 의의라 하겠다.

다음은 기타지마의 임진왜란사 연구가 한국측 연구자들과의 지속적인 교류 및 공동연구로 진행되었다는 사실이다. 이것은 그가 침략전쟁을 당한 조선측의 입장에서 임진왜란사를 바라보고자 했던 문제의식에서 비롯된 연구방법의 하나였다. 따라서 20년 이상을 한국의 연구자들과 협력관계를 유지하면서 한·일 양측의 사료를 공유한 가운데 지속적인 공동연구가 진행되었다. 그 결과로서 2009년의 『日朝交流と相克の歷史』(校倉書房), 2010년의 『임진왜란과 동아시아세계의 변동』(경인문화사), 2016년의 『한일 양국은 서로를 어떻게 기록하였는가』(한일문화교류기금) 등의 공동연구서가 출간되었다. 이와 같은 한·일 양국의 공동연구는 임진왜란사 연구를 그만큼 심화시켰고, 그 중심에 기타지마의 실천적 노력이 뒷받침하였다.

끝으로 北島万次의 임진왜란 연구사에서 또 하나 빼놓을 수 없는 것이

있다. 침략전쟁에 내몰린 피지배층의 참상과 민중의 활동상에 천착하여 임진왜란사의 연구시각을 더욱 넓혔다는 점이다. 종래의 임진왜란사 연구에 있어서 하층민에 대한 관심은 조선측 피로인과 일본측 항왜에 한정되어 분산적인 연구가 이루어졌을 뿐, 조·일 양측의 피지배층에 대한 종합적인 연구결과는 없었다. 기타지마의 저서 『秀吉の朝鮮侵略と民衆』가 그에 대한 유일한 연구였다. 특히 그가 이순신의 『난중일기』를 세밀하게 분석하여 조선수군의 하부구조와 각 職役의 특성 등을 구체적으로 밝힌 것은 선구적인 연구가 아닐 수 없다. 北島万次의 임진왜란사학이 그만큼 넓고 깊었다고 할 수 있다.

기타지마 만지(北島万次) 선생과 여수(麗水)

鄭熙鐥 | 청암대

I

麗水는 忠武公 李舜臣 將軍이 壬辰倭亂을 맞이하여 勝戰을 이끌어낸 代表的인 곳이다. 當時 三道水軍統制營 겸 全羅左水營이었던 이 歷史的인 고장에 기타지마 만지(北島万次) 先生이 訪問하였다. 韓日間 壬辰倭亂의 代表的인 歷史學者로 알려진 기타지마 만지 先生이 麗水를 訪問한다는 것은 무척이나 意味 있고 興味津津한 事件(?)이라 하겠다.

II

2009年 9月 韓日文化交流基金과 東北亞歷史財團이 共同으로 開催한 韓日國際學術會議가 <壬辰倭亂과 東아시아 世界의 變動>이란 主題로 麗水에서 開催되었다.

韓日 兩國의 壬辰倭亂 관련 專門家를 모시고 '壬辰倭亂과 東아시아 국제관계', '韓日軍이 使用한 武器와 船舶의 科學性', '兩國民의 戰爭認識과 記憶' 등에 관해 深度 있는 發表와 열띤 討論을 하였다. 아울러 學術會議를 前後하여 麗水 鎭南館과 船所, 順天의 倭城址 등 관련 遺蹟을 들러 보는 時間을 가졌다. 先生은 '「亂中日記」의 世界와 李舜臣'이란 主題로 基

調講演을 하시기로 하였다.

當時 나는 麗水에서 모든 行事를 주관하고 있었기 때문에 9月 18日 麗水空港으로 先生을 모시러 나갔다. 손승철 先生과 함께 기타지마 만지 先生 內外가 到着하였다. 先生의 名聲은 익히 들어 알고 있었으나 처음 인사를 나누는 것이 쑥스러웠지만 先生은 나를 便安하게 대해 주셨다. 先生 內外를 뵈면서 年歲가 드셨지만 夫婦가 함께 다니시면서 人生을 즐기시는 것 같아 무척 인상적으로 느꼈다.

先生께서도 全羅左水營이었던 麗水를 처음 訪問한 점을 안타까워하시며 麗水에 대해 깊은 關心을 가지고 여러 가지 질문을 하셨다. 麗水는 李舜臣과 어떠한 연관성을 가지느냐, 李舜臣의 유적이 어느 정도 남아 있느냐, 李舜臣 관련 행사가 계속되고 있느냐 등을 자세히 물으시고 각종 遺跡들을 찬찬히 살펴보셨다.

둘째 날 學術會議가 끝나고 晩餐場에서 나는 麗水의 代表的인 술인 '蓋島막걸리'를 내놓았다. 그리고는 이 막걸리가 朝鮮時代 左水營 住民들이 거북선[龜船]을 만들면서 세참 때 먹었던 막걸리라 소개하였다. 學術會議에 參加한 모든 學者들이 다른 술은 거들떠보지도 않고 이 막걸리만으로 입을 적셨다.

先生도 이 蓋島막걸리의 맛에 讚辭를 아끼지 않으시면서 앞으로 몇 번 麗水에 더 왔으면 좋겠다고 덧붙이셨다. 나는 꼭 다시 모시겠다고 約束드렸다.

Ⅲ

先生 內外가 다시 麗水를 찾은 것은 그로부터 2年 후인 2011年이었다. 李舜臣 將軍 全羅左水使 赴任 7甲子(420周年)를 맞이하여 <壬辰倭亂과

全羅좌左水營, 그리고 거북선[龜船]>이란 主題로 開催된 國際學術會議에서이다. 學術會議의 基調講演者로 先生을 모시고 싶어 손승철 先生께 부탁드렸다. 그리고 손 선생님의 涉外로 쉽게 基調講演이 決定되었다,

그런데 先生이 麗水에 오셔서 講演을 하시기로 한 이유가 特別하였다. 麗水의 생선회가 너무 신선하고 맛있어서 사모님과 꼭 다시 찾아오고 싶었는데 때마침 불러주어 너무 고맙다는 것이었다.

麗水의 생선회. 나는 歷史的인 기록들이 떠올랐다. 하나는 1443年(世宗 25年)의 癸亥約條이다. 이 癸亥約條는 朝鮮과 對馬島 간의 歲遣船에 관한 條約이다. 그런데 이 條約 넷째 條項이 興味롭다. 넷째 條項은 "孤草島에서 고기잡이하는 자는 朝鮮의 知世浦萬戶의 許諾을 받은 뒤 고기를 잡고, 이어서 漁稅를 내야 한다."라고 되어있다. 여기서 孤草島는 麗水市 三山面 周邊이었는데 이미 朝鮮時代부터 좋은 물고기가 많이 나고 잡혀 日本人들이 稅金을 내고 漁業을 한 곳임을 알 수 있는 것이다.

또, 日帝强占期인 1930~40年代에는 큐슈[九州], 아이치[愛知], 히로시마[廣島] 등지의 日本 漁業船團들이 이곳 麗水에 몰려와서 고기잡이를 하였는데 당시 麗水 앞바다에서 잡은 물고기는 日本에서 다른 地域의 물고기에 비해 2배 이상의 價格으로 팔렸다고 한다. 이는 麗水 인근 바다의 물고기가 육질이 쫄깃쫄깃하고 감칠맛이 뛰어나 日本에서도 有名하였던 것이다. 先生 內外가 뛰어난 美食家임을 알려주는 대목이다.

Ⅳ

한편 先生은 到着 2日前 새로운 부탁을 해오셨다. 資料를 찾아보니 麗水에는 壬辰倭亂 때 船所가 3군데 있었는데 그 중 防踏船所가 現在까지 原形이 保存되어 있다고 하는데 그 內容이 사실인가 하는 質問이었다. 그

리고 文獻에서 살펴본 대로 防踏船所가 현재까지 原形의 形態로 잘 保存되어 있으면 先生은 다른 踏査 日程을 모두 取消하고 防踏船所를 찾아보고 싶다는 것이었다. 나는 先生께서 調査한 內容이 모두 사실임을 알려드리고 踏査 時間에 다른 분들과는 별도로 防踏船所로 모시겠다고 連絡드렸다.

行事 當日날. 麗水空港에 도착한 다른 분들께 정중히 양해를 구하였다. 先生께 防踏船所를 案內해야 하므로 다른 분들의 踏査 案內는 부득불 麗水市 문화유산해설사가 자세히 설명해 주리라 알렸다.

그런데 행사 참가자들이 防踏船所가 아직 원형 그대로 잘 보존되어 있으면 日程을 수정하여 모두 그곳을 방문하고 싶다는 것이었다. 사실 麗水에서는 壬辰倭亂 當時 左水營船所와 防踏船所에서 거북선[龜船]을 만들었는데, 左水營船所는 이미 없어져버리고 '防踏龜船'을 만들었던 防踏船所가 원형 형태로 남아있다니 즉각 관심을 표명할만한 것이었다.

결국 우리 一行은 모두 버스를 타고 突山 防踏鎭으로 향하였고 그곳에서 防踏船所를 자세히 살펴볼 수 있었다. 아직도 原形을 잘 유지하고 있는 防踏船所. 先生 덕분에 近代史 研究者들의 焦眉의 關心事로 浮刻되어 學術會議를 뜨겁게 달구었다.

하지만 韓國의 研究者들이 無關心할 때 先生은 日本에서 여러 文獻을 통해 防踏船所에 대해 調査하고 關心을 가졌음을 우리는 본받아야 하겠다. 學者의 姿勢에 대해 時事하는 바가 무척 크다고 생각한다.

先生의 靈前에 感謝와 愛情을 늦게나마 바친다.

종합토론

사회 _ 손승철

〈종합토론〉

종합토론 녹취록

손승철 이번 학술대회 주제는 근세 한일관계의 실상과 허상입니다. 근세 한일관계는 시기적으로 대략 한국에서는 조선시대, 일본에서는 무로마치 시대와 에도시대로 대략 14세기부터 19세기까지 500년간입니다. 이 시기의 한일관계를 각 시기마다 6개의 키워드로 정리했습니다. 첫 번째가 14세기의 왜구, 두 번째가 15세기의 삼포, 그리고 16세기에는 임진왜란, 17세기에는 탐적사, 18세기에는 통신사, 19세기에는 정한론 이렇습니다. 이렇게 6개의 키워드를 가지고 불신과 공존, 전쟁과 화해 그리고 평화와 대결로 스토리텔링을 했습니다. 그래서 각 주제별로 발표자와 약정 토론자가 있고, 발표문과 토론문이 발표집에 수록되어 있습니다.

첫 번째 14세기 왜구에 대해서는 미야자키 대학의 세키 쇼이치 선생님께서 발표해주셨는데 거기에 대해서 강원대학교의 유재춘 교수께서 약정토론을 하시겠습니다. 종합토론 시간이 100분으로 되어 있는데, 6개 주제라서 1개 주제에 질의와 응답에 대해서 10분정도를 할애하겠습니다. 그리고 나머지 시간에 자유토론을 하도록 진행을 하겠습니다. 먼저 첫 번째 주제에 대해서 유교수님 토론을 해주십시오.

유재춘 네 안녕하십니까? 유재춘입니다. 사회자님께서 시간을 제한하시는 것을 보니까 헛소리는 집어치우고 간단하게 하라 이런 말씀이신 것 같습니다. 오늘 제가 꼭 한 가지 말씀드리고 싶은 것은 오늘 사회자님께서 주제를 소개하셨죠. 근세 한일관계의 '실상과 허상' 이런 이야기는 과거에도 많이 들었던 것 같은데 어쨌든 요즘 세상 돌아가는 것을 보면 실상과 허상이라는 말이 참 새롭게 다가오는 것 같습니다. 따지고 보면 결국 실상을 좇아갈 때 공존과 평화가 있고, 허상을 좇아갈 때 불신과 전쟁이 있지 않았나? 그런 생각을 하면서 간단하게 말씀드리도록 하겠습니다.

오늘 세키 슈이치 선생님 발표 잘 들었습니다. 그간의 왜구와 관련된 여러 가지 연구동향, 또 발생현황, 특징, 이런 사항들은 세키 선생님께서 잘 정리를 해주셨고, 제가 의미 있게 들었던 내용은 왜구발생이 고려와 일본과의 통교관계를 성립하도록 해주었다. 그래서 고려와 일본이 이 왜구문제를 통해서 협력적으로 공존하는 새로운 시대를 열게 되었다는 점을 강조를 해주셨습니다. 오늘 제1 세션의 주제 <掠奪과 共存>에 아주 적합하게 부합하는 주제가 아닌가 생각합니다.

다만 그동안 아마 세키 슈이치 선생님도 잘 아시겠지만 왜구와 관련된 연구에서 가장 뜨겁게 논란이 되었던 구성원 문제에서 조금 더 새로운 견해를 제시해 주셨으면 좋지 않았을까 그런 아쉬움이 있습니다. 작년에 박경남 선생님께서 과거에 무라이 선생님께서 연구하신 境界人에 대해서, 「이영(李領)의 왜구 주체 논쟁과 현재적 과제」라는 논문을 발표하였습니다.

이 논문을 보면 "경계인(marginal man)적 속성을 강조하면서 자국사적 맥락을 지워버림으로써 역설적으로 오히려 또 다른 민족주의적 자기 옹호의 오류"를 범하고 있다. 이런 지적을 했습니다. 이것이 경계인론의 전반적인 이해를 바탕으로 한 것이라고 저는 보지 않지만 왜구 구성원이라는 측면에서 본다면 상당히 의미 있는 지적이라고 생각합니다.

그래서 이 논문에서는 왜구를 구성하는 민족구성원에 대한 관심을 넘어서 동아시아 역사에 출몰했던 왜인들을 보편적인 어떤 해적사라고 하는 전망 속에 올려놓고 봐야 한다는 것을 제시했었습니다. 이런 점에서는 오히려 박경남 선생님이 제시한 것은 왜구 문제에 대한 새로운 연구 지평 이런 부분에서 상당히 의미가 있지 않나 생각이 듭니다. 오늘 세키 선생님께서 전반적으로 왜구문제를 이야기 하시면서 과거 무라이 선생님께서 제시한 경계인론을 넘어서 다른 차원에서의 연구방향을 제시해 주셨으면 좋았겠다라는 아쉬움이 있었습니다.

저는 경계인론에 대해서는 '海域史' 관점에서 나온 시각이고 또 문화교류사적인 측면이나, 文化圈 설정 이런 부분에서는 대단히 유용한 도구가 될 수 있는 이론이라고 생각을 하고 있습니다. 그러나 역사적 사건으로 '왜구'에 집중하여 볼 때에는 이 경계인론이라고 하는 것이 적지 않은 그런 문제점이 있지 않나 생각을 합니다.

예를 들어 '경계인론'이 성립되려면 일본역사에서 이른바 조선에서 또 고려와 조선에서 왜구의 본거지라고 생각했던 '三島' 지역, 이 지역은 일본지도에서 경계지역으로 표시가 돼야한다는 생각조차 듭니다. 그래서 이런 부분들은 '중국인, 조선인, 일본인이 혼재하여 문화적으로 정체성이 상실되었거나', 또 '거주지가 일정치 않다' 뭐 이런 논리는 일리는 있습니다.

그러나 왜구문제, 왜구의 구성원 문제를 설명할 때 경계인론을 적용하게 되면 이런 오해의 소지가 분명히 있는 부분이기 때문에 세키 선생님께서 그런 부분에서 새로운 지평을 제시해주셨으면 좋지 않을까 하는 이런 생각을 해봤습니다.

그리고 '三島' 왜인 문제에 대해서도 「領主層」과 「住民層」으로 나누어서 설명을 하셨고, 여기에서 이 주민층을 경계인으로 보셨습니다. 그리고 「領主層」은 총체적으로 定住性이 강하고, 「住民層」에 대한 통제력과 의존적인 관계를 가지게 됐지만 어떤 때에는 해적행위를 금지하고, 어떤 때는 사주하는 태도를 취했다고 설명을 하셨습니다. 그래서 큰 틀 속에서 보면 세키 선생님께서도 발표문에 적었지만 경계인을 수용하는 측면에서 설명을 해주셨다고 생각합니다.

그러나 일본인 연구자들께서 왜구 구성원 문제를 거론을 하셨을 때 물론 기록에도 '假倭'라고 하는 것들이 나오고, 1446년에 이순몽이 거론한 10명

중에 1~2명만 왜인이라고 하는 이런 부분이 있습니다. 그런데 그 기록 자체를 어느 정도까지 신뢰하느냐, 기록이기 때문에 기록이 틀렸다고 하면 모든 것이 논의될 수 없기 때문에 그렇게 역사학자는 이야기 할 수 없습니다. 즉 다시 말해서 틀림없이 거기에는 중국이나 조선인들이 끼어있었다. 이건 명백한 사실이다.

그러나 우리가 고려와 조선 연안 지역에 침입했던 왜구들이 포괄적으로 이야기 한다면 그 사람들은 결국 三島지역에 주 근거지를 가지고 있었던 왜인들이라고 보는 것이 한국학계에서 가장 보편적인 시각입니다. 여기에 반할 때는 분명한 논거가 있어야 하는데 단편적인 기록만 가지고 설명하기에는 부족하다. 즉 다시 말해서 그러면 '경계인이었던 삼도지방의 왜구들이 왜 일본은 약탈을 하지 않았느냐?', '고려·조선처럼, 그럼 그들은 결국 경계인이라고 하지만 전체적인 소속관계는 전혀 없었느냐?' 이런 문제들이 분명히 있다고 생각합니다.

그렇다면 고려 조선에서는 왜 일본을 상대로 해서 왜구 금지를 위한 외교적 제스처를 했느냐? 정체성이 그쪽이라고 봤기 때문에 결국 고려와 조선에서 그렇게 했다는 것이죠. 이것이 사실이라는 것이죠. 그래서 그런 측면에서 봤을 때는 경계인론을 왜구 구성원 문제와 직결시키기 위해서는 좀 더 상식적으로 이해될만한 설명과 고민이 필요하지 않는가 하는 측면에서 말씀을 드립니다.

특히 1337년 일본에서 고려에 사절로 왔던 승려 信弘이라는 사람이 한 얘기에도 분명이 왜구를 일본과의 연관성 속에서 말하고 있습니다. 왜구 구성원 문제는 그리 쉽게 A다 B다 결론내기 어려운 점이 있지만 경계인론 자체가 왜구 구성원을 설명하기에는 조금 부족하지 않나 그런 측면에서 말씀을 드렸습니다.

그리고 개별적으로 한두 가지만 말씀을 드리겠습니다. 첫째는 1366년 고려 공민왕 때 사절 로 왔던 金龍, 金逸 일행이 일본 교토에 왔었는데 이때까지도 교토 사람들은 이 왜구에 관한 것을 전혀 몰랐던 것이죠. 저도 이것이 의아하고 흥미있는 내용이었습니다만 저는 사실은 일본 기록 내에 왜구 문제가 자체적으로 정치적으로 거론되어 논의된 적이 전혀 기록에 없는지 그것을 세키 선생님께 여쭤보고 싶습니다.

그 다음에 1378년하고 1379년에는 또 아주 특이한 일이 있었습니다. 구주탐제 今川了俊과 大內義弘이 자신들의 부하를 직접 고려에 파견해서 고려가 왜구를 진압하는 것에 협력하게 했습니다. 아주 극히 이례적인 일이죠. 세키 선생님께서 이것을 '14세기말 일·한 고유의 共存의 모습'이라고 했습니다. 그런데 단순히 今川了俊나 大內義弘이 진짜 고려의 왜구 진압에 우호적으로 협조하기 위해서만 이들을 보냈다고 생각하지 않습니다. 군사를 파견하는 것은 외교와 군사가 복합적으로 결합된 아주 중대한 조치입니다. 이러한 조치를 했다는 것은 그 뒤에 다른 이유가 있다고 생각이 듭니다. 이러한 것에 대해 제가 일본사에 관해 잘 모르기 때문에 세키 선생님께 여쭤보고 싶습니다. 이 今川了俊이나 大內義弘이 병력을 파견한 진짜 이유가 따로 있는 것인지 이 점을 여쭤보고 싶습니다.

그리고 세 번째, 세키 선생께서 전기 왜구의 대부분을 「三島」 주민으로 보고 있지만, 앞으로 과제의 하나로서, 對馬島의 주민과 壹岐 주민과의 연계 관계 문제를 들고 싶다고 말씀하셨습니다. 그리고 山口隼正의 연구에서 壹岐와 對馬를 병칭해서 한통속으로 보고 있지만 이들이 실질적인 상호관계를 갖게 된 것은 三浦가 개항한 이후에 이들이 개항지에서 서로 만나서 유대관계가 생기면서 이때 주로 연대가 생겼다는 설명을 했었거든요. 근데 제가 궁금한 것은 바로 壹岐나 큐슈지역에서 조선쪽으로 건너오기 위해서는 표류를 하지 않는 이상은 대마도를 거치지 않고 오기가 불가능합니다. 그러면 그 많은 배들이 대마도주의 일정한 용인 없이 고려와 조선의 연해지역을 멋대로 왔다 갔다 했다는 것이 저는 믿어지지 않습니다. 그러니까 이것은 결국 유대관계가 없었다라고 보기 어렵다는 것이죠. 뭔가 九州, 壹

岐, 對馬島 지역이 연계관계가 있었기 때문에 이러한 수많은 배들이 대마도를 통해서 자유롭게 조선 연안지역에 와서 약탈행위를 할 수 있었던 것이라고 생각합니다. 그렇지 않은 상황에서 어떻게 아무런 관계도 없는데 그냥 손짓 하나 하고서 대마도 잠깐 들렀다 지나가는 것 저는 이것이 상식적으로 이해가 되지 않습니다. 그래서 壹岐와 對馬 문제뿐만 아니라 九州 지역과의 상호관계도 일본사 속에서는 명확하게 선이 그어져 있을 것이라고 생각이 듭니다. 그런 점에서 진짜 山口隼正 선생의 주장이 맞는 것인지 세키 선생님께서 보충을 해서 설명을 해주시면 공부에 도움이 되지 않을까 생각을 합니다. 저의 질문은 여기까지입니다.

손승철 경계인에 관해서도 문제제기 했고, 그리고 그 외에도 몇 가지 쟁점을 말씀하셨기 때문에 간단하게 답변이 어려우실 겁니다. 그렇지만 아주 중요한 내용만 답변해 주시기 바랍니다.

세키 슈이치 코멘트 해주셔서 감사합니다. 자세한 질문을 많이 해주셨는데요. 시간 안에서 최대한 간단하게 답변해드리도록 하겠습니다. 우선 순서대로 답변을 드리겠습니다.

왜구의 문제 이것은 작년 보고를 바탕으로 해서 말씀드리자면 海域史라는 문맥에서 왜구를 인식해야한다는 제언이 있었는데요. 저도 이에 대해서는 완전히 동감합니다. 제가 이번에 고려와 일본의 문제로 한정해서 논의를 했는데요. 14세기 왜구의 문제는 중국 대륙도 포함을 해서 광범위하게 인식을 해야 합니다. 그 부분은 이번 예에서도 舟山群島를 습격한 사람들에 대해서 이야기를 했는데 일본에서도 그러한 부분을 착안해서 이야기 하시는 분들도 계십니다. 왜구문제는 14세기 해역사 안에서 일단 인식해야 한다는 그런 방향성이 필요하다고 생각이 들고요. 이것이 첫 번째 말씀드릴 내용입니다.

그 다음에 경계인론을 둘러싼 내용인데요. '경계를 어떻게 인식해야할 것인가?'인데 지금 말씀하신 내용에 따르면 경계를 하나의 세계로 인식을 하고 그것이 일본 측과 한국 측에서 분리되는 이미지, 예를 들어 그런 모델도 있을 것이라 생각이 드는데 경계라는 것은 다양한 요소가 중첩되는 부분입니다. 그래서 완전히 이키 대마도 삼도 이렇게만 완전히 분리할 수 있는 것이 아니라 이것은 첫 번째 질문과도 관련이 있는데 쓰시마랑 이키는 일본 영역 안에 있고 일본의 조정이라든지 무로마치 막부하에서의 영주가 있습니다. 그런 지배 관계가 전제로써 있는 가운데 일본 주민들의 행동 양식이나 일본의 틀에 한정되지 않는다고 생각이 들 수 있습니다. 이것은 그런 측면이 있다고 말할 수 있겠고요.

그리고 삼도 왜구의 관해서인데요. 저도 기본적으로 전기왜구의 주체는 삼도 왜구라는 점에서는 한국 측 연구자분들과 같은 의견입니다. 다만 제 생각은 삼도의 왜구, 삼도 사람들의 활동만으로는 설명할 수 없는 부분이 있고요. 그것을 어떤 식으로 설명할 것인가 그 중 한 가지 방법이 경계인론이고, 그리고 경계인론이라는 것은 아까 앞서 말씀드린 것처럼 광역적인 해역사의 맥락과도 연결이 됩니다. 같은 맥락에서 생각을 할 수 있는데요. 그것을 통해서 설명하는 것이 보다 타당성이 높지 않을까 생각을 합니다. 그리고 주민층과 영주층의 관계에 대해서도 조금 중복되는 답변이 될 수도 있겠는데요. 적어도 쓰시마와 이키 사람들은 영주 하에서의 지배에 복종을 하였습니다. 행동성이 다양하고 자유성이 높았습니다. 그러한 것이 배경에 있기 때문에 그것을 전제로 생각할 필요가 있습니다.

그리고 세 번째인데요. 그 중에서 첫 번째 말씀드리면 지금 조금 중복되는데 하나의 경계인이라는 왜구를 지배하는 사람들이 있고, 그들이 적어도 쓰시마·이키·마쓰우라라고 고려측이 그렇게 인식을 했다면 고려 측 입장에서는 본다면 그들을 일본 밖이라고 보지않았기 때문에 일본의 공권력인 조정의 禁壓을 요청할 것입니다. 그것은 기존의 고려가 했던 일본과의 교섭패

턴과 동일하다고 생각합니다. 그래서 이것을 바탕으로 하고 있고요. 그런데 이마가와나 이런 권력자들이 있고, 이게 고려에서 太宰府랑 협상했던 경험을 바탕으로 한 것이라고 생각이 드는데요. 현실적으로 일본 안에서도 보다 지역의 밀접한 지역 권력이라는 것이 있었습니다. 그런 영주가 있었고, 그 사람들과 협상을 하는 것이 왜구의 금압이 더 효율적으로 가능하다는 판단에서 14세기 후반에는 그런 사람들을 교섭대상으로 전환했다고 생각합니다.

두 번째 질문에 대한 답변인데요. 이것은 지적하신 내용이 맞습니다. 저도 일정 부분만 강조를 했는데요. 즉 이마가와 오우치가 무사를 파견해서 고려 측과 협력을 한 것인데, 이것은 잘 알려진 사실이 아니고 또 하나의 공존의 패턴이기 때문에 제가 소개를 드린 것인데 그들의 주안점은 고려와의 사이, 그 후의 조선왕조도 마찬가지인데 무역을 하고 다양한 물자와 물자교류를 통해서 이익을 내는 것이 목적이었습니다. 그렇지만 그 단계에서 보다 평화적인 협상이 가능하다면 그것도 한다. 그리고 동시에 이마가와는 많은 피로인을 조선왕조에 송환을 했는데 수백 명을 송환을 했습니다. 이것도 어디까지나 표면적인 명분은 평화적인 관계를 구축하기 위한 것이죠. 그렇지만 그 뒤에는 그것을 통해서 최대이권을 획득할 수 있다는 목적이 있었습니다. 이익을 중시하는 목적이 있었지만 이때 14~15세기 걸쳐서는 평화적인 통교관계를 바탕으로 그것을 한다는 것이 이 시기의 특징이라고 생각합니다.

그리고 세 번째 부분입니다. 쓰시마와 이키의 연계에 관한 것인데 이것도 제가 마지막 부분이라 일부러 강조를 한 것인데 문헌상의 자료를 보면 이건 고려 측 자료 한국 측 자료 다 마찬가지입니다. 이것을 보면 그들이 쓰시마와 이키가 연계를 했다고 명확하게 보여주는 자료는 없습니다. 그렇다고 해서 양 섬의 주민들이 14세기 내지는 그 이전에 연계가 없었던 것은 아니라고 생각이 듭니다. 그러니까 이키 사람들도 쓰시마 사람들과 마찬가지로 경상도 해역이기 때문에 密商활동을 했었을 것입니다. 다만 제가 구체적으로 말씀드리고 싶었던 것은 오히려 15세기가 된 후에 매우 평화적인 우호관계, 통교관계가 있음에도 불구하고 적어도 조선 측 자료에서는 쓰시마와 이키의 연계가 보인다. 그 배경이 뭐가 있을까? 이때 쓰시마를 경유해서 사절도 조선으로 보내잖아요? 그것도 이유일 것이라고 생각하는데 三浦도 그렇게 되지 않았을까라는 것을 말하고 싶었을 뿐입니다.

그리고 아까 말씀드린다는 것을 깜빡했는데, 첫 번째 왜구에 관한 것인데요. 왜구에 관한 일본 측 자료인데 적어도 일본 측의 자료에서 오오스미노쿠니에 있는 악당인 왜구, 조선 왜구를 침략했다는 네즈미 문서의 자료가 있습니다. 그리고 태평기 정도가 있습니다. 이것은 왜구의 당사자는 기본적으로 기록을 남기지 않습니다. 그리고 그것을 통제하거나 피해를 받은 측이 자료를 남기게 되는데 피해를 입은 측은 조선, 그리고 고려 측, 즉 양국에 자료가 남아있을 것이고, 일본은 통제를 하지 않은 한 기록이 남기기 힘들다는 그런 사정이 있습니다. 그리고 일본의 교토, 즉 수도 입장에서 본다면 쓰시마는 변경지역입니다. 그래서 쓰시마에 대한 인식이 매우 약하기 때문에 1366년에 사절을 통해서 들어온 정보를 통해서 그제서야 왜구에 대한 정보가 들어왔다고 할 수 있겠습니다. 이상입니다.

손승철 네 감사합니다. 추가로 의견이 있으실 것 같은데 일단 지금 시간이 많이 초과되었기 때문에 일단 진행을 하고 나중에 시간 여유를 봐서 다시 추가 질문을 하실 시간을 드리도록 하겠습니다. 그럼 15세기로 넘어가서 三浦에 관해서는 육군사관학교 박물관 부관장으로 계신 이상훈 선생님께서 토론을 해주시겠습니다.

이상훈 네 안녕하십니까? 육군박물관의 이상훈입니다. 오전부터 참여를 해서 무라이 선생님의 발표부터 들었어야 했는데 미리 오지 못하고 저희 행사 때문에 오후에 참석을 하게 돼서 대단히 죄송하게 생각합니다. 토론문을 읽어가면서 질문요지를 말씀드리겠습니다.

저는 무라이 선생님께서 쓴 「15세기, 三浦를 통한 공존」에 대한 토론을 맡게 되었는데요. 선생님께서는 1993년에 『中世倭人傳』이라는 책을 내셨습니다. 그리고 이 책의 내용을 요약을 해서 이 논문을 꾸려주셨는데 30년 전에 집필된 것이지만 요즘도 굉장히 유용한 역작이라고 할 수 있고 또 논문 한 편이 책 한권과 맞먹는 가치를 지닌 것이라고 할 수 있겠습니다.

제 개인적으로 직장은 육군사관학교이지만 아직도 제 가족은 경남 진해에 살고 있습니다. 그런데 바로 이 진해구 안에 임진왜란의 유적지인 웅천왜성, 안골포왜성과 더불어서 제포 왜관터가 그대로 남아 있습니다. 이곳은 제가 금년에는 바빠서 다녀오지 못했지만 해마다 대체로 한 두 차례씩은 다녀오는 그런 지역인데요. 선생님께서 이번 글에서 제포의 상황에 대해서 상당히 상세하게 요약을 해주셨습니다만 현재는 벌써 30년이 지난 시기여서 많이 바뀌었습니다. 그래서 이 상황에 대해서 먼저 설명을 해 드리고 싶습니다.

우선 웅천읍성이 발굴과 복원이 이루어졌습니다. 그래서 원형에 얼마나 근접하게 복원이 되었는지는 별개로 치더라도 읍성이 복원이 됐고, 특히 동문 쪽은 옹성까지도 복원을 하였기 때문에 예전의 형태하고는 많이 다른 상태가 되었습니다.

제포 지역 역시 현재 부산과 진해 신항만의 배후도시와 공단이 조성되었습니다. 옛말에 상전벽해라는 말이 있는데 여기는 거꾸로 벽해가 상전으로 변했습니다. 육지로 변해서 완전히 공장지대로 변하는 상황이 되었습니다. 일부 제포왜관지는 사적지로 지정을 하려고 하지만 그 외 부분은 삼포왜란의 역사적인 현장이라고 볼 수 있는 水島까지도 조그마하게 물길만 남겨놓고는 모두 매립이 되어서 과거의 국제항으로서의 모습은 그대로 찾아보기가 어려운 상태가 되겠습니다. 제포왜관지는 오늘 좌장으로 계신 손승철 선생님께서 지표조사를 하셨는데 다행스럽게도 작년 2018년부터 현재까지도 왜관 터 발굴이 진행되고 있습니다. 보도에 의하면 왜관의 길이는 24.6m, 너비 11.9m에 이르는 건물지, 그리고 그곳에서 '大明正德八年春造'가 새겨진 명문 기와편이 나왔습니다. 지금도 좀 더 발굴이 되면서 그 지역까지도 유적상황을 알 수도 있겠지만 워낙 한정된 부분만 발굴을 하고, 일본인 거류구역은 이미 많이 파괴가 되고 해서 그 지역까지 상세하게 발굴되지 않은 점은 좀 유감스럽게 생각이 됩니다.

이제 선생님 논문에서 세 가지 질문을 미리 토론문에 썼는데 이것을 한 번 읽어보도록 하겠습니다. 첫 번째는 선생님 이론에 가장 중심이라고 볼 수 있는 경계인으로써의 왜인에 관한 것입니다. 선생님께서는 조선과 일본의 국가 지배력이 해도와 해역을 장악하지 못한 사각지대에서 떠도는 국정이 불문명한 개인 또는 집단으로써의 왜인이 있었다. 이렇게 이야기 하시고 있습니다. 그런데 증거로 든 것은 몇 가지 사례에 나오는 구절들을 인용하신 겁니다. 근데 몇 가지 케이스를 가지고 전체를 규정할 수 있을 것인가. 이건 과거에서도 많은 질문을 받으셨을 것인데요. 다시 한 번 정리를 한번 해주셨으면 싶습니다. 그래서 오히려 그냥 평상적인 케이스가 아니라 특이한 케이스였기 때문에 역사서적에 오른 것은 아닌가? 그런 생각이 들기도 합니다. 그리고 또 선생님께서 왜복과 왜어를 일본복식이나 일본어와 같은 것으로 생각할 필요가 없다고 말씀하셨는데 사례 중으로 하나는 드신 것인지는 모르겠지만 제주도 유민 사례를 하나 들으신 것이 있는데요. 두독도야지 이렇게 되어 있는 것 같은데 아마 콩돼지라고 발음이 될 것 같습니다. 하류이기 때문에. 그리고 제주도 같은 경우에 현재도 방언이라는 것이 다 다르기 때문에 이것은 사례로 부적절한 것이 아닌가 하는 생각도 듭니다. 그래서 왜어와 왜복에 대한 선생님의 최근의 생각은 어떠신지 아직도 일본어와 일본복식과 다르다고 생각하시는지 여쭤보고 싶습니다.

두 번째는 '環中國海'라는 표현을 하셨는데, 이게 '왜' 활동의 무대다 이렇게 말씀하시면서 서술을 대마도와 三浦를 중심으로 하셨습니다. 그래서 자료는 주로 조선의 교린외교, 자국민의 단속, 군사적 기밀유출 이런 것들의 입장에 대해서 주로 설명을 하셨습니다. 일본은 또 반대로 대마도, 특히 대마도가 일본은 땅이 좁기 때문에 팽창정책으로 인해서 자꾸 조선으로 진출하려는 입장에 있었다 이런 서술을 가지고 계십니다. 중국까지 끼어들게 되면 일본의 전통적인 역사의식이라든가 그런 것들은 조선을 거치지 않고 중국과 직접 통교하였다는 것을 강조하는 느낌을 많이 받았습니다. 그래서 왜가 국적이나 민족을 초월한 집단이었다라고 할 때도 중국과의 교류관계는 이 책에서 소개되지 않았기 때문에 어떻게 생각하시는지, 대마도가 아닌 일본 본토에서의 교류에 대한 정부의 입장이라든가 지배력 강화에 대한 문제에 대해 입장이 어떤지 언급해주셨으면 좋겠습니다.

세 번째는 조금 다른데 '왜'라는 것이 선생님 책에도 일부 서술이 있습니다만 대마도와 삼포를 연결하는 경상도 지역으로 가는 왜와 전라도 지역 쪽으로 가는 왜는 조금 다른 느낌이 있고, 역시 항해 목적도 다르다는 느낌을 가질 수가 있습니다. 최근에는 전라도로 향하는 왜는 후기왜 쪽으로 봐서 王直이 활동하던 시기에 서양으로부터의 무기라든가 이런 것을 지원받은 보다 강력한 왜구집단이 형성된 그 쪽의 왜로 보는 경향도 있는데, 여기에 어떻게 중세왜인은 전라도의 후기왜인들과의 관계는 어떤지, 상관관계가 어떤지 이런 것들을 알아보고 싶습니다.

그리고 마지막으로 단편적인 것이긴 한데요. 1419년에 조선에서 九州探題 사신을 조사하여 실제 수를 지키도록 하려는 움직임이 있을 때 체포된 왜인이 591명이라고 했습니다. 주목되는 것이 136명은 스스로 물에 뛰어들어서 죽거나 또는 살해당했다 이런 기록이 있는데 이들은 어떤 연유가 있었을까요? 거기에 대해서 부연설명이 있으셨으면 좋겠습니다. 이것으로 질문을 마치겠습니다.

손승철 예. 무라이 선생님 간단하게 답변해주시죠.

무라이 쇼스케 아까 세키 선생님 발표에 대한 토론의 전반 부분 경계인의 대한 얘기와도 관련이 된 문제라는 생각이 듭니다. 먼저 왜와 일본이라는 말을 어떻게 이해해야 할 것이라는 문제부터 시작을 해야겠는데요. 일본에 '왜인'이라고 하는 이상한 표현이 있는데 이는 조선 측의 자료에 있는 것인데요. 이것을 어떻게 해석해야만 좋을까하는 문제입니다. 일본에 왜인이 있는 한 일본이 아닌 왜인이 있어야 하는 것입니다. 그렇지 않으면 표현이 성립이 되지 않습니다. 왜라고 하는 말은 고대 이후의 일본과 겹치는, 혹은 일본에 대신해서 왜라는 말이 쓰여 왔었던 그런 역사적인 용어입니다. 하지만 적어도 '14세기에 왜라고 하는 것은 왜=일본은 아니라고 하는 것을 포함하는 말 이었다'라는 것입니다. 이것은 확실하게 제가 말씀드릴 수 있습니다. 이것을 뒷받침하는 것이 민족적으로는 분명히 조선으로 확인이 되는 자가 조선 측에 의해서 왜인이라고 불렀다는 사례가 있는 것이죠. 그러니까 그런 확장성을 가진 말로써 왜라고 하는 말을 이해하는 것이 대전제가 된다는 것입니다. 그리고 역사적으로 되짚어보면 전기왜구시대에 왜구의 핵심적인 부분이 삼도왜구 즉, 쓰시마·이키·마쯔우라 혹은 하카타였다 하는 것은 부정할 수 없는 확실한 사실이라고 봅니다.

다만 특히 쓰시마 같은 경우에는 경계로써 쓰시마를 파악하는 시점에서 본다면 아까 유재춘 선생님의 발언과도 관련이 있겠는데, 쓰시마는 고대 이후에 일본의 하나의 지방으로써 규정이 되었던 곳입니다. 따라서 국가기관의 말단이 쓰시마까지 미치고 있는 것은 사실입니다.

무로마치 시대에도 이것은 똑같았습니다. 그러한 존재였다는 것이고, 같은 시기인 14세기에 쓰시마의 사람들은 조선왕의 신하가 되기도 하였습니다. 경제적으로 조선과 강력한 연계성을 가지고 있었습니다. 그럴 때 쓰시마를 과연 국가에 있어서 어떻게 파악을 해야 하는 것인가. 파악할 방법이 없습니다. 역시 경계로 밖에 말할 수밖에 없습니다. 그런 것을 직시하는 것부터 저는 이 경계라는 것을 바라보는 시각이 필요하다는 것입니다.

하지만 어떤 의미에서 본다면 일본의 일부이기도 한 쓰시마와 이키, 그러니까 삼도왜구들인데, 그들이 중심이었던 전기 왜구시대의 '왜'라고 말은 하지만 그것을 초월하는 그런 해상세력을 포함할 수 있다는 것도 항상 염두에 두고 생각을 해야 한다는 것입니다.

이것은 가능성으로써 말씀을 드리는 것인데 예를 들어 제주도에 있는 사람들이 왜라고 불리는 그런 측면을 가지고 있었을 가능성은 있다고 봅니다. 그것을 시대적으로 짚어나가다 보면 후기 왜구문제가 있는 것이고, 후기 왜구는 역시 왕직이라든지 그런 쪽이 되겠죠? 또한 왜구라고 불리면서 중심은 중국인이 왕조에 대해서 반발을 했다든지, 명에 반발을 해서 나왔다든지 하는 그러한 것들이 있습니다. 그래서 민족적으로 일본인인 사람들이 포함되어 있는 것이 전혀 이상할 것은 없는 것입니다. 오히려 그렇지 않은 것이 이상하다고 볼 수 있죠. 그래서 경우에 따라서는 중국인 혹은 포르투갈인 이러한 사람들을 포함하는 그런 해상세력이 왜구라고 불리게 되는 상황에서는 '왜라고 하는 말이 일본인이다' 라고만 파악할 수 없는 그런 의미의 확장성을 가지고 있었다는 것입니다. 저는 그렇게 생각을 하고 있습니다.

따라서 전라도에 있어서의 해상세력 활동이라는 것도 어떤 의미에서는 쓰시마 사람들이 거기에 가서 행했다는 부분도 있겠지만 그것만으로 파악할 수 있는 것도 아니라는 것입니다. 오히려 동중국해의 반대쪽에서 활동을 했었던 그런 세력들이 전라도에 나타난다든지, 한반도에서 가장 가까운 곳이 전라도니까 그러한 사람들도 포함할 수 있는 식으로 이해를 할 필요가 있지 않나 하는 것이 저의 기본적인 입장입니다.

그리고 다른 질문을 살펴보겠는데요. 경계를 이해할 때 제가 강조를 한 자료가 특이한 사례였던 것은 아닌가라는 지적이 있었습니다. 그렇게 생각을 하면 자료라는 것은 굉장히 오랜 자료들은 모두 다 얘기를 해주는 그런 자료들이 남아 있는 것이 아니기 때문에 그렇게 눈에 띄는 사례들로부터 역시 따올 수밖에 없는 것이 역사학자의 사명이 아닌가하고 저는 생각합니다. 그러니까 지금 왜의 문제에 있어서도 일본이라는 것을 벗어나는 왜가 있다는 것이 그러한 왜인 자료에 대해서 검증을 할 수 있는 것은 사실 불가능 합니다. 그렇다하더라도 그러한 자료가 있다는 것을 포함을 해서 그러한 이해를 할 필요가 있다고 생각합니다.

그리고 두 번째 일본이 전통적으로 중국과 직결되는 그러한 부분이 있는가에 대한 질문이 있었는데요, 말씀하신 것과 마찬가지입니다. 일본이라는 국가로써 대외관계를 형성하는 중요한 요소라고 볼 수 있습니다. 조선에 대해서는 부수적인 시각을 가지고 있는 것이 사실 전통적인 지배층들의 생각입니다. 따라서 직접 동중국해를 왕래를 해서 중국과의 관계를 가지는 것을 우선시하는 것은 사실 견당사 시절 이후에 계속해서 이뤄졌던 것입니다. 저는 그것을 부정할 생각은 없습니다. 다만 동중국해를 무대로 해서 활동을 하는 海民집단을 생각을 해보면 거기에는 중국적인 요소도 포함이 되어 있고요. 또 이른바 일본적인 요소도 포함이 되어 있고, 또 조선적인 요소도 포함이 되어 있는 그런 서로 뒤섞인 상태였다는 것을 생각해 볼 수 있는 것입니다. 그것을 근거로 해서 제가 국경을 초월한 지역이라는 발상을 했다는 부분을 조금 이해해주셨으면 합니다.

그리고 세 번째 전반부는 아마 답변이 된 것 같고요. 또 하나 1419년에 어떤 자료에서 보면 조선이 쓰시마를 공격하는 계획을 세우고 실행하기 이전에 조선 국내에서 체류를 하고 있었던 왜인을 구속하는 그런 일이 있었습니다. 그러다가 그 중에는 자살을 하는 사람이 있기도 했고, 또 반항을 해서 살해당하는 사람도 있었다는 자료였습니다. 九州探題 사신을 조사한다는 의미는 아닙니다. 九州探題 사신은 신원이 확실하니까 구속대상은 되지 않았던 것이죠. 그니까 그 사신 이외에 그 시점에 조선에 체류하고 있었던 왜인들이 그런 살해나 자살을 하게 됐다는 것입니다. 왜 조선은 그러한 대응을 했는가? 그것은 이후의 쓰시마를 군사적으로 공격하려고 하는 그런 긴박한 상황이 있었던 것이죠. 그래서 왜인의 상당한 퍼센트는 쓰시마인이기 때문에 그 사람들을 자유롭게 풀어주게 되면 귀국해서 조선 측의 움직임을 알려줄 수밖에 없으니까 전시상태, 전쟁의 기밀을 지키기 위한 관점이 작용하는 특별한 시기였다라는 것입니다. 그 안에서 벌어진 일이었다라고 생각을 합니다.

그리고 마지막으로 제포에 유적에 대한 문제입니다. 저도 전혀 몰랐던 사실이었는데요. 기와편에서 쇼토쿠 연원이 나오기도 했고, 작년 말에 발견되었다고 하셨는데 정말 하트한 화제인 것 같습니다. 저도 대단히 많은 기대가 됩니다. 이렇게 역사를 가지고 있는 중요한 유적지라고 하는 것을 증명해주는 것이 아닌가 하는 생각도 듭니다. 안타깝게도 주위의 경관이 한반도 남쪽 해안부에서는 여러 곳에서 벌어지고 있는 것이겠지만 매립이 되기도 하여 당시의 모습을 남겨두고 있지 않다는 사실은 저도 대단히 안타깝게 생각을 합니다. 하지만 그것은 거부할 수 없는 것이기도 하니까요. 그런 상황에서 학문적으로 의미가 있는 조사를 어떻게든지 해나가려고 하는 부분에 대해서는 저도 대단히 든든하게 생각을 합니다. 앞으로 계속해서 조사를 해주시면 좀 더 새로운 발견들이 나오지 않을까 하는 기대를 가지고 있습니다. 이상입니다.

손승철 예. 감사합니다. 벌써 26년 전입니다만 저도 1993년에 여기 있는 유재춘 교수와 간단한 지표조사를 했었습니다. 지금 발굴하는 지역이 왜관터만 해당이 되는 건가요? 예를 들면 왜인 주거지라든지, 웅천지도 보면 절이 11개나 있잖아요? 절터라든지 이런 것에 대해서는 전혀 관심이 없습니까?

이상훈 제가 발굴한 지역 전체를 돌아보지 못했는데, 아마 왜관 터에 단으로 구분된 지역이 중심이 되어가지고 발굴을 하고 있고, 그 이외에는 지표조사 정도로 조사를 하는 것 같습니다. 그런데 문제는 발굴이 학술적으로 조사를 하기 위한 것이 아니라 산 중턱으로 산업도로를 내기 위해서 설계를 하다보니 유적이 걸린다는 내용이 계속 나오니까 발굴을 시작했다는 것에 문제가 있습니다.

손승철 발굴 목적이 도로 공사를 하면서 하는 것이지, 사적지를 지정한다든지, 보존한다든지 그런 목적이 아니라는 말씀이시죠?

이상훈 그런 목적이 아니었기 때문에 우선은 알려진 왜관 터만 전체적으로 조사를 한 것 같고, 주위는 지표조사를 한 것 같습니다. 그래서 특히 위쪽에 목책이라든가 토성 쪽이라든가 이런 것들의 유구들은 확인한 것 같습니다만, 실제로 보고서가 나오고 현장을 가서 설명을 들어봐야지 자세한 것을 알 것 같습니다.

손승철 제가 2~3년 전인가 부산왜성 연구하는 나동욱 선생이 왜관 터를 사적지 지정이라든지, 보존하는 무슨 서명운동을 하자 선생님이 앞장 서 주세요. 뭐 그런 요청을 받은 적이 있었어요. 그 팀들이 계속 가동이 되는 것입니까?

이상훈 경상남도 쪽의 발굴기관에서 하는 것이죠. 그 팀하고는 무관한데 선생님께서 오셔서 강연하던 시기에서 벌써 시간이 흘렀고, 이제는 주위가 먼저 다 개발이 다 된 다음에 그쪽을 더 개발을 할 것이냐, 보존을 할 것인가 하는 상황이기 때문에 주위는 이미 많이 파괴가 되었죠.

손승철 안타깝네요. 삼포가운데서 마지막 지금 남아있는 건데요.

이상훈 사실은 수도 안쪽이나 이런데도 전부다 해봐야 되지 않을까 하는 생각입니다.

손승철 그리고 경계인, 경계지역 말씀 듣다가 제가 생각해보니까 조선시대에 조선인들은 사료를 보면 대마도를 변방이라고 그랬거든요. 1419년에 대마도 정벌할 당시에 조선왕조실록의 기록들은 전부 변방으로 나옵니다. 그리고 관련해서 조선후기의 고지도들에서는 대마도가 조선지도에 항상 들어가 있어요. 그렇다고 한다면 경계지역하고 관계없이, 이 지역을 인식하고 있지는 않았을까 갑자기 그런 생각이 드는데요. 하여튼 경계인, 또는 경계지역의 일본의 왜인, 왜인 등 오늘 여러 가지 새로운 연구주제가 제시가 되는 것 같습니다.

자. 그럼 세 번째로 넘어가겠습니다. 세 번째는 임진왜란입니다. 임진왜란에 관해서는 호리신 선생님께서 토론해 주시겠습니다.

그런데 호리신 선생님께서 토론과 함께 자료를 하나 소개해주시겠다고 합니다. 그래서 한 10분정도 시간을 할애해서 화면을 보면서 듣도록 하겠습니다.

호리신 네 호리신입니다. 오늘은 회화자료, 그림 자료에 대한 연구가 지지부진한 것 같아서 손승철 교수님께 제가 무리하게 부탁을 드려서 김문자 교수님에 대한 코멘트를 하기 전에 제가 시간을 받아서 말씀을 드리도록 하겠습니다. 지금부터 보실 자료는 임진왜란과 관련된 회화자료인데요. 역사학에서는 문헌자료 즉, 문자자료를 중심으로 다루고 있고, 미술쪽에서는 인류의 예술작품만 다루고 있기 때문에 이러한 역사적 회화는 대상이 되지 않은 실정입니다. 매우 유명하지만 연구가 뒤처지고 있는 그런 분야라고 할 수 있습니다.

도요토미 히데요시의 조선침략전쟁과 관련해서는 기타지마 만지 선생님께서 자료집을 작성을 해주신 덕분에 그 부분에 대해서는 연구가 많이 진전이 되었는데요. 그런데 기타지마 선생님께서 아직 연구를 안 하고 남기시고 간 것이 이 회화자료가 아닌가 합니다. 토론문 마지막장에 제가 표를 하나 작성해서 제시를 했습니다. 오른쪽 끝부분을 보시면 A, B, C, D라고 쓰여 있는데요. 이것이 현재 남아 있는 것입니다. 그리고 나머지 것들은 그려졌다고 알려져 있지만 지금 현재는 남아있지 않거나 행방불명이 된 것입니다.

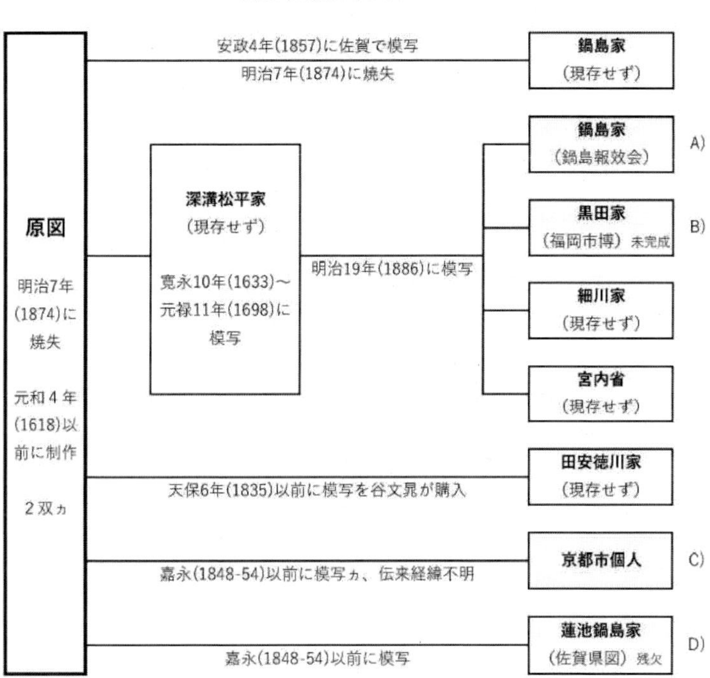

보시면 아시겠지만 원본은 현재 남아있지 않습니다. 모사본만 남아있습니다. 앞서 기무라 선생님 발표를 들으면서 일본에서 대외진출론이라 하는 것이 많이 주창이 되었을 때 대부분이 그 시대에 만들어졌다는 것을 알 수 있습니다. 그래서 이것이 어떠한 시대적 배경 하에서 이러한 모사화가 만들어졌는지 이것도 아주 중요한 의미가 있지 않을까 생각이 듭니다. 그런데 그 전에 회화자료의 조사라는 것은 매우 어렵습니다. 저 자신도 아직 이러한 모든 것의 원본을 본 것은 아니고 구생재화상이라고 할까요? 아주 퀄리티가 높은 화질이 좋은 그림이 없으면 연구를 할 수 없습니다. 지금 보고 계신 것도 사실 보시면 제가 보여드리는 것도 화질이 좋지 않은 것도 있습니다. 이것이 연구의 현상황이라고 이해하시면 될 것 같습니다.

지금 보고 계신 것이 나베시마[鍋島] 가문에 남아있는, 즉 A에 해당되는 그림입니다. 총 3장이 있습니다. 이것은 중앙에 보시면 울산성이 있고요. 농성하고 있는 일본군을 명과 조선의 연합군이 공격하고 있는 모습이 그려져 있습니다. 전체적으로 다 보여드리기에는 조금 어려울 것 같은데요. 부분적으로 보여드리도록 하겠습니다.

〈加藤清正(1圖3屏)〉

A 鍋島家(鍋島報校會소장본)

B 黑田家(福岡市博物館소장본)

C 京都市개인소장본

D 蓮池鍋島家(佐賀縣立圖書館 소장본)

이것은 가토 기요마사가 울산성 외곽에 앉아 있는 모습입니다. 4가지 종류 지금까지 남아있는 그림을 비교를 하고 싶은데요. 이것이 A에 그려져 있는 가토 기요마사입니다. 이것이 B에 그려져 있는 가토 기요마사이고요. 보시면 갑옷이 조금 다르다는 것을 보실 수 있으실 겁니다. 투구는 가토 기요마사가 쓰고 있는 것으로 유명했던 에보시카 투구인데요. A와 B는 같은 시기에 그려졌지만 이 그림을 보시면 머리에 쓰고 있는 것이 다릅니다. 그 이유에 대한 것은 생각을 해야 하는데요. 어쨌거나 현 시점에서는 이게 다르다고 하는 것을 말씀드리도록 하겠습니다.

그리고 이것은 그림 화질이 좋지 않아 죄송한데요. 전혀 좋은 그림이 없어서 이런 것밖에 보여드릴 수밖에 없는데요. 이것은 C에 해당합니다. 즉 고미술사 후겐도라는 곳이 소장하고 있는 것입니다. 신슈박물관, 나고야박물관에 이것을 좀 사 달라 요청을 했다라고 한 것을 들은 적이 있는데요. 양쪽 다 이것을 사지 않았기 때문에 원본을 조사하는 것이 현재 불가능한 상태입니다. 제가 만약 구입을 한다면 조사가 가능하겠지만 몇 억엔이나 하기 때문에 도저히 살 수가 없습니다. 근데 이것은 장막을 보시면 색깔이 다릅니다. 그리고 이 부분은 조금 잘렸는데요. 지붕에 화살이 많이 그려져 있어가지고 아까 보여드린 A와 B는 화살이 하나도 안 그려져 있거든요. 그래서 이것이 또 다른 부분을 보면 많이 그려져 있는데 모사를 한다 하더라도 완전히 동일하게 모사하는 것이 아니라 주문한 의뢰인의 의뢰에 따른 것인지 아니면 시대에 변화에 따른 것인지 내지는 이것을 지불할 돈이 많은지 적은지에 따라서 조금은 대충하는 경우도 있을 것 같은데요. 이러한 차이들이 있을 것 같습니다.

그리고 이것은 안타깝게도 가토 키요마사 부분이 완전히 빠져있습니다. 그래서 그 주변 밖에 볼 수가 없습니다. 사가현립도서관에 있는 것인데 홈페이지에 아주 해상도가 높은 사진을 공개를 하고 있습니다. 어떤 의미에서는 연구하기가 제일 좋은 자료인데요. 그런데 이렇게 결여되어 있는 부분이 많아서 너무 안타까운 자료라고 할 수 있겠습니다. 이것을 보시면 앞서 말씀드린 C와 장막의 색깔이라든지 화살이 지붕 위에 있는 것 등 이런 부분 등의 공통점이 있어서 A,B,C,D를 크게 나누면 A와B, C와D 이렇게 두 개의 계통으로 나뉘는 것이 아닐까 하는 생각도 하고 있습니다.

특히 하나씩 살펴보게 되면 시간이 너무 오래 걸리는데 하나만 더 보여드리도록 하겠습니다. 울산성 농성도입니다. 일본군의 식량이 다 바닥이 나서 여기서 보면 말을 먹고 있습니다. 당시 일본인이 말을 먹을 수 있는 것은 있을 수 없는 일이기 때문에 정말로 식량이 부족했다는 것을 보면 알 수가 있습니다. 여기 옆쪽에 있는 말이 정말 슬픈 표정을 하고 있는데요. 다음은 내 차례이구나 생각하고 있는 것 같습니다. 근데 여기 또 주목되는 것이 뒷부분의 표시인데요. 이것이 가토 키요마사의 말 표시이기 때문에 진짜 가토 키요마사가 타고 다니던 말을 잡아먹었는지는 모르겠지만 그 정도로 힘든 상황인 것 같습니다. 이러한 그림이 각각의 그림에 그려져 있었고요. 이것은 앞서 본 A와 큰 차이가 없습니다. 다음으로 이걸 보면 가토 키요마사의 말 표시가 아까와는 다릅니다. 그리고 먹고 있는 사람의 숫자도 조금 다릅니다. 세세하게 들여다보면 상당히 많은 차이점이 있습니다. 이것은 D 자료입니다. 이것도 보시면 말 표시, C와 D는 전반적으로 색채가 되어 있지 않아서 말표시가 차이가 있는 것일 수도 있겠습니다. 그리고 사람의 숫자, 복장이 조금씩 미묘하게 다 다릅니다. 이러한 것조차도 지금까지는 알지 못했던 것까지는 아니지만 연구가 이뤄진 적이 없습니다. 그래서 앞으로 여러분과 협력하면서 연구를 할 수 있으면 좋겠고, 또 해야 한다고 생각하고 있습니다.

〈울산성 안에서 말을 먹는 일본군병사(1圖3屛)〉

A 鍋島家(鍋島報校會소장본)

B 黑田家(福岡市博物館소장본)

C 京都市개인소장본

D 蓮池鍋島家(佐賀縣立圖書館소장본)

그 밖에도 여러 가지 있는데요. 시간이 많지 않기 때문에 그림만 제시하고 생략을 하도록 하겠습니다.

〈울산성 돌담을 오르는 명·조선군병사(1圖3屛)〉

A 鍋島家(鍋島報校會소장본)

B 黑田家(福岡市博物館소장본)

C 京都市개인소장본

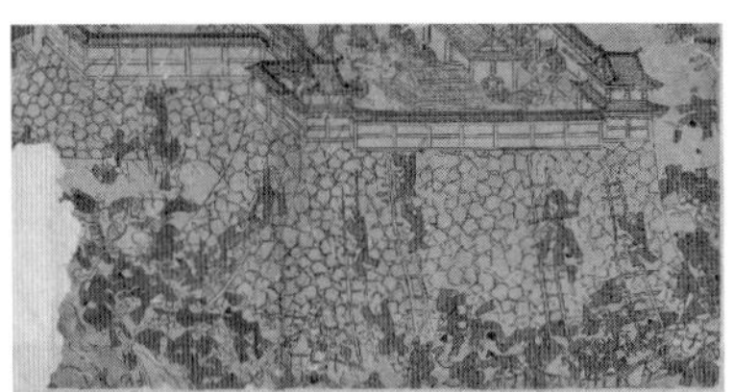
D 蓮池鍋島家(佐賀縣立圖書館소장본)

〈鍋島直茂(2圖4屛)〉

A 鍋島家(鍋島報校會소장본)

B 黑田家(福岡市博物館소장본)

C 京都市개인소장본

*D는 그림이 없음.

이어서 김문자 교수님의 발표에 대해서 제가 코멘트를 하도록 하겠습니다. 김문자 선생님의 발표에서 먼저 말씀하신 내용은 도요토미 히데요시의 침략전쟁의 목적을 어떻게 규명할 것인가라는 것인데요. 지금까지 연구를 바탕으로 해서 최신 학설도 언급하시고, 그리고 알기 쉽게 문제점이 어디에 있는지에 대해서 아주 명확하게 제시해 주셨다고 생각을 합니다. 어떤 의미에서 도요토미 히데요시의 조선침략 전쟁에 가장 중요한 문제라고 생각되는 부분이 정설이라고 할까요? 의견이 하나로 통일되지 않은 현실을 생각하면 그 이유는 제 나름대로 생각했을 때 몇 가지가 있다고 생각하는데요.

첫 번째로는 히데요시가 글자로 남긴 기록들이 어디까지 그 사람의 진심을 담고 있는 것인가 일본에서는 '혼네와 타테마에'라는 그런 얘기를 하는데 그것에 따라 달라질 것 같습니다. 히데요시 자신이 남긴 글과 말, 전쟁이 시작되기 전까지에 대해서 말하자면 '자신의 명성을 후세까지 남기고 싶다. 그 이외에는 아무것도 필요하지 않다. 영토도 재산도 자신에게는 정말 많기 때문에 필요하지 않다'라고 말을 합니다. 영토가 필요하지 않다는 것이 과연 얼마나 진심으로 한 말인지 그것이 물론 문제가 되겠지만 어떤 의미에서는 히데요시의 어린이 같은 생각, 의식 이런 것이 여기에서 엿보인다고 생각이 듭니다.

그리고 실제로 전쟁이 시작된 후에, 히데요시 입장에서 봤을 때 처음에는 잘 되었지만 점점 패전으로 기울어져 갔을 때 실제로 도요토미 히데요시가 원하는 바가 달라집니다. 그러한 변화를 예를 들어 일본에서는 나카오 히토시 선생님께서는 전쟁의 목적이 변화했다라고 말하고, 아토베 선생님도 마찬가지로 지적하고 계십니다. 하지만 전쟁의 목적이라고 할까요. 저는 크게 두 개의 차원에서 나눠서 설명해야 한다고 생각합니다. 그러한 의미에서 말씀드리면 크게 봤을 때는 아까 말씀드린 것과 같은 명성을 남기고 싶다는 것은 변하지 않지 않았을까 그리고 히데요시의 그런 명성을 남기고 싶다든지, 체면을 유지하고 싶다. 그래서 무엇을 어떻게 해야 할 것인가라는 것이 강화협상이라든지 다양한 과정에서 변화해 나간다고 볼 수 있을 것 같습니다. 그래서 히데요시 전쟁목적 내지는 전략이 변화했다고 일본에서도 많이 이야기를 하는데요. 그것이 진짜 맞는지, 아닌지 저 자신이 조금 의문이 있습니다.

그와 관련해서 한 가지만 최근 제가 알게 된 연구 내용에 대해서 소개를 드리도록 하겠습니다. 히데요시는 명 정복이라는 표현을 처음으로 꺼냅니다. 1585년인데요. 이것을 카라이리 선언이라고 일본에서는 말합니다. 이것에 대해 부정적인 연구자도 있는데요. 저는 카라이리 명 정복 선언이라고 말해도 되지 않을까라고 생각합니다. 그런데 그 후에 실제로 1592년 전쟁이 시작되기 전까지 우여곡절이 있게 되는데요. 전쟁이 구체화되는 것은 1591년입니다. 히데요시의 자식인 츠루마츠가 죽은 직후부터라는 것을 최근에 알게 되었습니다. 그때까지 명 정복을 하기 위해 조선을 침략하고 명을 정복하겠다고 이야기를 하지만 언제 침략을 할 것인지, 누구를 데리고 갈 것인지 그런 구체적인 발언은 한 번도 한 적이 없습니다.

그러나 츠루마츠가 죽은 후 갑자기 1592년 3월부터 가겠다. 그리고 고산의 승려 오산승을 아마도 통역으로 쓰기 위해서일 텐데요. 오산승을 데려가겠다. 그리고 나고야 성에 성을 만들겠다. 이런 구체적인 구상들을 제시하는 것이 1591년 츠루마츠가 죽은 직후입니다. 이와 같이 살펴보게 되면 에도시대의 군키 모노가타리의 그것과 똑같지 않은가라는 비판을 들을 수도 있겠는데요. 하지만 구체적이 되는 것은 어떤 소리를 듣던 간에 군키 모노가타리와 마찬가지로 츠루마츠가 죽은 후라고 생각합니다. 물론 그것이 히데요시의 전쟁목적이라고 말씀드릴 생각은 없습니다. 그러나 복합적으로 몇 개 있는 목적 안에서 마지막 히데요시가 전쟁을 감행하게 된 것은 매우 개인적인 배경이 있었다라는 현실은 받아들여야 하지 않을까 생각합니다. 그것이 히데요시가 죽음으로써 히데요시의 유언과 달리 도쿠가와 이에야스가 조선으로부터 철수하는, 도쿠가와 이에야스의 개인적인 부분의 의거하는 것은 많지 않은가 생각합니다.

일본에서 봤을 때 전쟁이 순조롭다고 해야할까요? 이기고 있었을 때는 많은 다이묘들도 다른 의견을 가지고 있었습니다. 하지만 전쟁이 패전 상황이 되었을 때도 계속해서 전쟁을 지속하려고 했던 것도 히데요시 혼자였고,

그건 앞서 말씀드린 히데요시의 명성을 남기고 싶다라는 그 이유와도 연결되지 않을까 생각합니다.

또 한 가지는 히데요시의 전쟁에 대해서는 조선침략 전쟁뿐만 아니라 그때까지 기존의 싸움을 보고 히데요시가 강화와 전쟁을 반복을 했기 때문에 그것과 비교하면서 강화협상의 결렬 등의 문제도 생각해 나갈 필요가 있지 않을까 생각합니다. 이것에 대해서는 간단하게 이정도로만 언급하도록 하겠습니다.

또 하나 김문자 교수님께서 말씀하신 부상을 입은 병사들을 어떻게 처치하고 했는가에 관한 내용인데요. 이것은 아마도 각각의 부대 안에서 자체적으로 하지 않았을까 싶습니다. 구체적인 예는 사실 거의 없기 때문에 한 가지 예만 제가 떠올린 것을 말씀드리자면 1615년에 오사카 나쯔노징[夏の陣] 히쿠노모노가타리라는 옛날 이야기가 있습니다. 무너지는 오사카 성에서 탈출하려는 여성이 탈출하기 전에 부상을 입은 병사들이 그 여자를 불러서 어깨를 다쳤으니 좀 봐달라는 요청을 합니다. 그래서 아마도 일본 국내에서 그런 전쟁이 일어났을 때 병사들의 처치를 하는 것은 여성들의 역할이었다고 생각을 합니다. 이것은 농성을 하는 병사들의 국한된 이야기일지도 모르겠습니다. 근데 국외로 갔을 때 일본에서 여성들을 데려가지 않았기 때문에 구체적인 자료는 없습니다만 아마도 어떻게 했는가 하면 군대 안에서 자체적으로 한 것이 아닌가 생각됩니다. 그건 에도시대의 자료를 봐도 의사는 각각의 다이묘에게 고용돼서 의료행위를 했기 때문에 그것은 같지 않을까 생각을 합니다. 조금 더 말씀드리고 싶은 이야기도 있지만 시간이 초과되었기 때문에 이것으로 마치도록 하겠습니다. 감사합니다.

손승철 죄송합니다만 간단히 답변을 해주시면 감사하겠습니다.

김문자 선생님이 먼저 지적해주신 것이 카라이리를 선언한 것, 그 다음에 실제적으로 구체적으로 전쟁에 돌입하기 위해서 구체적으로 돌입한 것은 1591년 나루츠쿠 이후라고 하셨잖아요? 그것도 시사적인 것이 뭐냐면 사실 우리가 히데요시 전쟁 목적 원인을 생각할 때 전쟁나기 전까지의 7년, 8년에 대한 사료를 가지고 이야기하는 것보다 실제적으로는 전쟁이 진행되고 나서 승전상태였을 때에 제시했던 요구조건이라든가, 그 뒤에 요구조건을 가지고 전쟁의 원인을 이야기하는 것이 많기 때문에 그런 부분은 조금 더 깊게 생각을 해서 봐야하는 것이 아니냐하는 생각이 듭니다. 또 선생님 말씀하신 대로 군키 모노가타리에 있는 한계도 있다고 하지만 개인적인 죽음 뒤에 전쟁 계획이 구체화됐다고 하는 얘기는 신선하면서도 약간 구태의현 하지만 앞으로 생각해 볼 것이 많은 문제가 아닌가 합니다.

그리고 두 번째 강화교섭을 하는 문제도 일본 국내에서 전쟁을 하고 났을 때 그때 강화교섭 하는 문제랑 같이 연결해서 봐야하는 것 아니냐 라고 아까 잠시 휴식시간에 말씀하셨는데 그 부분은 제가 이해가 안돼서 선생님께 개인적으로 여쭤보도록 하겠습니다. 그리고 세 번째 말씀하셨던 것은 제가 전쟁기간 동안에 의료 문제에 대해서 조금 여러 가지로 관심이 생겨서 여쭤봤던 것입니다. 1615년 같은 경우는 오사카 전투에서는 여성이었지만, 조금 다른 이야기라서 혹시 호리신 선생님 아니더라도 이 부분에 대해서 조금 더 알고 계신 분이 있으면 추후에 저에게 많은 이야기를 해주셨으면 감사하겠습니다. 이상입니다.

손승철 예, 감사합니다. 지금 3개의 주제에 대해서 토론을 했는데, 시간이 3개를 더해야 하는데 20분밖에 남지 않았습니다. 그래서 5분씩만 시간을 드리겠습니다. 장순순 선생님 토론을 부탁드립니다.

장순순 네 간단히 말씀드리겠습니다. 논문의 의의는 읽지 않고요. 논문의 의의 마지막 부분을 말씀을 드리고 싶습니다. 임진왜란 이후의 국교재개 과정을 살펴보는 데 있어서 현재 한일 간의 주요한 논쟁점 가운데 하나가 과연 1609년에 체결되었던 기유약조가 조선과 일본 간 약조(treaty)의 체결인가. 조선과 쓰시마간의 '사적' 통교의 성립인가. 하는 부분이라 할 수 있습니다. 이러한 논쟁은 사실 강화교섭 과정 중에 조선과 쓰시마간의 사자 파견 내지, 이어지는 조선의 통신사 파견, 그와 관련된 그것을 전후로 한 국서의 왕복 문제와도 연결된다고 생각이 듭니다. 즉 임진왜란 이후의 통신사 파견을 비롯한 일련의 외교행위가 막부의 요청 혹은 이해 속에서 이루어졌는가, 아니면 막부 몰래 쓰시마가 自島의 이익을 위해 임의적으로 공작하여 이루어졌는가 하는 문제라고 하겠습니다.

오늘 아라키 선생님의 논문의 가장 큰 특징은 제가 판단하기에는 왜란 직후 진행된 양국 간의 강화교섭 내용을 외교문서[서계]를 정치하게 분석함으로써 살핀 것인데요. 여기서 조선후기 조일 국교재개는 도요토미 정권과 도쿠가와 막부의 인지 하에 이루어졌다라고 하는 것이 규명되었다고 하는 부분이라고 할 수 있겠습니다.

이와 관련해서 몇 가지를 여쭤보면 일단은 제가 공부가 짧아서인지 지적할 만한 것이 있지 않았습니다. 다만 궁금한 부분들, 그리고 아라키 선생이 지금까지 사실은 임진왜란 이후에 국교재개 과정까지, 아니면 조선 전기 박사학위논문을 통해서 소위 쓰시마 내부의 문제에 대해서도 많은 관심을 가지고 연구를 해 오신 부분이고 해서 이런 부분과 관련해서 좀 말씀을 드리고 싶습니다.

일단 3장에서 보면 '기요마사 잇켄[淸正一件]'과 관련해서 기요마사 잇켄과 제3회 탐적사의 예고에서, 1602년 4월에 가토 기요마사가 중국 푸저우에 도착하여 피로인 89명을 송환하면서 조선과의 강화를 요구하고 있다라고 말씀을 하십니다. 그래서 이러한 과정 속에서 발표자께서는 조선 측이 이에 대해 반발하였다고 하고, 또 그러면 가토 기요마사가 왜 중국을 통해서 조선과의 강화를 요구하였는지에 대해서는 '도쿠가와 이에야스가 조선과의 강화에 강한 관심을 나타내자 대마도주인 소 요시토시를 제외하려고 한 때문'이라고 설명을 하고 있습니다. 그렇다면 가토 기요마사가 소 요시토시를 제외하고 조선과의 강화교섭을 주도함으로써 무엇을 얻으려고 하는 부분을 일본 국내의 정치 상황과 관련하여 설명을 듣고 싶습니다. 그래서 이 부분은 제가 생소한 부분이기 때문에 설명을 부탁드리고요.

두 번째는 아까 私交라는 부분이 제가 개인적으로 관심을 갖고 있는 부분인데, 예를 들면 일본어 쪽에서는 4장 3절 명의 불간섭과 제3회 탐적사(허화사)의 파견이라고 하는 곳에서, '일본과의 강화교섭, 나아가서는 '私交'('교린')의 회복'라는 표현을 하셨습니다. 여기서에 '私交'가 무엇을 의미하는가를 여쭙고 싶습니다.

마지막으로는 이게 오늘 본 논문과 직접인 관련은 없지만 제가 앞서 논문에 국교재개과정에서의 쟁점 중 하나로 생각한 것과 공통되는 부분인데요. 조선후기 통신사를 시행하는 과정 속에서 지참한 국서의 위조에 대해 의견을 듣고 싶습니다. 이 부분이 1635년 소위 야마가와 잇켄으로 인해서 표면화되고, 따라서 조일 외교관계에 있어서 일대 대개편이 이뤄지게 되는데요. 오늘 이 발표문에 따르면 일본의 중앙정부, 곧 막부는 쓰시마의 대조선외교교섭 상황을 쓰시마의 관계자로부터 지속적으로 보고 받고 있다. 이러한 상황 속에서 막부는 과연 쓰시마의 국서위조 사실 내지 그러한 정황들을 전혀 몰랐을까 하는 부분입니다. 막부가 알면서도 조일관계 회복을 위해서 침묵했는지, 그렇다면 왜일까? 아니면 정말로 몰랐는지에 대해서 발표자님의 의견을 듣고 싶습니다. 이상입니다.

손승철 예. 간단히 답변해주시지요.

아라키 예. 감사합니다. 첫 번째, 키요마사의 의도가 무엇이었는가 하는 부분인데요. 한 가지는 경제적인 요인이 아닐까 하는 것입니다. 김문자 교수님의 발표에서도 언급이 있었는데요. 가토 기요마사가 푸저우, 필리핀을 연결하는 이 무역에 관여하고 있었다는 것입니다. 보리 무역 같은 것을 하고 있었는데 아까 김선생님께서 지적을 하신 것처럼 그런 무역루트를 조선과 연계를 하려고 하는 경제적인 의도가 있었을 수도 있다고 하는 것이 한 가지입니다.

또 한 가지는 정치적인 요소인데요. 역시 기요마사도 본래 도요토미 히데요시에게 총애를 받던 다이묘였습니다. 세키가하라 전투 때 도쿠가와 쪽으로 간 것인데, 이에야스 입장에서 보면 사실 신뢰할 수 없는 다이묘라는 것이지요. 그래서 기요마사도 자신의 도쿠가와 다이묘로써의 입장을 확립시키기 위해서 뭔가 이에야스에게 어필을 해야 하는 그런 상황이 있었다고 보는 것입니다. 그래서 자신이 푸저우라고 하는 외교채널을 활용을 해서 조선과의 강화에 영향을 미치려고 하는 그런 스탠드플레이와 같은 것이 있지 않았나 라고 생각합니다. 사실 명확하게는 알 수 없지만요.

또 한 가지는 다이묘 간의 인간관계도 역시 이 시기에 참 성가신 것들이 있었습니다. 임진왜란에서 가토 기요마사와 고니시 유키나가가 굉장히 대립했다는 것은 잘 알려진 사실입니다. 유키나가의 사위가 소 요시토시이죠. 그러니까 아무래도 여기에 있어서 또 작용을 했을 것이고, 쿠로다 나가마사 같은 다이묘가 소 요시토시를 끌어 내리려고 한다는 이야기도 있었습니다. 그래서 그 시기의 큐슈의 다이묘들 사이에서의 그러한 어떤 관계성 속에서 요시토시의 입장이 사실 좀 난처했었던 그런 측면이 있었던 것 같습니다. 이런 것들이 다 뒤엉켜서 이러한 사건이 벌어진 것이 아닌가? 지금 현재로써는 그렇게 생각합니다.

두 번째로는 私交회복, 교린회복이라고 사실을 써야 할 것 같습니다. 제가 작성방법이 좋지 않았던 것 같습니다. 교린이라고 하는 것은 명에서 본다면 사교로써 추궁할 수 있는 그런 성질이 있었다는 것입니다. 그니깐 교린의 회복이라고 써야할 것 같습니다.

세 번째 도쿠가와 막부가 어디까지 쓰시마가 하고 있는 것을 파악하고 있었는가하는 부분입니다. 기본적으로 도쿠가와 막부는 조선과의 강화라든지 통신사의 초빙이라든지 하나의 큰 방침을 쓰시마에 제공을 하고, 협상을 시키는 것이지 구체적인 협상의 방법이라든지 그 내용 혹은 일본국왕사라고 하는 사절의 형식이라든지 그런 것까지 막부가 다 파악을 하고나서 하고 있는 것은 아니었을 것입니다. 그니깐 결국 방침을 제시하고 나머지는 쓰시마에 다 맡겨버리는 그런 상황에 있지 않았나는 생각을 합니다. 그래서 국서위조에 관한 것은 16세기 이후의 쓰시마가 이런 것을 한 것이죠. 그 연장선상에서 계속 발생을 하고 있었던 것입니다. 중세적인 것이 계속 이어진 것입니다. 그러니까 역시 도쿠가와 막부가 국서위조라든지 혹은 가짜 국왕사라든지 이런 것들에 대해서 파악을 한 것은 야마가와 잇켄 이외에는 없지 않았나 싶습니다. 이 부분도 사실 참 어려운 부분인데요. 막번체제가 갖춰진 이후의 이미지를 앞으로 되돌아가서 어떤 명확한 다이묘와의 관계가 존재하는 그런 이미지에서 바라본다면 사실 이 시기는 충분하게, 정확하게 파악하기가 어려운 부분이 있는 것 같습니다. 예. 여기까지입니다.

손승철 예. 대단히 감사합니다. 다음에는 쓰루다 선생님 차례인데요. 비행기 타고 오셨는데 5분하라는 것은 너무 야박한 것 같아서 10분을 드리겠습니다.

쓰루다 네. 시간을 잘 활용을 하기 위해서는 원래 제출한 페이퍼에 따라서 얘기를 진행하는 것이 좋을 것 같습니다. 부분적으로 생략을 하고 읽어보도록 하겠습니다. 민덕기 선생님의 발표문에 대한 것입니다. 민덕기 선생님의 발표 원고를 흥미롭게 읽었습니다. 에도시대 조선 후기에 통신사 제도는 17세기 초에 조·일 양국의 정치정세, 또 성립 된지 얼마 안 된 도쿠가와 정권과 왜란 이후의 조선정부 하에서 성립이 되었다고 할 수 있습니다. 그리고 모두 다 명제국과의 관계를 의식한 행동이었습니다. 그러나 성립이 그와 같다 하더라도 안정적으로 계속해 나가는 가운데 당초에는 의도하지 않았던 문화적인 접촉을 하고, 한편으로 새로운 마찰이나 과제도 발생하게 됩니다. 민선생님 발표는 전반에서 18세기 조선통신사행에 참여한 제술관이나 서기관들의 일본 관찰을 기록하면서 거기에서 일본에 대한 객관적인 관찰이나 적극적인 평가가 보인다라는 특징을 지적하고 계십니다. 그래서 민선생님은 왜란 직후부터 17세기까지 일본에 대한 적대감이 18세기에는 희미해지고, 객관화되었다는 뉘앙스로 기술을 하시고 있는 것 같습니다.

하지만 제가 생각하기에 객관적인 관찰 시각이나 보고 작성 능력은 조선의 관료, 지식인들이 원래 가지고 있었던 것은 아닐까하는 겁니다. 예를 들어 송희경의 경우에는 癸亥東征 직후에 일본에 가서 『老松堂日本行錄』을 서술했고, 강항은 정유왜란에서 포로가 되어서 『看羊錄』을 남겼고, 또 신충일은 누르하치에 대해서 상세한 보고를 제출하기도 했습니다. 이것들은 모두 평화라고 하기에는 어려운 긴장상태에서 작성이 되었지만 저자 본인의 역량을 포함해서 공적인 사신으로 외국으로 간다거나 일반적으로 얻기 어려운 경험을 하는 등 몇 가지 조건이 있었을 때 뛰어난 기록이 남겨져 있음을 보여주는 것입니다. 18세기 통신사행의 일본평가 배경을 생각해보면 일본과의 관계가 안정되고 전쟁의 기억이 멀어지면서 일본에서의 학문적인 융성을 보고 호의적으로 바라보는 기술들도 늘어난 것은 아닐까 생각을 합니다. 다만 18세기 일본의 유학은 주자학만은 아니었습니다. 이들을 조선사행의 지식인이 어떻게 바라보았는지는 따져 봐야할 과제일 것이라고 생각합니다. 구체적인 예시 부분은 생략하도록 하겠습니다.

이어서 두 번째 부분이 되겠습니다. 발표는 후반부분에서 18세기 易地聘禮 구상을 다루고 있습니다. 쇼토쿠 통신사 실시 후에 아라이 하쿠세키가 구상한 역지빙례와 나카이 치쿠잔, 또 마츠다이라 사다노부의 그것과는 어떤 관계에 있을까하는 것인데요. 후대의 사람들이 하쿠세키의 『朝日聘使後議』을 읽고 영향을 받았다는 것은 틀림없습니다.

하쿠세키의 기술을 다시 한 번 확인해 보면 신사빙례 후 하쿠세키가 상신한 의견의 전반부에는 도쿠가와 이에노부와 같은 영주, 뛰어난 군주와 하쿠세키와 같은 예의를 아는 자가 일본에 모이지 않으면 예를 제대로 할 수가 없고, 백성의 부담으로 보아도 국가의 장책이 아니기 때문에 이번 기회에 조선을 사절하는 것이 적당하다 라고 하고 있습니다. 예를 세우려고 하는 것이 다툼의 원인이 된다면 조선사절의 응접 자체를 그만두어야 한다는 얘기인 것입니다. 그런데 그에 이어지는 부분에서는 '예는 왕래를 중시한다'라는 말을 인용하면서 쓰시마에서 응접하는 안을 쓰시마번주로부터 조선에 전달하게 됩니다. 일본 측 사신은 두 명의 수행자를 붙이는 것 등등 구체적인 제안을 하고 있습니다. 조금 살펴보면 주자학자인 하쿠세키가 항상 의식했었던 것이 막부 즉, 일본정부에 적합한 예를 갖추는 것이었고, 100년이 지나야 예악이 일어납니다. 예악이 생긴다는 것도 하쿠세키가 좋아했던 말입니다.

『朝鮮聘使後議』 후반에서는 조선에 대한 불신, 불만이 나와 있는데, 이것도 '조선은 예를 가지고 교재를 하는 데 있어서 충분하지 않은 나라다. 적합하지 않다.'는 얘기가 나옵니다. 하쿠세키의 논의에는 항상 '禮'라고 하는 것이 존재하고 있었다 라는 것입니다.

그리고 통신사 접대의 국내부담에 대해서 나카이 치쿠잔은 일반론의 형태로 천하의 재물을 쏟아서 응접한다고 쓰고 있는데, 사실 이건 막부입장에서도 매번 어려운 문제였습니다. 요코하마 쿄코씨의 일련의 연구에 따르면 통신사 일행의 에도의 왕복을 위해서 준비가 되는 승마용 말, 또 마구, 또 여기에 수행하는 인원이 다이묘에 부과가 되었고, 또 짐 운반용의 말과 인부는 傳馬·助鄕제도와 國役金·상인도급으로 준비가 되었는데 이것들은 다이묘나 주민들, 沿道나 지방의 주민들에게 큰 부담이었습니다. 18세기를 통해서 막부는 보다 넓은 범위의 부담을 요청을 했고, 되도록 부담이 공평해지도록 하였습니다. 하지만 통신사 통행 장소에서 멀리 떨어진 곳에서 말과 인원을 제공할 경우에 직접적인 무역기간은 짧다 하더라도 왕복과 대기시간을 생각을 하면 몇 배의 부담이 됩니다.

마츠다이라 사다노부가 봤을 때 최근의 宝暦·明和 통신사의 경우에는 길에서 버리는 시간이 길었기 때문에 국역금의 부과기준이 4배에 달했습니다. 인용문은 생략을 하겠고요. 조선사절 접대에 대해서 마츠다이라 사다노부가 자신의 후손을 위해서 남긴 『宇下人言』에 보면 『朝鮮聘使後議』와 『草茅危言』의 논리를 그대로 쓰고 있습니다. 사다노부 자신의 독자적인 조선관을 알기는 어렵습니다. 막부는 1791년 대마도번에 역지빙례 협상을 명할 때 몇 통의 한문문서, 그리고 日文의 서계 초안을 전달하였습니다. 여기에는 당연히 조선멸시의 문구는 없고, 쓰시마에서 에도까지의 왕복부담이 커서 간단한 법을 통해 隣交를 위한 불변의 제도를 정하고 싶다라는 취지였던 것입니다. 인용부분은 빼도록 하겠고요. 사도노부 개인의 조선에 대한 인식은 어찌 되었든 정책으로써 역지빙례는 간세이 개혁이 목표로 한 막부 지배체제의 안정·지속과 동일선상에서 존재했다. 즉, 막부지배의 안정과 지속을 위해서 이루어진 것이다 라는 평가를 내릴 수 있지 않을까 싶습니다. 이상입니다.

손승철 예. 바로 답변해주시죠.

민덕기 네. 쓰루다 선생님 감사합니다. 선생님이 지적하신 것에 대해서 답이 되는지는 잘 모르겠습니다. 객관적 관찰은 1420년 송희경 때부터 강항의 기록에서도 객관적으로 관찰하셨다 표현을 하셨는데, 제가 강조하고 싶은 것은 화이관을 많이 극복하고 있지 않은가라는 것이죠. 후지산을 감상하는데 이전의 사절들은 후지산이 왜 오랑캐의 땅에 들어섰느냐. 안타깝다든가 백두산보다 못한다고 억지로 비교를 한다든가 그랬었는데 이 시기쯤 오면 있는 그대로 '후지산, 이야! 멋지다. 백두산보다 더 멋진 것 같다.' 이런 자유스러운 칭찬, 그대로 관찰하려는 모습을 찾을 수 있죠. 그리고 남자 사행 500명이 가면서 그전에는 사행기록에 일본 여인들 관찰이 거의 남아있지 않은데 '일본 여인들이 이쁘다' 그렇게 관찰하고 기록하고 그런 속된 표현을 할 수 있다는 것. 이것이 일본에 대한 자연스러움이 아닌가 박지원의 열하일기도 자연스러운 분위기가 있다고 그러는데 18세기 중·후반에 있는 일본에 대한 화이적 관념에서 해방된 있는 그대로 일본을 관찰과 평가 그것은 그 이전과는 조금 다르지 않는가라고 평가를 하고요. 그리고 통신사 기행이 그 이전에는 많아야 3개, 4개 이랬는데, 1763년은 12종이나 있다는 사실은 저는 통신사를 통한 한일관계에 있어서 가장 피크가 아니었을까 이런 생각을 나름대로 해보는 것입니다.

두 번째 선생님께서 말씀하시기를 역지통신, 역지빙례로 가는 인식에서 조선 멸시관이라든가 이런 것들이 별로 돋보이지 않는다고 말씀하셨는데 한일외교는 전례를 중시했잖아요. 그런데 통신사가 에도를 가지 않고 대마도에서 한다는 것은 도쿠가와 이에야스가 만든 통신사행을 바꾸는 것이기 때문에 엄청 어려웠을 것이라고 생각합니다. 그러기 위해서는 역시 여러 가지 헛된 논리, 예관이라든가 조선왕을 멸시하기 때문에 바꿔야 한다는 논리가 동원되지 않았나 생각이 듭니다.

아무튼 선생님께서 마지막으로 말씀하신 것이 있네요. 정책으로써의 역지빙례는 관정개혁이 지향한 막부지배체제의 안정과 계속이라는 동일선상에서 있지 않았는가 평가할 수 있지 않는가라고 말씀하셨는데 동감합니다. 예. 감사합니다.

손승철 감사합니다. 이제 마지막 하나 남았습니다. 김인덕 선생님 토론해 주시지요.

김인덕 늦게 와서 죄송합니다. 순천에서 왔습니다. 제가 빨리 끝내는 것이 임무인 것 같아서 토론문이 앞·뒤 페이지로 되어 있지만 간단히 앞 페이지는 생략하겠습니다. 제가 선생님한테 두 가지 내용만 간단하게 여쭙고 나머지는 다른 기회에 여쭙는 것으로 하도록 하겠습니다.

선생님의 글을 꼼꼼히 보고 사실 정한론 출현의 여러 지형에 대해서 일본 내의 관계 속에서 구체적으로 이해를 할 수 있어서 아주 좋았고요. 물론 다른 이야기도 있으시겠지만 일부러 오늘 발표를 위해서 작성한 글이라고 생각합니다. 그 가운데 특히 저의 눈에 주목된 것이 명치유신 주도층의 정한론 인식 부분이었습니다. 그 중에서도 다 아시는 사이고 다카모리의 주장 이것이었습니다. 선생님께서는 사이고의 주장을 2자 택일이 아닌 단계론적 진출론으로 보고 계셨더라고요. 저는 명치유신의 여러 주도층이 한반도에 대해서 침략론을 가졌다고 생각합니다. 외람되지만 메이지 유신 150주년이 작년이었고요. 그래서 일본에서는 상당히 많은 모임과 각종 행사가 있었던 것으로 기억합니다. 오늘 그림이야기가 나와서 저도 기억이 나서 말씀을 드리면 제가 박사과정을 다닐 때 손교수님 따라서 일본에 가끔 가면 우에노 공원에 가서 이런저런 약속을 할 때 사이고 다카모리 상 앞에서 만났습니다. 제가 지금 정확하게는 기억할 수 없지만 사이고 상 같은 경우에는 대표적인 근대의 조각이라고 알고 있고요. 그리고 부분부분별로 작가들이 만들어서 합쳐낸 조각이라고 정확한지는 모르지만 그렇게 기억을 합니다. 그렇다면 명치유신 150년 속에서 정한론과 사이고에 대한 기억을 어떻게 해야 하는지에 대한 이야기를 하나 여쭙고 싶고요.

그리고 이것은 그 연결선상에 있을 수도 있고, 아닐 수도 있는데요. 역사를 공부하면서 한일간의 오늘날의 모습을 볼 때, 여러 생각이 드는데 특히 저 같은 경우에는 강제연행 문제를 공부하고 실제로 정부조직 속에서 일한 적이 있어서 더 만감이 교차하는 상황인데요. 한국과 일본의 양국의 관계는 사실은 어떻게 만들어나가야 될지가 숙제이고, 그것이 국면 국면마다 아주 달랐다고 생각을 합니다. 그러면 저희 역사학자들이 이 시점에서 이런 연대는 한번 해면 좋을까. 어떤 것이 좋을까. 오늘 같은 것도 저는 일본과 한국의 연대의 구체적인 장은 만들었고, 그것은 전적으로 손교수님의 역할론이라고 생각을 합니다. 그것 말고 역사가 역사학자들에게 돌려지는 날이 있기를 기대하면서 과연 한국과 일본의 역사학자들은 이 상황에서 어떤 것을 같이 해야 할 지에 대한 이야기, 반성하는 차원에서 여쭙고 싶습니다. 간단히 질의 드립니다. 이상입니다.

손승철 예. 말씀해주시지요.

기무라 네. 코멘트 감사합니다. 크게 두 가지로만 정리해서 말씀하셔서 사이고 다카모리와 현재 상황과 관련된 질문이라고 생각을 합니다.

사이고 다카모리에 대해서 제가 간단히 말씀드리겠습니다. 사이고 다카모리는 정한론이라는 형태로 제2차 세계대전 전부터 정한론으로 이해되고 있는 것이 통설인데요. 전쟁 전에는 일본은 한국을 식민지화했기 때문에 그 선봉에 선 사람으로서 높은 평가를 받았는데, 전쟁 후에는 군국주의자다 라는 비판을 받게 됩니다. 1970년에 모리 도시히코의 책에서 그는 '정한론이 아니다 평화적인 협상을 목표로 했고, 정한론이 아니라 견한론, 조선의 파견하는 논, 그래서 견한론이다'라고 주장을 했습니다. 이것이 왜 나왔냐 하면 유명한 이타다기 타이스케 앞으로 보낸 메이지 6년 정변 때 이타다기 앞으로 보내진 편지라든지, 기타 다른 데에서 처음부터 군대를 보내서는 안 된다고 주장을 했고, 자기가 사절이 돼서 군대를 안 데리고 가면 폭살, 조선을 폭력적으로 죽인다는 단어입니다. 폭살을 해올 것이기 때문에 만약에 그렇게 해오면 조선을 침략해야 한다는 명분이 선다는 얘기를 했습니다. 앞서 모리설은 군대를 같이 가면 안 된다는 것에 큰 비중을 두고 해석을 한 것입니다.

1987년 이후 모리설을 둘러싸고 학계에서는 논의가 있었는데요. 기본적으로 역사학계에서는 모리설은 다수에게 주류라고 할 수 없습니다. 그래서 현재도 학교교과서에서도 정한론이라는 단어로 평가가 되고 있습니다. 제가 여기서 말하고 싶은 것은 쓰시마 번이 말한 '조선 진출론'도 처음부터 군대를 끌고 가서 침략을 해라 라는 얘기는 하고 있지 않습니다. 처음에는 설득을 한다. 하지만 분명히 쉽게 말을 안 들을 것이기 때문에 각종 수단을 써서 압력을 가해야 한다. 그래도 말을 듣지 않으면 무력을 행사하겠다 라고 이런 논리를 제가 '단계적 진출론'이라고 부르고 있고요. 그리고 최종적으로 명확하게 무력행사를 예상하고 있는 것이라면 정한론이라는 표현도 맞다고 생각합니다. 그것은 제 발표문에서도 있는 기도 다카요시도 마찬가지고요. 그리고 앞서 제가 생략을 하고 안 읽었는데 메이지 3년쯤에 외무성 관계자 등도 마찬가지로 단계적 진출론을 주장하고 있습니다. 그렇게 생각하면 사이고 다카모리가 말하는 논리라는 것은 바로 단계적 진출론을 말하고 있는 것에 불과하다 라고 말씀드릴 수 있겠습니다. 그래서 사이고 다카모리는 물론 자기가 말을 하고 전쟁을 하지 않고 타협을 해준다면 그것보다 더 좋은 것은 없겠죠. 그런 생각은 하고는 있었을 겁니다. 하지만 그의 머리속에 궁극적인 최종적인 무력행사라는 것이 없었던 것은 아니라고 생각합니다.

그리고 현재 문제에 관해서 말씀드리면 모리설은 일본에서 언론이 자주 다루는 내용이었습니다. 즉, 새로운 가설이었기 때문에 그랬는데요. 그리고 무엇보다도 기뻐한 것이 가고시마현이였습니다. 가고시마에 가보면 아시겠지만 그 이전과 이후로 해서 기술방식이라든지, 예를 들면 박물관의 설명문이라든지 기술방식이 톤이 완전히 달라집니다. 사이고를 기념하는 그러한 기념관같은 경우에는 사이고는 정한론이 아니다 그런 식으로 정말 깜짝 놀랄만한, 느낌표로 아주 강조하는 패널이 붙어 있습니다. 그리고 몇 년 전 가고시마현 지사는 현 교과서협회에 정한론이라고 쓰는 것을 그만둬달라는 요구도 했습니다. 그래서 사이고 다카모리에 대한 평가는 역사학계와는 별도로 일반인들 사이에서는 또 다른 평가를 받는 경우가 많은 것이 현 상황이라고 생각됩니다. 참고로 작년에는 일본의 대하드라마에서 세고동이라고 하는 사이고 다카모리가 주인공인 드라마를 방영했습니다. 저는 드라마를 별로 보지 않는데, 사이고의 정한론은 제 직업상 보지 않으면 안 된다고 생각해서 봤는데요. 한 가지 제가 경악한 사실이 있었습니다. 그것은 사이고 다카모리, 물론 사이고 다카모리가 주인공이기 때문에 모리설을 바탕으로 하고 있죠. 평화적으로 하려 했다는 것. 그것은 어쩔 수 없이 그렇게 될 것 같다는 예상은 했는데 가장 경악한 것은 조선에 거류하는 2,000명의 일본인 거류민을 구하러 가야한다는 그런 대사가 있었습니다. 그런 사실은 전혀 없기 때문에 이것에 대해서는 진짜 제가 보면서 놀랐는데요. 그건 차치하더라도 사이고 다카모리에 대해서는 일단 이렇게 답변을 드릴 수 있을 것 같습니다.

그리고 지금 말씀드린 것과 관련해서 우리가 현 상황에 대해서 어떻게 해야 하는가. 이것에 대해서는 간단히 한 마디로 답변을 드리기가 어렵습니다만 저도 엄청난 위기감을 느끼고 있습니다. 제가 이것도 엄청 놀란 사실인데요. 말씀드리면 한국에서는 별로 보도가 안 되고 있는지 모르겠습니다만 일본의 도쿄도 스기나미구의 구의회에서 어떤 보수계열 여성의원인데요. 여성의원이 조선통신사로 온 사람들은 강도, 강간 등을 하는 범죄자 집단이라고 들었다 라는 이야기를 의회자리에서 발언을 했다는 보도가 있었습니다. 당연히 이것은 너무나 심한 내용이었기 때문에 징계 처분이 있네. 없네. 이런 이야기가 있었습니다만 일본의 작금의 그런 풍조 속에서 말도 안 되는 발언이 나오고 있다는 것을 보면서 저는 역사학자로서 매우 큰 위기감을 느끼고 있습니다. 저희가 할 수 있는 것이라고 한다면 제가 오늘 말씀드린 것도 그렇습니다만 이러한 것을 일반사람들에게 가급적 많이 전달하는, 실제 사실을 저희가 알아내고 찾아내고 그것을 올바르게 알려나가는 것이 중요하지 않을까 생각합니다. 이상입니다.

손승철 네. 감사합니다. 이렇게 해서 이제 약정토론이 다 끝났습니다. 그런데 아까 추가로 시간을 더 드린다고 했는데, 전혀 그럴 수가 없으니까 나머지 사항은 저녁식사 하시면서 발표·토론자 정답게 앉으셔서 얘기를 나누시고요. 청중석에서 아침부터 계속 하루 종일 같이 있었습니다. 그래서 혹시 지금 청중석에서 앉아계신 분 중에서 궁금한 사항이 있으시면 단문단답씩으로 간단하게 말씀 해주시기 바랍니다.

없으시면 일단 종합토론을 정리하겠습니다. 사실 오늘 심포지움 대주제는 저희가 계획을 했는데, 다 아시다시피 요즘에 한일관계가 굉장히 어렵고, 또 미래가 불투명합니다. 그래서 제가 조선시대를 전공하고 있기 때문에 조선시대 500년 동안의 한일관계를 보니깐 굉장히 다양한 형태 속에서 관계가 진행이 되었더라고요. 그래서 500년간의 역사를 한 번 재조명 해보면 뭔가 현 시점에서 어떤 역사적인 교훈이나 역사적인 메시지를 얻을 수 있지 않을까 이런 기대감을 가지고 주제를 선정을 했습니다.

그래서 하루 종일 학술대회를 해보니, 제 입장에서는 대략 두 가지 의미가 있지 않았나 생각이 드네요. 하나는 나름대로 조선시대 500년간의 한일관계사가 정리가 되면서 또 새로운 연구주제들이 만들어지지 않았나. 예를 들어 왜구의 구성문제라든지, 또는 경계인, 경계 지역의 문제라든지 또 왜인·왜구 그런 용어들, 그리고 임진왜란에는 주목하지만 회화자료에 대해서는 연구가 정말 없었다. 그리고 강화과정에서 1604년에 사명대사만을 탐적사로 했는데 아라키 선생님을 보면 탐적사의 명칭을 붙일 수 있는 그런 시도가 여러 번 있었다. 또 조선후기에 통신사가 왕래하면서 조선의 지식인이나 일본의 지식인들이 정말 어떻게 상호인식을 했을까 그리고 정한론과 함께 이 시점에서 학자들이 연대해 갈 수 있는 어떤 방법은 없을까 여러 가지 새로운 주제들이 만들어졌다고 생각이 됩니다.

그리고 이 시점에서 한일관계를 어떻게 볼 것이냐 할 때 아까 유재춘 교수가 실상과 허상이라는 용어로 실상을 제대로 보면 한일관계가 제대로 전개가 되고, 허상을 보면 한일관계가 나빠진다. 상당히 적절한 표현 같아요. 저는 그 이야기를 들으면서 한일관계가 조금 나빠졌다고 해서 너무 조급하게 생각할 필요가 없지 않겠는가? 이런 생각을 했습니다. 어느 유명한 학자가 세상을 바라보는 데에는 여러 가지 안목이 필요하다고 그랬어요. 예를 들어서 예술과 문학을 볼 때는 높은 안목이 필요하고 정치와 사회를 볼 때는 넓은 안목이 필요하고 그리고 역사는 멀리 보는 긴 안목이 필요하다. 그래서 그런 의미에서 500년간의 한일관계를 긴 안목에서 보니까 그렇게 조급하게 현재의 시점을 생각할 것만은 아니지 않겠느냐? 이렇게 저는 결론을 내리겠습니다.

그리고 연대하는 방식에서 여러 가지 이야기가 있었습니다만 다음 제3부에서는 기타지마 선생님 1주기 추모회가 있겠습니다. 그리고 기타지마 선생님이 한국에서 발표한 논문들을 단행본으로 발간했습니다. 그것을 가지고 기타지마 선생은 어떻게 한일관계사에 연대감을 가졌는지 키웠는지에 대해서 토론을 해 보겠습니다. 한 10분쯤 쉬었다가 4시 30분부터 3부를 진행하도록 하겠습니다.

그리고 오늘 발표된 논문들은 일단 연말까지 수정을 해주시면 내년 3월쯤 다시 단행본으로 출간하도록 하겠습니다. 장시간동안 고생하셨습니다. 감사합니다.

저자 소개

발표
関 周一(宮崎大学教育学部)
村井章介(日本 東京大学)
김문자(상명대학교)
荒木和憲(日本 日本 国立歴史民俗博物館)
민덕기(청주대학교)
木村直也(立教大)
조원래(순천대학교)
정희선(청암대학교)

토론
유재춘(강원대학교)
이상훈(육군사관학교 육군박물관)
장순순(전주대학교)
堀 新(共立女子大学)
鶴田啓(東京大学史料編纂所)
김인덕(청암대학교)

종합토론 사회
손승철(강원대학교)

근세한일관계의 실상과 허상

2020년 3월 24일 초판 인쇄
2020년 3월 31일 초판 발행

지 은 이	한일문화교류기금
발 행 인	한정희
발 행 처	경인문화사
편 집 부	박지현 김지선 유지혜 한주연
마 케 팅	전병관 하재일 유인순
출판신고	제406-1973-000003호
주 소	(10881) 파주시 회동길 445-1 경인빌딩 B동 4층
대표전화	031-955-9300 팩 스 031-955-9310
홈페이지	http://www.kyunginp.co.kr
이 메 일	kyungin@kyunginp.co.kr

ISBN 978-89-499-4882-9 93910
값 27,000원